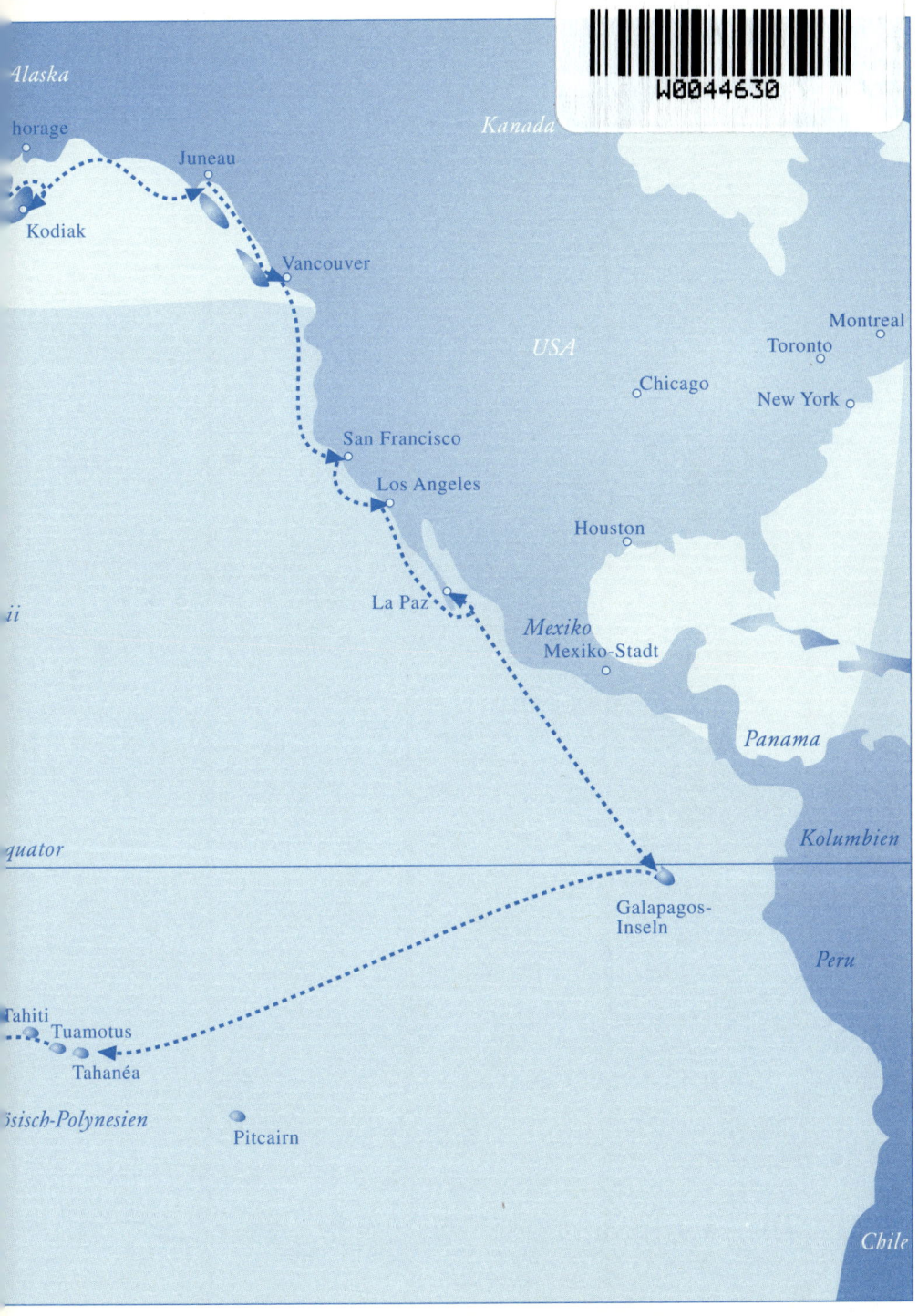

Silke und Torsten Hartmann

PACIFIC HIGH

*Australien – Alaska
und zurück*

Delius Klasing Verlag

Die Deutsche Bibliothek – CIP-Einheitsaufnahme

Hartmann, Silke:
Pacific high: Australien – Alaska und zurück /
Silke und Torsten Hartmann – 1. Aufl. – Bielefeld: Delius Klasing, 2002
ISBN 3-7688-1391-6

1. Auflage
ISBN 3-7688-1391-6
© by Delius, Klasing & Co. KG, Bielefeld

Fotos und Abbildungen: Silke und Torsten Hartmann
Karten: Ekkehard Schonart
Schutzumschlaggestaltung: Buchholz/Hinsch/Hensinger, Hamburg
Satz: Fotosatz Habeck, Hiddenhausen
Druck: Clausen & Bosse, Leck
Printed in Germany 2002

Delius Klasing Verlag, Siekerwall 21, D – 33602 Bielefeld
Tel.: 0521/559-0, Fax: 0521/559-115
e-mail: info@delius-klasing.de
www.delius-klasing.de

Inhalt

Papua-Neuguinea und Mikronesien

Noch zu Hause 7
Aufbruch zu zweit 13
Erstes Wracktauchen 18
Weihnachten im Paradies 27
Atoll der versunkenen Schiffe 37
Idylle und Chaos 47
Inselleben und Mantarochen 56
Grüne Inseln im Tropenregen 63

Japan

Geheimnisvoller Süden 69
Die Inlandsee 79
Hokkaido, Japans kalter Norden 98

Alaska

Inseln unter Eis und Schnee 104
Margaritas mit Gletschereis 119
Rücksturz in die Zivilisation 135
Pan-Pan, Pan-Pan, Pan-Pan 144

USA und Mexiko

Asphaltsegeln 149
Links liegt das Land 158

Der Südpazifik

Islas Encantadas, verzauberte Inseln 175
Wasser, Wind und Baguettes 191
Schlaglochpiste nach Tonga 209
Winter in der Südsee 224
Hapi tumas long Vanuatu 236
Rolling Home 271
Hier waren wir doch schon mal 279

Für Britta und Klaas

Papua-Neuguinea und Mikronesien

Noch zu Hause

»Rob«, rufe ich unserem verrückten Bootsbauer zu, »sind alle Hydraulikleitungen angeschlossen? Nirgendwo mehr ein Leck im System?« Logisch, klar doch, hundertprozentig okay. Na ja dann… Klaas und ich füllen die ersten 20 Liter in den Hydrauliktank. Die Bilge bleibt trocken. Also rein mit dem nächsten Kanister, Shell Tellus T 48, teures Zeug, und dann der dritte. 160 Liter fasst der Tank, hydraulisch angetrieben sind Welle und Wassermacher. Rob hat drei Jahre lang an unserer Reinke 13M gebaut, die einzige Bootswerft in Nord-Queensland, die an diesem Auftrag interessiert war. Jetzt schwimmt unser Schiff auf dem Johnstone River, in Innisfail, längsseits der zwanzig Meter langen ALEXANDER STEWART, einer plumpen, eisbrechermäßig überdimensionierten Holzketsch, die der heute 80-jährige Eigner sich mit seinen Söhnen gebaut hatte, um mit ihr in das Innere der Erde zu segeln. Acht Kanister Hydrauliköl sind leer, 160 Liter sind im Tank. Fast fertig zur Probefahrt. KAVENGA heißt unser Schiff. »Kavenga«, das bedeutet auf Polynesisch »Sternenweg«. Weg der Sterne, denen die traditionellen Navigatoren von einer Insel zur nächsten folgten. Nach neun Jahren im australischen Outback, im Busch, 900 Kilometer von der nächsten Stadt und von der Küste entfernt, soll es demnächst wieder losgehen, hinaus auf unser Meer, den Pazifik. Dann ein Gurgeln im Maschinenraum. Klaas hechtet mit der Taschenlampe hinein. Hydrauliköl! »Rob, hierher, schnell!« Klaas kann gerade noch mit den Fingerspitzen die Leckstelle erreichen und hält den Zeigefinger auf das Loch, doch die Hälfte des Öls schwappt in der Bilge herum. Und die Ursache? Der Tank hat eine Ablassschraube, schön versteckt an der Seite, wo man sie beim besten Willen nicht sehen kann, und die fehlt. Einer von Robs Arbeitern hatte ein Stück Klebeband drübergeklebt, damit kein Schmutz in den Tank kam. Grandiose Idee! Hatte gut funktioniert. Wäre aber vielleicht doch besser gewesen, dann das Klebeband durch eine Schraube zu ersetzen. Ein Loch im Tank hätten wir sofort bemerkt, doch das Klebeband hielt erst mal 15 Minuten, bis es sich löste.

Vor zehn Monaten hätte KAVENGA fertig sein sollen. Was für eine Traumvorstellung! Doch Probleme über Probleme, das war nun einmal die Realität des letzten Jahres. Und jetzt dies. Das war's… Nase voll. Warum zum Teufel hatte ich mir das in den Kopf gesetzt, dieses Schiff, diese Werft, statt irgendwo ein gebrauchtes Boot zu kaufen. Rob hockt in der Bilge und pumpt das Öl Hub für Hub in die Kanister zurück. Ich sitze im Gras am Johnstone River. Vor mir der braune Tropenfluss auf seinem Weg zum wenige Seemeilen entfernten Meer. Die Coral Sea, das Great Barrier Reef, das ist jetzt unsere Segelheimat, denn 1988 waren wir mit unserem Schiff SEETEUFEL nach Australien gekommen, nur mit Touristenvisum damals, und mit Ausdauer und viel Glück sind wir drei Jahre später Australier geworden.

Rob Hart Boatbuilders, Innisfail, Australien. Die große Halle steht zwischen Zuckerrohrfeldern. Unter den Stegen am Fluss leben Riesenbarsche von gut zwei Metern Länge. Das hier ist das echte, tropische Australien. In der Mitte des Flusses liegen Mangroveninseln, und das Baden hier kann ungesund sein wegen der vielen Salzwasserkrokodile. Rob streckt seinen öligen Kopf aus dem Niedergang. Not to worry, alles klar, kein Problem. Er wird neues, sauberes Öl besorgen, natürlich auf seine Kosten. Er wird die Bilge saubermachen. »I am not going to spoil it for you, Torsten.«

Zwei Tage später folgt die Testfahrt. Der Motor läuft, sieben Knoten Fahrt auf dem Fluss. Da macht es schon fast gar nichts mehr, dass der Ruderzylinder falsch

herum angeschlossen ist und dass bei Linksdrehung des Rades KAVENGA gehorsam nach Steuerbord abdreht oder dass der Segelmacher unten in Sydney die Masthöhe falsch aus dem Plan entnommen hat und das Großsegel einen vollen Meter zu lang im Vorliek ist. Das Ruder ist schnell umgebaut, das Groß wird zum ersten Reff verkleinert. Pluspunkt ist: Das Schiff schwimmt. Und das, denke ich, ist noch nicht einmal so selbstverständlich.

Dann geht noch dieses und jenes schief, doch das hier ist ja nur ein Test, und fünf Tage lang segeln wir mit KAVENGA. Die Inneneinrichtung ist nur in den Ansätzen fertig, doch der Kocher läuft, und wir haben sogar ein Klo, auch wenn es fürs Erste nur ein Eimer ist. Dann liefern wir das Schiff wieder bei Rob ab, samt der Mängelliste, schicken das Groß zurück nach Sydney zum Umarbeiten und nehmen Rob das Versprechen ab, dass ganz bestimmt in drei Monaten alles fertig ist. Auf Rob kann man sich verlassen, sagt der. Überhaupt kein Problem mit der Zeit, verspricht er.

Auf dem Boatyard laufen wir noch einmal Grandpa über den Weg, so nennt jeder ihn hier. Mit seinem alten Toyota kommt er fast jeden Tag, arbeitet an seinem Schiff, nach ihm benannt, ALEXANDER STEWART. Grandpa und seine Söhne haben die Ketsch vor dreißig Jahren gebaut, enorm stark, formverleimt in jeder Menge Schichten. Grandpa hat gehört, dass wir auch bald auf große Fahrt gehen wollen. Er bringt uns ein Buch, geschrieben um 1920, die Wahrheit über die Polarexpeditionen. Die wären nie am Pol gewesen, steht da, alles erlogen, Amundsen und Co. Die Wahrheit sei ganz anders. Durch das Packeis muss man sich kämpfen. Danach kommt man in das Gebiet der warmen Winde, die Welt am Nordpol sei ein warmes Meer, und in der Mitte dieses Meeres, da gäbe es einen Strudel, in den man hineinsegeln muss, in das Innere der Welt hinein. Nur ganz stabile Schiffe schaffen das. Dort liegt das Paradies, das Land der Harmonie, in dem Menschen leben, die drei Meter groß werden. Er und seine beiden Söhne hatten die Ketsch in Sydney gebaut, hatten alles verkauft und sich mit Frauen und Kindern auf den Weg gemacht, die Reise zum Mittelpunkt der Welt. Gekommen waren sie bis Innisfail. Und dort waren sie hängen geblieben, richtig tragisch. Ein Sohn gestorben, der andere herzkrank, Grandpa mit seinen achtzig Jahren heute der Gesündeste der Großfamilie. Wir verbeißen uns das Lachen und versprechen ihm, die Augen offen zu halten, wenn wir dort oben vorbeikommen sollten. Dann laden wir den Nissan Patrol ein, zum letzten Mal Fahrt nach Mount Isa, 1100 Kilometer von hier aus. Rücksturz in die Normalität, den Alltag des Berufslebens, für ein paar Monate noch.

Danach kommt die Unsicherheit des Fahrtenlebens, das geregelte Einkommen ist dann nicht mehr so sicher. So hat alles seinen Preis, leider. Doch es wird schon klappen, hat ja auch schon einmal geklappt. Damals haben wir auch die Sicherheit des geregelten Lebens gegen die Freiheit der Meere getauscht. 1984 hatte ich eine gute Stelle in den USA gehabt, Assistant Professor im German Department der Pennsylvania State University. Das hatten wir hingeworfen, um mit unserem zwanzig Jahre alten Stahlschiff SEETEUFEL nach Australien zu segeln. Australien, das war unser Endziel, dort einzuwandern der große Traum. Je mehr Probleme wir mit Rob in Innisfail bekommen, desto mehr habe ich dieses »déjà vu«-Gefühl. Das Leben läuft in Kreisen, oder »Geschichte wiederholt sich«. Das hatten wir ganz ähnlich schon einmal erlebt. Nicht in Innisfail, sondern in Crosshaven, Irland. Nicht mit Rob, sondern mit Wietse Buwalda, einem Holländer, der in Crosshaven einen Boatyard hatte, damals, 1985. Wir hatten SEETEUFEL billig gekauft und nicht bemerkt, dass das Stahldeck unter dem Teak nach zwanzig Jahren total durchgerostet war. Dabei war SEETEUFEL ein Qualitätsschiff, gebaut von Beister in Norderney. Wietses Preis war okay, und im nassen irischen Sommer rissen wir das komplette Deck vom Schiff, Wietse schweißte die neue Beplattung auf. Plastikplane über dem offenen Schiff, wir wohnten an Bord, Silke, Klaas, der damals drei Jahre alt war, und ich. Rost und Dreck und Regen und Wietse, der die Lust an diesem Projekt verloren hatte. Wir kämpften gegen die Zeit, Juli, August, und vor uns die Biskaya. Dann los am 8. September 1985. Regen, Regen, Regen und unser erster großer Sturm, mitten auf der Biskaya. Die Wellen schienen uns gigantisch, das Herz saß in der Hose. Satellitennavigation, den Sat-Nav, hatten wir nicht, GPS gab es nicht, die Sextantennavigation hatte ich gerade erst begonnen, doch wir hatten einen Funkpeiler an Bord und zielten auf Kap Finisterre, das Ende der Welt, irgendwo direkt voraus, wer weiß, wie weit. Dann der erste spanische Hafen, die Biskaya im Kielwasser und vor uns die Welt.

Der zweite dicke Sturm mit SEETEUFEL kam erst drei Jahre später, auf der Fahrt von Fidschi nach Australien, fast schon am Ziel, hundert Seemeilen vor der australischen Küste. Wir waren inzwischen zu viert, denn Britta war als neues Crewmitglied 1987 an Bord gekommen, 25000 Seemeilen lagen im Kielwasser. Im letzten Tageslicht kam die erste Bö wie ein Kanonenschuss. Großsegel und Fock oben, das haute uns platt auf das Wasser, und ich kroch auf den Fenstern zum Mast und riss die Segel runter. Schwere See in Minuten, donnernde Brecher, wie Züge, die in der Dunkelheit auf uns zurasten. Bei fünfzig Knoten lagen wir drei Tage lang beigedreht, Seen verbogen die Reling, rasierten die Aries-Windfahne ab, ließen unsere Staukiste auf dem Heck aus den Fugen platzen, und nur hundert Seemeilen vor der Küste. Als dann der große Kochtopf mit dem gerade fertigen Milchreis rasant vom Petroleumkocher abhob und durch die Kajüte flog, da wurde die Lage wirklich brenzlig. Nach achtzehn Tagen auf See waren wir dann in Newcastle, Australien, und kurz darauf in Sydney. Sydney 1988, das »Bicentennial«, die 200-Jahr-Feier, riesige Feuerwerke auf der Harbour Bridge, das Opera House, der Cruising Yacht Club in der Rushcutters Bay, der schönste Hafen der Welt. Und wir, was sollten wir jetzt tun, mit Touristenvisum im Pass und jeder Menge Hoffnung. Deutschprofessoren oder -lehrer, die waren nun gerade nicht gefragt. Ja, wenn es Japanisch wäre, aber ausgerechnet Deutsch! Jobsuche, Behördengelaufe, Frustrationen und Hoffnungen, nur nicht aufgeben, und schließlich der Erfolg. Wenn's als Akademiker nicht klappt mit der Einwanderung, dann vielleicht als Produzent für Hohlblocksteine in Mount Isa in Queenslands Outback. Gesagt getan, und nichts wie hin, Partnerschaft am Betrieb und Managerjob, Abenteuer im australischen Busch statt auf dem Meer. Aber irgendwann einmal, das hofften wir damals schon, soll es wieder losgehen, raus aufs Meer, dem Horizont entgegen, vielleicht mit einem Segelschiff, auf dem man sich nicht um die Welt zu streichen braucht. Hoffentlich mit einem Schiff, das uns so viel Spaß machen würde wie SEETEUFEL.

KAVENGA ist natürlich nicht fertig. Als wir im Dezember 1997 zu Beginn der langen Sommerferien nach Innisfail zurückkommen, sieht das Schiff ungefähr so aus wie als wir es verlassen haben. Das war's, Schluss mit dem Theater mit Rob. Den Rest machen wir allein. Wir hatten vorgehabt, während der Schulferien der Kinder im Great Barrier Reef zu segeln, das lassen wir uns jetzt nicht verderben. Michaelmas Cay, Low Isles, Cape Tribulation und vor allem Lizard Island. Tauchen am berühmten Codhole. Nur finden wir leider immer mehr Überraschungen von Rob vor, besonders im Motorraum. Der Rumpf ist solide gebaut, gute Aluminium-Schweißarbeiten, aber als es an den Ausbau ging, ist ihm dann wohl alles über den Kopf gewachsen. Die Liste wird immer länger, neun Monate haben wir noch, um alles fertig zu bekommen, und die werden wir auch brauchen.

Im Februar fängt für die Kinder die Schule wieder an, für Klaas das letzte Schuljahr. Torsten und ich arbeiten den ganzen Tag am Schiff, jeden Tag. Diesmal soll alles hundertprozentig werden, alles bis ins Letzte durchdacht, damit bestimmt nichts schief gehen kann. Und KAVENGA sieht auch immer besser aus, innen und außen. Was für ein Luxus verglichen mit SEETEUFEL: Wassermacher, Heißwasserbereiter, Dusche, Kühlschrank, Backofen, komplette Tauchausrüstung für vier, GPS und Wetterfax über den IBM-Laptop. Auch wenn Heinrich Eichenbrenner, unser Freund und TO-Stützpunktleiter, meint, all dieser elektronische Schnickschnack würde sicher nach und nach den Geist aufgeben.

Die Reiseroute steht auch genau fest, drei Jahre im Pazifik, das erste davon zu viert. Im Februar 2000 wird Klaas dann nach Townsville zurückfliegen und an der James-Cook-Universität Physik und Mathematik studieren. Klaas interessiert sich nicht so übermäßig fürs Segeln, seine Leidenschaft ist Tauchen. Britta interessiert sich für alles, vorrausgesetzt es hat mit Tieren irgendwelcher Art zu tun. Also im ersten Jahr Tauchen in Papua-Neuguinea, Mikronesien, Palau, Salomonen-Inseln und Vanuatu. Dann ohne Klaas irgendwohin, wo es noch andere Tiere als Fische gibt. Unsere Reiseroute ist da vielleicht etwas vage. Endziel ist natürlich wieder Townsville, Queensland, Australien. Townsville ist unsere Heimatstadt, der Ort, an dem wir auf lange Sicht unsere Basis haben wollen. Schon vor vielen Jahren hatten wir uns dort Land gekauft, 25 Hektar, an den Mount-Elliott-Nationalpark angrenzend. Das meiste davon ein Berg, oben Aussicht auf das Meer in der Ferne, auf Schiffe am Horizont und auf das Cape-Cleveland-Leuchtfeuer. Eine Straße auf den Berg haben wir schon gebaut und unten einen großen Schuppen. Schuppen ist leicht untertrieben, denn das Gebäude ist aus Steinen gebaut und hat auch zwei Zimmer, Küche und Bad. Wenn wir zurückkommen, werden wir hier eine Permakultur-Farm haben. Mit Hühnern, Enten, vielleicht ein Schwein und eine Kuh, mit tropischen Obstbäumen und Gemüse- und Kräutergarten. So etwas haben wir in kleinem Rahmen schon in Mount Isa ausprobiert und in der Wüste eine kleine Oase geschaffen. Ganz ohne Kunstdünger oder sonstige Chemie.

Die letzten zehn Jahre im Brickyard waren finanziell sehr gut gelaufen. Warum sollte das nicht so weitergehen, also auch in der Hinsicht keine Probleme. Abreisedatum 21.11.1998, Schulabschlusstag für Klaas. Diesmal ganz in Ruhe und ohne Stress.

12

Pavlova
Australisches Dessert

8 Eiweiß
2 Tassen Zucker
1 Teel. Vanille-Aroma
500 g geschlagene Sahne
Frisches Obst (z.B. Bananen, Kiwis, Erdbeeren oder irgendwelches Obst aus der Dose)

Eiweiß schnittfest schlagen, nach und nach Zucker und Vanille-Aroma dazugeben. Die Baisermasse in eine gefettete Springform füllen und bei 120°C eine Stunde lang backen. Pavlova in der Form im ausgeschalteten Backofen bei halb offener Tür abkühlen lassen. Mit Sahne bestreichen und mit Obst belegen.
Möglichst kalt servieren.

Aufbruch zu zweit

Townsville im Oktober '98: KAVENGA liegt am Steg der Breakwater Marina. Vom tiefblauen Antifouling des Rumpfes ist nichts mehr zu sehen, so schwer ist das Schiff beladen. Alle Tanks sind voll, 120 Liter Benzin für Außenborder und Tauchkompressor sind an Deck, Wagenladung um Wagenladung an Dosen haben wir herantransportiert, Ersatzteile für dies und jenes sind an Bord. Im November beginnt in der Coral Sea die Zyklonsaison, und dieses Jahr soll besonders schlimm werden, das steht in der Zeitung und wird im Radio und Fernsehen immer wieder erzählt. 1997 war das »El-Niño-Jahr«, '98 soll das »La-Niña-Jahr« werden. Das bedeutet einen frühen Monsun, und schwere Stürme sollen auf uns zukommen. Aus der Abfahrt ohne Stress und ganz in Ruhe wird darum leider nichts. Flucht vor »La Niña«, Flucht ohne Silke und Klaas, denn Klaas macht seinen Schulabschluss erst am 20. November. Eine so späte Abfahrt können wir nicht riskieren. Also los, am 28. Oktober, nur Britta und ich.

Ich hole Britta von der Schule ab. Da steht sie zwischen ihren Freundinnen. Elf Jahre ist sie alt, und es fällt ihr genauso schwer wie mir, sich loszureißen. Wir, das sind nun mal vier, Silke, Klaas, Britta und ich. Nicht nur zwei. Und es ist kaum mal ein Tag vergangen, an dem wir nicht zusammen gewesen sind, alle, und jetzt dieser Abschied. Da wird mir schon flau im Bauch, ohne überhaupt an Bord zu sein. Wir laden den letzten Frischproviant ein, fast schon Leinen los. Silke hat sich ausgerechnet jetzt vor ein paar Tagen noch den Fuß gebrochen und humpelt mit Gipsverband und Krücken auf den Steg. Ein Abschiedskuss, ein Kloß im Hals, Klaas wirft die Festmacher los. Hinter uns liegt Castle Hill, schroff felsiges Wahrzeichen von Townsville. Townsville, das ist unsere Wahlheimat. Ist es verrückt, von hier wegzusegeln? Als wir aus Deutschland abfuhren, lag Australien vor uns, die Tropen, das Great Barrier Reef, fantastische Reiseziele. Jetzt leben wir hier. Können wir denn diesmal nicht nur enttäuscht werden? Ominöse Regenschauer und Nordwind, wir bleiben eine Nacht in der Horseshoe Bay auf Magnetic Island. Die Wellen stehen in die offene Bucht, KAVENGA rollt, acht Seemeilen nur vom Heimathafen. Britta ist schlecht, mir auch. 1100 Seemeilen bis Rabaul, dreieinhalb Wochen, bis Silke und Klaas per Flieger dort zu uns kommen.

Donnerstag, 29.10.98, Kurs 30 Grad unter Motor, Nieselregen und Flaute, Townsville verschwindet in den tief hängenden Wolken. Einer dieser Segler, die alles unbewegt wegstecken, von den stärksten Stürmen bis zu den kältesten Salzwasserduschen, bin ich trotz 30 000 Seemeilen Erfahrung nicht. Was kann nicht alles passieren auf dem Meer, und ohne meine Verrücktheit wären wir alle sicher an Land statt zu zweit hier draußen. Ich gebe es ganz offen zu, irgendwo macht mir das Angst, ganz gewaltig sogar. Wir sind zwischen den Riffen, Wind kommt auf, Südost 15 bis 20 Knoten. Unter Fock und Großsegel legt KAVENGA sich leicht über. Wir laufen neun Knoten, tollstes Segelwetter. Besser auf das konzentrieren, was ist, statt darüber zu grübeln, was sein könnte. Britta spuckt ein paar Mal, nimmt es aber ganz gelassen hin. Vor uns die Coral Sea. Die Fahrt hat richtig begonnen. Ich koche Suppe. Um 13 Uhr stehen wir auf 18°40′ Süd und 147°12′ Ost zwischen den Riffen. Das Great Barrier Reef besteht aus Tausenden einzelner Riffe, manche nur Nadelköpfe im Meer, andere viele Meilen lang. Wir laufen durch die Magnetic Passage. Keeper Reef, Helix Reef. Dies ist unser Heimatrevier. Wir sind nicht zum ersten Mal hier. Faszinierend, aber gewöhnungs-

14

bedürftig. Keine Palmeninseln mit weißen Stränden, sondern Riffe, kaum auszumachen bei Hochwasser. Man ankert in Lee der Korallen, oft auf zwanzig bis dreißig Metern Wasser. Fantastisches Schnorcheln und Tauchen, kein Land in Sicht, allein auf dem Meer, unbeschreibliche Nächte unter dem Kreuz des Südens bei völliger Windstille oder erbarmungsloses Gerolle, wenn bei Flut im Winter der starke Südostpassat die Wellen über das Riff schlagen lässt. Um 16.15 Uhr liegt Dip Reef querab, unser letztes Stück Australien. Wie einfach die Navigation heute ist. Der GPS ist präzise und die modernen australischen Karten sind akkurat. Damals mit SEETEUFEL ohne SatNav und vor der GPS-Ära, da bedeutete Navigation Standlinien nehmen, Sonne und Mond, und Astrofixe nach den Sternen. Trotzdem fanden wir unsere Inseln. Was für ein Erfolgserlebnis, wenn die ersten Palmenspitzen am Horizont auftauchten.

Am nächsten Tag hat der Wind auf Nordost gedreht. KAVENGA ist beladen wie ein LKW. Hart am Wind stolpern wir über jede Welle, setzen schwer ein, verlieren Fahrt, nehmen Geschwindigkeit auf, bis zur nächsten Welle. Den direkten Kurs zu den Louisiaden können wir uns abschminken, können vielleicht gerade noch die Südostecke des Papua-Neuguinea-Festlandes klarieren und die China Strait bei Samarai anlaufen.

Am dritten Tag auf See koche ich Haferflocken und schreibe ins Bordbuch: Ist bis jetzt drin geblieben! Britta und ich haben unsere Seebeine bekommen. Ich mache die Nacht über Wache, beim ersten Tageslicht ist Britta dran und ich schlafe ein paar Stunden. Die Anfangsmelancholie liegt weit im Kielwasser. Wir lesen viel. Britta schreibt ins Bordbuch: Ich könnte immer so leben! Und KAVENGA stampft hoch am Wind nach Nordnordost, 150 Seemeilen am Tag, vier Tage lang, dann tauchen grüne Dschungelberghänge auf. Papua-Neuguinea, Hütten mit Palmwedeldächern, Auslegerkanus. Wir ankern vor Samarai und haben Glück, denn eigentlich kann man hier nicht einklarieren, doch heute ist zufälligerweise ein Beamter hier und kommt an Bord. »Did you bring any alcohol?«, fragt er voller Hoffnung, doch wir haben kaum etwas an Bord. Eine Flasche Rum, ein paar Bier, mehr nicht. Wir hätten achtzig Kisten Bier bringen sollen, sagt er. So mache man das. Dann hätte er auch bestimmt nur fünf Kisten als Einfuhrzoll beschlagnahmt. Fair ist fair. Aber so …

Samarai, heute ist nicht mehr viel übrig von der Pracht der ehemaligen Hauptstadt aus der Kolonialzeit. Die alten Villen sind verlassen, die pompösen Bank- und Handelsgebäude stehen leer. Am Strand knistert der Passat in den trockenen Palmwedeln. Nur ein Geschäft gibt es hier heute noch. Wir tauschen australische Dollar in Kina um. Ein Geldstück hat ein Loch in der Mitte, wundert sich Britta. Motorboote fahren total überladen zu Nachbarinseln, Menschen drinnen, auf dem Dach, draußen an die Reling geklammert. Stehen gebliebene Zeit, nur vier oder fünf Segeltage von Townsville entfernt. Irgendwann werden wir mal wiederkommen, jetzt muss es weitergehen, denn noch sind wir nicht aus dem Gebiet der Wirbelstürme heraus. Die Louisiaden, Basilisk Island, Connor Island, Dörfer an Lagunen vor grünen Bergen, Palmhütten und Segelkanus, die uns in voller Fahrt begegnen. Gar nicht so einfach für die, wenn der Passat in voller Stärke weht. Das ist dann ein Dreimann-Job, einer an Ruder und Schot, einer hält die Balance und der Dritte ist am wichtigsten, denn der schöpft permanent, und das blaue oder rote oder weiße, aus alten Reissäcken genähte Segel knattert im Wind und alle winken. Hier sind die Seekarten ungenau und wilde strudelige Strömungen zwischen all den Inseln machen uns zu schaffen. Wir ankern vor dem Dorf Tube Tube auf Slade Island. Die Begrüßung ist ganz anders als vor hundert Jahren. Heute bekommen wir frisches Obst und eine Führung durch das Dorf. Damals ging es hier anders zu. Die Krieger von Tube Tube waren weit gefürchtet. Ihre Spezialität war es, ihren Gefangenen trockene Palmwedel auf den Rücken zu binden und die anzuzünden und dann dem Tanz zuzusehen.

Hummock Island, die Conflict-Gruppe, dann das große Deboyne-Atoll. Bei der Ausfahrt aus Deboyne donnert ein Tropenregen auf uns herab, Sichtweite zwanzig Meter, und wir stehen direkt vor dem Pass, dann setzt der GPS aus. No Fix... – wir lassen uns treiben, bis der Spuk vorbei ist. In Bwagoia auf Misima ist die Inselromantik zerstört durch die große Mine, die ein tiefes Loch in die Berge gefressen hat und Abwässer über die Riffe spuckt. Hier ist der Fortschritt eingezogen, schlammige Straßen statt weißer Korallenkieswege, verbeulte Autos. Die Menschen haben Jobs. Trotzdem, uns scheint es, als würde mehr Geld in der Hand ein ärmlicheres Leben bedeuten. Einziger Vorteil für uns, es gibt eine Telefonverbindung und wir rufen zu Hause an.

Neben uns liegt noch ein Schiff im braunen Hafenwasser Bwagoias, die TO-Yacht WINDEKIND mit Alfons und Clara. Kaum haben wir die ersten Hallos hin- und hergerufen, steht Alfons an Deck und verkündet: Abendessen um sechs Uhr. Britta und ich sind pünktlich! Und die beiden nehmen sich unserer an. Clara hat Lasagne gebacken und Schokoladenpudding gekocht. Wir werden so richtig bemuttert. Wie wohl uns das tut!

Südostpassat, 20 bis 25 Knoten, noch geht es unter Motor bis zur Südosthuk Misimas. Abschiedsgruß der Louisiaden: Wind gegen Strömung. Ich kann kaum

16

glauben, was ich da plötzlich sehe und kann Britta nur noch »Festhalten!« zurufen. Vor KAVENGA scheint sich eine Schlucht zu öffnen, eine tiefe Kluft zwischen zwei Wellenbergen, ich klammere mich an die Steuersäule, der Bug stürzt in die Tiefe, schlägt krachend auf, Wasser über dem Vorschiff, drinnen hat sich der Inhalt unserer Bücherregale gleichmäßig über das Schiff verteilt. Alles ist okay sonst, der Spuk vorbei, das Kap gerundet, Raumschotskurs, KAVENGA-Wetter, nach Nordnordost mit acht Knoten. Auf dem Navigationstisch liegt die neueste Seekarte, wohl hundert Jahre alt, und ein Prachtstück. Auf weiten Flächen um die Woodlark- und Laughlin-Inseln herum fehlen alle Details und Tiefenangaben. Die Küstenlinien sind gestrichelt eingezeichnet und nicht vermessen. »Unsurveyed« steht klar und deutlich auf dem Papier. Und das im Zeitalter von GPS und Satellitenfotos! Da müssen wir durch, Kurs in die Salomonensee, und es wird Nacht. Doch in der Mitte zwischen den Inseln liegen Tiefenangaben auf einer dünnen Linie, eine Spur, der wir folgen können, ein Vermessungsschiff war einmal hier, hat nur Zeit gehabt für diesen einen Durchgang, diese eine Lichtspur in der Dunkelheit, Perlenkette der Fadenangaben im Nichts der leeren Seekarte. Heute Nacht denke ich an dieses Schiff, folge der Spur ganz exakt mit dem GPS, korrigiere immer wieder den Kurs, um nicht abzuweichen in die Ungewissheit der Nacht, halte die Augen auf dem Echolot.

Rabaul, das war eine blühende Stadt im Nordosten von New Britain. Eine Stadt mit Straßencafés, Kreuzfahrtschiffen vor Anker im perfekt geschützten Hafen, Frangipani und Bougainvillea im Vordergrund auf Postkarten, im Hintergrund die schlafenden Vulkane. Dafür kommen wir vier Jahre zu spät. Im September '94 sind Vulcan und Tuvuvur ausgebrochen und haben Rabaul unter einer Aschedecke begraben, die stellenweise meterdick ist. Das Wasser glitzert schwarz vol-

ler vulkanischer Schwebeteile, schwarz ist alles hier, schwarze Asche überall, ein paar knallbunte alte Inselfrachter liegen am Ufer, die einzigen Farbtupfer. Aus den Aschefeldern ragen die Reste von Häusern hervor wie Skelette prähistorischer Tiere, ein Kirchturm dazwischen, meterhohe Aschewälle säumen die Straßenränder, wie von Schneepflügen beiseite geschobenes Weiß. Wiederaufbau findet nicht statt. Niemand traut mehr den Vulkanen. Hinter KAVENGA erhebt sich der mächtige Tuvuvur, Schwefeldämpfe steigen aus Rissen an seiner Seite auf. Immer wieder rumpelt Tuvuvur, dröhnt, als hätte jemand ein Garagentor zugeworfen, und Hunderte von Metern hohe Rauchpilze steigen aus dem Kegel und verwehen nach Nordwesten. Wir ankern unter einem aktiven Vulkan. Unsere ersten 1100 Seemeilen haben wir geschafft, Britta und ich. Bald kommen Silke und Klaas, bald sind wir komplett, und dann kann die Reise richtig losgehen!

Lasagne à la WINDEKIND

Man segle mit seiner Tochter nach Papua-Neuguinea. Man ankere neben der belgischen Yacht WINDEKIND und warte, bis Alfons herüberruft, dass das Essen fertig sei. Dann sause man mit dem Dingi hinüber und lasse sich von Clara mit Lasagne verwöhnen.

Erstes Wracktauchen

21. November 1998

Es ist lange her, dass ich auf einer Flughafenbank übernachtet habe. Schließlich waren wir jahrelang seriöse und angesehene Bürger einer australischen Kleinstadt gewesen, mit Mitgliedschaft im Rotary-Club und allem, was dazugehört.

Die letzten drei Wochen sind schneller vergangen, als ich erwartet hatte. Klaas hatte viel zu tun für die letzten Examen und nachmittags übten wir für seine Fahrprüfung, die auch noch anstand. Mit sechzehneinhalb Jahren hatte er sein Learner's Permit bekommen, erst am 14. November wurde er siebzehn und konnte die Fahrprüfung machen. Wir waren ganz aufeinander angewiesen. Ich konnte mit meinem gebrochenen Fuß nicht Auto fahren und Klaas durfte nur am Steuer sitzen, wenn jemand über 21 mit Führerschein neben ihm saß. Das Unterbringen der allerletzten Möbel und Kisten war auch nicht so einfach, und da war es dann schön, Maggie und Heinrich Eichenbrenner zu haben. Abends probierten wir die Kinos in Townsville aus, die wir noch nicht kannten, Klaas war noch nie im Autokino gewesen. Dann gab es da auch all die Parties bei irgendeinem von Klaas' Klassenkameraden, von denen er immer erst in den frühen Morgenstunden zurückkam. Schließlich waren sie in »Grade 12« und würden bald in alle Winde verweht.

Nur gestern Abend die große Party nach der offiziellen Abschlussfeier in der Schule konnte er nicht mitmachen. Da saßen wir schon im Bus nach Cairns zum internationalen Flughafen. Danach stundenlang im Flughafencafé. Klaas war noch ganz überdreht, hin und her gerissen von den Abenteuern, die vor ihm liegen, und dem Abschied von den Freunden. Die Abschlussfeier morgens war gerade die richtige Mischung von Sentimentalität und Heiterkeit gewesen. Ein großer Lebensabschnitt! Wir gingen das Jahrbuch der Schule durch und Klaas plante, wen er einladen wird zu der Party, die er geben wird, wenn er zurückkommt. Wir überlegten, ob Britta und Torsten wohl auch nicht schlafen können und wie Rabaul sein würde mit dem immer noch rauchenden Vulkan. Dann machte das Café zu und wir versuchen auf den Flughafenbänken zu schlafen.

Die Nacht ist fast vorbei und in zwei Stunden wird es ernst. Abflug von Australien! Ein sehr seltsames Gefühl! Seit zehn Jahren wohnen wir hier, zehn Jahre lang haben wir das Land nicht verlassen. Es ist unser Zuhause geworden. Plötzlich erscheint mir dieser Schritt gewaltig. Australien verlassen! In drei Jahren sind wir zurück, dann werden wir die Farm haben. Alles ist ja schon genau geplant. Aber drei Jahre sind eine lange Zeit, da kann so viel passieren, so viel schief gehen! Plötzlich weiß ich nicht mehr, warum wir nicht gleich mit der Farm angefangen haben. Ich kann mich erinnern, dass auch ich noch vor kurzer Zeit vom Segeln im Mondschein geträumt habe, vom Tauchen in einsamen Atollen und von dem Moment, in dem nach einem langen Segeltrip eine neue Küste am Horizont auftaucht. Von einem Leben, in dem man immer wieder etwas Neues sieht. Man weiß nie, was der nächste Tag bringt. Doch plötzlich erscheint mir das alles gar nicht mehr so verlockend. Aber für solche Gedanken ist es jetzt zu spät. Schluss mit der Panik! Britta und Torsten sind schon in Rabaul und schließlich ist es nicht das erste Mal, dass wir so etwas wagen, und damals war das Ziel ferner und unsicherer.

Heute ist der 21. November, heute ist DER große Tag. Britta hat die Kajüte geschmückt, hat ein Banner aufgehängt: »Welcome home!« Ich habe mir richtig Mühe gemacht mit dem Kochen, habe jede Menge Anleitungen studiert, mexikanisch Kochen, Thai-Kochen, und... habe eine Schale Kartoffelsalat gemacht. Etwas viel Chili, meint Britta, als ihr die Augen tränen, aber was soll's, das ist Kartoffelsalat »Vulcan«, und der passt nach Rabaul, ganz perfekt. Silke und Klaas sind schon fast da!

KAVENGA ist von der Raumaufteilung her keine normale Reinke 13M. Das Kollisionsschott hinter dem Ankerkasten haben wir einen halben Meter weiter hinten platziert, und dadurch ist das Vorschiff hier schon breit genug, um zwei Kajüten Seite an Seite Platz zu geben. Ein Schrank, ein großes Bett und eine Tür für ein wenig Privatleben in jeder von ihnen. Silke und ich haben unsere Achterkajüte. Totaler Luxus, unfassbar, wenn wir das mit SEETEUFEL-Zeiten vergleichen. SEETEUFEL sah aus wie ein Schärenkreuzer, lange Überhänge, sehr tief im Wasser und Stehhöhe nur direkt am Niedergang vor der Küche. Vierzig Zentimeter Freibord, das war alles bei SEETEUFEL, und am Wind war die Fußreling gleich unter Wasser, weißer Schaum an Deck bis ans Cockpitsüll. Wir hatten eine hohe Seereling mit Netzen dran, und oft saß Klaas damals dort neben dem Cockpit im rauschenden Wasser, vor Vergnügen jauchzend. Geht das denn überhaupt, mit Kindern segeln? Mit kleinen oder großen, oder sogar mit Babys? Wir hatten nie Probleme, hatten nie gedacht, dass es welche geben könnte. Wir hatten nur gestaunt, damals in Deutschland, als wir in Magazinen diese Artikel lasen, wie man zum Beispiel eine dreistündige Autofahrt richtig plant, eine Fahrt mit Kindern, wie man es schaffen kann, dass das keine Tortur wird, wenn man nur dies tut und jenes beachtet. Vielleicht sind wir selber niemals erwachsen geworden, haben uns nie so wichtig und ernst genommen. Klaas war zweieinhalb Jahre alt, als wir aus Deutschland aufbrachen. Das Dreirad war am Mast festgebunden, und unfreiwillige Mann-über-Bord-Manöver fuhren wir immer dann, wenn er sein Töpfchen lustig lachend über Bord warf. Dann kam Britta dazu und war erst zehn Wochen alt, als wir Valparaiso in Chile verließen mit Kurs auf die Marquesas – 4500 Seemeilen, für die wir 39 Tage brauchten. In Chile hatten wir SEETEUFEL schwer beladen: Babynahrung für ein Jahr, denn man weiß ja nie, was so passiert, das ganze Vorschiff und der Kajütboden voller Kartons mit Lebensmitteln. Von den zwei Mittschiffskojen war eine durch ein großes Netz gesichert. Das war unser Babyzimmer. Da blieb nur eine Koje über für Silke, Klaas und mich zusammen, und natürlich der Fußboden vor der Küche. Die HUMBOLDT EXPRESS, der große Containerfrachter von Hapag Lloyd, war uns dort unten in Chile über den Weg gelaufen, und der Kapitän hatte uns vor den Winterstürmen und den Wellenungetümen im Südpazifik gewarnt. Es war ja schon Ende April, als wir lossegelten, und Britta gerade zehn Wochen alt. Doch die 39-Tage-Fahrt nach Hiva Oa war unsere friedlichste und schönste Segeltour. Klaas war jetzt fünf Jahre alt, saß oft in seiner Badewanne im Cockpit, schuf komplizierte Tauknotereien, die jedes Notmanöver zum Albtraum gemacht hätten, oder spielte mit Lego und Fischer Technik. Pazifik, riesiges Meer zwischen dem Großen Wagen und dem Kreuz des Südens, das endlose Heben und Senken, eins mit der Unendlichkeit, und abends spielte die aufziehbare Spieluhr für Britta »Weißt du, wieviel Sternlein stehen«. Landfall nach 39 Tagen, Atuona. Fast mehr eine Insel, die uns im Wege lag, als lang erhofftes Land.

Ein Risiko ist immer dabei, damals wie auch heute. Segeln über so lange Strecken, und was wäre wenn? Man kann nicht alles planen. Wir hatten und haben Medikamente an Bord. Kleine Platzwunden können wir mit Klammerpflastern versorgen, und größere … Glücklicherweise hatten wir noch keine. Technische Probleme? Ersatzteile haben wir dabei, soweit es geht und Sinn macht, aber ein wenig vertrauen wir auch auf unser Glück. Das Landleben ist ja auch nicht ohne Gefahr.

Der Flughafen von Rabaul liegt unter Metern von Asche. Jetzt gibt es einen neuen, vierzig Kilometer entfernt. Wir warten stundenlang, dann kommt das Flugzeug, doch ohne Silke und Klaas. Niemand weiß, ob heute noch eins kommt. Es wird spät. Dann ist es da, Düsenjet mit dem Paradiesvogel auf dem Leitwerk – und mit Silke und Klaas! Silkes Gipsverband ist ab und Klaas hat blaue Haare. Die Abschlussparty hat er verpasst, denn da saß er schon im Bus nach Cairns. Doch die blauen Haare, die mussten sein.

Britta und Torsten haben sich nicht verändert in den letzten drei Wochen, nur KAVENGA sieht viel kleiner aus. Das Schiff ist sowieso schon reichlich voll mit unverderblichen Lebensmitteln für mindestens ein Jahr und allen möglichen anderen Dingen, die uns unentbehrlich erschienen. Und Klaas und ich haben noch vieles mitgebracht, was uns beim Umzug so in die Finger kam. Vor allem noch mehr Bücher, dabei hat Britta allein schon über dreihundert Bücher mit und Torsten, Klaas und ich haben die Auswahl unter weiteren dreihundert. Das Regal in Klaas' Kammer ist voll von naturwissenschaftlichen Büchern und Unmengen von CDs.

Es gibt dann immer lange Diskussionen über die Musikwahl, denn Klaas findet Joan Baez, Bob Dylan und Joni Mitchell auf die Dauer zu langweilig und Torsten und mir gefallen nur drei Lieder von den »Butthole Surfers« und kaum welche von den anderen seiner CDs. Leider werden wir noch feststellen, dass Britta sich mehr und mehr auf Klaas' Seite schlägt.

Brittas Hauptinteresse sind Tiere jeder Art. Brittas Kajüte ist voll mit Tierlexika und anderen Tierbüchern, und – sie ist ja schließlich erst elf Jahre alt – Stofftieren. Die Wände ihrer Kajüte hat sie schon in Townsville vor Monaten mit Tierbildern beklebt, so ziemlich jeden Quadratzentimeter. Hinten auf ihrer Koje steht die riesige Schulkiste und wartet auf den Schulbeginn Ende Januar. Wenn Britta sich ganz klein macht, kann sie in ihrer Koje sogar noch schlafen. Die Enzyklopädien sind in CD-Form und nehmen glücklicherweise nicht viel Platz ein.

Ein Problem ist das Gewächshaus. Das war so eine tolle Idee von mir, angeregt durch Ken Neumayers »Sailing the Farm«. Neumayer hatte Skylights im Vorschiff und darunter wuchsen und gediehen in Hülle und Fülle Tomaten, Gurken, Radieschen, Erdbeeren und verschiedene Kräuter. Wir haben die Luke im Badezimmer und darunter drei große Blumenkästen mit Zitronengras, kleinen Erdbeeren, Paprika und Kräutern. An Tomaten und Gurken habe ich mich noch nicht gewagt. Leider sehen die Pflanzen überhaupt nicht so aus, wie ich mir das vorgestellt hatte. Vielleicht nicht genug Licht? Bei jeder Gelegenheit räume ich alles aufs Deck. Doch dort zeigten meine zukünftigen Vitaminspender alle Anzeichen von Sonnen- und Windschäden. Ich kann mir noch so viel Mühe geben, ich muss schließlich einsehen, dass mein schwimmender Gemüsegarten ein Reinfall ist. Nur Petersilie und Schnittlauch überleben und eine Paprikapflanze, von der ich ab und zu mal eine Schote ernten kann.

Wie schon auf SEETEUFEL ziehe ich Keimlinge: Kresse, Alfalfa, Bohnen usw., und ich mache oft Joghurt. Das ist kein Problem. Es gibt so viele Bücher über Haushaltsführung auf Yachten, da will ich nicht zu viel darüber schreiben. Das Hauptproblem, wenn man lange auf See ist oder in Gebieten segelt, in denen es nicht alle paar Wochen einen Supermarkt gibt, ist wohl die Eintönigkeit des Dosenessens. Wir haben eine große Auswahl an Gewürzen, Saucen und eingelegtem Gemüse aus verschiedenen asiatischen und südamerikanischen Ländern an Bord. Damit kann man viele exotische Gerichte aus den gleichen, einfachen Grundzutaten zubereiten – wenn man die Rezepte nicht allzu genau nimmt und seine Ansprüche nicht allzu hoch schraubt.

Bei uns an Bord gibt es fast immer frisches, selbst gebackenes Brot. Wenn man einen Backofen hat, ist normales Hefebrot so einfach zu backen, dass man sogar bei ziemlicher Schräglage und viel Wind meistens nicht darauf verzichten muss. Auf SEETEUFEL hatten wir keinen Backofen, nur einen Zwei-Flammen-Kerosinkocher, auf dem ich regelmäßig Brot in einem großen, gusseisernen, gut verschlossenen Topf gebacken habe. Der Teig wurde in eine runde Backform gefüllt, die in dem Topf auf einer leeren Tunfischdose mit Löchern stand. Da war es allerdings sehr viel günstiger, wenn nicht so viel Seegang herrschte.

Wir ankern zwischen den Duke-of-York-Inseln. Unser Tauchkompressor steht an Deck, und wir füllen Flaschen. Einen Spitznamen hat der Krachmacher auch: »Serenity«. Wenn er läuft, dann bebt und zittert das Schiff. Doch was tut man nicht alles fürs Tauchen, und so sind wir unabhängig von Tauchläden, haben alles an Bord, was wir brauchen. Fast am Ufer schon, fast unter den überhängenden Ästen, finden wir die zwei dunklen Schatten, nach denen wir gesucht haben. Im glasklaren Wasser tauchen wir, zwei perfekt erhaltene japanische Panzer stehen auf dem Meeresboden, Überbleibsel des Zweiten Weltkrieges. Britta hat noch keinen Tauchkurs mitgemacht, im Unterschied zu uns anderen. Sie ist ja erst elf, und das Mindestalter ist zwölf. Da habe ich ihr alles selbst beigebracht, und jetzt taucht sie durch das Wasser wie eine Meerjungfrau, die langen blonden Haare fliegen hinterher und sie kann nicht genug bekommen von dieser Zauberwelt. Das Meer ist ihr Element. Die Luken der Panzer stehen offen. Ein Rotfeuerfisch hat hier sein Zuhause. Wir ziehen uns respektvoll zurück. Die Panzerketten liegen bewegungslos auf den Rädern, erstarrt.

Zwei Wochen lang treiben wir uns in den Gewässern um Neu-Hannover herum und tauchen. Kaum einmal ein Hauch von Wind, Wolkengebirge über Inselspitzen, silbern glasiges, völlig stilles Meer. Meer der Geschichte, denn hier liegen überall Erinnerungen an den Zweiten Weltkrieg unter dem Wasser. Im Three Island Harbour ist es ein zerborstener Frachter. Fächerkorallen neigen sich mit der Strömung hin und her. Wir schlängeln uns durch die geborstenen Reste des Wracks. Ich sehe zur Wasseroberfläche hinauf, und metergroße Teile der Rumpfbeplattung über mir bewegen sich mit den Fächerkorallen im gleichen Rhythmus. Hmm, besser nicht zu lange hier bleiben. Nicht weit entfernt steht ein perfekt erhaltenes japanisches Mini-U-Boot aufrecht auf dem Sandboden, wie die Panzer der Duke of York, gerade so, als wäre es geparkt worden, ein Museumsstück ohne erkennbaren Schaden, Rätsel eines vergangenen Krieges. Britta schwebt über der Einstiegsluke, ein paar Sprossen führen in die Tiefe. Zu eng, viel zu eng, um das zu erforschen, gebaut für kleine Japaner. Wir würden da auch ohne Tauchflaschen nicht hineinpassen.

Auf der anderen Seite der Bucht gibt es noch ein Wrack, ein kleines nur. Mit der Hilfe einiger Leute aus dem Dorf finden wir es, und Klaas und ich tauchen. Oben treiben jetzt einige Kanus. Wir sorgen hier heute für die Unterhaltung. Als wir auftauchen, werden wir mit Ukulelenmusik begrüßt. Ein Mädchen spielt, ein paar andere singen. Yachten kommen nicht so oft hierher. Sonst ist auch nicht viel los. Außer uns.

Auf der Insel vor KAVENGA stehen ein paar Palmhütten am Strand. Wir besuchen die Leute hier, kaufen ein paar Trinknüsse, ein paar Tomaten und sogar eine Stange Zuckerrohr. Ein alter Mann höhlt mit einer Axt einen Einbaum aus. Schwere schwarze Regenwolken treiben uns aufs Schiff zurück, dann kommt der Wolkenbruch. Sturmböen, Wäsche reißt sich los von der Leine, versinkt im Meer. Klaas hechtet hinterher und rettet sogar das meiste. Nur Brittas Nachthemd mit der Katze drauf, das sehen wir nie wieder.

Markt in Kavieng. Ich kaufe Papayas, Limonen, Buschapfelsinen, Karambolen und eine Wassermelone. Neben dem Marktgebäude ist ein Wasserhahn, eigentlich könnte ich da doch unsere Wäsche auswaschen. Vorsichtshalber frage ich und löse damit fast einen Volksaufstand aus. Alle versichern mir, das sei überhaupt kein Problem. Ich wasche die Wäsche, um mich herum die Marktfrauen, wir alle unterhalten uns prächtig. Endlich ist mal was los! Plötzlich taucht ein Mann von der Stadtverwaltung auf und erklärt mir, dieser Wasserhahn sei nur für die Marktleute, ich dürfe das Wasser nicht benutzen. Kein Problem, dann fahre ich eben zurück aufs Schiff und mache da weiter, wir haben ja schließlich einen Wassermacher. Aber ich habe nicht mit meinen neuen Freunden gerechnet. Eine laute Diskussion bricht aus, in Pidgin, ich verstehe kein Wort. Die Unterhaltung wird immer hitziger, jede der Frauen greift sich ein Wäschestück und alle stürzen auf den Wasserhahn zu. Das Ergebnis: Das Wasser wird abgestellt. Was habe ich da nur angerichtet! Aber auch jetzt werde ich nicht im Stich gelassen, unsere Wäsche wird in ein kleines Auto geladen. Britta und Torsten sind inzwischen auch eingetrudelt und sehen verständnislos zu. Mitsamt unserer Wäsche quetschen wir uns in das Auto und los geht's zum Haus der Fahrerin. Ein winziges Steinhaus, wie die meisten in Kavieng, draußen zwei große Waschtröge, und in vereinter Arbeit wird noch einmal alles geschrubbt, gespült und ausgewrungen. So sauber war unsere Wäsche noch nie. Auch hier sind wir wieder die große Attraktion. Immer mehr Kinder erscheinen, stehen erst schüchtern in einiger Entfernung, kommen dann näher und scharen sich um Britta. »Die sind alle aus der Nachbarschaft«, sagt unsere Gastgeberin. Sie lehnt jegliche Bezahlung oder Geschenke ab, sie möchte nur, dass wir die Leute von Kavieng nicht für unfreundlich halten. Und das tun wir bestimmt nicht.

Bordbucheintragung von Britta:
3.12.98

Mein erster Nightdive. Wir haben einen Kugelfisch gesehen und eine See-Anemone. Im Wasser waren Leuchtalgen und ein Schlangenstern hatte ein blaues Licht, das geblinkt hat. Es war ein bisschen unheimlich unter Wasser, aber auch absolut super. Ich durfte sogar eine der Taschenlampen halten. Ich werde ein Buch schreiben über eine Schule von Fischen. Am 1. Dezember haben wir Weihnachtsdekorationen aufgehängt, und jetzt sieht das Schiff ganz christmassy aus.
6.12.98

Heute ist Nikolaustag. Klaas und ich haben jeder ein Buch und zwei Lollipops gekriegt und eine Tüte Marshmallows zusammen. Heute ist auch zweiter Advent, auf dem Tisch brennen drei Kerzen, zwei für Advent und eine, weil wir drei haben wollten.

Heute morgen sind Silke, Torsten, Klaas und ich an den Wracks getaucht. Wir sind im Schornstein hochgeschwommen!!!!!! Es war dunkel da drin und wir mussten wieder Taschenlampen benutzen. Cool and exciting!!!!!!

Silke hat gerade einen Weihnachtsstollen gebacken und ich habe ihr geholfen. Es ist nicht mehr lange bis Weihnachten.

Weihnachtsstollen

300 g Rosinen
7 Essl. Rum oder Whisky
1000 g Mehl
21 g Trockenhefe
250 ml warme Milch
200 g Zucker
300 g Butter oder Margarine
2 Eier oder Eipulver
Marzipan – wenn man das Glück hat, welches zu haben

Mandel-Aroma
Piment, Zimt
100 g gehackte Nüsse
200 g Zitronat oder ähnliches
100 g weiche Butter o. Margarine
100 g Zucker
Puderzucker zum Bestäuben

Rosinen im Alkohol eine Stunde ziehen lassen. Das Mehl in eine Schüssel geben. Die Hefe in der Milch mit etwas von dem Zucker auflösen. Zum Mehl geben, verrühren und $^1/_2$ Stunde stehen lassen. Das Fett mit den Eiern, dem übrigen Zucker und den Gewürzen gut verrühren. Unter den Vorteig arbeiten, Rosinen, Alkohol, übrige Früchte und Nüsse zufügen. Kräftig durchkneten und 45 Minuten zugedeckt gehen lassen. Dann den Teig halbieren und zu zwei länglichen 1 cm dicken Platten formen. Marzipan (wenn vorhanden) zu zwei langen Schlangen rollen und in die Mitte der Platten legen. Den Teig so darüber falten, dass die typische Stollenform entsteht. Auf gefettete oder mit Backpapier ausgelegte Bleche legen, nochmal $^1/_2$ Stunde gehen lassen, in den kalten Backofen schieben und bei 180 °C eine Stunde backen. Herausnehmen und sofort mit der Butter oder Margarine bestreichen. Mit dem Zucker bestreuen und abkühlen lassen, dann mit Puderzucker bestäuben.

Weihnachten im Paradies

Am 11. Dezember beschließen wir, am nächsten Tag weiterzufahren zu unseren ersten Atoll auf dieser Reise. Wir klarieren aus. Man könnte wirklich noch monatelang hier in der Inselwelt von Papua-Neuguinea herumsegeln, aber die Atolle von Mikronesien sehen so schön aus auf unserer Seekarte.

Nachmittags dreht der Wind auf Nordwest. Kapingamarangi liegt in nordöstlicher Richtung und normalerweise weht hier der Nordostpassat. Diesen Wind dürfen wir nicht verschenken. Im letzten Licht gehen wir Anker auf und segeln los. Raue See bei 25 Knoten Wind und stockdunkel. Mir ist schlecht und plötzlich habe ich Angst, wovor, weiß ich nicht so genau. Die Segelei mit SEETEUFEL scheint mir so lange her zu sein. Ich kann mir nicht mehr vorstellen, 39 Tage lang auf See gewesen zu sein. Ich bin eine Landratte geworden. Wir machen schnelle Fahrt, 8 bis 10 Knoten, das Schiff braust durch die Wellen. Torsten und Klaas sind begeistert, Britta schläft fest und ich liege in der Koje, das Leben an Land kommt mir so schön und sicher vor, ganz anders als hier auf dem rauen Meer in einem Schiff, das ich auf dem offenen Ozean noch nicht erlebt habe. SEETEUFEL war nie so schnell. Geschwindigkeit hat mich schon immer nervös gemacht. Bei Sonnenaufgang liegen dann 80 Seemeilen im Kielwasser. Sobald es hell ist, fühle ich mich besser. Sieht doch alles ganz anders aus bei Tage.

Und dann dreht der Wind, Segelwechsel. Dann dreht der Wind wieder, Segelmanöver... So geht das zwei Tage lang mit Böen bis 40 Knoten Wind. Jetzt fühlt sich keiner mehr so richtig fit. Klaas sitzt am Tisch und isst Kekse: »Puh, ist das heiß hier drinnen! Bei diesem Kurs kann ich doch wohl eine Luke aufmachen, oder?« Zehn Minuten später schwimmen die Kekse auf dem Tisch und Brittas Buch ist nass. Britta ist nicht begeistert. Aber wir kommen klar mit dem Schiff. Klaas entdeckt, dass Segeln doch ganz interessant sein kann und ein Segelschiff nicht nur ein Transportmittel von einem Tauchplatz zum anderen. In der Nacht zum 14. Dezember müssen wir fast die ganze Nacht die Fahrt stark reduzieren, um nicht vor dem Morgengrauen anzukommen.

Kapingamarangi, unser erstes echtes Atoll auf dieser Fahrt! Morgens um sechs stehen wir vor dem Pass. Der GPS hat es für uns gefunden, wie einfach! Damals mit SEETEUFEL hatten wir so manche zittrige Stunde erlebt, wenn der Himmel bedeckt war und Riffe im Weg lagen, wenn der Sextant nicht mehr weiterhalf, keine Sonne, keine Sterne zu sehen waren. Trotzdem haben wir sie immer gefunden, die Inseln im Riesenmeer. Weihnachten '87 haben wir auf Christmas Island verbracht, dem im Staate Kiribati, und hatten dort viele Wochen geankert. Von dort war unser nächstes Ziel Fanning gewesen. Das hatte sich herumgesprochen. Fanning ist ganz schön isoliert, auch heute noch. Nur wenige hundert Menschen leben dort, und das Versorgungsschiff kam nur zweimal im Jahr nach Fanning. Willy saß fest auf Christmas Island, damals 1987. Er war als Regierungsabgeordneter für Fanning in Tarawa gewesen, war auf dem Heimweg und auf Christmas Island hängen geblieben. Dorthin gab es eine Flugverbindung, Tarawa–Honolulu–Christmas Island, weiter ging es nicht, bis irgendwann das Versorgungsschiff kommen würde, auf dem Wege nach Fanning, oder ein Segelschiff namens SEETEUFEL. Also kam Willy an Bord und fragte, ob er nicht auch ein paar persönliche Dinge mitnehmen könnte. Warum nicht, dachten wir, und Willy tauchte mit ein paar stämmigen Freunden auf. Zu dritt begannen sie SEETEUFEL zu beladen: ein

3,5-m-Alu-Boot auf das Vorschiff, ein 15-PS-Motor, Benzin kanisterweise, jede Menge Kartons, eine Spezialsendung für den katholischen Pfarrer und natürlich der offizielle Postsack.

150 Seemeilen nach Fanning, Kurs Nordwest, über Gewässer, die es in sich haben. Wilde Strömungen, nur weiß man nicht genau, wohin. Zwei Knoten nach West können es sein, oder zwei Knoten nach Ost, kommt ganz drauf an, ob man in der Äquatorialströmung oder in der Gegenströmung ist, und die wechseln ihre Lage unvorhersagbar. Kompensiert man für die eine, gerät dabei aber in die andere, läuft man pro Stunde bis zu vier Seemeilen in die falsche Richtung. Und so ein flaches Atoll wie Fanning, das kann man nur auf zehn Seemeilen ausmachen. Ein dummes Gefühl. Ich hatte mich gut vorbereitet, hatte mir Azimute und Höhen der wichtigsten Sterne für Abend und Morgen vorberechnet, um sie schnell zu finden in den kurzen Augenblicken der Dämmerung. Anker hoch am Morgen, abends perfekte Astrofixe und Stromversetzung nach Westen. »Kein Problem, das kompensieren wir, und morgen früh, im ersten Licht, kannst du Fanning sehen«, beruhigte ich Willy, der etwas nervös in unserer einzigen Koje verschwunden war. Dann kam es doch ganz anders, bedeckter Himmel, keine Sonne, keine Standlinie und erst recht keine Insel. Wir hätten sie längst sehen sollen, und jetzt, was tun? War die Westströmung stärker geworden oder hatte sie sich in eine Ostströmung gewandelt? Damals war Navigation auch eine ganze Menge Gefühl, Intuition. Wir gingen auf direkten Westkurs. Wenn wir aber nach Westen daran vorbeischießen würden, wäre es verdammt schwer, gegen den Passat zurückzubolzen. Um elf Uhr tauchten die ersten Palmenspitzen auf, direkt voraus. Willy erkannte die Insel sofort: »Das ist Fanning!« Er begann wieder zu leben und wir atmeten auf, hatten das geschafft, diesen winzigen Punkt im Ozean gefunden. Das möchten wir niemals missen, diese Spannung, dieses Erfolgserlebnis. Aber heute, hier, an der Einfahrt in den Pass von Kapingamarangi, sind wir froh, den GPS zu haben. Allein auf dem Meer, da kann auch so genug passieren, auch wenn wir nicht mehr mit dem Sextanten navigieren müssen.

Erstes grau-silbernes Tageslicht, die Sonne steht noch unter dem Horizont. Brecher an den Seiten des Passes, doch die Einfahrt ist klar erkennbar. Strömung steht kaum, langsame Maschinenfahrt, ein Ruck an der Angel. »Fisch!« Klaas zieht einen großen Barrakuda an Deck, der wild um sich schlägt und mit seinen scharfen Zähnen schnappt. Ruhiges Wasser, zehn Meter, neun Meter, acht Meter, dann fünf Meter. Runter mit dem Anker, stop, keinen Meter weiter, noch nicht. Die Sonne steht zu tief, null Sicht, viel zu gefährlich, jetzt weiterzufahren. Wir ankern, wo wir sind, vor uns der Kranz der Motus, der kleinen Palmeninseln, im Südwesten nur Riff und Brandung. Reste eines Frachters in den Brechern, daneben noch ein Wrack, ein fast intakter taiwanesischer Fischkutter. Silke schafft es, aus dem Barrakuda drei Mahlzeiten zu zaubern. Gebraten mit Couscous, Poisson cru und dann Sushi für heute Abend. Der wird schon okay sein, der Barrakuda, hier soll es keine Fischvergiftung geben, keine Ciguatera. Toi, toi, toi!

Kapingamarangi ist ein Bilderbuchatoll, gerade die richtige Größe, vier Seemeilen breit. Ein Dutzend Motus im Halbkreis, weißer Korallenstrand mit Palmen, die leise im Wind rascheln, glasklares, türkisblaues Wasser, über das die Einheimischen mit ihren Auslegerkanus segeln oder paddeln. Südsee wie vor hundert Jahren. Wir ankern vor dem Dorf und fahren mit dem Dingi an Land. Das Dorf erstreckt sich über zwei Motus, die mit einer Brücke verbunden sind. Wir landen neben palmwedelgedeckten Bootshäusern, eine Pier aus Korallenblöcken, ein weißer Kiesweg, der auf die kleine Kirche zuführt. Palmhütten, dazwischen niedrige Hecken mit muschelgeschmückten Wegen, und überall Blumen. Leute auf Fahrrädern, nur mit Lendentüchern bekleidet. Tarofelder, Bananenstauden und Papayas, darunter riesige schwarz-weiße Schweine und winzige Ferkel. Britta ist ganz hingerissen, wir bleiben lange an Land.

Der Chief Magistrate, sehr würdig – was noch durch seinen Umfang betont wird –, heißt uns herzlich willkommen und erklärt, er werde uns morgen Tunfisch vorbeibringen. Die Frauen hocken vor den offenen Kochstellen und lächeln scheu. Kaum jemand spricht Englisch. Ich versuche, mehr Kontakt zu ihnen zu bekommen, aber dafür ist es wohl noch zu früh. Wir haben in Papua-Neuguinea festgestellt, dass man erst eine Weile an einem Platz sein muss, bevor man von den Einheimischen akzeptiert wird. In Mikronesien scheint das genauso zu sein. Jetzt lächeln mir die Frauen nur zu und beugen sich über die Kochtöpfe. Abends merken wir, dass auch in Kapingamarangi der Fortschritt schon Einzug gehalten hat. Der Generator wird angeworfen, Fernseher und Videogerät unter den Palmen aufgebaut und das halbe Dorf sieht Filme mit polynesischen Untertiteln. Kapingamarangi ist eine der wenigen Inseln Mikronesiens, auf der die Einwohner Polynesier sind.

Eine Woche Kapingamarangi, wir ankern vor unserer eigenen unbewohnten Palmeninsel, tauchen bei einem japanischen Wrack aus dem Krieg und gehen auf Langustenfang. Um zwei Uhr morgens, denke ich, muss die Tide günstig sein und der Mond untergegangen, gerade richtig! Klaas und Britta wollen unbedingt gehen, denn ich habe ihnen oft von Fanning erzählt, damals, als uns Karoto gezeigt hatte, wie man das macht. Karoto war ein paar Jahre bei der »Hamburg Süd« auf Frachtern gefahren und hatte darum Geld und eine Petroleumdrucklampe. Bei dunkelster Nacht waren wir über das Riff gewandert, Karoto, Klaas und ich. Klaas war damals sechs Jahre alt. Knietiefes Wasser, immer wieder ein Brecher bis an den Bauch, wir stolperten über die Geröllfläche des Riffes und versanken in Wasserspalten. Babyhaie stupsten uns in die Kniekehlen und schwammen uns zwischen den Beinen hindurch. Ich hielt den Sack, Karoto die Lampe. Schatten auf den Korallen, zischende Wasserspritzer am heißen Lampenglas, dort ein dunkler Fleck, eine Languste! Fuß draufgesetzt, nicht so kräftig, ich will sie doch nicht zerquetschen. Mein erster Fang, der erste Fang der Nacht, meine Languste, King of the Reef! Dann fing das Mistding an zu zappeln, piekste mich mit den stacheligen Fühlern, ein gruseliges Erlebnis im Stockdunkeln. Ich zuckte weg – und weg war auch die Languste! »What did you do that for?«, hatte mich Karoto fassungslos gefragt. Das wusste ich aber auch nicht. Am Ende der Nacht war unser Sack dann trotzdem ganz schön voll.

Hier haben wir auch Langustengehäuse am Strand gesehen. Der Mond ist richtig, die Tide auch, eine Drucklampe haben wir und Petroleum dazu. Nichts fehlt. Nur ein Wecker. Welche Fahrtenyacht hat schon einen Wecker dabei? Das ist doch gerade das, was wir hinter uns lassen wollen, oder? Um zwei Uhr morgens wache ich auf. Draußen ist es dunkel und kalt, drinnen unter der Decke warm und kuschelig. Pflichtbewusst rufe ich: »Klaas, Britta«, so leise wie möglich natürlich, denn wer will schon aufstehen um diese Zeit? Die sind natürlich sofort hellwach und wollen erleben, ob was dran ist an der alten Langustenstory. Silke dreht sich um im Bett. »Sei doch nicht so laut...« Am Strand schaffen wir es, die temperamentvolle Drucklampe zu starten. Klaas und Britta haben Taschenlampen. Palmwedel über uns knistern im Wind, Einsiedlerkrebse flüchten aus den Lichtkegeln in die Dunkelheit und lassen den Korallenkies leise klirren und klingeln. Vorsichtig waten wir über das Riff. Hier gibt es keine empfindlichen Korallen, die wir zertreten könnten. Das Riff ist weit und eben, unterbrochen von Löchern und Kanälen. Große Korallenblöcke liegen hier, die der letzte Sturm am Außenriff losgerissen und hochgeworfen hat. Das Licht zieht lange, glasig dünne Nadelfische an. »Torsten!« Ein Schrei von Britta. »Languste!« Sie hat die erste entdeckt, hat sie mit dem Fuß am Boden festgepresst. Vorsichtig greife ich den Panzer, die Languste zuckt und zappelt und landet im Sack. Also doch kein Märchen, denke ich, und Klaas fängt später noch zwei. Meine Hände sind ganz kaputt vom Wracktau-

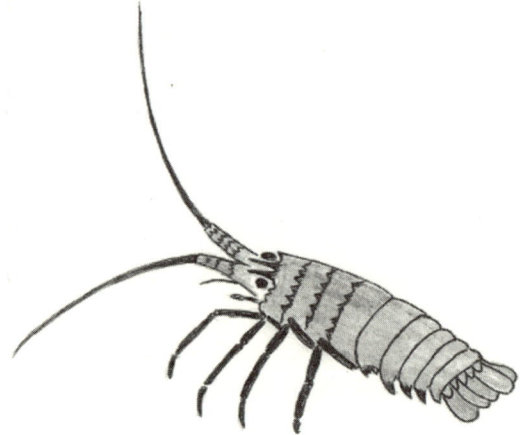

chen mit all den scharfen Kanten und jetzt von diesen Viechern hier. Am nächsten Morgen kommt das Langusten-Frühstücksessen. Kombizangen aus der Werkzeugkiste ersetzen das Hummerbesteck.

Weihnachtszeit auf Kapingamarangi. Silke und Britta wechseln sich ab und lesen jeden Tag ein Kapitel aus Jostein Gaarders »Das Weihnachtsgeheimnis« vor. KAVENGA sieht festlich aus. Girlanden von Weihnachtsbaumschmuck hängen quer durch die Kajüte. Britta hat Tannenbäume und Weihnachtsmänner gemalt, ausgeschnitten und aufgeklebt. Weihnachtsbäckerei in unserem temperamentvollen Petroleumofen ist eine Wissenschaft, und Silke hat sich zur Spezialistin im Umgang mit dem Ungetüm entwickelt. Britta steckt bis zu den Armen im Teig. Printen, Lebkuchen und Honigkuchen. Das hier wäre ein traumhafter Platz, um Weihnachten zu feiern, aber es liegt noch so viel vor uns. Am 19.12. um 6.30 Uhr fahren wir durch den Pass, Kurs Nukuoro, nur eine Übernachtfahrt, nur 165 Seemeilen. In fünf Tagen ist Weihnachten!

Nukuoro liegt direkt voraus, wir sind fast da, sehen den Pass, doch der GPS sagt, dass wir zwei Seemeilen weiter nach Osten müssten. Wehe dem, der hier nachts blind auf die Elektronik vertraut und den Korallen zu nahe kommt! Nukuoro ist um zwei Seemeilen falsch in der Seekarte eingetragen. Glasklares Wasser im Pass, steil fallen die Korallenwände unter uns in die Tiefe ab. Dies ist der schmalste Pass bis jetzt, nur zwanzig oder dreißig Meter breit. Wir ankern vor dem Dorf mit Kirche. Nukuoro ist auch ein Bilderbuchatoll, perfekter Kranz der Motus. Unsere Weihnachtsinsel? Da ist schon das Begrüßungskomitee. Mit voller Fahrt kommt ein Motorboot auf uns zu, geht knirschend längsseits, zwei gröhlende Typen drin. »We want to buy your gun!« Was? Ist das der traditionelle Empfang auf einem mikronesischen Atoll? Sie wiederholen ihre Forderung klar und deutlich, kein Zweifel. Dass wir kein Gewehr haben, glauben sie uns nicht. Dann eben stattdessen die Solarpanele. Die können wir nicht verleugnen, denken sie wohl, denn die sind deutlich sichtbar über dem Heck angebracht. Die wollen sie jetzt haben. Inzwischen ist einer der beiden rückwärts ins Meer gefallen. Zu viel selbst gebrauter Palm Toddy? Sehr lustig, findet zumindest er. Wir vier fühlen uns hilflos und überrumpelt. Klaas und ich rudern ans Ufer. Es ist Sonntag. Ordentlich angezogen scheint der ganze Ort vor der Kirche auf Einlass zu warten, doch die Stimmung hier ist gar nicht südseemäßig locker und lustig, sondern merkwürdig gezwungen. Der Assistant Chief Magistrate erzählt uns, was erlaubt ist und was nicht. Wir dürfen bleiben, kein Problem. Wir dürfen nur vor dem Ort ankern und nicht bei den Motus. Gerätetauchen ist verboten. Eine halbe Stunde später sind wir wieder draußen auf dem Meer. Nur 120 Seemeilen bis Satawan, dem nächsten Atoll. Wir werden sie schon noch finden, unsere perfekte Weihnachtsinsel.

20. Dezember '98. Vor dem Pass von Satawan, einer der Mortlock-Inseln, schreibt Britta ins Bordbuch: »*Direkt vor der Einfahrt kamen Delfine zu uns und blieben ganz dicht am Schiff, bis wir sicher hindurch waren. Die waren SUPER!*« Satawan ist ein Riesenatoll, über zwanzig Seemeilen von Süd nach Nord. Mit Geleitschutz kommen wir hinein und erhalten vom Chief Magistrate die Erlaubnis zu ankern, wo wir nur wollen. Endlich finden wir ihn, unseren Weihnachtsplatz. Hinter zwei winzigen Inseln ankern wir, vor uns die Brandung auf dem Riff, weit in der Ferne, gerade noch auszumachen, das nächste Atoll, Lukunor, und wir auf türkisfarbenem Wasser, nur wir und die beiden Palmeninseln.

Im Palmenschatten liegt ein schmaler weißer Strand, winzige Fische im Wasser, Strömung im Kanal zwischen den Inseln, gerade perfekt, um mit dem Paddelboard zu fahren. Klaas und Britta flechten Segel aus Palmwedeln. Wir haben Durst, und die Palmen sind voller Nüsse. Immer wieder das gleiche Problem, wie kommt man da ran? Wie die Einheimischen, mal eben schnell die hohen Stämme raufklettern, das haut bei uns nicht hin. »Die Palme da ist gerade richtig«, sagt Britta, »da kommst sogar du rauf!« Fast waagerecht, umgekippt im Sturm, doch gesund und voller Nüsse ragt sie über das Wasser hinaus. Erntezeit! Klaas hat jede Menge Utos gefunden, das sind Nüsse, die auf den Boden gefallen sind und aus denen schon der erste Palmtrieb wächst. Die klare Flüssigkeit im Innern hat sich in eine weiße, watteähnliche Masse verwandelt, wie Zuckerwatte. Na ja, vielleicht schmeckt sie so, wenn man lange keine echte Zuckerwatte mehr gegessen hat.

Die Sonne scheint, wir sitzen am Strand unter den Palmen. Winzige Einsiedlerkrebse sind in Mengen erschienen und schlachten unsere leeren Trinknüsse aus. Mit einem scharfen Messer müsste man diese Nüsse doch noch einfacher aufbekommen. »Ich fahr mal eins holen«, sage ich. »Geht das denn wirklich nicht anders?«, fragt Silke. Warum ist sie denn nur so nervös? Zwei Nüsse später rutscht mir das Ding doch wirklich ab, und die Messerspitze zieht eine rote Spur über meine Handfläche. »*Nur noch zweimal schlafen, dann ist Weihnachten*«, schreibt Britta ins Bordbuch.

24. Dezember, Weihnachten. Britta schmückt den Baum, eine kleine Palme, deren Wurzeln noch ganz in der Nuss stecken. Silberschmuck flattert im Passatwind. Weihnachtsmusik von »Godewind« und Silke hat eine Doppelportion Pizza gebacken. Wir holen Geschenke aus Verstecken hervor. Heute vor elf Jahren

feierten wir vor Christmas Island auf SEETEUFEL. Stürme im Norden des Pazifiks hatten immer wieder hohen Schwell bis zu uns hinunter geschickt, und Brecher standen an den Ufern der Insel. Klaas und ich hatten den Weihnachtsbusch mit Mühe und Not durch die Brandung geholt. Dann hingen kleine rot-weiße Zuckerstangen dran und der Weihnachtsbraten war ein ganzes Huhn aus der Dose, denn ganz unerwartet war auf dem winzigen Postamt von Christmas Island ein Paket aus Hawaii eingetrudelt, ein Paket von Seglern, die wir kaum kannten. Die hatten ein paar Wochen vorher neben uns geankert und waren dann nach Honolulu gesegelt. Sie wussten, dass man auf Christmas Island im winzigen Laden von Moti, dem Chinesen, fast nichts kaufen konnte, und hatten uns darum dieses Weihnachtspaket geschickt. Und wir hatten nicht einmal eine Adresse, um uns bedanken zu können. Britta, zehn Monate alt, lutschte an einem Zuckerkringel, klebte ihn sich in die Haare und fiel vor Lachen fast um.

Townsville Bulletin, 16.2.99

Sushi
Für 24 Stück

220 g Rundkornreis
1 Essl. Zucker
1 Teel. Salz
2 Essl. Mirin (süßer Reiswein)
2 Essl. Reisessig
4 Blatt Nori (getrocknetes Seegras)
Wasabi (japanische Meerrettich-Paste)
125 g roher, frischer Fisch (Dosenfisch kann benutzt werden bei Heißhunger auf Fisch und keinem Anglerglück)
1 Gurke oder Zucchini und 1 Avocado (oder irgendwelches andere Gemüse, das vorhanden ist)

Den Reis in kaltem Wasser gründlich waschen. In einem halben Liter Wasser zum Kochen bringen. So lange kochen, bis der Reis gerade weich ist. Mirin, Reisessig, Zucker und Salz mischen und unter den Reis rühren. Reis ausbreiten, damit er schnell abkühlt. Der Reis soll körnig sein und nicht kleben. Ein Blatt Nori auf eine Sushi-Matte oder ein Stück Backpapier legen, sodass die langen Seiten oben und unten sind. $^1/_4$ vom Reis über das untere Drittel des Nori streichen, dabei 2 cm am unteren Rand freilassen. Eine Rille längs in die Mitte vom Reis drücken. Eine kleine Menge Wasabi hineinstreichen, $^1/_4$ vom Fisch und Gemüse darüber legen. Mit der Matte als Hilfe das Nori eng von der Unterseite her aufrollen, dabei darauf achten, dass die Füllung vom Reis umschlossen wird. Mit einem sehr scharfen Messer in sechs Teile schneiden. Mit Sojasauce als Dip servieren.

Die Fahrt nach Truk ist rau. Der Nordostpassat bläst in Böen mit dreißig Knoten. Das Groß ist doppelt gerefft, der Trecker auch, die hohen Berge Truks liegen direkt voraus, die Brandung am Kuop-Atoll querab. Truk – heute heißt es offiziell Chuuk – ist einer der vier Staaten der Federated States of Micronesia. Erst war es eine deutsche Kolonie, dann wurde es zum größten Militärstützpunkt der Japaner in diesem Teil des Pazifik. Heute sind die FSM selbständig. Truk ist unser erstes großes Ziel, eines der berühmtesten Tauchgebiete der Welt. Auf dem Boden der Lagune liegt Truks Geisterflotte, rund sechzig Schiffe, die die Amerikaner 1944 in einem Überraschungsangriff versenkt haben, der »Operation Hailstorm«.

Kurz vor dem Riff starte ich den Motor. Ich öffne die Ventile im Maschinenraum, klick – klick – klick macht der Starter, kein dumpfes Rumpeln, kein Motor für die Riffpassage, den Otta-Pass. Mist, wieso, warum, wie konnte das passieren, Wasser im Motor, in den Zylindern? Den Pass können wir nicht anliegen, doch wir finden auf der Seekarte einen anderen Bruch im Riff. Brecher links und rechts, hoch an den Wind und durch mit vollen Segeln. Truk ist ein großes Archipel, über vierzig Seemeilen Durchmesser, ein Riff drumherum, Inseln mit hohen Bergen... Wir kreuzen auf und ankern hinter Udot. Ich verziehe mich, total genervt – wie Silke kritisch feststellt – in den Maschinenraum, Klaas hilft. Einspritzleitungen abnehmen, die Düsen ausbauen, den Auspuffschlauch lösen. Kein mechanischer Schaden ist erkennbar. Sauber dreht der Isuzu durch, bläst das Wasser aus den Verbrennungskammern und startet sofort, als alles wieder zusammengebaut ist. Die Maschine läuft, doch woher kam das Wasser denn nun? Das Ventil vor der Wasserpumpe war zu, und auch die Auspuffleitung war durch ein geschlossenes Kugelventil vom Motor getrennt. Gibt's doch gar nicht, kann überhaupt nicht passiert sein. Klaas und ich zeichnen ein Diagramm aller Wasserleitungen auf. Das macht keinen Sinn, kann theoretisch nicht passiert sein. Wenn wir keinen Fehler finden, wie können wir ihn dann beheben?! »Sei doch froh, dass der Motor läuft«, sagt Klaas, und für heute geben wir die Grübelei auf.

Udot, Param, Fefan, Dublon, Eten, Moen und viele mehr, die Inselwelt der Truk-Lagune. Dublon bauten die Japaner zu einem gewaltigen Militärstützpunkt aus, der wichtigsten Basis für die kaiserlich-japanische Flotte, die Schiffe mit der aufgehenden Sonne und den rot-weißen Streifen auf der Flagge. Das Gibraltar des Pazifik. Ganz geheim, kein Ausländer hatte Truk nach dem Ersten Weltkrieg besuchen dürfen, niemand wusste genau, was die Amerikaner dort erwartete. Am 17. Februar 1944 begann die »Operation Hailstorm« der US Navy, und zwei Tage lang wurden Land und Wasser bombardiert. Dublon war die japanische Verwaltungsinsel, und Eten, die kleine Insel direkt davor, war zu einem Flugplatz planiert worden, der aussah wie ein riesiger Flugzeugträger. Das war alles in Rauch und Flammen aufgegangen, damals. Eine Landung auf Dublon fand nie statt. Die japanische Flotte war versenkt worden, das war das Ziel der Aktion gewesen. Nach Kriegsende machten die Amerikaner Moen zur neuen Verwaltungsinsel. Auf Dublon lebten ja noch Tausende von halb verhungerten Japanern, jetzt Kriegsgefangene, und es gab ja genug Inseln in Truk. Die Japaner sind dann nach und nach zurück nach Hause gebracht worden, doch Moen ist die Hauptinsel geblieben. Hier müssen wir einklarieren.

Der Hafen ist nur eine Bucht zwischen Riffen, und am Ufer liegen Dutzende von Bananabooten, Allzweckverkehrsmittel in diesem Teil der Welt. Schmale offene Boote sind das, mit großen Außenbordern. Hier ist der Regierungssitz von Truk und man kommt per Speedboat von den anderen Inseln zur Arbeit. An der Pier liegen die MICRO SPIRIT und die MICRO GLORY, zwei rostig schwarz-weiße Inselfrachter. Hinter Containern und einem Zaun liegt die Stadt. Ein Supermarkt, eine Schlange hupender Autos auf der Hauptstraße, eines zerbeulter als das andere. Das Truk Stop Hotel, mit seinen drei oder vier Etagen, hier ein Wolkenkratzer. Roststreifen laufen an der Fassade herunter. »Truk – rough around the edges« stand irgendwo über die Inseln geschrieben. Das soll uns nicht abschrecken, dieser erste Eindruck der Verwahrlosung und des Lärms, denn wenn wir die Einsamkeit wollen, dann brauchen wir nur zu einem Motu zu fahren oder zu einer anderen Insel im Atoll von Truk. Braune Kinderaugen sehen von der Pier auf uns herab, eine offene Hand. »Hey Mister, money, money!« – »No, thank you«, antworte ich dem Knirps, doch der sieht mich ganz verständnislos an. Wir klarieren ein, ruckzuck und kein Problem.

Alte Bekannte treffen wir in Truk, die WINDEKIND mit Alfons und Clara ankert auch vor dem Blue Lagoon Hotel, und bei Kaffee und Kuchen haben wir uns viel zu erzählen. Drei Tage später laufen sie aus, und für vier Wochen ist KAVENGA das einzige Segelschiff in Truk. Inseln abseits der Weltumseglerroute.

Tauchen in Truk, wir sind weit gekommen, um diese Gespensterwelt zu erleben. Unser Tauchführer für heute heisst McKenzie. Ohne Führer darf hier niemand ins Wasser, denn die ganze Geisterflotte Truks steht unter Denkmalschutz. Die Schiffe liegen heute noch so auf dem Meeresboden, wie sie vor 55 Jahren versunken sind. Truk ist groß, viele Seemeilen zwischen dem Außenriff und den Wracks. Der Passat hat eine hohe, steile See aufgeworfen. McKenzie kennt sich aus und findet die FUJIKAWA MARU durch Landpeilungen. Auf 32 Metern ankern wir, tauchen an unserem ersten Wrack in Truk. Der Frachter ist 133 Meter lang, ein 7000-Tonner, der aufrecht auf dem Meeresboden steht. Versenkt durch Flugtorpedotreffer, das geborstene Stück Bordwand einziges Zeichen der Verletzung. Im grün-blauen Wasser sinken wir in die Museumswelt; Masten und Ladebäume steigen aus der Tiefe korallenüberwachsen auf uns zu, dazwischen Schulen bunter Fische. Am Bug der Name: FUJIKAWA MARU, in lateinischen Buchstaben und darunter die japanischen Zeichen. Auf dem Vorschiff eine große Plattform mit einem Geschütz, damals schon alt, aus den 1890ern, und dahinter eine offene Munitionskiste, einige Patronen fehlen, das Rohr gegen den Himmel gerichtet, vergeblicher Verteidigungsversuch. Davor die Ankerwinsch, die Kette darauf erstarrt, führt durch die Klüse, verliert sich in der Tiefe unter uns. Wir tauchen durch die Aufbauten, durch die Brücke mit Maschinentelegraf. Das hölzerne Steuerrad ist längst verrottet. In der Küche stehen Töpfe auf dem gusseisernen Kohleherd, weiße Porzellanteller mit blauen japanischen Motiven liegen halb versunken im Sediment der Jahrzehnte. Durch die offene Tür schweben wir in die hohe Halle des Maschinenraums, Finger aus Sonnenstrahlen tasten sich durch die Skylights über uns gelb-grün hierher hinein. Tief unter uns die alte Dieselmaschine. Was für ein Gefühl, sich einfach über das Treppengeländer zu schwingen und sich gewichtslos in die Tiefe gleiten zu lassen. Ein riesiger Motor. An der Decke über uns ein Flaschenzug für Reparaturen. An der Wand hängt ein Reservekolben, daneben eine Reservelaufbuchse, so groß, da könnte man hindurchtauchen. Die Einspritzpumpe ist größer als unser Motor auf KAVENGA. Hinter dem nächsten Querschott wird es dunkel, hier liegt die Werkstatt. Unter einer Schicht von Schwebeteilen stehen eine Standbohrmaschine und eine Drehbank. Schraubenschlüssel hängen an der Wand. Ein Stecker in einer Steckdose, ich tauche am schwarz-weißen Elektrokabel entlang, um die Ecke, unter den Motor, am Ende des Kabels hängt eine Arbeitslampe, Werkzeug liegt am Boden. Die Reparatur hat ein abruptes Ende gefunden, damals, am 17. Februar 1944. Die FUJIKAWA MARU ist noch beladen, sie war ein Flugzeugtransporter, und in den Laderäumen liegen zerlegte Zero-Kampfflugzeuge, Rümpfe, Flügel, Sternmotoren… Unsere Flaschen werden leerer und leerer, und beim Aufstieg sehen wir den Gedenkstein der japanischen Regierung, einen Kranz, Menschenknochen – Erinnerungen an die grausame Realität des Krieges.

Heute ist Silvester, doch das Tauchen macht unheimlich müde. Wir schlafen schon um zehn, nur Britta ist noch bis Mitternacht wach und total sauer. »Torsten, Silke, Klaas, steht endlich auf!« Ein paar Knaller am Ufer, viel ist nicht los hier, und das neue Jahr hat begonnen.

Wrackfieber, Tauchen in Truk, im Januar '99 hat es uns gepackt. Wochenlang sind wir jeden Tag unterwegs mit Carlos, unserem neuen Führer, mindestens zwei Wracks jeden Tag, und immer noch so viel zu sehen. Wir ankern dicht bei den Wracks, oft auf über sechzig Metern Wasser, und haben uns dafür ein spezielles Truk-Ankermanöver ausgedacht: erst der Anker, daran die 10-mm-Kette, aber nur ein Stück von zehn Metern, daran fünfzig Meter 24-mm-Trosse, und daran unsere Hauptkette von 13 Millimetern. So können wir die Hauptkette per elektrischer Winsch aufholen und dann per Hand zu dritt, Carlos, Klaas und ich, Trosse und Rest bewältigen. Machbar, aber ein Riesenaufwand. Bei der SAN FRANCISCO MARU tauchen wir bis auf 56 Meter hinab. Ihr Kiel liegt auf 65 Metern. Den Dinginanker haben wir auf das Wrack fallen lassen, tauchen vom Beiboot in das grüne Bodenlose unter uns. Auf zwanzig Metern nimmt Carlos seine Armbanduhr ab und knotet sie an die Leine. Wir haben Tauchcomputer, Carlos nur Erfahrung. Das muss reichen, damit muss er die Dekompressionszeiten unter Kontrolle behalten. Im Notfall ist die nächste Dekompressionskammer in Guam, einen weiten Flug entfernt. Unter uns dann schemenhafte erste Umrisse dieses alten 6000-Tonnen-Frachters, 117 Meter lang, gebaut 1919 und von einer Dampfmaschine getrieben. Vor der hohen Brücke sinken wir auf das Deck mit der Ladung. Drei

Panzer stehen hier, einer zur Seite verschoben, als sei er gerade dabei, von Bord zu stürzen. In den Laderäumen LKWs, die altertümlichen Formen klar erkennbar, geschwungene Kotflügel, hohe gerippte Kühler. Davor kistenweise Minen und Geschützmunition. Draußen neben der Bordwand lasse ich mich absinken, die Augen auf dem Tiefenmesser, 56 Meter, weit unter mir der Sandboden. Zeit ist kostbar in dieser Tiefe. Klaas fotografiert Silke am Steuer eines der LKWs, Luftblasen zur Oberfläche steigend. Wie im Traum liegt dieses Wrack vor uns, wir geben uns das Aufstiegszeichen, rutschen langsam an der Dingileine aufwärts. An der Leine hängen Reserveflaschen mit Regulatoren. Unsere Hauptflaschen haben nach zwanzig Minuten in der Tiefe nur noch dreißig Bar. Eine Stunde lang atmen wir die Reserveluft an der Leine. Kalt wird es jetzt, denn wir tauchen ohne Anzüge und ohne Blei. Gefühl der Freiheit.

Mit Britta wollen wir kein Risiko eingehen. Noch letztes Jahr hatten wir ihre Maximaltiefe auf fünfzehn Meter begrenzt. Jetzt hat sie mehr Erfahrung und ist älter, wir lassen sie auf dreißig Meter gehen. Bis dreißig Meter gibt es auch massenhaft viel zu sehen. Doch die wirklich tiefen Tauchgänge macht Britta nicht mit. Tauchen in Truk. Ungefährlich ist das nicht. Wir haben zweimal Glück, jede Menge davon. Das erste Mal Klaas und ich bei der NIPPON MARU auf vierzig Metern. Auf dem Weg in die blaue Tiefe stößt ein Delfin zu uns, zieht spielerisch seine Schleifen um uns Taucher und bleibt die ganze Zeit dicht bei uns. Irre, unglaublich, wahnsinnig, ein extra Tauchpartner, DAS Fotomotiv. Und Klaas fotografiert drauflos. Ich bin bei Carlos. Wo ist Klaas? Oberstes Tauchgesetz: Tauchpartner bleiben zusammen, egal was passiert. Und wer hat jetzt wen verloren? Meine Flasche ist ziemlich leer. Keine Zeit zum Suchen, zurück zur Dekoflasche am Dingitau. Hoffentlich ist Klaas auch da. Ich finde ihn dort, auf zwanzig Metern an der Reserveflasche. Alles ist okay. Oder? Ich sehe auf seinen Computer. Der zeigt Flaschendruck null. Wie kann das sein? Wir machen unsere Flaschen niemals ganz leer. Oben höre ich dann die ganze Story: »Ihr wart plötzlich weg. Ich habe noch Fotos gemacht. Dann ist der Druck ganz schnell gefallen, von achtzig Bar auf dreißig. Ich bin zur Reserveflasche gekrault. Die war noch fünfzehn Meter entfernt, als meine Luft alle war. Dann war die ja auch noch zugedreht, und das Ventil hat geklemmt.« Das geht in die Knochen, was für eine Horrorstory. Auftauchen hätte Klaas nicht können, wegen der Dekozeit, und er war ja auch zwanzig Meter unter Wasser. Gleich zwei idiotische Fehler. Wir waren nicht zusammengeblieben, und dann der spinnende Computer. Grund für die Fehlanzeige des Luftdrucks, das fanden wir dann heraus, war die Schraubverbindung zwischen der ersten Stufe und dem Computer. Die hatte sich ein ganz klein wenig gelöst. Das genügte schon. Teuflisches Detail.

Der zweite Hammer geht ganz allein auf mein Konto. Die HEIAN MARU ist mit 12 000 Tonnen und 155 Metern Länge das größte Wrack in Truk. Der Maschinenraum muss faszinierend sein: Doppelschraubenanlage mit Dampfturbinenantrieb. Das hat mich schon lange gereizt, und beim vorletzten Tauchgang in Truk wollen Klaas und ich endlich in den Maschinenraum. Britta und Silke tauchen mit Carlos weiter oben. Klaas und ich gehen zusammen erkunden. Das ist nicht so einfach, denn die HEIAN MARU liegt auf der Seite wie ein großes Riff. In fünfzehn Metern taucht der Rumpf auf, überwachsen mit Korallen. Vorbei an Reihen von Fenstern, an Lüftern und Decksluken rutschen wir in die Tiefe. Die HEIAN MARU war halb Frachter und halb Passagierschiff, und den Eingang zum Maschinenraum finden wir erst, nachdem wir durch ein Gewirr von Gängen geschwommen sind. Eine verrückte Welt. Alles ist um neunzig Grad verdreht hier unten, Schiff auf der Seite. Im Schwarz des Maschinenraums liegt ein Labyrinth aus Dampfleitungen, Kabeln, Gängen und Maschinen. Geborstene Rohre versperren den Weg. Hierher kommen Taucher fast nie. Eiszapfen aus Rost lösen sich bei der geringsten Wasserbewegung auf. Schwer zu verstehen, was hier einmal was war. Instrumente mit japanischen Schriftzeichen, ich folge einem Gang, biege ab nach links. Ist Klaas noch hinter mir? Ich drehe mich zurück. Mist, bin mit den Flossen in den Schlamm gekommen, in das Sediment, das sich hier in 55 Jahren gesetzt hat. Ich drehe mich wieder nach vorn. Meine vorsichtigen Bewegungen haben Millionen und Millionen von Schwebeteilen in Bewegung gesetzt, totales Brown-Out. Ich bin blind. Woher bin ich gekommen? Ich bin völlig orientierungslos. Meine Hand kann ich nicht sehen, strecke sie nach oben aus – Metall dort und scharfe Ecken. Zehn Zentimeter vor meinen Augen kann ich den Tauchcomputer gerade noch ablesen – 120 Bar sind über von 230, Wassertiefe hier dreißig Meter. Ich schalte die Lampe aus. Absolute, totale Dunkelheit in der Tiefe des Maschinenraumes. Kein Licht, kein noch so schwacher Schimmer, der mich zum Ausgang leiten könnte. Woher bin ich gekommen, wie oft habe ich mich gedreht, wo ist der Weg zurück? Das ist es also, das war es, Ende, aus. Das sollte jetzt der Moment totaler Panik sein, denke ich. Mein Herz klopft nicht. Nie komme ich hier wieder heraus, ich bin ruhig, schwebe in meinem Gefängnis, verbrauche langsam meine Luft. Die Sicht verbessert sich kein bisschen und die Zeit läuft. Ich akzeptiere, was ich mir eingebrockt habe, akzeptiere, dass es das jetzt war. »When your number is up, your number is up«, hieß es immer in Mount Isa, der Minenstadt, wo Unfälle nicht gerade selten waren. Mein einziger Gedanke jetzt: Klaas. Hoffentlich findet der den Weg ins Freie. Er war direkt hinter mir. Keine Ahnung, wie viel Zeit vergangen ist. Dann ein Licht in der Brühe, Klaas. Er winkt, er dreht sich, ich folge ihm, Gewirr von Stahl und Trümmern, ein ganz ferner grüner Schein, Tageslicht und draußen. Klaas weiß überhaupt nicht, was los war. Er hatte nie die Orientierung verloren, nur ich war plötzlich weg, verschluckt von der HEIAN MARU. Wracks in der Truk-Lagune, faszinierend und gefährlich.

Klaas hat die Taucherei hier dermaßen gut gefallen, dass er ganz neue Berufspläne hat. Studieren, na ja, wenn es denn sein muss. Aber danach, oder in den Semesterferien, Tauchen in Truk. Auf dem Tauchschiff TRUK AGGRESSOR gibt es öfter mal Jobs als Dive Master oder so. Truk und Tauchen und dafür bezahlt werden! Besser geht es doch gar nicht! Wie kommt er nur auf so unkonventionelle Ideen? Haben wir ihm das vorgelebt? Kann doch gar nicht sein, oder?!

Neben all dem Tauchen kommt eine neue Beschäftigung auf uns zu – in Australien sind die Schulferien bald zu Ende. Es wird Zeit, das Schulpaket zu öffnen, das schon seit Townsville dabei ist. Britta ist auch Feuer und Flamme und macht in der ersten Woche viele Überstunden.

Als Australier haben wir es mit dem Schulunterricht wohl so leicht wie sonst kaum jemand an Bord einer Segelyacht. Seit fast fünfzig Jahren gibt es in Australien die »School of the Air«, jetzt umbenannt in »School of Distance Education«. SDE ist Teil des staatlichen Schulsystems für die vielen Kinder, die im Outback wohnen, teilweise Hunderte von Kilometern von der nächsten Siedlung bzw. Schule entfernt. Jeden Tag wird über Funk gesprochen, in erster Linie für den sozialen Kontakt. Der eigentliche Schulunterricht läuft über ein Korrespondenzprogramm, das so ausgearbeitet ist, dass die Schüler kaum Hilfe von den Eltern brauchen. Funken können wir nicht auf den Schulfrequenzen, aber wir haben eine Unmenge an Büchern, Papieren und Audio- und Videokassetten mitbekommen. Die fertige Schularbeit wird nach Australien geschickt und wir bekommen alles dann mit Kommentar des Lehrers zurück. Das Ganze kostet uns nur das Porto. Das ist allerdings doch einiges, denn was Britta da so täglich schreiben muss, ist viel mehr, als wir erwartet hatten.

Britta ist in der siebten Klasse – das letzte Jahr der Primary School – und hat drei Schulfächer und drei Lehrer. Torsten ist für Französisch verantwortlich, Klaas für Mathematik und ich für LAC – »Language across the Curiculum«. Dieses Fach beinhaltet die Fächer Englisch, Sozialkunde, Erdkunde, Sach- und Naturkunde, Musik, Kunst, Handarbeit und Werken. Jeweils drei Wochen lang wird in LAC ein Thema behandelt, das sich durch all diese Fächer zieht.

Schulunterricht an Bord ist für uns nichts Neues. Das haben wir schon vor elf Jahren mit Klaas gemacht, damals auf Deutsch und ohne Programm. Klasse eins und zwei. Mit Schulmaterial aus Bremen, Schleswig-Holstein, Niedersachsen und der Schweiz – alles, was uns so in die Finger kam. Schroffe Berge auf den Marquesas, und unter der großen Sonnenpersenning auf SEETEUFELs Deck legte ich Karten aus zum Lesen für Klaas. »Sabine«, »Da geht Uta«, »Fu ruft Uta«, so lange, bis »Uta« in einer Bö durch die Luft wirbelte und in Richtung Nuku Hiva am Horizont verschwand.

Schule an Bord ist sehr intensiv, keine Ablenkung von anderen und im Allgemeinen ein Lehrer/Schüler Verhältnis von 2:1. Ein halbes Jahr nachdem Klaas sein erstes Wort lesen gelernt hatte, las er unsere gesammelten Werke von Jules Verne.

21. Januar, fantastisches Passatsegeln in Truk. 15 Seemeilen westlich, aber noch im Atollring, liegen die Faichuk-Inseln, Fanapanga, Tol und Polle. Kein Strom, kaum bewohnt, keine Straßen, nur wilde Berge, dicht grün bewachsen bis ganz ans Ufer hinab. Dann starte ich vor Fanapanga die Maschine, besser gesagt, ich versuche es. Keine Chance, der gleiche Krampf, Wasser im Zylinderkopf, schon wieder voll gelaufen. Scheiße ist noch untertrieben, doch ich bleibe ganz ruhig, denn schließlich ist es völlig überflüssig zu fluchen, Verschwendung von Energie, auch mit dem Hammer auf den Motor einzureden wäre völlig wirkungslos, das ist mir klar und ich bin jetzt ein ruhiger Mensch, letztendlich habe ich seit einem Jahr keine blutdrucksenkenden Mittel mehr nehmen müssen. Und Klaas und ich sind richtig eingespielt. Einspritzleitungen und Injektoren abgebaut, Auspuffschlauch auch, trocken drehen lassen, alles wieder anbauen und der Motor startet sofort. Immer noch keine Ahnung, was hier das Problem ist. Wasser vom Auspuff her, das sollte das dicke Kugelventil verhindern, von vorn über die Wasser-

pumpe – da ist auch ein Kugelventil. Alfons von der WINDEKIND hatte uns sein Yanmar-Handbuch geliehen, und da stand genau erklärt, dass ein Schwanenhals zwischen Wärmetauscher und Auspuffknie gehört; den haben wir eingebaut, hier in Truk, vor Wochen schon, und hatten gehofft, dass damit das Problem beseitigt wäre – Pustekuchen!

Und technische Hilfe irgendwelcher Art, die gibt es nicht auf Truk. Geht hier ein Auto kaputt, dann bleibt es als Verzierung am Rande der Ringstraße liegen oder gesellt sich zu der Kollektion im Garten des Besitzers. Auf Moen scheint es mehr Autowracks zu geben als Menschen.

Unser Reparaturankerplatz ist ungeschützt. Wir gehen Anker auf und laufen in den Fjord zwischen Polle und Tol. Es wird jetzt schnell dunkel. Der Anker fällt. Ich gebe Rückwärtsfahrt, und was passiert? Unsere Hydraulikpumpe spielt verrückt. Statt von »neutral« über »langsam rückwärts« auf »voll rückwärts« zu gehen, springt die Steuerung sofort zum Anschlag. Ein Tropenabend in der Truk-Lagune. Ich verbringe ihn im Maschinenraum. Gibt es irgendetwas an diesem Schrottkahn, das uns nicht um die Ohren fliegt? Eine Sauer-Sundstrad-Pumpe »made in Germany«, und nach 450 Stunden ist sie im Eimer. Hervorragend, und was jetzt? Am Steuerzug liegt es nicht, der Wurm steckt in der Pumpe selbst. Am Morgen motoren wir zurück zum Ankerplatz vor dem »Blue Lagoon Hotel«. Die Pumpe läuft nur noch auf neutral oder mit Vollanschlag vor oder zurück. Das überlastet den Motor dann so, als wolle man im dritten Gang einen Berg hochfahren, würgt dabei die Drehzahl auf schlappe 800 Umdrehungen runter und auf ganz glattem Wasser laufen wir nur noch vier bis fünf Knoten.

Wieder stecke ich im Maschinenraum, da hört man mein Gefluche nicht so laut. Soll ich die Pumpe zerlegen? Halb überlege ich mir das, doch ich habe das gerade erst mit Klaas' Unterwasserkamera ausprobiert, in die Wasser gekommen war. All diese winzigen Schräubchen, Rädchen und Federn. Sehr interessant, wirklich, nur zusammenbekommen habe ich sie dann nicht mehr, habe die Plastikschale mit all den Teilen dem Skipper von der TRUK AGGRESSOR gegeben, der sagte, er sei Nikonos-Experte. Als der die Schale aufmachte, hat er aber nur gelacht. Das hätte er noch nie gesehen. Kann sein, dass ich die Operation etwas zu weit getrieben habe. Und unsere Hydraulik funktioniert ja noch, KAVENGA läuft bei Flaute vier bis fünf Knoten. Doch wie lange noch, bis die Pumpe ganz zerbröselt? Ich entscheide mich gegen die Operation.

Alte Frachter liegen auf der Reede von Moen und wir halten die Augen offen. Besonders wenn ein russisches Schiff einläuft, gibt es plötzlich auf dem Schwarzmarkt tolles Zeug. Russischen Wodka für drei US-Dollar die Literflasche, 15-kg-Mehlsäcke ganz frisch, laut Aufschrift aus den USA als humanitäre Hilfe für den Ostblock gedacht. Große Frachter, was macht es da, wenn der direkte Weg von Seattle nach Vladivostock erst mal über Truk führt? Humanitäre Hilfe für das Konto des Kapitäns, wichtig ist das auch.

Am letzten Abend kommt ein Boot längsseits. »Bananas for you!«, und bevor ich etwas antworten kann, liegen die Stauden schon an Deck. »How much?«, frage ich. »Not much, fifty dollars!« Das ist so grotesk, da muss ich lachen. »Oh, maybe twenty or five!« Dann kommt das letzte Angebot: »Nothing, this time free.« Marktwirtschaft à la Truk, aber so leicht lassen wir ihn nicht entkommen. Silke holt ein buntes Australien-T-Shirt und wir überreichen unser Gastgeschenk.

Bananenbrot

115 g Butter oder Margarine
175 g Zucker
2 Eier
3 reife Bananen, püriert
75 g gehackte Nüsse
225 g Mehl
3 Teel. Backpulver
$\frac{1}{2}$ Teel. Muskatnuss (auf Englisch »nutmeg«)
etwas Zimt

Butter oder Margarine mit dem Zucker schaumig rühren. Nach und nach Eier unterrühren. Alle übrigen Zutaten vorsichtig darunterheben. In eine gefettete Kastenform füllen und bei 180 °C eine Stunde lang backen. Zehn Minuten abkühlen lassen, auf ein Kuchenrost stürzen.
Bananenbrot hält sich, eingewickelt, mehrere Tage.

Idylle und Chaos

Meer der Atolle, auf über 800 Seemeilen verstreut zwischen Truck und Yap liegen Dutzende dieser Stecknadelköpfe in der Pazifik-Unendlichkeit. Fliegendreck auf der Weltkarte. Westkurs liegt an, 300 Seemeilen bis nach West Fayu, unserer ersten Robinson-Insel, unbewohnt und gleichzeitig die erste Insel der »Outer Islands« von Yap. Die »Outer Islands«, das sind die Atolle, alle die Inseln, die nicht zur Hauptgruppe von Yap gehören und zu denen nur ab und zu einmal ein Versorgungsschiff kommt, wenn überhaupt, denn viele sind unbewohnt.

Passatsegeln, wechselnder Wind von achtern. Wir sind im Gebiet der Gewitterböen, prasselnder Regen mit 30 Knoten Wind, dann schläft dies wieder ein, 5 bis 10 Knoten bleiben gerade mal über. Groß- und Treckersegel, Schmetterling, der elektrische Autopilot hält KAVENGA auf Kurs. Land in Sicht! Wie auf Schienen läuft unser Schiffchen, einfach irre, und all der Frust mit Motorproblemen und der Hydraulik ist vergessen. Wir sind ein Segelschiff in der Pazifikidylle. Korallenriffe voraus, eine kleine Insel, Kokospalmen vom Passat zerzaust, keiner ist hier außer uns. Der Stoff, aus dem die Träume sind.

Segel runter. Zündschlüssel gedreht. Klick – Klick. Schlagartig wandelt sich das Bild. So ein Mist! Und wir hier am absoluten Ende der Welt mit diesem Schrottmotor. Wenn ich noch Haare hätte, würde ich sie mir ausreißen. Segel wieder hoch. KAVENGA benimmt sich mit der Treckerfock leichtfüßig wie eine Jolle. Dunkelblaues Pazifikwasser wird türkisfarben, zehn Meter auf dem Lot, mitten in der Einfahrt ein dunkler Fleck. Korallen, Wende in letzter Minute, Höhe gewinnen, Wende, neuer Anlauf, durch den Pass, am Wind auf die Insel zu. Hellblaues Wasser über weißem Sand, Aufschießer, und der Anker fällt auf drei Metern.

Keine Zeit für mich, den idyllischen Ankerplatz zu genießen. In den Maschinenraum, das alte Spiel: Einspritzleitungen, Injektoren und so weiter und so weiter. Der Motor springt an, der Öldrucksummer fiept in voller Lautstärke. Motor aus. Milchig-graues Öl steht am Messstab bis weit nach oben. Wasser im Öl, Ende, aus. Die Frage nach dem Woher brauche ich mir ja nun nicht mehr zu stellen. Der Motor ist im Eimer, das ist sonnenklar. Da besteht nicht der geringste Zweifel. Entweder die Kopfdichtung oder die Kolbenringe. Unsere Segeljahre haben gerade erst begonnen, aber ohne Motor, das kommt einer Katastrophe gleich. Ich fühle mich dem HB-Männchen näher als jedem Guru. Mist, Mist und nochmal

Mist. Vor uns die vielen traumhaften Korallenatolle und all das ohne Motor, denn der ist hin. Ist ja logisch, dass man nicht dauernd die Maschine unter Wasser setzen kann, ohne permanenten Schaden zu verursachen. Klaas hat draußen das Dingi aufgepumpt und unsere große Sonnenpersenning aufgespannt. Er scheint endloses Vertrauen in meine technischen Kenntnisse zu haben. Oder hat er die innere Ruhe, die mir fehlt? Also, was jetzt? In ein paar Monaten wollen wir Ost machen, zurück nach Neuguinea, dann die Salomonen-Inseln. Gegen den Strom, gegen den Passat, auch viel Flaute, ohne zuverlässigen Motor geht das nun mal nicht. Sollen wir die Reise aufgeben?

Britta und Klaas fahren erst mal mit dem Dingi los und erkunden die Lagune. Diese Entscheidung ist zu schwerwiegend, um sie jetzt gleich zu fällen. Torsten und ich wissen nicht weiter. Die Kinder sollen doch Spaß haben an dieser Fahrt! Tauchen und Koralleninseln! Ohne Motor sind wir furchtbar eingeschränkt, in viele Atolle kommt man schwer nur unter Segeln. Und wie dann weiter? Wir wollten doch wieder nach Osten. Zu den Salomonen und nach Vanuatu. Wochen oder sogar Monate gegenan kreuzen oder in der Flaute liegen – dafür hat Klaas sein Studium nicht um ein Jahr verschoben. Wir beschließen, die Reise zu beenden. Klaas könnte mit etwas Verspätung noch dieses Jahr an der Uni anfangen.

Wir überlegen gerade, wie lange es wohl dauert, nach Darwin in Nordaustralien zu segeln, da kommen Britta und Klaas zurück. Sie haben auch einen Entschluss gefasst: Wegen so einer Kleinigkeit brechen wir die Reise auf keinen Fall ab. Britta hat gerade »Die Walkabouts« von Mike Saunders gelesen: »Die sind auch lange Zeit ohne Motor gewesen und Mike Saunders hat gesagt: ›Wir besinnen uns darauf, dass wir ein Segelschiff sind.‹ Das sind wir schließlich auch.«

Klaas meint, man müsse auch überlegen, wo man den Motor vielleicht reparieren (Kopfschütteln von Torsten) oder vielleicht einen neuen Austauschmotor kaufen (Kopfschütteln von mir) kann. Wir versammeln uns trotzdem in der Navigationsecke und betrachten die Weltkarte. »Die Firma Isuzu ist natürlich in Japan«, sagt Torsten. Klaas' Augen leuchten auf. Er war vor drei Jahren zwei Wochen lang auf einer Klassenfahrt in Japan. »Vom Wind her wäre das wohl möglich«, überlege ich, »aber ich dachte, du wolltest lieber tauchen statt segeln.« Doch Klaas hat es gepackt. Tauchen kann man auch zu Hause, nach Japan kommt man nicht alle Tage, und inzwischen ist seine Segelleidenschaft fast so groß wie seine Tauchleidenschaft. Er hat seine Meinung geändert, er will jetzt möglichst viel segeln. Torsten geht das Ganze zu schnell: »Und dann, wie soll es dann weitergehen? Habt ihr euch das auch schon überlegt? Da kommt man dann langsam in die Westwinde!« – »Da war doch dieser Bericht in einer der ›Seven-Seas‹-Zeitschriften: ›Von Japan zu den Aleuten‹«, denke ich laut und bereue das sofort. Denn danach haben Torsten und ich sowieso keine Chance mehr. Klaas ist Feuer und Flamme. Dann liest Britta den Artikel und macht uns klar, dass wir keine Wahl haben. »Die haben an einem Tag fünf Wale, acht Orcas, Dall-Delfine, Seeotter, Pelzrobben, Seehunde, Steller-Seelöwen, Papageientaucher und alle möglichen anderen Vögel gesehen. Habt ihr gedacht, dass das möglich ist?«

Langsam werde ich genauso aufgeregt wie die Kinder. Die beschriebene Insel ist die westlichste der Aleutenkette. Wir würden also an der ganzen Kette entlang bis zum Festland von Alaska fahren und dann zu den Gletschern! Für mich steht die weitere Route auch fest. »Habt ihr euch mal ausgerechnet, wie lang die Aleuten sind und wie viel wir jeden Tag fahren müssten, um zum Ende des Sommers aus Alaska heraus zu sein?« Torsten ist nicht angesteckt von der allgemeinen Hochstimmung, die plötzlich herrscht.

Alaska-Expedition statt Tropensegeln. Wir haben nicht mal warme Sachen an Bord, sind für Tauchen in tropischen Gewässern ausgerüstet statt für den kalten Norden. Ich denke an die Stürme im Nordpazifik. 40 Knoten von vorn, das stand nämlich auch drin in dem Artikel! Klar, nach Alaska will ich auch, aber ich werde das Gefühl nicht los, dass wir uns da auf mehr einlassen, als uns bewusst ist, doch Britta und Klaas sehen uns schon durch Eis und Schnee segeln, Expedition dahin, wo kaum mal jemand segelt. Ich will das ja auch, aber ich werde das Kribbeln im Nacken nicht los. Alaskastürme!

West Fayu, Atoll der Wracks. Ein japanisches Hochsee-Angelboot scheint noch nicht sehr lange hier zu liegen. Wir finden Angelzubehör an Bord. Knirschend hebt und senkt sich der GFK-Rumpf auf den Korallenblöcken. Salzwasser schwappt um den Motor. Weiter im Westen Reste eines Frachters. Der liegt schon länger hier. Ein Stück Heck, die Welle mit dem Propeller, schäumende Brecher auf dem Riff. Wir kommen nicht nah heran, überall scharfer Metallschrott. Das dritte Wrack steht aufrecht am Ende des Riffs, hat eben noch die letzte Ecke erwischt, scheint bei Hochwasser aufgelaufen zu sein und steht jetzt auf den Korallen, sieht von der Ferne aus, als wäre es in voller Fahrt. An Deck nisten Tölpel, eine ganze Kolonie. Ein Tau hängt vom Schiff herab. Hand über Hand, schon ist Klaas oben, es sind ja nur sechs oder sieben Meter. Und ich? Entweder ich bleibe hier unten – … oder nicht. Silkes Blick sagt alles. Sie sieht mich so an, als wolle ich eine Trinknuss mit dem Messer öffnen. Aber das kann man doch gar nicht vergleichen! Ich schnappe mir das Tau, Hand über Hand, Fuß über Fuß. Unter mir brodelt das Wasser auf dem Riff, dann über die Kante geschwungen, fertig, oben, das wäre doch gelacht! Einziges kleines Problem: Blut tropft von meinem Handrücken. Dort, wo das Tau über die rostige Kante des Wracks führt, habe ich meine Hand dazwischen bekommen. Mist, aber ich bin oben. »Zeig mal«, sagt Klaas besorgt. »Nicht so schlimm«, antworte ich, aber der Schnitt ist tief und lang. Ein paar flauschige kleine Tölpel watscheln über das Deck, weichen uns aus. Klaas ist auf dem Weg zur Brücke. Ich hinterher. Beim ersten Schritt auf der Treppe zum nächsten Deck bricht sie in sich zusammen, löst sich auf in braunes Rostpulver. Ein Stück Geländer halte ich noch in der Hand. »Klaas, komm zurück, komm runter!« Das ganze Schiff ist dabei, sich aufzulösen. Auf dem Hauptdeck stehen die Luken zum Laderaum offen. Unten steht Wasser und ein unglücklicher Tölpel schwimmt darauf und sieht uns aus großen verstörten Augen an. Zu wenig Raum, um zu starten. Tote Tiere treiben im Halbdunkel im Wasser. Vogelparadies, perfekt geschützter Nistplatz auf dem Riff, und tödliche Falle zugleich. Wir können nicht helfen. Das Tau hängt an einem Schäkel, von dem der Rost nur ein winziges Stück übrig gelassen hat. Ich sichere das Tau für Klaas, der mir aus dem Dingi ein anderes holt. Wir legen es auf Slip, ich komme ohne weitere Verletzungen nach unten. »Mensch«, sagt Silke, »das hast du aber elegant hingekriegt, hätte ich dir gar nicht zugetraut.« Ich zeige ihr meine Hand.

Der 3. Februar ist Brittas 12. Geburtstag. Feier auf einer einsamen Palmeninsel. »Alaska« von James Michener haben wir zufällig an Bord, und es ist eins der Geschenke. Geburtstag am Strand, wir baden, rösten Marshmallows über dem Feuer, ernten Trinknüsse, erkunden die Insel. Überall nisten Seeschwalben. Britta lässt einen Drachen steigen. *»Ein wahnsinniger, unheimlich toller, unfassbar irrer Tag«*, schreibt sie ins Bordbuch.

Kontrastprogramm, noch ein West-Fayu-Tag, vielleicht nicht ganz so toll. Mir lässt der Motor keine Ruhe. Wie groß ist der Schaden? Haben gebrochene Kolbenringe die Laufbuchsen beschädigt, ist ein Austauschmotor fällig? Silke, Klaas und ich zerlegen die Maschine. Zylinderkopf ab, Wärmetauscher auch gleich in alle Teile auseinander nehmen, der Fußboden ist mit Motorteilen bedeckt. Resultat: keine Ahnung! Die Kopfdichtung ist perfekt. Überhaupt keine Chance, dass sie Wasser ins Öl gelassen hat. Und die Laufbuchsen? Glänzend und glitzernd, perfekt in Ordnung. Wie deprimierend so ein zerlegter Motor doch aussieht. Ich putze und öle. Packe alles weg, konserviere den Wassermacher… Jetzt sind wir wirklich ein Segelschiff!

Auslaufen am 5. Februar, wir segeln durch den Pass, nur 55 Seemeilen bis Olimarao, dem nächsten unbewohnten Atoll. Halbdunkel, Gewitterböen. Wir steuern mit der Hand, müssen Strom sparen. Wetterleuchten aus schwarzem Himmel. Eine Bö mit 40 Knoten fällt ein, eine See drückt das Heck zur falschen Seite, unfreiwillige Halse, es kracht. Der Treckerbaum kommt über das Vorschiff gefegt, der Bullenstander hat nicht gehalten. Zu viel Reck im Tau. Im Schein der Taschenlampe sieht der Bugkorb traurig verbogen aus, eine Relingstütze hat es auch verrissen. Ein winziger Moment der Unaufmerksamkeit. Warum da immer gleich so viel kaputt gehen muss? Olimarao, Pass unter Segeln im ersten Licht, pures Segeln, bis ganz dicht ans Ufer, bis auf drei Meter Wasser, hellblau und kristallklar, unser zweites Bilderbuchatoll. Der Bugkorb ist auch bald wieder gerade geflickt.

Dienstag, 9. Februar, wieder ein Atoll, Ifalik, wieder erstes Morgenlicht, Palmenspitzen in der Unendlichkeit. Wir haben eine perfekte Seekarte. »Nach einem japanischen Sketch Survey von 1921« steht da. Was bitte ist ein »Sketch Survey«? Ich kann das richtig vor mir sehen. Ein japanischer Künstler, weißes Reispapier und schwarze Tusche, Kalligrafie mit spitzer Feder. Ob sich das fertige Produkt zur Navigation eignet oder eher als Schmuckstück für die Wohnzimmerwand? Ein gewundener Pass, sollen wir oder sollen wir nicht? Der verantwortungsbewusste Segler ohne Motor würde abdrehen, weiterlaufen. Bunte dreieckige Segel werden größer, nehmen Form an. Auslegerkanus von stattlichen acht, neun Metern Länge kommen näher, dunkelhäutige Kerle mit roten Lendentüchern darauf. Die kreuzen Schlag auf Schlag auf die Einfahrt zu, winken, lachen. Wir reihen uns ein in diese Prozession. Ungünstigere Verhältnisse gibt es kaum. Wind, Strom, Sonne, alles von vorn. Wir brauchen nur das Ruder zu legen, und KAVENGA wendet auf den neuen Bug. Die Kanus haben es schwerer. Der Ausleger ist immer auf der

Windseite. Bei der Wende wird der Mast umgesetzt, Heck wird Bug und Bug wird Heck. Der Rudergänger sprintet zur neuen Position, Schot dicht, und weiter. Ein Bild wie vor hundert Jahren, und wir mitten drin unter Segeln. Aber die schummeln, nehmen einfach die Paddel, wenn das Segel nicht zieht. Vier Meter Wasser, null Sicht gegen die tiefe Sonne, keine Chance, Korallen zu sehen. Weiter, Schlag auf Schlag. Das erste Kanu hat die Spitze einer Insel erreicht, kann abfallen, ist drinnen, gleitet über das ruhige Wasser der Lagune. Eine Wende noch, dann muss es auch für uns reichen. KAVENGA geht durch den Wind, das Heck schwingt herum. Grundberührung! Das Ruder! Gewaltsam dreht sich das Rad durch meine Hände, frei, wieder tiefes Wasser, auf Kurs. Das war knapp. »Vier Meter.« Silke liest das Echolot ab. »Drei Meter, zwei Meter, ein Meter achtzig.« Krachend setzen wir auf, der Bug hebt sich, der Mast wackelt und klirrt. Auf Grund, verdammt noch mal, auf Grund. Ein Meter zwanzig auf dem Lot. Mit der Restfahrt rutschen wir in tiefes Wasser. Drinnen! Wir folgen den Kanus, ankern, und langsam, ganz langsam wird auch der Herzschlag wieder normal. Ob schon mal eine andere Segelyacht ohne Motorhilfe nur unter Segeln in Ifalik eingelaufen ist?

Chief Pekulimar ist ein Traditionalist. Auf Ifalik gibt es keine Motoren, keine Außenborder und keine Generatoren und auch sonst keinen neumodischen Kram. Die Hütten sind traditionell gebaut, Bambus, Holz und Palmwedel. Nur die Schule ist aus Beton und dient gleichzeitig als Taifunschutzraum für alle hier. Die Männer tragen nur den Lendenschurz, die Frauen einen knielangen Wickelrock und oben nichts. Fünf Tage bleiben wir hier. Klaas und ich fahren mit einem der großen Segelkanus mit zum Fischen. Schon morgens um fünf treffen wir unsere Freunde am stockdunklen Ufer, schieben zusammen das Kanu ins Wasser und paddeln über die Lagune. Wir setzen das dreieckige Segel und ziehen Tunfischleinen achteraus in Lee des Riffs. Langsam hebt und senkt sich das Meer, das Kanu knarrt und zieht leise seine Bahn, stabil und aufrecht, auch wenn mal eine Bö in das Segel fällt, der Ausleger hebt sich nicht vom Wasser ab. Der Steuermann hat das Steuerpaddel quer vor sich auf dem Deck liegen, das Kanu ist perfekt ausbalanciert und durchschneidet das Meer. Wie schnell sind wir? Vielleicht acht Knoten? Ein Himmel voller funkelnder Sterne, erster Tagesschimmer im Osten, totaler Südseezauber, Reise in der Zeitmaschine, in das, was einmal war. Alle sind still. Was sollen wir auch sagen? Macht man »social talk« auf einem Segelkanu in der Weltabgeschiedenheit Mikronesiens? »What do you think about Bill Clinton?«, fragt mich der junge Kapitän. Bill und Monica, ich falle fast vom Kanu. Also wirklich, was soll ich da sagen? Klaas sitzt neben mir und ich fühle, wie er jetzt grinst, sehen kann ich ihn nicht. Nein, ich habe auch nichts Neues zu berichten von Bill und Monica. Seit wir Australien verlassen haben, haben wir nicht mehr viel mitbekommen von den Dingen, die die Welt bewegen. »Hier ist es auch nicht anders«, sagt der Kapitän, »aber bei uns, da stört es niemanden, was der Präsident so treibt.« Und woher wir kommen, will er wissen. »Townsville, Australien«, sage ich und will ihm gerade erklären, wo das nun liegt, da antwortet er schon: »Da war ich erst letztes Jahr. Auf einem Seminar über Giant Clams, über die Riesenmuscheln, an der James-Cook-Universität.« Kleine Welt, der Pazifik. Er war bei uns zu Hause, letztes Jahr, und heute sind wir hier. Die Menschen von Ifalik sind herumgekommen. Viele haben in Hawaii studiert, waren in Australien oder in den Festlandstaaten der USA. Sie haben US-amerikanische Bürgerrechte und haben sich bewusst für das Leben hier auf ihren Inseln entschieden.

Mikronesien, Land der Navigatoren, auch heute noch werden die Segelkanus benutzt für Fahrten zu Nachbaratollen, meist mithilfe eines Kompasses. Alte japanische Instrumente bringt man uns, kardanisch aufgehängt im Holzkasten und nicht mehr richtig gängig. Ob wir das reparieren können? Meist fehlt nur Kompassflüssigkeit, und russischer Wodka aus Truk ist prima zum Auffüllen geeignet. Ob da vorher auch Alkohol drin war? Ob da ab und zu einer der Seefahrer dran genascht hat? »Hast du jemals auf See die Orientierung verloren?«, fragen wir die Seefahrer. »Oh ja. Gerade erst letztes Jahr. Es dauerte 28 Tage, bis wir wieder Land fanden und wussten, wo wir waren.« Die Geschichte ist immer ähnlich, und jeder hat es schon einmal so erlebt. Wochen auf See, das Ziel verfehlt, kein Wasser mehr an Bord, und die stattlichen Kerle sehen uns verzweifelt an. Das Schlimmste – soooo dünn wären sie danach gewesen, und allein schon deshalb ist es so wichtig, dass mikronesische Seefahrer füllig und stabil gebaut sind. Diese Anforderung erfüllt hier fast jeder. »Wollt ihr mit uns fischen fahren? Da gibt es ein Riff gut vierzig Seemeilen nordöstlich von Ifalik!« Das klingt verlockend, aber so recht trauen wir uns nicht, Klaas und ich.

Ifalik ist der erste von vielen Plätzen, von denen Britta und ich sagen: »Hier müsste man ein ganzes Leben haben.« Aber zu bald müssen wir weiter, wir haben ja jetzt einen strikten Zeitplan.

Am 13. Februar ist das Wetter zwar seltsam, Südwestwind mit 25 Knoten, Regen, dann Flaute. Aber Radio Guam meldet normales Passatwetter, da kann es sich nur um eine örtliche Störung handeln. Zu wenig Wind, um aus dem Pass zu segeln, wir schleppen KAVENGA mit dem Dingi und dem 15-PS-Außenborder raus aufs Meer. Mit der Sonne im Rücken ist die Durchfahrt jetzt klar zu sehen.

400 Seemeilen nach Yap. Der Wind kommt aus Süd und bleibt leicht oder ist ganz weg. Die Segel schlagen, ab und zu ein Regenschauer mit viel Wind, dann wieder Flaute. Am nächsten Tag meldet Radio Guam immer noch Nordostpassat. Heute ist mein Geburtstag. Ich brauche in den Nächten vor und nach diesem Tag keine Wachen zu gehen und Torsten kocht. Es ist sehr angenehm, einen Tag lang nur im Cockpit zu sitzen und sich bedienen zu lassen. Klaas' Kommentar auf der Videoaufnahme: »Die Haferflocken mögen wir nicht und den Grießbrei lässt er anbrennen« ist auch nur bedingt gerechtfertigt.

Am 15. Februar hat sich das Wetter immer noch nicht geändert und uns wird es immer unheimlicher. Im Südpazifik kann man sich auf die Wirbelstürme verlassen, die gibt es von November bis April und in der übrigen Zeit ist man vor ihnen sicher. Wir sind jetzt ja aber im westlichen Nordpazifik, und da kann es Taifune das ganze Jahr über geben – so steht es im Seehandbuch. Es gibt nur Monate mit größerer und Monate mit geringerer Wahrscheinlichkeit. Wir sind zwar noch etwas zu weit südlich für Taifune, aber trotzdem... Und tatsächlich hat Radio Guam jetzt auch gemerkt, dass der Passat nicht weht: 200 Seemeilen nördlich von uns befindet sich ein Taifun. Dabei ist der Februar der Monat mit der geringsten Wahrscheinlichkeit. Der Taifun zieht nach Nordosten – sagt Radio Guam –, also von uns weg, wir spüren nur die Auswirkungen. Aber ein verdammt blödes Gefühl ist es trotzdem, 200 Seemeilen sind keine große Entfernung.

Abends legt der Wind zu und wider Erwarten segeln wir schon am nächsten Tag mittags mit rauschender Fahrt durch den Pass von Yap. Ein tolles Gefühl! Trotz all der Schwierigkeiten macht mir das Segeln wieder Spaß, die Bewegungen des Bootes sind mir vertraut geworden, ich fühle mich auf dem Wasser wieder zu Hause.

Ceviche (Südamerika) oder Poisson cru (Polynesien)

500 g frischer Fisch
200 ml Zitronensaft
1 gehackte Zwiebel
Pfeffer
100 ml frische Kokossahne (oder Coconut-cream aus der Dose)
Für Ceviche außerdem :
2 Essl. frische (oder eingelegte) Korianderblätter
2 gehackte Tomaten
1 gehackte Gurke
2 gewürfelte Avocados

Fisch in kurze Streifen schneiden, mit Zwiebel und Pfeffer in den Zitronensaft legen, mindestens 6 Stunden ziehen lassen. Mehrmals vorsichtig umrühren. Alle übrigen Zutaten unterrühren und mit Weißbrot servieren.
Koriander heisst auf Spanisch »cilantro«.

Inselleben und Mantarochen

Brandung steht auf dem Außenriff von Yap, der Hauptinsel des Staates. KAVENGA rauscht unter Groß und Trecker durch den Pass, an Backbord das obligatorische taiwanesische Fischkutterwrack auf dem Riff. Dächer vor Bergen, drei oder vier Masten von Segelschiffen. Die Hauptstadt heißt Kolonia und war auch einmal deutsch, damals, vor dem Ersten Weltkrieg. Ich rufe den Hafenmeister über UKW. Das bisschen Papierkram, sagt der, das machen wir nachher auf der Veranda des Restaurants. Lass fallen Groß, und noch immer sechs Knoten Fahrt durch die Ankerlieger, ein Aufschießer, lass fallen Anker, runter mit der Fock. Serfin heißt der Hafenmeister, Zoll und Immigration sind auch da. Einklarierung beim Bier mit Blick über die Ankerbucht. Ich glaube, Yap wird uns gefallen!

Noch jemand sitzt grinsend am Tisch, unser Freund Joe Tiucheimei. Joe haben wir kennen gelernt, als wir uns per Fax aus Townsville an den Council of Tamol, den Ältestenrat der Outer Islands, gewandt und um Erlaubnis gebeten hatten, die Atolle vor der Einklarierung in Kolonia anlaufen zu dürfen. Joe ist der Sekretär dort und kommt selbst von einer der Outer Islands. Joe lädt uns ein für morgen früh, und wir erkunden den Ort. Supermarkt, Restaurant, ein Internet-Café. Ganz modern alles hier, fast alles. Yap ist streng in Kasten geteilt. Die Einwohner der Hauptinsel tragen europäische Kleidung und gehören zur oberen Kaste. Die Menschen der Outer Islands, der einsamen Atolle wie Ifalik, gehören dagegen zur niedrigsten. Viele wohnen jetzt hier und kleiden sich trotzdem noch ganz traditionell: Männer wie Joe nur mit dem Lendentuch und die Frauen im Wickelrock. Neben uns ankert die PILAR aus San Francisco mit Bill und Diane. Bill ist weit über siebzig und hat es noch nicht so recht verarbeitet, dass ihm hier überall junge und ältere Damen ganz freiherzig und oben ohne begegnen. Im Supermarkt macht er mit seinem Einkaufswagen in den engen Gängen blitzartig eine Hundertachtzig-Grad-Drehung, wenn ihm ein anderer Wagen entgegenkommt, den so eine traditionell unbekleidete Dame der Outer Islands schiebt. Eigentlich wollten wir nur wenige Tage bleiben, doch Serfin hat uns schon bei unserer Ankunft erzählt, dass wir bleiben müssen bis zum 1. März, denn dann ist Yap-Tag, der Nationalfeiertag, DER Tag des Jahres, an dem Tanzgruppen aus all den Dörfern Yaps zusammenkommen. Als wir zurück zum Schiff kommen, liegen an Deck Blumenkränze, Trinknüsse, Bananen und Kokoskrabben.

56

Frühstück bei Joe. Joe kommt ursprünglich aus Satawal, der Insel der Navigatoren, der alten mikronesischen Seefahrer, die auf traditionelle Weise ihre Inseln fanden, mit der Hilfe des Sternenweges, mit »Kavenga«. Joe gehört nicht zu ihnen. Auch er kann seine Geschichte erzählen, zum Fischen gefahren, dann das Benzin alle, der Motor ausgesetzt, Strömung, kein Land in Sicht und endloses Warten auf Rettung. Joe bekommt einen Lachanfall und schlägt mit der Hand auf den Tisch, dass es kracht. Und nichts zu essen an Bord! Alles kein Problem, sagt Joe und grinst. Sie haben einfach Wasser in den Tank getan, da lief der Motor wieder. Aber nur ganz kurz. Er schüttelt sich vor Lachen. Irgendwann kam doch jemand vorbei und hat sie abgeschleppt.

Im kleinen Büro des Council of Tamol stehen Funkgeräte, ein Computer, ein Fax, und der Ranghöchste hier ist der alte Chief aus Satawal, der nur im weißen Lendenschurz am Schreibtisch sitzt und uns die Hand schüttelt. Ich schicke Faxe nach Brisbane zur Motorfirma und an unseren Freund Heinrich Eichenbrenner in Townsville. »Was tun mit dem Motor?« Und zwei Tage später ist unsere Welt so richtig in Ordnung. Joe hat uns einen Drehmomentschlüssel besorgt, etwas verbogen ist der, aber man kann die Werte fast noch genau ablesen. Ein Fax ist auch gekommen. Das Wasser sei wohl nur an den Ringen vorbeigesickert und nichts kaputt. Also bauen wir alles wieder zusammen. Den Zylinderkopf hätte ich gar nicht abzunehmen brauchen, das war nur eine Panikidee. Silke sagt, ich hätte mal wieder überreagiert. Die Kopfdichtung ist aus Metall. Die verwenden wir einfach wieder. Klaas und ich schrauben, putzen, säubern die Ventilsitze, ziehen alles nach Vorschrift an, die Stehbolzen genau in der richtigen Reihenfolge, alles wie es sich gehört. Dann springt er an, der Diesel, rumpelt und brummt und bekommt zwei Ölwechsel. Kein sichtbarer Schaden, wir haben wieder einen Motor, unfassbar, aber wahr. »Wir fahren doch aber trotzdem nach Alaska?«, fragt Britta, Angst vor der Enttäuschung. »Klar doch, und außerdem haben wir ja immer noch etwas zum Reparieren in Japan: die Hydraulikpumpe!«

Der M'Il-Kanal auf der Nordwestseite Yaps ist bei Tauchern weltberühmt wegen der Mantarochen dort. Viel zu weit für einen Dingi-Trip, und mit Kavenga kommt man dort auch nicht hin. Wie gut, dass es Joe gibt. Morgens um acht ist er da, mit Sohn und 50-PS-Außenborder am Bananaboot und einem Tank voll Benzin. Los geht's. Die Navigation ist auch kein Problem, hier innerhalb des Riffs. Vorbei an den Inseln Tarang und Pekel, durch den Tagreng-Kanal, den die deutschen Kolonialherren durch die Landenge zwischen Tomil und Yap gebaut haben, damit Kopra vom Westen der Insel nach Kolonia transportiert werden konnte.

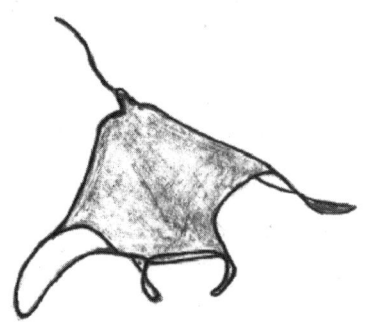

Steilufer rechts und links, mit Vollgas fliegen wir durch einen Tunnel überhängender Äste. Dann öffnet sich eine weite Bucht, ein Labyrinth tiefer blauer Kanäle und weiß-grüner Korallen- und Sandflächen. »Irgendwo in der Richtung sind die Mantas.« Aber ganz genau weiß Joe das auch nicht. Klares Wasser. Auf zehn Metern Tiefe tauchen wir den weiten Kanal entlang. Da, dort hinten, noch schattenhaft nur erkennbar, ein riesiger Manta. Mit langsamen Flossenschlägen scheint er wie ein Vogel über uns zu fliegen. Hinter Korallenblöcken mehr Mantas. Bewegungslos bleiben wir an dieser Stelle – eine Putzstation. Langsam kommen die Mantas heran, treiben, öffnen ihre Kiemen, und die Putzerfische verschwinden im Schlund, kommen durch die Kiemen wieder heraus. Ein Manta nach dem anderen schwebt heran. Sie haben keine Scheu vor uns, berühren uns fast, sind ganz ruhig, ziehen so langsam über unsere Köpfe, dass es über uns dunkel wird, für einen kurzen Moment. Grazil rollen sie die Flossen vor ihrem Mund zusammen, sodass sie wie Hörner aussehen, entrollen sie wieder zu voller Größe. Über drei Meter Spannweite haben diese Kolosse. »Willst du auch tauchen?«, frage ich Joe danach. Joe prustet vor Lachen. Er? Also auf keinen Fall da hinunter. Er hat Angst vor Haien, denn ihn würden sie bestimmt fressen. Er klatscht sich zufrieden auf den Bauch. Rückfahrt. Im Tagreng-Kanal fliegt grünes Buschwerk über unseren Köpfen hin, dann die offene Bucht vor Kolonia. Schnell, schnell, mit 50 PS. Dann gar nicht mehr so schnell. Der Motor stottert, bleibt stehen. Benzin ist alle, erklärt Joe, aber das passiert ja dauernd. Nach einiger Zeit ist immer sein Tank leer, auch wenn er vorher ganz voll war – komisch. Joe hält den Tank schräg, der Motor startet, läuft für ein paar Minuten, stoppt wieder. Mit der Restfahrt treiben wir unter einen Baum am Ufer neben ein anderes Boot. Kein Benzintank drin, das ist dumm. Joe hat Freunde hier, sagt er, und wir gehen auf Benzinsuche. Irgendwo stehen Hütten, jemand hat noch zwei Liter Gemisch, die für den Rasenmäher bestimmt waren. Mehr gibt es hier nicht zu holen. Weiter, weiter, noch drei Seemeilen bis Kolonia. Joes Boot gleitet über das Wasser, Kolonia wird größer. Glück gehabt mit dem Benzin. Eine Meile noch, der Motor stoppt. Wir steigen aus und schieben. Was der Motor nicht schafft, das bringt die Muskelkraft. Klaas und ich, Flossen und Schnorchel, Stück für Stück, bis zu KAVENGA, und dort füllen wir Joe den Tank wieder auf. Was für ein Ausflug, fantastisch, Joe ist begeistert. Wir auch, Mantas, so dicht. Was für ein Erlebnis! Britta schreibt ins Bordbuch: »*Was für ein fantastischer, brillanter, fabelhafter, superbester Tauchgang aller Zeiten. Mantas are great!*«

Britta hat während dieser Segelreise noch keine Bekanntschaft mit Kindern gemacht, die auch nur in etwa in ihrem Alter waren. In Yap lernt sie Ophelia kennen, Joes Tochter. Obwohl sie sich kaum durch Sprache verständigen können, kommen die beiden gut miteinander aus. Ophelia ist elf Jahre alt und geht nicht in die Schule. Sie kommt von einer der Outer Islands und spricht nur Satawalese. Der Unterricht hier auf der Hauptinsel ist in Yapese und Englisch und Ophelia fühlte sich verlacht und ausgeschlossen in der Schule, deshalb geht sie eben nicht mehr hin. Joe möchte mit seiner Familie gern wieder zurück nach Satawal, das ist ihr Zuhause, da gehören sie nicht zu der untersten Kaste, aber die Chiefs haben entschieden, dass Joe in Yap bleibt und da muss er gehorchen.

Yap ist die Insel des Steingeldes. Die Geldstücke sind bis zu zwei Meter im Durchmesser und werden in den Dörfern am Wegesrand

Steingeld in Yap

in »Steinbanken« aufbewahrt. Nicht so einfach, hier einen Bank-überfall zu organisieren! Wir machen auch lange Wanderungen auf schmalen, mit Steinplatten gepflasterten Wegen durch den Regenwald. Diese Wege sind zum Teil Hunderte von Jahren alt. Nur Klaas muss auf dem Schiff bleiben. Mückenstiche aus Ifalik, Korallenschnitte vom Tauchen hier, das alles hat sich entzündet und Klaas liegt mit Fieber in seiner Koje und wartet darauf, dass die Antibiotika wirken. Das alte Leiden der Tropen. Klaas hat jetzt noch Narben an den Beinen von der Fahrt mit SEETEUFEL.

Und hier auf Yap kann Britta endlich ihre Französischkenntnisse ausprobieren. Schließlich lernt sie die Sprache schon seit sechs Wochen. Neben uns ankert eine französische Yacht und Britta fragt den Skipper: »Comment t'appelles tu?«, und der antwortet auch tatsächlich genauso wie im Lehrbuch vorgeschrieben: »Je m'appelle Robert.« Sogar der Name stimmt.

Am Abend vor dem Yap-Tag hat das Touristenbüro von Yap alle Touristen, die gerade auf der Insel sind, zum Spanferkelessen eingeladen. Kostenlos! Das ist Gastfreundschaft à la Yap. Klar, dass alle Segler ganz vorn in der Schlange stehen vor dem Knusperschwein. Wir alle teilen das gleiche Los und haben auf dem Meer nicht oft die Gelegenheit, Fleisch und Frischzeug zu essen. Dazu kommt die Ebbe in der Kasse, denn die Reparaturen am Schiff, die gehen vor, und wann gibt es schon mal Spanferkel.

Am Sonntag und Montag wird Yap-Tag gefeiert und die halbe Inselbevölkerung ist da. Tänzer und Tänzerinnen tragen Strohröcke, Grasschmuck und Glitzerkram im Haar, stampfende Füße, rhythmische Bewegungen, laute Schreie und melodische Gesänge. Beim »stick-dance« schlagen massive Krieger Bambusstöcke aufeinander. Oben, unten, Vierteldrehung und zurück, Schlag – Schlag – Schlag, Erinnerungen an noch gar nicht so lange vergangene Zeiten. Denen möchte ich nicht in die Hände geraten sein, damals, als es noch kein Touristenbüro gab und die Segler, die zum Barbecue eingeladen wurden, dann selbst über dem Feuer endeten. Zwei Tage voller Tänze, nur wenige weiße Gesichter unter den Zuschauern. Am Rande des Tanzplatzes stehen Bambushütten und es wird gebrutzelt und gebraten. Zwischendurch gibt es zur Auflockerung Wettbewerbe im Taschenflechten aus Palmblättern. Ruckzuck – in zwei Minuten ist die Tasche fertig.

60

Weihnachten auf Christmas Island, Kiribati, 1987 war das, da waren wir auch Gäste beim Tanzfest. Am Rande der Maneaba, des Versammlungshauses, saßen die Einheimischen dicht an dicht, und wir mit Baby Britta und dem sechsjährigen Klaas als einzige Weiße mitten drin. Ein halbes Dutzend starke Kerle hockten vor einer großen, flachen Kiste und schlugen mit den Fäusten den Takt zum Tanz, dass der Boden dröhnte und die Kiste im Rhythmus abhob und landete. Der Trillerpfeifenmann stand dahinter, wie ein Polizist im Stoßverkehr, Pfiff – Pfiff – Pfiff, und die Mädchen machten dazu Handbewegungen, langsam, ganz langsam, dann einen Schritt vor, dann einen zurück, und die Zuschauer bebten vor Begeisterung. Irgendwie hatten wir da die Kurve nicht bekommen, hatten nicht den richtigen Draht dafür. Draußen vor der Maneaba Kokospalmen im Passat, unter dem Dach militärisches Getanze, Weihnachten auf der Weihnachtsinsel. Der Yap-Tag dagegen, das ist irre, diese Gesänge, dieser Südseezauber im Nordpazifik.

Da hinten liegt ein Schiff mit australischer Flagge, die Inverlocky. Ein komischer Kasten ist das, niedriger Rumpf, hoher Aufbau drauf, hinten eine Art Gartenlaube mit Bänken. Während wir uns im Dingi noch laut auf Deutsch über all diese Details unterhalten, ruft der Skipper: »Hallo! Ich höre ja Deutsch. Kommt an Bord. Ich bin der Uwe!« Beim Bier in der Gartenlaube erzählt uns Uwe seine Lebensgeschichte. Aus der DDR geflohen, über Ungarn, illegal in die USA gekommen, dort beim Arbeiten erwischt worden, Gerichtsverfahren, und dann hat er doch die Green Card erhalten durch eine Amnestie vor ein paar Jahren. Jetzt hat Uwe ein Baugeschäft in San Francisco, hat sich zwei Jahre frei genommen und in Darwin die fünfzig Jahre alte Inverlocky gekauft. Die war im Zweiten Weltkrieg in Neuguinea als Motorboot mit einem fetten Zweitakt-Dieselmotor gebaut worden. Heute stehen auch zwei Masten drauf, und er ist jetzt auf dem Weg nach San Francisco, gegen Wind und See, gegen alle Segelrouten, ein mehr als schwieriges Unternehmen. Die letzten 240 Seemeilen von Palau ist Uwe gegenan motort, immer krachend in die Wellen. Dann ist er gestern Nacht im Dunkeln eingelaufen, müde, ist erst mal im Hafen auf ein Riff gebrummt, mit Glück wieder freigekommen, und jetzt ist er hier. »Passt auf in Palau«, warnt uns Uwe. »Mir haben sie den Außenborder geklaut.« Wir tauschen E-Mail-Adressen aus. Dich besuchen wir in San Francisco, Uwe. Du bist ja einige Monate vor uns da, wenn alles klappt. Viel Glück!

Abschied von Joe und Familie, und wieder gibt es ein Festessen. Heute bei ihm. Und Abschiedsgeschenke. Blumenketten aus Frangipani, Joe hat selbst ein traditionelles Paddel für Britta und ihr Paddelboard geschnitzt. Wir bekommen bunte, geflochtene Matten und Handtaschen und revanchieren uns mit Geschenken für Joes ganze Familie. Auf Wiedersehen, Joe. Wir schreiben dir aus Japan. Deine Gastfreundschaft werden wir nie vergessen!

Unter Motor durch den Pass. Die See ist grob. Serfin hat uns vor Gewitterböen gewarnt. 240 Seemeilen bis Palau. Irre, wie der Motor läuft. Noch immer haben wir keine Ahnung, warum er abgesoffen ist. Aber nochmal darf das nicht passieren. Also mache ich, was ich schon seit Truk hätte machen sollen und was ich jetzt jedes Mal machen werde, wenn ich die Maschine abstelle: Auspuffventil zu und sofort den Auspuffschlauch vom Krümmer abziehen. Keine Chance, das da jetzt noch Wasser in den Motor kommen kann. Um eine permanente Lösung werden wir uns später kümmern, viel später.

Britta's travels

Hi! Remember me? I'm Britta, sailing on the yacht *Kavenga*.

Since I last wrote an article we have been travelling through Micronesia. On lots of islands in Micronesia the people live very traditionally.

All the people in Ifalik for example, live in thatched huts made only out of palm fronds and bamboo and they cook on open fires. On one island that we visited called Yap, we made friends with a local family. They have a girl called Ophelia, who is about my age but could hardly speak any English. Even though we couldn't really talk to each other we became friends and spent a lot of time together. While we were there the island celebrated a festival called Yap Day. We saw lots of traditional dances performed in beautiful costumes.

So far I've done more than 40 dives, some at wrecks, some at reefs, some at night and some in caves. I'm starting to recognise different types of fish. I've even dived with manta rays and seen sharks. Diving is great fun. It's sort of like another world.

I started school with Charters Towers School of Distance Education a few weeks ago and it's great, at least most of the time. I have three subjects, maths, French and LAC. LAC means Language Across the Curriculum and is a mixture of all the other subjects.

Next week we will be leaving Micronesia for Japan. This trip will take at least 10 days. Luckily I have loads and loads of books to keep me occupied.

BRITTA HARTMANN.

ABOVE: Traditional dances performed during Yap Day on the island of Yap in Micronesia

LEFT: Former Townsville Grammar School student Britta Hartmann begins schooling with Charters Towers Distance Education during her travels on board the family sailing yacht *Kavenga*

Townsville Bulletin, 4.5.99

Tropischer Fruchtsalat

Eine Papaya in zwei Hälften schneiden, die Kerne entfernen. Alle übrigen Früchte – z.B. Bananen, Guaven, Buschapfelsinen, Pampelmusen, Mangos, Ananas, Karambolen oder was sonst so auf der jeweiligen Insel wächst – in Stücke schneiden. Mischen und in die Papayahälften geben. Mit Zitronensaft beträufeln und mit geraspelter Kokosnuss bestreuen.
Im Cockpit unter dem Sonnensegel essen.

Grüne Inseln im Tropenregen

Hohe See und wechselnder Wind. Raue Fahrt. Tropensegeln, Regenböen mit 40 Knoten, dann ist der Spuk wieder vorbei. Palau voraus, die große Insel Babelthuap. Blauer Himmel, totale Flaute, aber wir, wir haben einen funktionierenden Motor. Der springt sofort an und läuft, obwohl Zenith Engineering aus Brisbane nach Yap gefaxt hatte, dass wir die Kopfdichtung nicht wieder verwenden können. Unsere Reparatur hat funktioniert, das Blatt hat sich gewendet. Nach so viel Krampf klappt es jetzt, die Dichtung hält eins a!

Fahrtenyachten sind unbeliebt bei den Behörden in Palau. Wer weiß, warum? Wir liegen an der Hafenmole und bevor ich nur den Mund aufmachen kann, sind schon ein halbes Dutzend Offizielle an Bord gesprungen und trampeln mit dicken, ölverschmierten Militärstiefeln über KAVENGA. Kein Problem mit der Einklarierung, doch jede Menge Dollars muss man rausrücken. 200 US-Dollar für das Schiffspermit für 30 Tage und 50 US-Dollar als Wassersteuer dazu. Das erlaubt aber nur das Ankern in Koror, der Hauptstadt. Dazu viermal 15 US-Dollar für das Permit, andere Gebiete Palaus zu besuchen, und natürlich nochmal 10 US-Dollar für das Fishing Permit. 320 Dollar für vier Wochen Palau! Mein lieber Mann, das haut in die Kasse, doch Palau ist ein Segelparadies, ein merkwürdiges Produkt der Natur. Überall pilzförmige Inseln mit Bäumen drauf, dazwischen Kanäle. Unmengen geschützter Ankerplätze und jede Menge Riffe. Wir sind aber wieder mal besonders an den Wracks interessiert!

Wie Truk war auch Palau eine große Marinebasis der Japaner, und auch hier wurden von den Amerikanern jede Menge Schiffe versenkt. Viele sind heute nicht mehr da, denn die meisten wurden nach dem Krieg von den Japanern geborgen und der Schrott zum Einschmelzen nach Japan verfrachtet. Doch acht oder neun hat man damals übersehen, und die liegen noch heute da. Wir haben ein Buch an Bord mit Luftaufnahmen von damals, brennende Schiffe, Ölteppiche in paradiesischer Lagune. Mit den Fotos in der Hand und den Augen auf dem Echolot fahren wir Suchmuster in der Lagune, finden die Wracks. Wieder Wracktauchen, wieder Blicke in die Vergangenheit. Doch wir haben dazugelernt, sind vorsichtiger geworden und erfahrener. Keine Probleme beim Tauchen in Palau.

Die SATA ist ein großer Tanker, 14 000 Tonnen und 143 Meter lang. Auf den Schwarzweiß-Fotos liegt sie brennend in der Umkthapel Anchorage, dicke Rauchwolken über dem Heck. Zickzack-Kurs über der ungefähren Stelle. Das muss doch hier sein! 35 Meter zum Boden, mal mehr, mal weniger, doch plötzlich springt der Wert auf 20 Meter, dann 16 Meter, dann wieder 35. Quer über das Wrack gefahren, 180°-Wende, lass fallen Markierungsboje. Lass fallen Anker, und der Wind schwingt KAVENGAS Heck über das Wrack. In die Tiefe an der Bojenleine. Ein riesi-

Reste der Notruder
der SATA —
30 M unter Wasser

64

ges Wrack. Leitern unter offenen Inspektionsluken verschwinden in der schwarzen Finsternis der Tankräume. Vorn der Brückenaufbau, hinten Mannschaftsräume, die große Dampfmaschine. Wir tauchen in den Notsteuerraum über dem Heck der Sata. Ein großes Doppelsteuerrad im Gespenstergrün der Tiefe. Die Holzspeichen sind noch erhalten, Ketten, Zahnräder, Schneckengetriebe. Immense Maschinerie, um das Ruder des Tankers zu bewegen, und das Doppelsteuerrad für den Fall, dass die Technik versagt, denn dann hätte hier die Besatzung mit Muskelkraft das Schiff auf Kurs gehalten. Ich kann mich kaum trennen von diesem Anblick. Das Steuerrad in unwirklichem Licht auf 30 Metern Tiefe, man wartet auf das Unnatürliche, Geisterhände an den Speichen oder wenigstens das Gerumpel der Dampfzylinder und der dicken Ketten, oder ist es schon die Stickstoffvergiftung, die mir den Kopf verdreht? Der Tauchcomputer blinkt seine Warnung. Aufstieg, und die Sata versinkt unter uns, liegt ungestört in ihrem Grab, über uns die Gegenwart.

Nach dem Tauchen nehmen wir wie vorgeschrieben immer Ohrentropfen, damit wir uns keine Infektion zuziehen, wie sie in den Tropen so häufig ist. Trotz aller Vorsicht erwischt es mich und als meine rechte Gesichtshälfte dann auch noch anfängt anzuschwellen, gebe ich Torstens Drängen nach und gehe zum Arzt. Dr. Yano's Medical Clinic, sechs Stunden Warten, Antibiotikatabletten und -tropfen, kein Tauchen, in fünf Tagen soll die Entzündung abgeklungen sein. Die Schwellung geht dann auch zurück, aber Schmerzen habe ich immer noch. Dr. Yano glaubt mir das nicht recht. Na ja, dann bilde ich mir die Schmerzen wohl nur ein.

In Koror bekommen wir auch eine Menge Post. Klaas' Abschlußzeugnis ist dabei. Besser könnte es nicht sein: OP 2, was in Deutschland einer »Eins« entspricht. Auch Britta bekommt die ersten Ergebnisse zurück und einen Brief von ihrer Lehrerin mit Foto, Miss Smith hat auch nur Positives zu berichten. Brittas Schulprojekte über Deutschland und über Schlangen sind in der Schule ausgestellt.

Mit uns ankert hier die Pilar mit Bill und Diane, Bill, der in Yap immer vor den Frauen der Outer Islands geflüchtet war. Bill und Diane sind schon zwei Wochen hier in Koror und fast am Ziel der Reise, die sie vor 23 Jahren begonnen hatten. 25 Seemeilen liegen

noch vor ihnen und Bill muss seinen ganzen Mut zusammenneh-
men, um nicht so kurz vor dem Ziel noch umzukehren. Das Ziel
heißt Peleliu. 1944 war Peleliu von den Japanern besetzt und wurde im September von den US-Amerikanern gestürmt und einge-
nommen. Die Schlacht um Peleliu war eine der blutigsten im Pazifik. Achttausend US-Amerikaner und zehntausend Japaner kamen
dabei ums Leben. Bill war damals bei den US Marines und hat die
Invasion zwar überlebt, aber nie vergessen oder bewältigt. Er ent-
schloss sich, nach Peleliu zurückzukehren, kaufte sich eine kleine,
halb fertige Kunststoffyacht und er und Diane zogen an Bord. Sechzehn Jahre lang bereiteten sie sich auf die Reise vor. Sieben Jahre
dauerte es dann noch, bis sie – immer auf Umwegen – endlich Palau erreicht hatten. Und jetzt nur noch 25 Seemeilen. Bill verschiebt
diese Fahrt jeden Tag aufs Neue, irgendetwas kommt immer dazwischen, und wenn es das Wetter ist. Dann plötzlich segelt er los,
dabei ist der Regen heute ganz besonders schlimm. In den nächsten
Wochen müssen wir immer wieder an Bill und Diane denken.

Fast noch im Hafen von Koror finden wir den Eingang zur Chandelier Cave in
einigen Metern Wassertiefe. Dunkelheit, total stille Wasseroberfläche, Stalagtiten
stoßen von der Decke herab tief ins Wasser. Reflektionen im Schein der Taschenlampe, Welt perfekter Spiegelbilder in dunklem Höhlenlabyrinth. Auf dem
Weg zurück zum Dingi geraten wir in eine japanische Invasion, diesmal eine fried-
liche. Ein Schwarm japanischer Touristen unter Wasser, perfekt ausgerüstete Taucher, jeder mit farblich bis ins Detail koordinierter Ausrüstung, in Neonblau, in
Fluoropink, blitzende Fotoapparate rechts und links. Wir flüchten auf KAVENGA.
Dann Tage am Außenriff, Tauchen in blauen Tiefen an Korallenwänden hinunter, kein Grund unter uns zu sehen, silberne Riesenschatten von Fischen in der
Ferne, gerade erkennbar. Wir tauchen früh am Morgen, ganz für uns, bevor die
Boote kommen, jedes beladen mit zweimal 200 PS und zwanzig lustigen Japanern. Dann ist es Zeit zu verschwinden in unsere einsamen Buchten hinter eine
der Rock Islands. Tropisch-feuchtes Palau, oft regnet es jetzt, die Luken sind zu,
es ist schwül. Alaska, der kalte Norden, gar keine schlechte Idee, dieser neue Plan!
Stilles Wasser der Rock Islands, steile Felswände überall, tiefes Wasser. Wir ankern auf 35 Metern. Unser 15-PS-Mariner-Außenborder wiegt 48 Kilo, und Klaas
und ich haben eine Routine eingeübt, um ihn von Bord zum Dingi zu heben. So

auch heute. Ich nehme den Motor an, stehe im Dingi, 48 Kilo, für echte Männer kein Problem, und… geschafft! Locker schwinge ich den Motor auf seinen Platz am Heck des Dingis, doch ich treffe nicht perfekt, und er rutscht im Zeitlupentempo über das Heck. Ich kann ihn nicht stoppen, er rutscht immer weiter, versinkt im Wasser. Wellen an der Oberfläche. Ich hechte hinterher, über das Heck des Dingis, tauche und erwische den Ausreißer, wäre doch gelacht. Auf zwei Metern Tiefe habe ich ihn fest im Griff und er mich auch. So sehr ich auch strampele, ich komme nicht hoch, nicht mit dem Gewicht, und die Luft geht mir aus. Plötzlich ein Platsch und Klaas ist da, neben mir, greift zu, ich tauche auf, hole tief Luft, tauche wieder unter, löse Klaas ab, der taucht auf, holt Luft. Wie lange das wohl so weitergehen soll? Noch ein Platsch und Silke ist da, hat ein Tau in der Hand, das Britta oben an Deck belegt. Ich tauche, sichere den Motor, und wir ziehen ihn an Bord. Also wirklich, das war zirkusreif! Teamarbeit, wie sie nur ein eingespieltes Familienteam liefern kann. Wenn wir drei Kinder hätten, dann wäre die Vorführung jetzt auf Video festgehalten. Man kann nicht alles haben.

Sangria

200 ml Orangensaft
100 ml Brandy oder ähnliches
60 ml Bananenlikör (wenn man sowas an Bord hat)
50 g Zucker
1 $\frac{1}{2}$ l trockener Rotwein
1 Apfelsine, 1 Limone, 1 Apfel (oder anderes Obst, das man an Bord hat)
1 Dose Zitronensprudel

Orangensaft, Brandy und Likör zusammengießen, den Zucker darin auflösen. Obst in Stücke schneiden. Wein und Obst in die Mischung geben und mehrere Stunden kalt stellen. Kurz vor dem Servieren den Zitronensprudel dazugießen. Mit Freunden im Cockpit sitzen, Sangria trinken und den Sonnenuntergang über dem Wasser genießen.

Japan

---

30. März, Nerv auf See. Gestern losgefahren, heute Wind aus Norden und eine schwappende hohe See. Plötzlich piept der Autopilot sein Alarmsignal »System overload«. Ich stelle ihn aus, das Ruder ist blockiert. Segel runter! Wir sind ruderlos auf dem Pazifik, vor uns noch fast 1300 Seemeilen bis Japan. Mir ist schon schlecht, bevor ich in die Achterkajüte gehe und nachsehe. Nicht zu fassen, aber wahr – der Hydraulikzylinder am Ruderarm ist an einem Aluminiumwinkel befestigt, der seinerseits mit acht dicken Schrauben an einem Schott angebolzt ist. Alle acht Muttern, acht Unterlegscheiben und acht Bolzen sind weg, haben sich gelöst und sind in das Fach darunter gefallen, verschwunden zwischen Kartons und Flaschen. Ich räume das Fach aus, nur nicht an Seekrankheit denken! Das ist ein guter Grundsatz, doch KAVENGA liegt quer zu den Wellen und rollt schwer. Ich beiße die Zähne zusammen, dann ist das Fach leer, und da unten rollen sie lustig umher, Bolzen, Muttern und Scheibchen. In drei Schritten bin ich draußen, hänge über der Reling, das erste Mal auf dieser Fahrt! Klaas ist Herr der Lage und Silke hilft. Nichts ist verbogen. Schraube um Schraube kommt unsere Ruderanlage wieder zusammen. Segel hoch, Kurs Japan. Hauptsache, wir machen nicht alle schlapp. Ich fühle mich heiß und krank, mehr als nur seekrank. Wind aus Nord, dann ein paar Stunden Flaute und endlich Ostwind, der Passat, ein wenig böig zwar, mal nur 10 Knoten, dann kurz 40, doch die Richtung stimmt und KAVENGA läuft, zieht eine Gischtspur durch den Pazifik. Ich verschwinde in der Koje.

4. April (Ostersonntag), noch 600 Seemeilen bis Kagoshima. Guter Wind aus Ost. Etmale immer zwischen 140 und 150 Seemeilen. Das Leben an Bord ist ruhig und gemütlich. Torsten, Klaas und ich gehen unsere vierstündigen Wachen. Wir kochen, lesen und halten das Boot sauber und aufgeräumt. Britta hat als Thema in der Schule natürlich »Ostern«, auch im Französischunterricht, und bastelt

»Cartes des Pâques« mit »Joyeuses Pâques« darauf. Wir backen einen Osterzopf und hängen ein paar Ostereier auf – nicht zu viele, dafür sind die Schiffsbewegungen dann doch etwas zu rau. Ich stricke in jeder freien Minute, schließlich haben wir kaum Kaltwetterkleidung an Bord und wir merken schon jetzt langsam, dass es kühler wird. Britta kann es kaum erwarten. Bis auf die ersten Wochen ihres Lebens war sie ja nur in den Tropen. Normales Alltagsleben, und um uns herum nur Wasser. Irgendwie unwirklich. An die Schiffsbewegungen haben wir uns auch schon lange gewöhnt, trotz Schräglage, es ist, als hätten wir schon immer so gelebt.

6. April, tropische Depressionen, gleich drei, nur 200 Seemeilen nördlich von Palau. Genau da waren wir vor einer Woche. Glück gehabt! Gerade rechtzeitig losgefahren! Wir alle haben uns gut in die Routine des Langzeitsegelns hineingefunden; uns ist jedoch die ganze Zeit sehr bewusst, dass wir direkt durch das Entstehungsgebiet der Taifune segeln. Wir können jetzt wieder verlässlicher die Batterien laden und empfangen zweimal am Tag ein Wetterfax, viel besser, als darauf zu warten, dass Radio Guam nach zwei Tagen merkt, woher der Wind weht. Aber trotzdem ist es hier nicht mehr so gemütlich. Eine Kaltfront ist gerade über uns hinweggezogen, wir befinden uns im Osten eines starken Hochdruckgebietes, Nordwind mit 25 Knoten. Kagoshima liegt 350 Seemeilen nördlich von uns, das bedeutet kreuzen, Okinawa ist 200 Seemeilen westlich – dann doch lieber nach Okinawa. Wir sind schließlich flexibel, trotz Zeitplan. Es wird immer kühler. Brittas Norwegerpullover ist fertig und eine Mütze und Handschuhe. Sie sitzt im Cockpit, voll ausgerüstet für arktische Verhältnisse, und behauptet zufrieden, ihr sei immer noch kalt. Klaas hat sich von den Tropen noch nicht gelöst und trägt nur Shorts, sonst nichts.

7. April, raues Segeln, die See wird immer gröber, der Wind dreht ständig. Um Mitternacht stehen wir vor dem Südkap Okinawas. 1350 Seemeilen in neuneinhalb Tagen. Dann sehen wir Naha! Wir sind in Japan, daran besteht kein Zweifel. So viele Lichter. So viele Schiffe um uns herum. Großstadtverkehr bei Nacht, an Land und auf dem Wasser.

Naha, Riesenstadt auf Okinawa, Kulisse von Wolkenkratzern und Schornsteinen. Die Schornsteine sind taifunsicher, pyramidenförmig abgestützte Stahlkonstruktionen. Ein Industriehafen voller Verkehr, Fähren und großen Frachtern, Hafenschleppern, bunten Reklametafeln, halb in lateinischer Schrift, halb in japanischen Schriftzeichen. Uns weist man in ein schmales Hafenbecken, Zeit für die Einklarierung. Ein halbes Dutzend Beamte kommen an Bord, wie sauber und ordentlich die hier aussehen! Jede Bügelfalte sitzt, kein Fleck auf den Uniformen und schmutzige Füße an Deck gibt es auch nicht. In Japan ist es undenkbar, ein Haus mit Straßenschuhen zu betreten, und KAVENGA ist unser Haus. Alle ziehen sich die Schuhe aus, Zoll, Immigration, Coast Patrol und die Gesundheitsbehörde. Was für komische Socken die anhaben, Fingerhandschuhe für die Füße mit Extra-Abteil für jeden Zeh. Sorgfältig gehen wir die Formulare durch. Ist auf der Reise jemand gestorben? Wir sind noch zu viert – also nein. Hat sich die Zahl der Ratten an Bord drastisch verändert? Auch nicht. Wir bekommen unser »Certificate of Pratique«, die Pässe sind auch gestempelt. Müde sind wir nach der langen Fahrt, und nur langsam wird uns klar – wir sind in Japan. Ein Land, das uns so exotisch erscheint, so weit weg, und wir sind hier, haben die philippinische See überquert, sind jetzt im Ostchinesischen Meer. Exotische Namen, so wie die in dem Lied über Bali und Hawaii, über Rio und Shanghai. Dann sind wir an Land in Naha, der Boden scheint sich zu bewegen, auf und ab, zu lange auf See gewesen.

Wir können uns gar nicht satt sehen an allem hier. Eine andere Welt ist das. Straßenarbeiter legen Pflastersteine und sind gekleidet wie für den Operationssaal. Weiße Handschuhe, fleckenlose blaue Hosen und Jacken. Ich fühle mich schon beim bloßen Zusehen dreckig und staubig. Eine Ampel schaltet auf Rot, kein Auto weit und breit, nach guter australischer Art gehe ich über die Straße. Auf der anderen Seite des Überwegs warten einige Japaner. Ein älterer Herr sieht mich schockiert an und sagt: »Led light, no walk!«, und eine Frau in Kimono und hohen Stöckelsandalen sieht bewusst beschämt zur Seite. Gut, ich habe verstanden, so etwas tut man ganz einfach nicht. Ich komme mir vor wie ein Kind, das den Finger in den noch warmen Pudding gestippt hat und erwischt worden ist. Wie unsagbar peinlich! Nein, diese Ausländer! Monatelang in Mikronesien gewesen, und jetzt dieser Kulturschock. Große Videowände mit den neuesten Reklameclips, winzige Läden. Hier einer voll japanischer Lackwaren, Teetassen, kleine Tischchen, Tabletts mit Geishas darauf oder mit Kranichen und Lotusblüten vor dem Fudschijama. Unbeschreiblich schön und unbeschreiblich teuer, bis zu vielen tausend Dollar.

Wir lassen uns durch den Markt treiben, den Haiwa-Dori, vorbei an Ständen mit Tintenfischen, allem möglichen Getier, das wir noch nie gesehen haben, und Obst und Gemüse. Dumm leider nur, dass alles so teuer ist und wir nur hier und dort etwas finden, das wir uns leisten können. In den Supermärkten stehen Tabletts mit Fleisch und Fisch zum Probieren. Nachdem Britta und ich zum dritten Mal ganz unschuldig blickend daran vorbeigegangen sind und uns bedient haben, ist es an der Zeit, den Supermarkt zu wechseln. Klaas und Silke halten Sicherheitsabstand und tun so, als gehörten sie nicht dazu. Nicht so einfach, wenn zwischen all den Japanern nur vier Europäer herumlaufen. Britta kauft sich ein Paar Keramiklöwen, Miniaturausgaben der großen zähnefletschenden Glücksbringer, die hier oft rechts und links die Hauseingänge beschützen. Sushi mit verschiedenen Arten Fisch teilen wir uns, essen mit Holzstäbchen. Es ist warm hier in Okinawa, obwohl wir schon auf 27° Nord sind, längst nicht mehr in den Tropen.

Abends bekommen wir Besuch. Kenji Ueshige ist Pilot und beim Anflug auf den Flughafen von Naha hat er aus dem Cockpit seiner 767 unser Schiff gesehen. Jetzt hat er Okinawaschnaps mitgebracht und gibt uns Segeltipps für die Inseln im Norden. Der große Traum aller Japaner ist es, einmal auszusteigen, einmal das zu tun, was wir machen. Kenji ist schon ein ganzes Stück weit gekommen auf diesem Weg. Er hat ein 12-m-Schiff in Taiwan gekauft und nach Japan gesegelt. Kenji hat nicht gewusst, dass Britta an Bord ist, jemand, der zu jung ist für den Okinawaschnaps in der Flasche mit den wunderschönen Schriftzeichen über dem blauen Bild des alten Segelschiffes. Eigentlich hat er sich schon verabschiedet, doch eine Stunde später ist er wieder da. An Bord will er diesmal nicht kommen, doch diese Tüte ist für Britta – Eis und Kuchen. Natürlich je vier Portionen, denn obwohl für Britta gedacht, wäre es nicht japanisch-höflich, nur ihr etwas zu bringen. Das ist der Beginn der japanischen Gastfreundschaft, der wir in den nächsten Monaten immer wieder begegnen.

Samstag, 10. April, und die Lage an Bord ändert sich schlagartig. Eben waren wir noch sicher vertäut an der Stirnwand des Hafenbeckens, jetzt schlagen hohe Wellen gegen KAVENGA, weit legen wir uns über, krachen trotz der Fender gegen die raue Betonwand. Dies ist unsere erste Begegnung mit einem Sandbaggerschiff. Bei so wenig Festland in Japan kommen Sand und Kies für Beton vom Meeresboden. Spezialfrachter sind mit großen Saugrohren ausgerüstet, um sich den Bauch zu füllen, und mit Baggern zum Entladen an der Mole. Solch ein Ungetüm hat sich in unser kleines Hafenbecken gezwängt. Der lange Arm des Baggers lässt die Schaufel in den Bauch des Schiffes fallen, dann wieder hoch, dann

90°-Drehung des Baggers. Das ganze Schiff legt sich weit über auf die Seite, der Greifer öffnet sich und Kubikmeter von Sand fallen zur Erde, der Bagger schwenkt zurück aufs Schiff. Hin und her, hin und her, im immer gleichen Rhythmus, der Frachter rollt und rollt und pumpt Wellen durch das Hafenbecken. Niemand scheint unsere Notlage zu erkennen. Motor an, Leinen los, wir versuchen, den Bug abzustoßen, freizukommen. Fast kollidieren unsere Solarzellen mit der Hafenmauer, doch einige Hafenarbeiter sehen es, stoßen uns in letzter Minute ab. Wir kommen frei, geschafft! Was für eine verfahrene Situation, doch nichts ist kaputt. Glück gehabt!

Amami O'Shima, grüne Insel. Japanisches Grün. Erklären können wir es nicht, doch dieses Grün ist anders. Japanische Bäume, exotisch fremd. 165 Seemeilen gesegelt von Naha, stürmische Nachtfahrt, hohe See. Jetzt liegt die wolkenverhangene Insel vor uns, am Ufer kein Anzeichen von Zivilisation zu sehen. Dann öffnet sich die Bucht von Naze, mitten drin ein Leuchtturm auf einer Felseninsel, Brecher. Wir fahren in das Hafenbecken von Naze, ganz bis zum Ende, legen im Zentrum der Stadt an, gleich neben dem grauen Schiff der Coast Patrol. Großer Fehler! Kleine japanische Autos, kleine Geschäfte, alles hier in Japan hat eine Spielzeugqualität und wirkt auf uns wie die sorgsam angelegten Orte auf einer Miniatureisenbahn. Naze ist unser zweiter Hafen hier in Japan. Es war zwar nur eine Übernachtfahrt, aber wir sind ganz schön k.o. Silke kocht gerade Mittagessen, als das Drama beginnt. Jede Menge Beamte kommen, nicken uns höflich zu, ziehen die Schuhe aus und sind an Bord. Erst zwei, drei, dann acht oder neun, dann ein Dutzend. Zoll, Immigration, Coast Patrol, langsam wird es eng in der Kajüte. Wir wissen ja, in jedem Hafen muss ein- und ausklariert werden – aber mit jeder Behörde? Formulare über Formulare, kein Problem, und schließlich ist nur noch die Coast Patrol mit fünf oder sechs Mann im Wohnraum. Leider sprechen die fast kein Englisch. Doch die Herren machen mir klar, dass die Lage ernst ist. In der Kajüte summt es wie in einem Bienenstock. Wir sind müde, das Essen ist fertig. »Mittagessen«, sagt Silke, »erst mal essen, dann sehen, was passiert.« Aber auch nach einer guten Schale voll Minestrone ist der Spuk nicht vorbei. Wir hätten nicht einlaufen dürfen, so viel verstehe ich. Wir dürfen angeblich nur die ganz großen offenen Häfen anlaufen, die für Frachtschiffe. Das kann doch gar nicht sein! Das hätten wir doch gewusst! »Hi, can I help you?« Draußen auf der Pier steht ein Europäer. Ein Dolmetscher! Inzwischen wird die Lage an Bord immer brenzliger. Eine für Japaner ganz ungewöhnliche Unruhe hat die Coast-Patrol-Jungs erfasst. Wie müssen aufs Verkehrsministerium, erklärt unser neuer Freund,

und unsere Karawane bewegt sich dorthin. Wir werden ins Büro eines Oberbeamten gelotst und die Situation wird mir erklärt. Ausländische Schiffe dürfen nur internationale Häfen anlaufen, das ist Gesetz. Es gibt keine Sonderregeln für Yachten, wir sind einem großen Frachter gleichgestellt. Ich muss mir einen Notfall ausdenken, kein Proviant mehr oder so, und bekomme eine wunderschöne große Urkunde in japanischen Zeichen ausgehändigt, die uns erlaubt, für 72 Stunden in Naze zu bleiben, länger nicht.

九 不 第　73　号
（九運　名　）

不 開 港 場 寄 港 特 許 通 知 書

　　　　　　住所
申請者
　　　　　　氏名　　　　　TORSTEN HARTMANN 殿

船舶法第3条ただし書の規定により平成 11年　4月 13日
付けで申請のあった オーストラリア　　国籍船 KAVENGA 号
の　名　瀬　　　港寄港（平成11 年 4 月13 日より
平成11 年 4 月 16日まで）は申請のとおり特許されたか
ら、命により通知する。

　平成 11 年 4 月 13 日

九 州 運 輸 局 長　上 子　道 雄

運 輸 省

Dann muss ich versprechen, das nie wieder zu tun, einfach so einen kleinen Hafen anzulaufen, denn das ist strengstens verboten. Auf KAVENGA war die Coast Patrol inzwischen auch nicht untätig. Jemand hat unsere EPIRB entdeckt. Kurz darauf kommen sie zurück mit einer langen Anleitung, was man im Falle einer versehentlichen EPIRB-Auslösung tun muss. Das steht ganz genau auf dem großen Aufkleber. »Bitte ordentlich neben die EPIRB kleben«, heißt es, »für den Fall aller Fälle.« Was für eine Erleichterung, endlich so ein Dokument zu haben! Genau die Krisensituation, vor der uns schon seit Ewigkeiten graut. Macht ja auch gar nichts, dass das alles in japanischen Schriftzeichen geschrieben steht.

Es ist spät, kalt, grau und windig. Wir müssen uns in eine andere Hafenecke verlegen. Besonders meine Stimmung hat ein neues Tief erreicht. Wenn ich das gewusst hätte, nur die Riesenhäfen anlaufen, nie wären wir nach Japan gefahren. Draußen am Ufer stoppt ein Auto. Eine junge Frau winkt mich heran, reicht mir drei Dosen heißen Kaffee und eine mit heißem Tee für Britta. Schon ist sie wieder verschwunden. Was für ein Land, unfassbare Bürokratie, unglaubliche Gastfreundschaft.

Ein schwerer Schwell steht in das Hafenbecken, wird nachts mit steigender Tide schlimmer und schlimmer. KAVENGA schießt vor und zurück an der Hafenmauer. Dann ein Knall, die vordere Klampe ist glatt abgerissen. Leinen los, und mit mehr Glück als Verstand kommen wir trotz Wind und Schwell ohne weiteren Bruch aus unserer Lücke an der Mole, ankern im Hafen und verholen uns am Morgen in den kleinen Fischereihafen Daikumo Ko, gleich um die Ecke. Buganker, Heckleinen, unser erstes Liegen auf Japanisch. Hierher hätten wir gleich kommen sollen, nur Fischerboote, ein kleiner Ort, bunte Wimpel an langen Fahnenstangen, geschwungene Dächer mit japanischen Ziegeln, schmale Gassen.

Kaum sind wir an Land, kommt eine gebückte alte Japanerin auf uns zu, dunkle Wolljacke, weite Hose, nimmt Britta an die Hand und marschiert los, ununterbrochen redend – japanisch natürlich. Erst mal zum Lebensmittelladen – aha, sie will uns zeigen, wo man einkaufen kann. Dann zum Fischgeschäft. Drinnen hinter dem Tresen zerlegen ein paar Frauen mit ungeheuer schnellen Bewegungen den Fang. Unsere alte Frau redet, zeigt auf uns, wir lächeln freundlich, dann kommt sie mit einer Menge hauchdünner dunkelroter Scheiben Fischfilets aus dem Laden. Für uns, ein Gastgeschenk. Erst später erkennen wir, was für eine teure Delikatesse dieser Fisch ist. Silke brät ihn abends. Was sind wir doch für Banausen! Es waren dünne Scheiben für Sashimi, wir hätten den Fisch roh essen sollen, doch wir sind erst wenige Tage hier und müssen noch viel lernen.

Schließlich bekommen wir noch eine große Flasche Sake und einen Sack Kartoffeln von unserer guten Fee. Für Leib und Seele ist gesorgt.

Wir haben Berichte der »Seven Seas Cruising Association« an Bord; andere Yachten, die in Japan waren, berichten, dass sie kleine Häfen problemlos angelaufen haben. Vielleicht ist das ja doch kein so großes Problem mit der Coast Patrol. Wenn wir den Spieß einfach umdrehen, nur noch die ganz kleinen Fischerhäfen anlaufen, die ohne Zoll und Immigration und Coast Patrol, dann sollte doch alles klappen – hoffen wir wenigstens.

Geheimnisvolles Japan. Vulkaninseln mit Wäldern, Bäume wie auf japanischen Tuschezeichnungen, dicht an dicht, verschiedene Grüntöne, märchenhaft. Kleine Orte mit engen, verwinkelten Gas-  sen, winzige Kramläden, hölzerne Schiebetüren, geschwungene Dachpfannen, Drachenköpfe an den Giebeln, Steinlaternen. Winzige Gemüsegärten, in denen jede Pflanze gehegt und gepflegt wird, fernab von Fortschritt und Technik. Regenschleier über den Wasserfällen von Yaku Shima, dann weiter nach Tanega Shima. Dort legen wir wieder im Fischereihafen an. Tiden von drei Metern, es ist tiefste Ebbe. Torsten ist im Dingi, Klaas noch auf der Mauer, da gibt es plötzlich einen lauten Platsch. Klaas ist von der Mauer gefallen und landet neben dem Dingi im Wasser. »Warum hast du das denn gemacht?«, fragt Torsten verdutzt. Dumme Frage, das weiß Klaas natürlich auch nicht. Auf der Fahrt mit SEETEUFEL ist er nie ins Wasser gefallen, nur jetzt mit 17 Jahren. Und dazu war er wie immer barfuß und nur in Shorts, trotz Nieselregen und Kälte. Hände, Knie und Füße sind aufgeschnitten von den Muscheln an der Mauer. Besonders die Schnitte an den Füßen sind tief. Arztbesuch? Klaas will nichts davon wissen, und ich kann nicht einmal darauf bestehen, denn ich weigere mich auch zum Arzt zu gehen, obwohl sich meine Schmerzen aus Palau schon lange als Zahnschmerzen herausgestellt haben. Gut, dass wir so viele Klammerpflaster und antiseptische Salbe an Bord haben. Während der nächsten zwei Tage sitzt

Klaas mit Verbänden, einem Buch und abends mit einem Glas Glühwein in der Lotsenkoje und leidet.

Wieder so ein »déjà vu«-Erlebnis. Damals mit SEETEUFEL auf der Fahrt von Portugal nach Madeira, kurz vor seinem vierten Geburtstag, hatte Klaas sich mit den Händen über dem Niedergang festgehalten und geschaukelt. Die Hände waren ihm abgerutscht und er war mit dem Hinterkopf auf die Cockpitbank geschlagen. Blut überall! Zwei Platzwunden! Nicht sehr groß, hätten aber eigentlich genäht werden müssen. Wie gut, dass wenigstens Torsten in solchen Fällen einen klaren Kopf behält. Klaas ließ sich gefallen, dass Torsten ihn um die Wunden herum rasierte, dass wir Klammerpflaster aufklebten und ihn verbanden. Auch damals ist alles gut gegangen. Klaas bekam ein Ben-u-ron-Zäpfchen und ich einen Schnaps und abends hatten wir uns alle wieder beruhigt. Nur die Narben sind heute noch zu sehen, ganz so gut wie fachmännische Versorgung sind Bordmittel eben doch nicht.

Ein paar Tage später sind wir in Miyanoura, unserem ersten Hafen auf Kyushu. Britta und ich gehen im Regen durch die kleinen Gässchen, dann an Reisfeldern vorbei zu einem unter Bäumen verborgenen Shintoschrein, Britta in neuen Gummistiefeln und ihrer gesamten Polarausrüstung. Diese für sie so andere Art der Bekleidung hat immer noch nicht ihren Reiz verloren.

Jeden Tag machen wir ein Stück Nord, jeden Tag ein anderer Hafen. Als ein Motorträger bricht, laufen wir Ujumi an. Heute scheint die Sonne, 21. April, eine Flusseinfahrt vor Bergen, der rote und der weiße Turm auf den Molenköpfen markieren die Einfahrt. Es ist noch früh am Tag, und den Motorträger habe ich bald ausgebaut. Der Fluss teilt das Dorf in zwei Hälften. Die Straße ist so eng, dass ein Auto kaum hindurchpasst. An hohen dünnen Bambusstöcken flattern rote, blaue und goldene Fahnen in Form

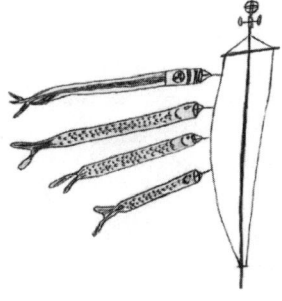

von Fischen mit weit offenen Mäulern. Wälder an den Berghängen, am Fluss liegt eine kleine Motorbootmarina. Ich finde das Büro und die Werkstatt und zeige mit traurigem Gesicht die zwei Teile des Trägers. Der Chef, geschäftsmäßig sauber gekleidet, nimmt sich der Sache selbst an, schleift, schweißt und fertig. Einem geschweißten Gussteil soll man nicht trauen! Na ja, für den Augenblick wird es schon halten. So schnell komme ich jedoch nicht los. Wir sitzen und trinken starken japanischen Kaffee aus winzigen Tässchen, dann beginnt ein Familienausflug. Chef, Tochter und Schwiegersohn fahren mich zurück zu Kavenga, die Reparatur ist kostenlos. Ich lade sie an Bord ein, und mit viel Hin und Her schaffen sie es tatsächlich von der Mole hinunter an Deck. »Hier wohnt ihr?« Die drei können es nicht fassen, so ein kleines Schiff und so weit unterwegs, das gibt es doch gar nicht! Kaffee und Kuchen und Sayonara, und eine Stunde später ist der Träger eingebaut.

»Hallo, hallo!«, wieder Leute auf der Mole, der Chef und ein anderer Mann. Es dauert ein bisschen, bis wir verstehen. Aus Miyazaki kommt der andere, hat in der Marina ein kleines Motorboot und hat vom Chef von uns gehört: »Now we go sightseeing!« Hört sich gut an, und los geht's. Kurvige Straße durch Wälder und Reisfelder. Linksverkehr in Japan. Plötzlich öffnet sich das Land und vor uns liegt die Millionenstadt Miyazaki. Wow – eben noch auf dem Lande, jetzt in der City. Bis zum Schluss verstehen wir den Namen unseres Gastgebers nicht. »Erst mal kurz ins Büro«, sagt der. Siebter Stock, Blick über die Riesenstadt. Im Fahrstuhl fällt mir auf, dass die Knöpfe für die Etagen von zwei über drei zur Fünf gehen, keine Vier. »Warum?«, frage ich. Klare Antwort, das Wort für »vier« auf Japanisch ist das gleiche wie für »sterben«. Ein unglückliches Wort, also gibt es keinen vierten Stock. Das spart eine Menge Baukosten, denke ich mir, wenn man Gebäude mit mehr als drei Etagen baut.

Ein Nachmittag in Miyazaki, wir werden auf ein Bierchen eingeladen in den 42. Stock – oder ist es der 41.? – des Luxushotels »Ocean 45«. Zwölf Mark für ein Bier. Dann geht es zum Miyazaki-Schrein und zu einem Friedenspark in den Hügeln über der Stadt. Silke macht Konversation. Sie erzählt, dass wir neun Jahre lang in Mount Isa gelebt haben, Stadt im Busch, nur ein Fahrstuhl im ganzen Ort, im Verona-Hotel, zum dritten Stock, und dann noch der Lastenaufzug bei Woolworth vom Erdgeschoss in den Parkkeller, und Rolltreppen gibt es gar nicht dort. Na, wenn das nicht beeindruckend ist für einen Bewohner einer solchen Riesenstadt. Ist es auch, nach einer halben Stunde Gewühl durch Feierabendverkehr schleust uns unser neuer Freund durch die Tür eines Kaufhauses. Rolltreppe hinauf zum vierten – oder ist es der fünfte? – Stock, dann hinunter in das Tiefgeschoss. Was soll denn das? Und wieder nach oben, nach unten, nach oben. Bei uns fällt der Groschen, Touristenattraktion Rolltreppe. Wir bedanken uns für dieses Erlebnis und nehmen uns vor, nie wieder den Mangel an Rolltreppen in Mount Isa zu erwähnen.

Zurück zum Schiff, unser neuer Freund hat leider keine Zeit, an Bord zu kommen. Südwind. Raus aus dem Hafen und Segel hoch, mondlose Nacht. Das Meer phosphorisiert wie noch nie. Unsere Bugwelle wirft einen lila-grünen Neonschein auf, typisch Japan, alles muss perfekt sein. Klaas beugt sich über die Reling, sein Gesicht erleuchtet von der Luminiszenz. Immer noch der 21. April. Was für ein Tag: Ausgelaufen, Träger kaputt, eingelaufen, Träger repariert, Sightseeing in Miyazaki, ausgelaufen, unterwegs in der Neonnacht.

Sashimi

500 g ganz frischer Fisch von guter Qualität
japanische Sojasauce
Wasabi

Den Fisch säubern und mit sehr scharfem Messer die Haut abtrennen. In etwa 5 mm dicke Scheiben schneiden, dabei nicht sägen, sondern glatte Schnitte ausführen. Sashimischeiben auf einem Teller arrangieren. Mit Wasabi und Sojasauce in je einem Schälchen servieren. Mit Stäbchen essen!

Die Inlandsee

»Silke, aufwachen, komm schnell raus! Neben uns ist ein U-Boot!« Ein alter Witz, so alt wie unser Seglerleben. »Guck mal, ein U-Boot.« Silke ist wach, wir haben laut genug gebrüllt, und sie kommt ins Cockpit. War kein Witz diesmal, querab fährt ein U-Boot. Wir nähern uns der Zivilisation. Die Inlandsee, das japanische Binnenmeer zwischen Kyushu, Honshu und Shikoku. Kurs Hiroshima, erst das U-

Boot, dann Frachter, Fähren, Autotransporter mit vollem Bauch auf dem Wege nach Australien und Europa, und jetzt plötzlich die halbe japanische Kriegsmarine. In schnurgerader Linie werden sie unseren Kurs kreuzen, von West nach Ost, drei große graue Kolosse. Okay, weit genug entfernt. Kein Problem, oder vielleicht doch, was zum Teufel soll das denn nun? Das erste Schiff legt sich weit über, schlägt einen 90°-Haken, scheint direkt auf uns zuzukommen, schäumendes Wasser unter dem Heck, dreht weiter, geht auf Gegenkurs, in den Wind. Aha, ein Hubschrauber landet auf dem Heck, dann reiht sich der Kahn wieder ein in die Kolonne, und sie verschwinden ostwärts, am Heck die japanische Kriegsmarineflagge, rot-weiße Streifen unter der Sonne, die gleiche Flagge, die über den Wracks von Truk und Palau geweht hatte. Schönen Dank für die Show, aber so viel Mühe hättet ihr euch nicht zu machen brauchen für unseren Empfang in der Inlandsee.

25. April, vor Anker im Hafenbecken der Insel Atatashima. Auf dem Hang des Hügels hinter uns steht ein Tori, ein großes hölzernes Tempeltor, unter dem hindurch ein geschwungener Steinpfad aufwärts zu einem Schrein am Berg führt. Netze liegen zur Reparatur am Ufer, eine Fußgängerbrücke führt zu einer vorgelagerten Insel. Dahinter liegen mehrere Dutzend Flöße verankert, Flöße, an denen Muscheln gezüchtet werden. Ich suche ein stabiles Stück Holz zwischen all den Überbleibseln im Hafen, denn vor ein paar Stunden ist die schöne geschweißte Motorhalterung wieder gebrochen. Ich säge das Holz passend zu und verkeile es unter dem gebrochenen Träger. Sitzt, wackelt und hat Luft, und vielleicht hält es bis zur nächsten Werkstatt.

Auf 34° Nord Ende April, da wird es schon um fünf Uhr morgens hell. Das Hiroshima Wan ist ein perfekt geschützter Teil des Binnenmeeres. Heute ist Sonntag. Nicht die kleinste Brise weht. Spiegelglattes Meer, Frühnebel treibt darüber und wird von der Morgensonne nach und nach aufgesogen. Inselwelt, Muschelflöße vor japanisch-grünen Bergen, in der Ferne tuckern ein paar Fischerboote, am Horizont ein gelb-blauer Autotransporter, leer, Kurs auf Hiroshima. An der Nordostecke der Insel Miyashima steht auf dem letzten winzigen wasserumspülten Felsen eine alte Steinlaterne. Japanische Szenerie wie auf Papierdrucken, das Licht, die Farben, die Atmosphäre, so fremdländisch-fernöstlich.

Der Motor stottert und setzt aus, doch es sind nur die Filter, und die sind schnell gewechselt. Den Diesel aus dem tiefer liegenden Tank sauge ich mit dem Mund an. Maschine läuft. Trotz Zähneputzen verbreite ich für den Rest des Tages einen modernen Dieselgeruch. Miyashima, Insel mit berühmten alten Tem-

1. Papua-Neuguinea:
   Der Markt von Kokopo
   bei Rabaul.

2. Mikronesien:
   Bootshäuser in
   Kapingamarangi.

3. Papua-Neuguinea:
   Der Vulkan Tuvuvur ist
   immer noch aktiv.

4

4. Mikronesien:
   Starkwind
   verweht die
   Palmen auf Truk.

5. Ein Segelkanu in
   der Lagune von
   Kapingamarangi.

6. Silke und Britta
   bei der Weih-
   nachtsbäckerei.

7. Britta schreibt
   Bordbuch, Klaas
   macht Navigation.

8. Ort auf dem
   Hauptatoll von
   Kapingamarangi.

9

10

11

9. Mikronesien:
   Britta testet ein Auslegerkanu auf Ifalik.

10. Das Steingeld von Yap.

11. Torsten und Klaas kehren vom Fischen zurück.

12. Ifalik: KAVENGA vor Anker.

13. Das Versorgungsschiff war da.

14

15

16

14. *Der Nationalfeiertag auf Yap.*
15. *Klaas hat Besuch auf hoher See.*
16. *Silke strickt warme Pullover.*
17. *Yap: Britta und Ophelia.*
18. *Truk: Britta im Maschinen-raum der FUJIKAWA MARU.*

19

19. Fahrzeuge im Laderaum der San Francisco Maru in über 50 Metern Tiefe.

20. Ein Maschinen-telegraf in der Tiefe.

20

peln. Dort steht das so oft fotografierte rote Tempeltor, der »schwimmende Tori«, im Meer – eines der drei Wahrzeichen Japans. Ich stehe am Ruder und filme nebenbei mit der Videokamera. Plötzlich taucht bildfüllend auf Kollisionskurs im Sucher eine Fähre auf. »Oh, shit!«, nimmt die Kamera noch meine Stimme auf, bevor das Videobild um 90 Grad springt und die Kamera auf der Cockpitbank liegend unser Ausweichmanöver filmt. Wir ankern vor Miyashima.

»Hier gibt es Rehe!«, schreibt Britta ins Bordbuch, *»und Affen!«* Heute sind wir Touristen, vier europäische Gesichter zwischen all den Einheimischen. Wir fahren mit der Seilbahn auf die Spitze von Mount Misen. Auf den Felsblöcken sitzen rotgesichtige Affen mit langem, zotteligem weiß-grauen Fell, dösen in der warmen Sonne oder zupfen sich gegenseitig Läuse aus dem Pelz, halten sie dann genießerisch zwischen Daumen und Zeigefinger und poppen sie sich in den Mund wie einen Käsecracker. Kaum zu glauben, aber ein Reh liegt dort im Schatten eines Busches und lässt sich von zwei Affen das Fell durchkämmen. In der Ferne liegt die Millionenstadt Hiroshima. Der Tag ist klar geworden, die Sicht ist toll, im Süden Atatashima, unser Ankerplatz der letzten Nacht, Inselwelt und Muschelflöße, Schiffe spielzeugklein.

Wieder unten gehen wir bummeln durch eine Mischung aus alten Tempelanlagen und Touristennepp auf Japanisch. Der Tori im Meer, der Itsukushima Jinja-Schrein, auf dem Hang darüber die fünfstöckige Pagode hinter rosa Kirschblüten. Gewundene Wege zwischen Restaurants und Andenkenbuden. Überall laufen Rehe herum, ganz zutraulich lassen sie sich streicheln. Britta kann sich kaum trennen. *»Diese Reh- und Affeninsel ist super«*, schreibt sie später ins Bordbuch. Wir sind hungrig. Aus den Restaurants steigen leckere Düfte auf und überall in den Schaufenstern sind kunstvoll geschaffene Nachbildungen der Speisen ausgestellt. Für uns ist das viel zu teuer und die Portionen sind zu klein, für die schmächtigen Japaner zugeschnitten, nicht für unsere knurrenden Bäuche. Zurück aufs Schiff und zum Bordessen.

Hiroshima, Mahnmal der Zerstörungskraft, die die Menschheit schon vor über fünfzig Jahren ausüben konnte. Im Morgennebel legen wir am Hafeneingang in einer Marina an. Sehr preiswert, nur 12 000 Yen, fast 250,- DM pro Nacht. Nein, darauf verzichten wir dann doch und fahren in das winzige öffentliche Hafenbecken. Alte, halb versunkene Frachter liegen hier, vergammelte japanische Segelyachten, ein paar Fischerboote, und raue Holzplanken führen wackelig über Fässer ans Land. Das Gute daran: Es kostet keinen Yen und liegt mitten in Hiroshima.

Für die Straßenbahn bezahlen wir zehn Mark und los geht's. Leider in die falsche Richtung, und nach nur einem Stop ist Endstation. Ratlos sehen wir uns an, da kommt auch schon der Schaffner. Er hat gemerkt, dass wir eigentlich in die andere Richtung wollten, und gibt uns mit seinen sauber weiß behandschuhten Händen unser Geld zurück. Ja, gibt's denn das? Japanische Höflichkeit! Der Hiroshima-Friedenspark ist eine Erinnerung an die Zerstörungskraft der Bombe. »USA?«, werden wir immer wieder gefragt, verborgene Ablehnung in den Augen der Fragenden. »Osuteraria!«, antworten wir – Australien –, und jedes Mal schlägt die Stimmung um. »Ah so, desu ne!«, und Ablehnung verwandelt sich in Höflichkeit. Hiroshima, Fotos im Museum, Häuser weggefegt im Feuersturm, verbrannte Körper. Ein gigantisches, amerikanisches Experiment. Japan war lange konventionell bombardiert worden, Hiroshima nicht. Hiroshima blieb stehen, unverletzt, als Ort für das große Experiment. Die ENOLA GAY war nicht allein gekommen. Andere Flugzeuge hatten sie begleitet und Messinstrumente abgeworfen. Hiroshima nach der Kapitulation, jahrzehntelang hatten die amerikanischen Besatzer die Abertausenden von Strahlungskranken ignoriert, ganz offiziell. Das gab es nicht. Erst viel später durften die Japaner Spezialkrankenhäuser einrichten.

In einem halben Jahr werden wir in Los Alamos sein, bei Santa Fé in Neu-Mexiko, an dem Ort, an dem die Bombe gebaut wurde. Dort sehen wir keine Hinweise auf das Leiden hier. Los Alamos in den Vierzigern und Fünfzigern, Zeit der Atombomben über Japan und dem Bikini-Atoll. Wir sehen Fotos vom Gesellschaftsleben dieser Jahre, Fotos von Geburtstagstorten mit Atompilzen aus Sahne und von Frauen mit Haaren, die aus feierlichem Anlass zur Atompilzwolke aufgesteckt sind. Let's party! Wissenschaft, die jeden Bezug zur menschlichen Realität verloren hat, makaber. Es wundert uns nicht, dass auch heute noch Amerikaner hier nicht gern gesehen sind. Doch die Japaner verschweigen es nicht, dass sie es waren, die den Krieg im Pazifik begannen, dass gerade sie es waren, die sich durch individuelle Grausamkeit auszeichneten. Völker, Gefangene ihrer Kultur. Wir hören es immer wieder in Japan: Dies ist eine neue Zeit, und die Menschen hier wollen Freundschaft schließen mit dem Rest der Welt. Papierkraniche stapeln sich unter dem Friedensdenkmal der Kinder im Heiwa Koen, dem Friedenspark. Symbole für den Weltfrieden und gegen Atomwaffen. Kinder aller Nationen schicken sie nach Hiroshima. Auch aus Australien sind einige dabei.

Hiroshima – erster Hafen in einer Großstadt in Japan. Für mich bedeutet das vor allem: Zahnarztbesuch, denn das lässt sich einfach nicht länger aufschieben. Hier in Hiroshima hoffe ich einen zu finden, der Englisch spricht. Ich finde Zahnarztbesuche sowieso schon schlimm genug, aber einem Zahnarzt, der mich vielleicht nicht versteht, wenn ich »au« sage, würde ich mich besonders ungern anvertrauen. Ich bekomme eine Adresse von der Touristinformation. Nach einer langen Suche, an der nacheinander ein Barbesitzer, ein Polizist und ein Briefträger beteiligt sind, stehe ich schließlich vor der Tür des Zahnarztes. Die Praxis befindet sich in einer kleinen Etagenwohnung im fünften Stock eines Hochhauses. Der Flur ist gleichzeitig Wartezimmer und Rezeption. Die Empfangsdame verbeugt sich lächelnd und schüttelt bedauernd den Kopf, als ich sie auf Englisch anrede. Ich versuche es nochmal ganz langsam und dann vor lauter Verzweiflung auch noch auf Deutsch, aber es bleibt bei Lächeln, Verbeugen und Kopfschütteln. Da geht eine Tür auf und ein Herr im weißen Kittel steht neben mir. »Good morning« verstehe ich noch, weiter aber nichts. Sein Redeschwall ist sicher nicht japanisch, und nach einiger Zeit glaube ich ab und zu ein englisches Wort zu erkennen. Es ist wohl nur die Aussprache und Betonung, die das Ganze zu einer Fremdsprache werden lassen. Ich erkläre ihm meine Lage und werde ins Sprechzimmer geführt. Nach Zahnarzt sieht es schon aus, aber wie in einem engen Friseursalon stehen die Stühle nebeneinander, dazwischen nur Platz für je einen Zahnarzt japanischer – also eher schmächtiger – Statur. Meiner spricht jetzt

betont langsam und deutlich, wohl in der Annahme, dass ich die
englische Sprache nur bruchstückweise beherrsche. Die Untersuchung ist dann ausgesprochen fachmännisch. Das Ergebnis: Es muss
eine Wurzelbehandlung unter einer Krone gemacht werden, nachdem die Entzündung durch Antibiotika abgeklungen ist. Das Ganze
dauert drei Wochen. Mindestens. Was jetzt? In drei Wochen wollen
wir schon in Hokkaido sein. Der Arzt versteht mein Dilemma und
behandelt provisorisch, allerdings mit dem Hinweis, er übernehme
keine Garantie auf Erfolg. Ich brauche nur einen Bruchteil der ei-
gentlichen Rechnung zu zahlen, mein neuer Freund ist auch Segler
und hat wie so viele Japaner den Traum, einmal im Leben...

Segeln im Insellabyrinth der Inlandsee, Ostkurs, Berge und Dörfer, Fischer und
Frachter. In Kaze No Ko gibt es eine Yachtwerft, aber keinen normalen Stahl für
den Motorträger, nur Edelstahl. Der neue Träger ist silbrig glänzend, doch gut ist
das ja auch nicht, denn Edelstahl ist spröde und bricht leicht. Wie kompliziert
alles ist in Japan. Wird schon halten, hoffen wir, vielleicht länger als die Schweiß-
reparatur am Gussträger. Japan ist das Land der Ingenieure und Baufirmen. Schon
wieder eine riesige Hängebrücke, zwischen Ikutchishima und Omishima. Die wird
heute eröffnet, am 1. Mai, und wir fahren als eines der ersten Schiffe ganz offiziell
drunter durch. Japan, das ist das Land der grünen Berge und des grauen Betons.
Hier in der Inlandsee ist jeder Ufermeter jeder Insel befestigt, Betonwälle zwischen Meer und Land. Wo man Straßen in die Berghänge gegraben hat, wurden
riesige Flächen darunter und darüber betoniert, gegen Erdrutsch gesichert. Doch
nach und nach scheint sich ökologisch umweltfreundliches Denken durchzuset-
zen. Die neueren Betonflächen hat man grün gestrichen!

Tomo ist ein alter Fischerort, das runde Hafenbecken ist aus rauen Felsblöcken
gebaut, alte Häuser lehnen sich halb über das Wasser, geschwungene Ziegel und
schwarze Holzwände, Steinlaternen am Hafeneingang, grob gepflasterte Gassen
führen vorbei an Tempeln und Schreinen, Reihen japanischer Grabsteine mit zierlichen Schriftzeichen darauf. Wir sitzen auf den Ufersteinen in der Abendsonne
und essen Sushi. Vor uns im Meer liegt eine Insel, Stufen führen zu einem Schrein
auf der Kuppe, darüber flattern Fahnen im Wind.

Die Inlandsee ist die See der Strömungen, der Strudel und Flutbewegungen,
wenn die Wassermassen sich durch die Engstellen zwischen Ozean und Binnenmeer pressen. An der engsten Stelle verbindet die 9,4 Kilometer lange Seto-

Brücke Honshu und Shikoku. Rechts und links verschwinden die Enden der Brücke im Nebel. Dichter Schiffsverkehr hier, Frachter auf Frachter. Wir haben Glück mit den Tiden, denn der letzte Flutstrom schiebt uns bis zur Engstelle, dann setzt die Ebbe ein und gibt uns Fahrthilfe nach Osten. Tonosho auf Shodoshima, wieder liegt KAVENGA mitten im Ort zwischen den Fischerbooten. Einmal im Jahr soll es hier in der Nähe Kabuki-Theater geben, traditionelle japanische Aufführungen, nicht von Schauspielern aus Tokyo, sondern Bauerntheater.

Wanderung durch Reisfelder in die Berge, Bäche, ländliches Japan. Neben Häuschen stehen Miniaturtrecker, alte Gebäude aus Fachwerk, halb verfallen am Wegesrand. Frauen arbeiten gebückt in Feldern, die unter Wasser stehen, und pflanzen Reis. Vor uns tauchen hohe Bäume auf, viele Menschen, das ist das Kabuki-Theater. An Ständen gibt es Kandisäpfel, Bratwürste und jede Menge Bier. Auf dem Rasen vor der Bühne finden wir Platz. Vor uns eine Gestalt im Kimono, weiß geschminktes Gesicht, stilisierte abgehackte Bewegungen zu traditioneller Musik mit japanischer Gitarre, hohe schrille Töne, die für unsere europäischen Ohren unmelodisch fernöstlich klingen. Ganz in schwarz gehüllte Helfer springen ab und zu auf die Bühne, verändern etwas in der Kulisse. Ganz in schwarz, das bedeutet, dass sie nicht mitspielen, nur Helfer sind, und darum kann man sie nicht sehen! Die Handlung spitzt sich zu, jetzt sind schon zwei Schauspieler auf der Bühne. Wir haben keine Ahnung, worum es hier geht. Das Publikum ist begeistert. Zwei Japaner neben uns versorgen uns mit Sushi und Bier. Ein Feiertag in Japan, einer der ganz wenigen Tage, an denen man wirklich nicht zur Arbeit geht. Was macht man an so einem Tag? Kabuki-Theater und ... »Drinku Biiru!«, erklärt uns unser Nachbar und drückt uns die nächste Bierdose in die Hand. Unten sind immer noch zwei weiß geschminkte Gestalten in Kimonos auf der Bühne, stilisierte Bewegungen und Gitarrenmusik. Neben uns häufen sich die Bierdosen, nach jedem Bier wird unser Nachbar zutraulicher, eine halbe Stunde später schaffen wir es, uns loszureißen, ohne dabei unhöflich zu sein. Auch ein Teil dieser für uns so schwer verständlichen Kultur: Ist die Arbeit getan, wird viel und hart getrunken. Ausgleich für den Stress der langen Stunden und der strikten Gesellschaftsordnung.

Hinter Shodoshima ist der schöne Teil der Inlandsee vorbei. Riesige Hafenanlagen, Werften, überdimensionale Kräne, Schwerindustrie. KAVENGA rollt in der Welle eines Frachters, der Motor stottert. Was ist denn jetzt schon wieder los? Doch diesmal ist die Antwort einfach. Der Dieseltank ist fast leer. Besonders in der Inlandsee ist der Motor doch oft gelaufen und dabei ist Diesel in Japan sündhaft teuer. Außer man tankt zollfrei in Hokko bei Osaka und bis dahin müssen wir einfach noch kommen. Glücklicherweise sind wir gerade neben dem Kiba Yachtklub und legen dort an.

Japanische Gastfreundschaft — wie üblich. Wir dürfen ein paar Tage umsonst bleiben und sogar die Waschmaschine benutzen. Im ruhigen Wasser pumpen wir die Reste des Diesels in zwei Kanister und hängen die Dieselleitung in einen davon. Dann kommt Senoosan, der Manager des Yachtklubs, vorbei und ruft auch gleich seinen Freund vom Fischerboot nebenan herüber. Der bringt natürlich ein Gastgeschenk mit — Sashimi aus hiesigem Suzuki-Fisch mit Wasabi. Wir sitzen im Cockpit und essen, ich darf aber wenigstens Sake dazu anbieten.

Am nächsten Tag fahren wir zur Himeji-Burg. Schon die Fahrt dahin ist aufregend. Besonders für Britta, zwölf Jahre alt und noch nie Eisenbahn gefahren. Jetzt kommen uns Klaas' Japanischkenntnisse zugute. Mit dem Sprechen und Verstehen hapert es sehr, aber Lesen ist leichter. Alle Fahrpläne und alle Ankündigungen sind nur in japanischen Schriftzeichen. Klaas kann Katakana und Hiragana lesen und etwas Kanji, und wir kommen tatsächlich in Himeji an.

Die riesige Burg sehen wir schon von weitem. Ein hoher Berg ist Stein für Stein zusammengetragen worden, auf der Spitze steht die Burg, eine pyramidenförmige Holzkonstruktion von sechs Stockwerken, mit Verteidigungsmauern aus Stein, mit Schießscharten und einem Blick über ganz Himeji aus dem obersten Stock. Dazu müssen wir aber eine Menge verwinkelte Treppen hochklettern und ganz unter dem Dach steht der Osakabe Shinto-Schrein. Das moderne Himeji liegt unter uns und vor uns die geschwungenen Dachziegel, jeder Endziegel mit einem Wappen darauf von der Adelsfamilie, die hier ihren Beitrag zum Burgbau geleistet hat.

Als wir zurückkommen, steht eine Schale Tempura für uns im Cockpit, eigenhändig von Senoo-san für uns zubereitet. Und abends besucht er uns mit seiner Frau, die auch Englisch spricht und sich lebhaft an der Unterhaltung beteiligt. Das haben wir bis jetzt noch nicht erlebt. Wir hatten oft Besuch, aber wenn schon mal Frauen dabei waren, hielten sie sich immer dezent im Hintergrund. Senoosans Frau erzählt von dem Schiffszubehörladen, den sie leitet, und von ihren Kindern und der Schule. Wenn wir es nur jetzt nicht immer so eilig hätten! Diese Frau hätte ich gern noch näher kennen gelernt. Aber Senoo-san hat einen Freund in Kobe, ein Norweger namens Tore, der uns vielleicht mit der Hydraulikpumpe helfen kann. Also auf nach Kobe.

Akashi, nicht weit von Kobe, hier gibt es einen Trans-Ocean-Stützpunkt, und Brittas zweites Schulpaket sollte schon auf uns warten. Hochhäuser am Hafenbecken, dahinter die grazile Pearl Bridge, die neue Brücke nach Awajishima. Die Akashikaikyo-Brücke, wie sie auf Japanisch heißt, ist die längste Hängebrücke der Welt, über 2000 Meter Spannweite zwischen den zwei hohen Türmen. Als das schwere Kobe-Erdbeben 1995 die Stadt verwüstete, standen diese beiden Türme schon und die Trageseile der Brücke waren gespannt. Durch das Erdbeben schoben sich die beiden Inseln um zwei Meter weiter auseinander, sodass die Brücke jetzt zwei Meter länger ist. Was für ein faszinierendes Bild der Technik, diese Brücke, und was für ein geschäftiger Hafen. Die bunten Lämpchen an der Außenmole, so hören wir später, sind nicht zur Zierde da, nein, das sind Signale, die anzeigen, ob gerade eine Autofähre oder eine der schnellen Personenfähren ein- oder ausläuft. Der Brückenzoll ist nämlich so teuer, dass die Fähren nach wie vor ein blühendes Geschäft betreiben.

Wir werden schon erwartet, Gerhard Kramer, der TO-Stützpunktleiter in Akashi, hat für den Empfang gesorgt. Er hat heute keine Zeit, aber er hat Hasegawa-san Bescheid gesagt und der ist da und weist uns einen Platz zwischen den kleinen Segelschiffen des Akashi Yacht Club zu. Beginn der Gastfreundschaft in Akashi, wir bekommen auch gleich die Klubflagge geschenkt. Und noch jemand ist hier und erwartet uns. Tore Oiestad ist da, denn Senoo-san aus Kiba hat ihn erreicht und Tore will uns mit der Hydraulikpumpe helfen. Ein Hydraulikspezialist ist er nicht, sagt Tore, aber wozu auch, denn da braucht man nur gesunden Menschenverstand, und was man auseinandergebaut hat, das kann man auch wieder zusammenbauen, sagt er. Ich wage es nicht, ihm zu widersprechen und ihm von meiner Erfahrung mit der Unterwasserkamera zu berichten, bei der wohl das Zerlegen wunderbar geklappt hatte, es dann aber beim Zusammenbau ganz schön haperte. Morgen früh um acht, sagt Tore, dann geht es los, und bis dann.

Auf der gegenüberliegenden Seite des Hafenbeckens liegen Sandberge. Die Sandbaggerschiffe können nicht weit sein. Doch die Kapitäne verstehen ihr Handwerk und das Becken ist groß genug, da bringt der Schwell keine Probleme. Und da kommt schon so ein Kasten in das Becken gerauscht. Kommandos dröhnen aus Lautsprechern, die Kette rauscht zu Wasser, und der Frachter rutscht mit Restfahrt in die sich ruckend straffende Kette. Die Kette reißt den Bug herum und elegant klappt der Kasten längsseits an die Pier, bereit zum Auslaufen mit dem Bug zur Hafenausfahrt.

Landgang, es gibt einen neuen Ort zu erkunden, den ersten großen seit Hiroshima. Nichts wie los. Da hören wir Rufen aus der Ferne, fünf Uniformierte von der Coast Patrol. Zum ersten Mal wieder so eine Begegnung seit Naha. Wohin, woher, weshalb, warum, und dann soll ich die Bootspapiere holen. Als ich mit dem Dingi zu KAVENGA übergesetzt habe, rufen sie mir zu, dass sie nun doch an Bord wollen. Okay, denke ich mir, dann man zu und gebe unserem kleinen roten Dingi einen Schubs in Richtung Mole. Entschlossen dieser Herausforderung mutig ins Auge blickend, springt der Erste ins Dingi. Dumm nur für ihn, dass er nicht einkalkuliert hat, dass eine Kammer halb leer ist und etliche Zentimeter Wasser den Boden bedecken. Schwupp, macht das Dingi und bewegt sich pflichtgemäß ein paar Meter auf KAVENGA zu, schwapp, macht der Mensch von der Coast Patrol samt Aktenkoffer und klatscht der Länge nach in die wabbelnde Badewanne. »Willkommen an Bord«, sage ich und hoffe, es nicht zu weit getrieben zu haben. Doch oben auf der Mauer lachen die Kollegen und der Papierkram ist auch bald getan.

Am nächsten Morgen ist Samstag. Ich stecke schon um sechs Uhr im Maschinenraum, nehme die Hydraulikleitungen ab, löse die Haltebolzen, und die Pumpe liegt auf der Cockpitbank wie ein Brathähnchen, fertig zum Tranchieren. Tore ist auch bald da. Die Werkzeugtasche in der Hand steht er auf der Kaimauer und winkt mir zu. Der Spaß kann beginnen.

In den letzten drei Wochen war Brittas Thema in der Schule der tropische Regenwald in Australien. Alles ist fertig, nur die Collage fehlt noch. Sie soll sie auf ein großes Stück Pappe kleben, dann fotografieren und das Foto einschicken. Woher bekommt man in einer der am dichtesten bevölkerten Gegenden Japans Zweige, Blätter und Blüten? Kein Problem, wir haben ja den Stadtplan von Hasegawa-san. In Japanisch natürlich, aber ungefähr eine halbe Stunde entfernt ist ein großes grünes Rechteck eingezeichnet. Britta und ich gehen frühmorgens los und kommen auch tatsächlich in einem riesengroßen Stadtpark an. Geharkte Wege, gepflegte Anlagen, die Pflanzen beschnitten und farblich aufeinander abgestimmt. In der Mitte ein See mit niedlichen Inseln und Tretbooten, die wie riesige Flamingos aussehen. Überall schieben alte Männer kleine Karren, in die sie heruntergefallenes Laub von den Wegen aufsammeln. Nach Urwald sieht das nun wirklich nicht aus und streng genommen handelt es sich bei den Pflanzen hier auch nicht um »strangler's figtree«, »cunejoy« oder »eucalypt«, aber so kleinlich wollen wir nicht sein. Brittas Rucksack ist bald voll.

Als wir zu KAVENGA zurückkommen, sitzen im Cockpit: Nisimura-san, Hasegawa-san, Nagasawa-san, Torsten, Klaas, Tore und eine zerlegte Hydraulikpumpe. Auf dem Deck hat es sich ein großer Teil des Akashi Yacht Club bequem gemacht. Das Floß, das man zwischen KAVENGA und der Kaimauer hin- und herziehen kann, ist ständig in Bewegung. Was ist denn hier los? Nichts ist los, die wollen nur alle mal gucken, was wir so machen, und weil es ihnen bei uns gefällt, bleiben sie erst mal. Und alle haben eine Kleinigkeit mitgebracht. Wie in Japan üblich haben auch alle ein Telefon dabei und mindestens zwei bis drei telefonieren zu jeder Zeit, von überall her hört man »moshi, moshi«. Da wir ja schon vier Wochen in Japan sind, wissen wir, dass das »hallo, hallo« bedeutet, man sagt es aber nur am Telefon.

Britta und ich setzen über, sagen »konnichi wa« – denn wir telefonieren ja nicht – und versuchen uns auf das Schulprojekt zu konzentrieren. Der Fußboden in der Kajüte ist übersät mit Werkzeugen. Vielleicht haben wir den Zeitpunkt doch etwas ungünstig gewählt, aber jetzt können wir die Pflanzen nicht verwelken lassen. Britta bedeckt jeden freien Platz mit Blättern, Zweigen, Blüten und gestern aus Papier und Stoff gebastelten Schnabeltieren, Helmkasuaren und anderen Regenwaldtieren.

Da hören wir Rufen von der Kaimauer. Ein sehr junger Europäer mit Aktentasche will herüberkommen. »Das ist Gerhard-san«, erklärt Hasegawa-san. Was, das soll der Stützpunktleiter sein? So jung haben wir ihn uns nicht vorgestellt. Vielleicht hält das Klima hier aber auch nur jung. All die Japaner sehen auch nur halb so alt aus wie sie sind. Gerhard setzt sich ins Cockpit, er hat jede Menge Post für uns dabei und jede Menge Japaninformationen. Er ist ganz begeistert, dass endlich mal ein TO-Schiff vorbeikommt, wir sind erst das zweite. Wir müssen unbedingt mal zu ihnen nach Hause zum Essen kommen, warm duschen können wir auch, sagt er, als er Torstens und Klaas' ölverschmierte Gesichter und Arme sieht. Oder vielleicht ein japanisches Bad? Passt es uns heute Abend? Gerhard und ein paar andere sehen sich unser Schiff an, kriechen zwischen Werkzeugen, Urwaldgestrüpp und Urwaldtieren herum und sind beeindruckt. So ein Schiff will Gerhard auch haben, wenn er und seine Frau Fusako in ein paar Jahren in die Südsee fahren.

Brittas Collage auf unserem einzigen Tisch nimmt Gestalt an, da hören wir schon wieder Rufen vom Ufer. Die Frau vom Fischladen gegenüber steht neben einem riesigen Paket. Das ist ein Geschenk für uns, übersetzt Gerhard. Die Frau lässt das Paket stehen und verschwindet, sich verlegen verbeugend. Im Paket ist eine japanische Trachtenpuppe in einem 30 x 35 x 40 Zentimeter großen Glaskasten. Wir haben solche Puppen in den Geschäften gesehen, sündhaft teuer und unentbehrlich in jedem japanischen Haus. Was sollen wir denn jetzt damit machen? So ein Geschenk können wir doch nicht annehmen, so ganz unser Geschmack ist es auch nicht und wo verstauen in unserem Schiff? Alle Anwesenden sind sich einig, dass man in Japan jedes Geschenk annehmen muss, egal wie teuer. Also erstmal in Klaas' Koje. Wenn der Urwald auf KAVENGA beseitigt ist und die Überbevölkerung unter Kontrolle, werden wir uns darum kümmern. Ganz nebenbei muss ja auch noch die Pumpe repariert werden.

Gemeinsam an der Arbeit, Klaas, Tore und ich schwingen die Werkzeuge. Nisimura-san, Hasegawa-san und etliche andere Sans geben gute Ratschläge. Überwiegend auf Japanisch. Kommt lieber nicht zu dicht an die Kampfzone heran, Freunde! Eine dicke fette Inbusschraube klemmt hartnäckig. Kraftvoll versetze ich dem Ende des Inbusschlüssels einen präzisen Hammerschlag. Mit einem lauten Pfeifton setzt sich der Schlüssel in Bewegung und tritt eine leicht gekrümmte Flugbahn an, vorbei an interessierten Köpfen und Mobile Phones, dann abwärts in ölig trübes Hafenwasser. Nun ja, den Versuch war es wert. Dann ist die Pumpe aber doch in alle Teile zerlegt. Ob es für den Fall aller Fälle hier in Akashi einen Hydraulikspezialisten gibt, frage ich mich, als ein paar Metallsplitter aus dem Pumpengehäuse rieseln. Doch es handelt sich um die Reste eines Zapfens, der die Steuerwelle mit der Druckplatte verbindet. Sonst ist alles okay, alles sieht gut aus, bis auf diesen Zapfen.

»Excuse me, please«. Noch mehr Besuch an Bord? Nein, nur Beamte vom Zoll, und es sind auch nur drei oder vier Formulare auszufüllen, japanische Bürokratie. Wie immer sind sie zu zweit. Ein junger Typ, der die Arbeit erledigt, und ein älterer, höher gestellter Mann, der Chef, der das Ganze aus der Distanz überwacht. Inzwischen ist Nisimura-san auf Ersatzzapfensuche gewesen. Er hat tatsächlich einen gefunden, in der Werkstatt der Fischer-Kooperative, und die Pumpe ist bald wieder zusammengebaut. Alles klar, alles scheint zu laufen, und wir verabreden uns zur Probefahrt in ein paar Tagen. Kaum zu fassen, was wir da als multinationales Amateurteam in den Griff bekommen haben!

Es wird dunkel, langsam wird das Schiff leer, nur Gerhard ist noch da und hat uns zum Abendessen eingeladen und zum Duschen. Wirklich zum Duschen? Ja, kein Problem, denn selbst die schmutzigen Gesichter von Klaas und mir können ihn nicht abschrecken. Das Angebot steht, heißes Wasser und Seife als krönender Abschluss des Tages. Zu Fuß zum Bahnhof, dann mit der Schnellbahn zwei Stationen und durch die engen Gassen Richtung Wasser. Gerhard und seine Frau Fusako wohnen in einem Reihenhaus am Strand. Die deutsche Fahne weht vom Balkon und Bilder von Kiel hängen an den Wänden. Fusako nimmt uns gleich wie Freunde auf. Japanisches Bad, japanisches Essen, traditionell zubereitet in drei Gängen, der Tisch fast künstlerisch gedeckt – wir sind im Paradies.

In Akashi bleiben wir so richtig hängen. Acht Tage lang. Dies ist noch zu reparieren und jenes zu tun, und in einer so großen Stadt sollte es doch alles geben. Oder auch nicht. Überall sind kleine Läden, doch niemand spricht Englisch, und stundenlang laufe ich herum, um auch nur ein kurzes Stück Treibstoffleitung zu finden. Ich nehme mir schon immer die Sonnenbrille ab, damit ich großer Kerl nicht so furchterregend aussehe. Wenn ich mich dann an Tauen, Bojen, Schäkeln und Ankern zum Tresen vorgetastet habe, passiert immer wieder das Gleiche: Die alte Dame – solche sind es meistens, die bedienen – kreuzt ihre Unterarme übereinander, bildet ein großes X und hält mir das entgegen, als wäre ich Dracula und sie hätte Knoblauch in der Hand. Was zum Teufel soll das denn nun? Es ist das japanische Zeichen für »nein« oder für »haben wir nicht und wir können auch absolut nicht helfen«. Da bringt es auch nichts, dass ich ein Stück Schlauch bei mir habe und einen Stadtplan, sodass sie mir einfach den Weg zum richtigen Laden zeigen könnten. Ich gebe nach, schleiche mich hinaus, immer wieder, bis ich über eine Yanmar-Vertretung stolpere. Einen Meter Dieselleitung bitte. Der soll DM 25,- kosten, doch ich bekomme ihn geschenkt. Wie kompliziert kann Japan sein. Gut, dass wir hier nicht den Motor reparieren müssen!

Die Zeit drängt, denn in vier Wochen, am 15. Juni, so der Plan, soll es von Hokkaido nach Alaska losgehen. Doch Gerhard und Fusako machen uns die Zeit hier so angenehm, und noch immer ist jede Menge zu organisieren. Mit der Hilfe von Gerhards Faxgerät und seinem Computer mit E-Mail geht es richtig rund. Für Klaas und mich gibt es in Japan keine Gummistiefel zu kaufen, denn hier sind wir im Land der kleinen Füße. Wir bestellen sie in Sydney. Seekarten lassen wir aus den USA kommen und fahren mit Gerhard nach Kobe zum Einkaufen. Warme Schlafsäcke, gutes Ölzeug, Thermohosen und -jacken, denn Alaska war ja nicht geplant und wir sind nur für die Tropen ausgerüstet. In der Schulkiste für Britta sind jede Menge Videos, so kommen auch Fernseher und Videorekorder an Bord – strikt nur für Schulzwecke, natürlich. Gerhard spricht perfekt japanisch und zieht mit uns geduldig von Geschäft zu Geschäft, handelt die besten Preise aus. Endlich haben wir die Ausrüstung für den kalten Norden zusammen.

1995 ist Kobe von einem schweren Erdbeben heimgesucht worden. Am Hafen sehen wir den eingestürzten Uferabschnitt, der als Zeugnis für die Verwüstungskraft der Natur vom Wiederaufbau ausgenommen wurde. Gerhard erzählt vom Chaos in den Tagen des Bebens. Einer seiner Freunde ist ums Leben gekommen, Geschichten von Hilflosigkeit und Unfähigkeit der Bürokratie. In Tokyo rechnet man täglich mit dem nächsten Beben, doch in Kobe traf es die Menschen völlig unvorbereitet.

Abends lädt uns Fusakos Vater zum Essen ein. Die verschiedensten Gerichte werden aufgetragen, Fleisch und Meeresgetier, Sushi und Yaki-soba, Tempura, Yakitori, Sashimi und Sukiyaki. Tolles Japan-Essen und das Restaurant heißt »München«. Gerhard und Fusako, Fusakos Schwester Kaze und die Eltern. Was für eine Gastfreundschaft, was für unbeschreiblich nette Menschen. Einer der Höhepunkte unserer Reise, sie kennen zu lernen.

Abschiedsparty auf Nisimura-sans 25-Fuß-Yacht. Nisimura-san hat den Tisch im Cockpit gedeckt. Hasegawa-san ist auch da und Nagasawa-san. Nisimura-san ist der Koch und backt uns Okonomi-yaki. Das ist Pizza auf japanisch mit hauchdünn geschnittenem Fleisch, geraspeltem Trockenfisch, Nori und exotischer Sauce. Schmeckt toll. Englisch spricht nur Hasegawa-san. Wir lachen uns über die Okonomi-yaki hinweg an, und Silke macht Nisimura-san Komplimente: »Leckeres Essen, und was für ein praktischer kleiner Kocher.« Hasegawa-san übersetzt, Nisimura-san verschwindet unter Deck und taucht mit Kartons in den Händen wieder auf. Ein nagelneuer Kocher und zwei Gaskartuschen. Für uns. Silke wird ganz verlegen. So war das wirklich nicht gemeint. Doch in Japan ist ein Geschenk ein Geschenk. Da gibt es kein Zurück. »Die Tomaten sind prima«, sage ich, »nicht so wie bei uns zu Hause, grün gepflückt und dann reifen sie im Supermarkt zu geschmacklosen roten Kugeln heran.« Hasegawa-san übersetzt und Nisimura-san taucht blitzartig in die Tiefe der Kajüte und kommt mit einer Packung Tomaten wieder ins Cockpit. Diesmal wehre ich entschieden ab, wie soll man denn da noch Gespräche führen und Komplimente machen? Aber Hasegawa-san erinnert mich geduldig und nachdrücklich an das japanische Gesetz der Gastfreundschaft. Na gut, wollen doch mal sehen, was noch so alles unter Deck ist. »In Australien«, lasse ich ihn übersetzen, »in Australien werden auch die Bananen grün gepflückt und schmecken längst nicht so gut wie in Japan.« Jetzt muss Nisimura-san aufgeben.

Auf Wiedersehen, Akashi! Wir segeln mit Gerhard und Fusako zum Suma Yacht Club. Mit sechs Knoten Strömung unter der Pearl Bridge hindurch, hinter den Pfeilern drehen sich große Strudel. Kaum Wind. Wir segeln unter Spinnaker durch das Fahrwasser.

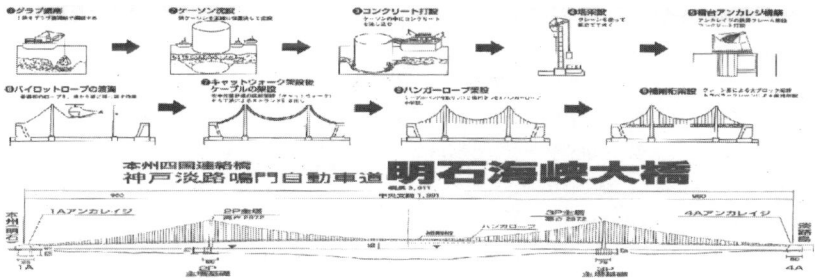

Was für ein Verkehr! 1500 Schiffe passieren diese Engstelle jeden Tag. Fusako hat heute Geburtstag, Silke hat einen Kuchen gebacken und Geschenke ausgesucht. Am nächsten Tag fahren die beiden mit uns einkaufen in einen Großmarkt und »sightseeing« in das Hinterland. Hohe grüne Berge, weit in der Ferne die Inlandsee. Zum Abendessen sind wir zu Fusakos Eltern eingeladen, ein traditionelles Haus mit Tatami-Matten aus Reisstroh auf dem Fußboden und Papierwänden, in die Fusako als Kind immer gern mit dem Zeigefinger gepiekst hatte. Fusakos Mutter und Großmutter tragen Kimonos und wir sehen Fotos von Gerhards und Fusakos Hochzeit. Gerhard im japanischen Kostüm, Fusako im Hochzeitskimono. Wir sind Teil der Familie und fühlen, wie willkommen wir sind. Was für ein Abend und was für ein Abschied!

In Suma erreichen uns Nachrichten aus Australien. Mit unserer so genau kalkulierten finanziellen Sicherheit klappt es nicht mehr so ganz. Das Geschäft geht schlecht, der Brickyard in Mount Isa wirft nicht mehr viel ab und die erwarteten Ausschüttungen werden bestenfalls unregelmäßig sein. Wir rechnen und überlegen und reduzieren schließlich die geplanten drei Jahre auf zwei. Wir trösten uns damit, dass wir schon so viel erlebt haben und noch viel mehr erleben werden. Außerdem können wir uns im Moment auch nicht recht vorstellen, dass Klaas so lange allein in Australien wohnt und wir ihn zwei Jahre lang nicht sehen. Trotzdem ist der Gedanke an unsere finanziellen Verhältnisse sehr bedrückend.

Während wir im Cockpit sitzen und versuchen, mit dieser neuen Situation klarzukommen, läuft eine amerikanische Yacht ein, die erste ausländische Yacht, der wir in Japan begegnen. Sie sind seit Jahren unterwegs. Ex-Marine, zur Ruhe gesetzt mit 45, hervorragende Rente, Heimatflüge zweimal jährlich von der Marine bezahlt. Immer, wenn was kaputt geht, fahren sie zum nächsten Marinestützpunkt und bekommen gewöhnlich die Reparatur umsonst. Beneidenswert! So unbeschwert kann man natürlich nur sein, wenn man mit gesicherter Rente lossegelt und nicht wie wir einfach mit dem Gedanken, wenn bis jetzt alles so schön geklappt hat, wird es auch weiter so klappen. Wir machen uns wieder mal Gedanken darüber, wie verantwortungslos es nun wirklich ist, ein paar Jahre segeln zu gehen, statt zu arbeiten, wie alle anderen es tun.

Montagmorgen, noch nicht einmal sieben Uhr, draußen brummt ein schwerer Dieselmotor. Japanische Kommandos. Schon wieder der Zoll aus Kobe. Die waren in Akashi an Bord und gestern waren die auch schon hier in Suma. Da haben wir wieder jede Menge Formulare, ganz perfekt wie wir meinten, ausgefüllt. Oder etwa doch nicht? Geschickt manövriert der 20-Meter-Zollkreuzer längsseits, ohne uns wirklich zu berühren, und der Beamte springt an Bord. Er kann ganz gut englisch und wir kennen uns ja auch von gestern und aus Akashi, ein alter Freund mit Aktentasche. Tut ihm leid, aber da, genau da – er zeigt mir das Formblatt von gestern – da habe ich einen japanischen Ortsnamen falsch buchstabiert, ein »e« statt eines »i«. Bitte um Korrektur. Bitte um Unterschrift daneben. Dann springt er auf sein Schiff, und schon ist es verschwunden. Eine Fata Morgana? Nein, japanische Bürokratie. Da fährt der Zollkreuzer mit voller Besatzung schlappe fünf Seemeilen von Kobe nach Suma und dann von Suma nach Kobe zurück nur wegen eines Schreibfehlers.

Heute hat sich Gerhard noch einmal freigenommen und segelt mit uns nach Nisinomeya, einem der größten japanischen Yachthäfen. Hier dürfen wir für ein paar Tage umsonst liegen. Welch ein Luxus, brühend heiße Duschen, in denen man auf kleinen Holzschemeln unter dem Dampfstrahl sitzen und schmelzen kann. Davor Tatami-Matten. Und natürlich voll elektronisch gesteuerte japanische Toiletten mit Kontrollpanelen mit dermaßen vielen Knöpfen! Ich fasse hier lieber nichts an, denn mir sitzt noch der Schock von Suma, dem letzten Yachthafen, im Nacken. Da konnte ich den Spülknopf nicht finden und drückte einen Knopf, der mir sehr vielversprechend aussah. Eine Sirene ertönte und jemand kam ins Klo gestürzt, denn es war der Notknopf, mit dem Behinderte um Hilfe rufen können. Jetzt halte ich Abstand von Toilettenknöpfen, denn bei all den japanischen Schriftzeichen weiß man ja nie! Und dann gibt es da auch noch verschiedene Knöpfe für Männlein und Weiblein. Klaas und Britta wollten das immer schon mal ausprobieren, aber wenn man vor dem Thron steht, arbeiten die Knöpfe nicht. Man muss schon richtig draufsitzen und so weit ging der Mut dann doch nicht, nicht bei Klaas und auch nicht bei Britta.

In den letzten Wochen sind wir zu Schnellzugjunkies geworden. Nach Kobe, nach Akashi, nach Osaka, heute geht es zur alten Kaiserstadt Kyoto. Im Abstand von wenigen Minuten fahren die Züge, immer auf die Sekunde genau. Eineinhalb Stunden sind es bis Kyoto. Reisfelder, glitzerndes Frühmorgenlicht auf dem Wasser. Schlangen von Radfahrern vor den Bahnschranken, moderne Hochhaussiedlungen, dann kleine traditionelle Orte, Tonziegel und verwittertes schwarzes Holz, enge Straßen und immer wieder grüne Hügel und Berge, dann Vorstadt und der riesige Kyotobahnhof. Heute sind wir Touristen und wandern von Tempel zu Tempel. Der Daitoku Ji-Tempel mit seinen 24 Einzeltempeln ist das Zentrum des Zen-Buddhismus in Japan. Geharkte Kies-Zengärten, Landschaften mit Kiesflächen, die Wasser darstellen, Fluss mit Wasserfall, See, Meer, Inseln, ein Schiff. Alles ohne Wasser, nur Kies, Bonsaipflanzen, Felsen. Tempelbauten aus Holz und Bambus, mit Papiertüren und Malereien von Landschaftsbildern auf chinesische Art. Am Kiyomizu Dera-Tempel wird Britta von einer Traube japanischer Schulmädchen umringt und muss Autogramme geben. Am Toji- Tempel steht die höchste Pagode Japans.

24. Mai, nur vier Seemeilen im Nieselregen sind es nach Hokko, dem Yachthafen von Osaka. Überall ankern verrostete Schleppkähne, hässlicher Industriehafen, schmutziges Wasser, weiß-rot gestrichene Schwimmkräne in der Ferne, und irgendwo da hinten braust auch die Hydrofoilfähre mit 50 Knoten Fahrt von Kobe zum Osaka International Airport. Wir motoren. Zehn Liter sind noch übrig im Dieselkanister. Auf dem Meer schwimmt eine Schicht Styroporkügelchen. Schwimmkörper an Netzen bestehen aus Styropor, das reibt sich dann nach und nach ab und weiße Kügelchen bedecken das Meer. Warum nur diese Verrücktheit mit Plastik für Verpackungszwecke, von denen jede Menge im Wasser landet! Kauft man eine Banane, dann ist die in Plastik verpackt. Ein Stückchen Kuchen beim Bäcker kommt in eine kleine Plastiktüte und die in eine große und die in eine noch größere. Wenn wir den Kuchen ohne Plastik gleich auf die Hand wollen, dann werden wir angesehen, als hätten wir etwas Obszönes verlangt. Miniaturverpackungen, Joghurt in 50-ml-Fläschchen, Plastik und noch mehr Plastik und ganze Wälder fallen für die Wegwerf-Essstäbchen aus Holz, die wegen der Hygiene nur einmal benutzt werden. Vieles ist uns so unverständlich hier.

Frachter im Regengrau und dort der Yachthafen, Hokko. Wir werden mit großem Hallo begrüßt. Hier ist vielleicht was los! Alle drei Jahre findet das Melbourne-Osaka-Rennen statt, ein Rennen für Zweier-Crews über 5600 Seemeilen. Am Freitag ist der Sieger eingelaufen und wir kommen heute, am Montag, als drittes Schiff in den Hafen. Stolz weht unsere rote Australienflagge vom Heck. Einen Preis bekommen wir leider nicht, schade. Vielleicht, weil wir zu viert sind? Aber im Klubhaus gibt es Freibier und wir sind herzlich eingeladen. Nach und nach trudeln in den nächsten Tagen andere Schiffe ein. Was für ein tolles Gefühl, endlich wieder australisches Englisch zu hören. Statt von japanischen Anzügen, frisch gebügelt, und glänzend polierten Schuhen sind wir plötzlich von Seglern

96

in Strandschlappen umgeben, in kurzen Hosen und in T-Shirts mit Löchern drin. Wir fühlen uns zu Hause. Zollfreien Diesel bekommen wir auch, für 90 Pfennig den Liter statt für DM 1,60. Das hilft der Bordkasse.

Klaas und ich schließen unseren Dieselheizofen an, startklar für Alaska. Doch in der Nacht zieht ein Sturmtief durch mit bis zu 50 Knoten Wind. Hoher Schwell rollt durch das Hafenbecken. KAVENGA legt sich so weit über, dass sich die Fender beim Aufrichten des Schiffes am Steg verhaken und einfach abreißen. Die Schwimmstege versuchen die paar mutigen, dem Regen trotzenden Segler, die auf ihnen herumlaufen, abzuwerfen. Der Spuk ist so schnell vorüber, wie er kam, und am Freitag, dem 28. Mai, verlassen wir die Inlandsee nun endgültig, mit Gummistiefeln, Ölzeug, Schlafsäcken, Seekarten und Proviant. Kurs Hokkaido, Japans Nordinsel, dann die Aleuten.

Tempura

Kleine, ganze Fische oder Fischstücke oder Krabben
In Stücke geschnittenes Gemüse, z.B. Karotten, Broccoli, Pilze, Zucchini, Paprika
400 ml kaltes Wasser
ca. 250 g feines Mehl
2 Eigelb
Öl zum Frittieren
Japanische Sojasauce

Krabben, Fisch und Gemüse putzen. In etwas Mehl wenden. 200 g Mehl mit Wasser und Eigelb mischen. Öl in einer tiefen Pfanne erhitzen. Stücke in den Tempurateig eintunken und im heißen Öl goldgelb backen. Herausnehmen und auf Küchenpapier trocknen. Mit Sojasauce servieren. Mit Stäbchen essen!

Hokkaido – kalte Insel in Japans Norden. Schon als Kind hatte mich der Name fasziniert, so fremd und geheimnisvoll und unerreichbar. Wir befinden uns schon mitten im Hafenbecken von Kushiro, als wir schwach die ersten Umrisse von Mauern und Häusern erkennen können. Der Nebel war so dicht gewesen, dass wir den Bug von KAVENGA nicht sehen konnten, die letzten Stunden waren wir nur nach Radar gefahren.

Hokkaido ist anders als das Japan, das wir bis jetzt kennen gelernt haben, es hat fast etwas Nordeuropäisches. Die Temperatur passt auch dazu, jetzt, Anfang Juni, ist sie oft nur 9°C. Die Sauberkeit überall wird nicht mehr ganz so peinlich genau genommen und, komisch, sogar die Schriftzeichen sehen oft anders aus, aber bei näherer Betrachtung stellen wir fest, dass es sich um kyrillische Schrift handelt. Rostige Frachter aus Vorkriegszeiten mit russischen Flaggen und Schriftzeichen sind an der Hafenmole vertäut. Russland liegt ja auch gleich nebenan.

Die Menschen sind auch irgendwie anders als im übrigen Japan, nicht ganz so fremd. Sogar bei den vielen Freunden, die wir in den letzten zwei Monaten gewonnen haben, hatten wir immer das Gefühl, man müsste über Generationen in Japan gelebt haben, um die Gefühle und Gedanken der Japaner mit ihren komplizierten Ritualen und Gebräuchen verstehen zu können. Die Mikronesier in den Bambushütten in Ifalik waren uns so viel näher gewesen als die Japaner, deren Lebensweise, oberflächlich betrachtet, unserer doch viel ähnlicher ist. Faszinierend, und wir fahren schon wieder weiter, bevor wir auch nur einen Bruchteil von dem verstanden haben, was um uns herum vorgeht.

Das findet auch Klaas. Im Internet-Café begegnet er immer wieder einem Engländer und einem Amerikaner, die zwei Jahre lang in Kushiro als Lehrer arbeiten. Gut bezahlter Job, Vorraussetzung ist nur irgendein Universitätsabschluss und Englisch als erste Sprache. Klaas' neuer Plan ist, das nach dem Physikstudium auch zu machen und zwar erstmal in Hokkaido, da trifft man wenigstens ab und zu mal jemanden, der Englisch spricht.

So zum Beispiel die beiden Japaner, die seit einer halben Stunde auf der Pier neben KAVENGA stehen, ein Mann und eine Frau. Ich war schon ein paarmal im Cockpit und habe mich wie üblich verbeugt, was von ihnen auf der Pier erwidert wurde. Wir sind es gewohnt, dass meistens Leute auf der Pier stehen und uns ansehen. Wir gehen nicht jedesmal mehr an Land, es kann ja doch nur sehr selten jemand auch nur ein paar Worte Englisch sprechen und unsere Japanischkenntnisse beschränken sich immer noch auf »konnichi wa« und »domo arigato gozaimas«. Noch in keinem Land war Sprache eine solche Barriere. Schließlich rudert Torsten doch an Land. Beide sprechen Englisch. Sie heißen Kenji und Marjorie, sie haben für morgen ein Auto gemietet, um mit uns in den Akan-Nationalpark zu fahren, sie fanden es nur unhöflich, zu uns herüberzurufen. Klaas und Britta tauchen im Cockpit auf. Betretenes Schweigen. Kenji hatte immer nur Torsten und mich gesehen auf seinem Weg von der Arbeit nach Hause. Das Auto ist nur für vier bis fünf Leute. Was für eine Katastrophe! Was sollen wir jetzt nur von ihnen denken, von ihrer mangelnden Gastfreundschaft. Schließlich kann Torsten sie aber überzeugen, dass er noch so viel vorbereiten muss für unsere Weiterfahrt, dass er sowieso schwer Zeit finden würde für einen Ausflug.

Am nächsten Tag fahren Britta, Klaas und ich mit Kenji und Marjorie in den Akan-Nationalpark. Ein wunderschöner Tag, blauer Himmel, zum ersten Mal warm. Schneebedeckte, perfekte, rauchende Vulkane, in den Calderas tiefblaue, transparente Seen, im Akan-See Marimos, runde Algen, die bis zweihundert Jahre alt werden können. Tannenwälder und in den Niederungen weiße Azaleenfelder. Britta sieht zum ersten Mal wilde Füchse, und ein kleines übrig gebliebenes Schneefeld versetzt sie dann ganz in Begeisterung. Im Winter muss es hier jede Menge Schnee geben, die Straße ist gesäumt mit großen herunterklappbaren Metallgestellen gegen Schneeverwehungen. Riesige Bären soll es hier auch geben und alle paar Jahre wird ein Mensch von einem Bären gefressen, sagt Kenji. Na ja, wir sehen jedenfalls keinen. Auf Mount Iodake kann man dann durch die Schwefeldämpfe in gelb-weiße, qualmende Spalten sehen und in brodelnden Wasserlöchern Eier kochen.

Zu Mittag essen wir in Akankokan, einem Ainu-Ort, in dem die wenigen übrig gebliebenen Ureinwohner Hokkaidos ihre Schnitzereien und Lederarbeiten anbieten. Das Restaurant ist ein winziger Raum am Rande des Ortes außerhalb des Touristenrummels. Kenji und Marjorie waren schon öfter hier. Man sitzt auf Tatami-Matten an niedrigen Tischen und trinkt grünen Tee. Zu essen gibt es Udonsuppe mit kleinen, ganzen Fischen aus dem Akan-See und Reis.

Was für nette Leute, wie kann man sich da nur jemals revanchieren. Aber vielleicht ist der Gedanke wieder so ein Konflikt der Kulturen. Wir hatten ja schon in Akashi erlebt, wie wir für unsere Gegengeschenke immer wieder Gegen-Gegengeschenke bekamen und so weiter, bis wir dann irgendwann aufgaben. Wir sind Besucher in diesem Land und uns wird die normale japanische Gastfreundschaft entgegengebracht – das ist alles.

Und dann trifft Torsten auf einer seiner Suchaktionen nach Ersatzteilen noch Yuko. Sie spricht sehr gutes Englisch, hat jahrelang in Anchorage und Vancouver für eine japanische Firma gearbeitet. Sie hat dort ganz so gelebt wie die Amerikaner in einer Wohnung nur für sich allein. Aber jetzt ist sie schon seit Jahren wieder hier und wohnt als unverheiratete Frau bei ihren Eltern. Vierzig Jahre ist sie alt. Sie kann es ihren Eltern nicht antun, sich selbst eine Wohnung zu nehmen, die Schande wäre zu groß. Als Yukos Firma sie nach Anchorage schicken wollte, hat ihr Chef einen offiziellen Besuch bei ihren Eltern gemacht und nach deren Erlaubnis gefragt. Auch Yuko träumt davon, einfach auszusteigen, einmal im Leben... In zwei Jahren hat sie genug Geld gespart, sodass sie nicht mehr zu arbeiten braucht. Dann macht sie es auch so wie wir. Vielleicht. Yuko geht mit uns in einen Schnellimbiss japanischer Art. Auf einem schmalen Fließband fahren kleine verschiedenfarbige Teller mit allen möglichen japanischen Leckereien an den Tischen vorbei. Man nimmt sich, was man will. Zum Bezahlen werden die Teller gezählt, gleiche Farbe, gleicher Preis. Sehr lecker, aber japanische Portionen. Wir hören auf zu essen, als wir nur wenig mehr Teller als all die anderen Leute vor uns haben, nicht als wir satt sind. Kein Wunder, dass die Japaner so schlank sind!

Und am Sonntag geht Yuko mit uns in eine Onsen. Himmlisch! Die Tradition des Japanisch-Badens haben wir mit Begeisterung übernommen. Eine herrliche Alternative zur kalten Dusche auf KAVENGA. In den Badehäusern wäscht man sich ausgiebig in einem großen, warmen Raum, indem man sich auf einem Schemel sitzend mehrmals einseift und eimerweise warmes Wasser über den Kopf gießt. Dann lässt man sich in Becken mit duftendem Wasser sinken, verschiedene Temperaturen stehen zur Verfügung. Das ist das normale Badehaus. Eine Onsen ist noch eine Steigerung des Wohlgefühls, ein natürlich geheiztes Thermalbad. Nach dem Waschen aalt man sich draußen in den heißen Pools, über die sich kleine japanische Brücken spannen und die von Bonsaibäumchen und Blumen umgeben sind. Eine hohe Mauer trennt Männlein und Weiblein, denn in einem japanischen Bad trägt man keinen Badeanzug.

Aber zu schnell ist die geruhsame Zeit im Wasser zu Ende, in Japan läuft alles strikt nach der Uhr, und Yukos Uhr zeigt ihr, dass die Zeit, die sie für Entspannung eingerechnet hat, vorbei ist. Also in Windeseile anziehen und im Laufschritt zum Auto zurück. Was wollen wir jetzt machen, müssen wir nicht noch einkaufen vor der langen Fahrt, fragt Yuko. Das müssen wir allerdings wirklich noch und übermorgen soll es ja auch schon losgehen. Das letzte Mal in einem großen japanischen Supermarkt. Wie immer sind die verschiedenen Lebensmittelabteilungen auch in Englisch gekennzeichnet. Wie immer steht über den Milchprodukten das Schild »Daily«. Das ist nicht etwa mit »täglich« zu übersetzen, sondern zeigt, dass die Japaner keinen Unterschied zwischen »l« und »r« machen. »Daily« soll »dairy« bedeuten – Milchprodukte. Das geht aber auch anders herum. Wir haben schon »Terephone« gelesen, und »laundry« – Wäscherei – heißt »rondory«.

Yukos kleines Auto ist völlig überladen mit uns und all den japanischen Gewürzen, Saucen und Delikatessen, die wir von jetzt an ja nicht mehr kaufen können. Abschied auf KAVENGA, wieder mal ein Abschied von jemandem, den wir so kurz nur und doch so gut kannten und wohl nicht wiedersehen werden. 33 Häfen in Japan in zwei

Sailing into a Japanese adventure

Hi! It's me again. Britta Hartmann sailing on the yacht *Kavenga*.

We left Palau at the end of March for Japan. The trip took nine and a half days. On the way we had visitors, a little tern and its friend, who rested on our boat for awhile and even landed on my brother's head.

We thought that Japan would be just industry and big cities. We were mistaken. Even though there are lots of big cities and industry, there are also lots of green hills, rice paddies and little villages and of course the famous cherry blossoms.

We visited tiny fishing villages where the people didn't know a word of English, but we were able to communicate with hand signals and the help of Klaas, my brother who learnt Japanese for six years at school.

The Japanese people are very friendly. In fact, we were asked lots of times at night to go socialising with them and they nearly always gave us presents.

We saw many temples, shrines and pagodas. They look really

impressive, especially the five-storeyed pagoda in Kyoto (the highest pagoda in Japan).

In one place we saw some really fantastic Buddhas. They looked almost real!

There are two things that I didn't like in Japan. The food is very expensive. One small mango costs ten dollars. And the green tea. My parents like it, but I don't.

Right now we are on our way to our last port in Japan on the island of Hokkaido in the very north of Japan. Yesterday we saw our fist seal and today we saw lots of birds and some small whales. I can feel that we're nearing Alaska because it's very cold (it was 7 degrees last night) and for the first time I saw fog. Sayonara, (which means good-bye in Japanese).

BRITTA HARTMANN.

NEW FRIENDS ... Britta Hartmann, second from left, meets some Japanese children during her visit to Japan

Townsville Bulletin, 3.8.99

Monaten. In zwei Tagen werden wir schon wieder unterwegs sein. Wir können es gar nicht fassen, Japan ist schon vorbei? Wir sind doch gerade erst angekommen. Aber die Aleuten liegen vor uns, und die Aleuten und Alaska schienen mir als Kind noch viel, viel unerreichbarer zu sein als Hokkaido.

102

Udon – Suppe

1 Essl. Dashi- Granulat
1 Essl. Mirin
2 Essl. Sojasauce
500 g Udon-Nudeln
1 Strunk Bok Choy (Asiatischer Kohl)
4 chinesische Pilze
gegrilltes Schweinefleisch oder Hühnerfleisch oder Tofu oder kleine gegrillte Fische oder Krabben oder eine Mischung von einigen dieser Zutaten

Dashi, Mirin, Sojasauce und 1 1/2 l Wasser mischen. Unter Rühren zum Kochen bringen, dann die Nudeln hinzufügen und 2-3 Minuten lang leicht kochen lassen. Den Bok Choy und die Pilze in Streifen schneiden, dazugeben und bei mittlerer Hitze gerade weich kochen, die anderen Zutaten in der Suppe erhitzen. Sofort servieren.

Alaska

Inseln unter Eis und Schnee

Ist es deutsche Pünktlichkeit oder einfach nur zufällig so gekommen? Seit Monaten hatten wir geplant, Japan am 15. Juni zu verlassen, und heute ist der 15. Juni. Wir haben ausklariert, haben noch ein paar Tüten mit Frischzeug geholt und los geht's. Das Wetter ist so mies wie meine Laune. Graue Nebelschwaden, erst noch aufgelockert, dann dichter, und leichter Ostwind, gegen den wir anmotoren, denn bevor es nach Norden gehen kann, müssen wir erst Kushiros Osthuk umrunden. 1300 Seemeilen nach Attu, und von dort dann rund 2000 Seemeilen bis zur Einfahrt in die Inside Passage bei der Glacier Bay. Und wir Tropenvögel, die es in den kalten Norden verweht hat… Ich kann das Gefühl nicht loswerden, dass wir uns vielleicht auf mehr einlassen, als wir bewältigen können. Der Nordpazifik, die russischen Kurilen, die Beringsee und die Aleuten. Mit Hilfe irgendwelcher Art können wir erst in Wochen rechnen. Die einzige Beschreibung dieser Strecke haben wir in dem »Seven Seas«-Artikel gefunden, einige Jahre alt. Diese Yacht war erst Mitte Juli aus Japan ausgelaufen, um dem kalten Wetter und Stürmen im Norden auszuweichen. Das Eis in der See von Ochotsk schmilzt erst spät. Mehrmals hatten sie Stürme mit über 40 Knoten von vorn und brauchten zweieinhalb Wochen bis Attu. Sonst kommt kaum jemals ein Schiff in die westlichen Aleuten, höchstens mal nach Adak oder gleich nach Dutch Harbour. Vor uns liegen russische Gewässer. Wir werden bis auf 250 Seemeilen an Petropavlovsk auf der Kamtschatka herankommen. Da sind Ausländer noch heute nicht gern gesehen, denn die Stadt war im Kalten Krieg der Haupt-U-Bootstützpunkt der UdSSR und »top secret«. Besser nicht an all das denken, was passieren kann.

»Komm mal raus«, ruft Klaas. Nebelschwaden, milchig grau-weiß, mal öffnet sich die Sicht auf fünfzig Meter, dann wieder kann man den Bug nur erahnen. Nässe auf Ölzeug und Gesicht. Wir laufen drei Meilen vor der Küste, Wassertiefe sechzig Meter. Das Radar läuft. »Sieh dir das mal an. Überall Bojen und Netze.« So ein Mist! Wir sind mitten hineingeraten in dieses endlose Labyrinth, einen der

»fish haven« Japans, künstliche Unterwasserriffe aus Tauwerk und Bojen und anderem Zeug, die Fische anlocken sollen. Das Radar ist auf den kleinsten Bereich eingestellt. Aus dem Nebel tauchen Korken aus dem Meer auf. Taue nach rechts, nach links, greifen nach den Kielen. Gut, dass wir mit voller Beladung doch nur 1,50 Meter Tiefgang haben. Ruckend und schrammend kommen wir hinüber. Klaas kurbelt das Ruder nach Steuerbord, nur mit Meterabstand und in Langsamfahrt folgen wir der Korkspur, rechts, links, 90 Grad Kursänderung, dicke Suppe, Augen auf dem Radar. Bei dieser spiegelglatten See zeigt unser Billigradar sogar Korkschwimmer und Vögel. Die Augen brennen. Wie gut, dass keine See steht, dass der Wind völlig eingeschlafen ist. Kein Boot weit und breit. Wir irren durch das Wirrwarr der Taue und Bojen. Vier Paar Augen. Klar ist das Wasser, deutlich erkennbar die Seile, die unter uns das Wasser kreuzen. Nach zwei Stunden sind wir draußen. Risse in der Nebelbank. Wir sind geschafft. Was für ein Fahrtbeginn! Immer noch unter Radar tasten wir uns hinter eine wild zerklüftete Insel, Daikoku Ko. Ein Leuchtturm weit über uns, ein weißer Lichtfinger in der schwarzen Nacht, der sich kreisend in die Nebelschwaden bohrt. Am Morgen hat es sich aufgeklart. Der Nebelspuk ist vorbei. Viele tausend Vögel umkreisen die Felsen. West-Südwest, um die zehn Knoten. Auf Wiedersehen, Japan.

Fahrt entlang der Kurilen. Als in den nächsten Tagen die Sonne herauskommt, ist es gar nicht so kalt. Nachts dagegen sind es nur 6°C. Russland, die Kurilen, wir haben phänomenale Sicht. Hohe Berge ragen aus dem Meer. Darauf Schneekappen und Schneezungen, die zum Meer hinunterreichen. Meer des Nordens. Eine Gruppe kleiner Wale zieht vorbei, Vögel auf dem Meer. Wenig Wind, und unter Spinnaker gleiten wir nach Nordosten und stellen die Uhren um eine Stunde vor, denn es wird schon um ein Uhr hell. Zweihundert Seemeilen in zwei Tagen und noch immer liegen die Kurilen in Sichtweite im Westen. Britta hatte ja »Alaska« von James Mitchener zum Geburtstag bekommen und einer nach dem anderen lesen wir es. Vitus Bering und die Aleuten... was waren das für Kerle damals. Wir haben es dagegen reichlich bequem. Silke reicht mir eine Tasse Tee zur Lektüre. Pfui, Spinne! Ist heute der erste April? Silke weiß gar nicht, was ich habe, doch bei genauerer Untersuchung stellen wir fest, dass die Tüten mit den weißen Kristallen und den hübschen japanischen Schriftzeichen darauf kein Zucker sind, sondern Salz. Zehn Kilo Salz gehen daraufhin über die Kante und erhöhen den Salzgehalt des Nordmeeres. Japanische Sprache, schwere Sprache. Zwei Seehunde treiben faul auf dem Meer und sehen uns mit schnurrbärtigem Gesicht interessiert zu, als wir gemächlich unter dem bunten Spinnaker vorbeiziehen.

Vier Tage unterwegs, Nachttemperatur nur noch zwei Grad. Das Olivenöl ist in der Flasche gefroren, und wir scheinen unser gesamtes warmes Zeug Schicht über Schicht zur gleichen Zeit anzuhaben. Die Freiwache verschwindet unter Decken und Schlafsäcken.

Sechs Tage unterwegs und heute ist Badetag. Nach einer Stunde unter Motor ist das Wasser heiß und wir sind eine saubere Familie. Ruhiges Meer, Sonne, Drinks im Cockpit, wieder Wale, abends noch 590 Seemeilen und die Temperatur fällt nachts auf ein Grad Celsius. Klaas ist dran mit dem Alaskabuch und er liegt unter der Decke, nur die Nasenspitze und die Hand mit dem Buch sind zu sehen. Aber er beschwert sich, denn schon nach wenigen Minuten ist die Hand so kalt, dass er das Buch in die andere nehmen muss. Ob es heute Nacht frieren wird? Vielleicht Eiszapfen an der Reling? Doch es soll nicht sein, ein Grad über null bleibt der Rekord für uns, und Klaas und Britta sind schwer enttäuscht.

Tolles Segelwetter, West-Südwest mit 20 bis 25 Knoten. Wir laufen Schmetterling unter Groß und Trecker. Rauschefahrt über graues Nebelmeer, sieben bis acht Knoten. Plötzlich kracht es. KAVENGA kommt ruckartig zum Stehen, von »Voller Fahrt« auf »Stop« in einer halben Schiffslänge. Wir hechten ins Cockpit. KAVENGA als »Fliegender Holländer«. Die Segel stehen perfekt, der Autopilot hält den Kurs, Ruder backbord, steuerbord, Fahrtgeschwindigkeit auf null, und die eineinhalb Meter See bricht über das Heck. Ein Treibnetz. Wir sind mit voller Fahrt auf eine der dicken Stahltrossen gebrummt, hängen mit der Ruderhacke dran. Da hilft kein Messer. Segel runter. Glück gehabt. KAVENGA kommt breitseits und der hohe Schwell setzt uns über die Trosse hinweg. Glück und ein starkes Metallschiff mit solidem Ruder. Das wär noch was gewesen, ruderlos im Nordpazifik, ein paar hundert Seemeilen südöstlich von Petropavlovsk. Ganz ungeschoren kommen wir nicht davon. Segel gesetzt, eine unfreiwillige Halse, und der Easylock-Stopper, der die Treckerschot hält, löst sich, das Segel kommt krachend über, der Baum verbiegt den Bugkorb, den wir in Japan so schön repariert hatten, und haut eine tiefe Kerbe in Brittas Paddleboard. Na ja, ärgerlich, aber reparabel. Noch ist es nicht an der Zeit, einen Mayday-Ruf abzugeben. Keine Chance, die Treibnetze zu sehen bei dem Nebel, keine Bojen daran bis auf eine winzige Funkboje, aber bei der See gibt die auch kein brauchbares Echo ab. Stunden später haben wir ein Schiff auf dem Radar. Ich rufe den Skipper über UKW, und in russisch-gebrochenem Englisch kommt tatsächlich die Antwort – keine Treibnetze mehr auf unserem Kurs.

Acht Tage auf See. Ein total verrotteter russischer Frachter ändert seinen Kurs und läuft in knappem Abstand an uns vorbei. Kyrillische Schriftzeichen am Bug

106

und die ganze Mannschaft steht an der Reling und staunt. Wer bestaunt hier wen, wir die oder die uns? Es ist kalt an Bord. Kondenswasser tropft von den Fenstern und Luken. Silke macht Backtag, australischen Damper, Ananaskuchen und Brot. Ein Windstoß bläst den Heizer aus, den wir heute ausprobieren. Mit einem Knall und schwarzer Riesenrauchwolke erwacht er nochmal zum Leben. Bloß ausmachen, Wände und Decke sind schwarz, sogar im Kloraum und Vorschiff. Gut, hiermit ist wissenschaftlich bewiesen, dass ein Sigmar 1200-Dieselheizer auf See nur bedingt einsetzbar ist. Lieber kalt als schwarz.

Neun Tage auf See, nur noch 286 Seemeilen und leichter Wind aus Südwest. Bei 10 bis 15 Knoten Wind laufen wir mit Groß und Trecker sieben Knoten. Kurs auf Attu, 40 Grad. Unsere ersten Dall-Delfine. Plumpe runde Körper haben sie, schwarz und weiß gezeichnet. Ihr Kopf taucht nie aus dem Wasser, nur der Rücken mit dem Atemloch. Langsam arbeiten sie sich an uns vorbei. Kurs Nord-Nordost, wie wir. Ein Containerfrachter auf Gegenkurs, Riesending, die MAERSK MCKINNEY. Hallo über UKW. San Francisco nach Yokohama, durch die Beringsee, Großkreisroute. Gute Reise!

Heute ist Freitag, der 25. Juni, schon wieder, denn gestern war auch Freitag, der 25. Juni. Wir sind über die Datumsgrenze gesegelt, die hier schon auf 170° Ost verläuft und damit einen Bogen um Attu macht, das auf ungefähr 173° Ost liegt, denn so weit gestreckt sind die Aleuten. Noch 135 Seemeilen. Ob wir die letzten paar Meilen auch noch so geschenkt bekommen, leichte Winde, kein Sturm? Das Wetterfax spuckt vielversprechende Karten aus.

Sonnabend, 26. Juni, nach elf Tagen auf See – Attu. Hohe Berge, Klippen im Meer, schäumende Brandung vor Eis und Schnee, Kelpfelder, bunte Papageientaucher. Massacre Bay und vor Anker in Casco Cove. 1300 Seemeilen in elf Tagen. Wir sind am Rande der Beringsee, haben keinen Sturm gehabt. 52°49′ Nord, 173°10′ Ost. Wir sind da, Alaska.

KAVENGA ankert zwischen tausend Meter hohen Schneebergen. Casco Cove, eine flache Bucht, Kelpstreifen überall, der Wind peitscht Regen über das Wasser. KAVENGA ruckt an der Kette. Wir sind alle total aufgedreht, ohne Schwierigkeiten angekommen und jetzt plötzlich dieser starke Wind! Wir wollen an Land, aber nicht bei dem Regen und Sturm, wir können das Land kaum sehen. Also versuchen wir, es uns an Bord gemütlich zu machen. Noch tropft Kondenswasser vom Aluminium an Luken und Fenstern. Perfekt für arktische Verhältnisse ist Kavenga nicht ausgerüstet, aber als nach einiger Zeit der Ofen dann tatsächlich anbleibt und das Schiff wieder auf Hafenleben umgeräumt ist, hebt sich die Stimmung. Ich fange an, ein neues Paar Strümpfe zu stricken und Britta holt ihr Französischbuch heraus. Heute ist Kleidung an der Reihe. Britta malt ein Mädchen, das »gants«, »bottes« und einen »anorak« trägt. Plötzlich fällt ein Sonnenstrahl durchs Fenster und tatsächlich, das Geheule des Windes hat auch aufgehört. Luken auf und raus. Um uns Stille und Natur. Papageientaucher überall im Wasser und – wild mit den kurzen Flügeln schlagend – in der Luft. Mit ihrem schwarz-weißen Gefieder und dem plumpen Körper sehen sie Pinguinen ähnlich, und dazu dann die Papageienschnäbel und die roten Füße! Britta sitzt zufrieden im Cockpit und lacht. Tundra und Schneefelder und blauer Himmel und keine Spur von Menschen, nur in der Ferne ein Haus und Antennen – die Loran-Station der US Coast Guard, jetzt automatisiert, haben wir gelesen.

Über spiegelglattes Wasser fahren wir an Land, stapfen durch die sumpfige Tundra und stehen plötzlich auf einer riesigen Landebahn aus Asphalt. Daneben ein Schuppen, daran steht: »Welcome to Attu, Alaska's westernmost point.« Wir hören Musik durch ein offenes Fenster der Loran-Station, ein Hund bellt. Da scheint ja doch jemand zu Hause zu sein. Na, die werden sich wundern, wenn wir plötzlich an die Tür klopfen. Ein junger Mann öffnet. »Can I help you?« Kommen hier etwa jeden Tag Segler vorbei? Nein, wir sind die ersten. Seltsamer Empfang, aber wir werden dann doch reingebeten und zu Kaffee eingeladen. Zwanzig Männer sind hier stationiert, mit allem Komfort. Fitnessräume, Sauna und Jacuzzi, Videospiele, die neuesten Filme – noch bevor sie im Kino erscheinen – und Popcornmaschine, um das Kinogefühl noch realistischer erscheinen zu lassen. Alle zwei Wochen kommt eine Herkules mit Proviant nach Wunschliste, dazu die spektakulärste Naturkulisse, die man sich vorstellen kann. Und wir sehen nur lange Gesichter. Keiner ist freiwillig hier, für alle ist dies ein Sprungbrett zu Höherem in der US Coast Guard-Karriere. Vergleichbar mit zwölf Monaten Zwangsarbeit in Sibirien. Aber in ihrer Lethargie kümmern sie sich dann auch nicht darum, dass wir ganz offensichtlich an Land herumlaufen, obwohl wir noch nicht einklariert haben und das hier auch nicht können. Und Diesel haben sie auch und verkaufen uns ein paar Liter für 75 Cent die Gallone. So billig werden wir das nie wieder kriegen.

Klaas geht bergsteigen und Britta baut den ersten Schneemann ihres Lebens. Echter Schnee! Britta ist ganz aus dem Häuschen, Auch wenn die Schneefelder hier am Fuß der Berge klein sind und der Schneemann eine Miniaturausgabe ist.

Attu war im Zweiten Weltkrieg US-Militärbasis. Große Hafenmolen aus dicken Holzstämmen sind immer noch zu sehen, die Beplankung ist dicht mit grünem Moos bewachsen. Bulldozer verrosten am Strand, Reste von Nissen-Hütten. Die Aleuten waren für Japan die Brücke zum geplanten Einfall in die USA. Dutch Harbour wurde bombardiert, eine große Basis befand sich auf Kiska und hier in Attu kämpften sie ihre letzte Schlacht. Jede Menge Geister muss es hier geben.

Klaas stapft durch lange Schneefelder herunter von den Bergen. »Wenn man nur mehr Zeit hätte«, sagt er, »mit Zelt und guter Ausrüstung könnte man hier tagelang wandern. Die Rückseite der Berge von Casco Cove, wie ein Amphitheater sieht das aus.« Aber der Sommer ist kurz, wie gut, dass auch die Nächte nur kurz sind. In den nächsten zwei Monaten werden wir nicht viel schlafen.

Am Abend ankert ein Schiff nicht weit von uns, gut 30 Meter lang, speziell ausgerüstet für Forschungsfahrten entlang der Aleuten. »US Department of Fisheries and Wildlife« steht am Heck. Ein großes Zodiak-Dingi wird zu Wasser gelassen, zwei Männer und eine Frau in dicken orangefarbenen Überlebensanzügen brausen auf uns zu. Die sehen ja abenteuerlich aus! Die Männer mit dicken Rauschebärten und langen zerzausten Haaren. Beim Kaffee auf KAVENGA erzählen sie uns, dass sie auf den Inseln hier als Fallensteller arbeiten. Vor zweihundert Jahren haben die Russen auf den Aleuten Füchse freigelassen, die sich hier vermehren sollten. Das hat auch geklappt. Ernährt haben sich die Füchse von der Vogelbevölkerung der jeweiligen Insel und die sehr dezimiert, etliche Vogelarten sind ausgestorben. Aber noch ist Hoffnung, auf einigen Inseln sind die Füchse schon ausgerottet, auf Attu noch nicht ganz. Was für harte Männer diese Fallensteller sind! Mit einfachem Proviant werden sie schon im März hier abgesetzt, wenn noch dicker Schnee liegt und mit weiterem Schneefall zu rechnen ist, und wohnen in Zelten oder in winzigen Hütten. Wie anders als die Leute der US Coast Guard! Unsere erste Begegnung mit echten Alaska-Amerikanern. Auch Marcia gehört dazu. Sie ist Erster Offizier der TIGLAX, so heißt das Schiff – das bedeutet »Adler« in Aleut. Marcia ist in New York aufgewachsen, liebt aber das wilde Leben auf den Aleuten. Die TIGLAX ist meist zu Forschungszwecken unterwegs oder bringt Biologen, Ornithologen, Vulkanologen, Archäologen und ihre umfangreichen Ausrüstungen zu den verschiedenen Inseln. Diese Wissenschaftler leben unter den gleichen Umständen wie die Trapper. Marcia erzählt von rauen Ankerplätzen, von denen sie dann die Ausrüstung mit dem Dingi – »Skiff« heißt das bei ihnen, klingt doch viel abenteuerlicher – durch die Brandung an Land bringen müssen, vom Tierleben, das auf jeder Insel etwas anders ist, und von den perfekten Vulkanen.

Und jetzt müssen wir alle mit zur TIGLAX kommen. Der Koch hat Kuchen gebacken. Auf der TIGLAX erzählt jeder von seiner speziellen Lieblingsinsel, die wir auf keinen Fall auslassen dürfen. Wir sind erst die zweite Segelyacht, die sie in all den Jahren hier gesehen haben. Wie machen wir das mit dem Proviant, haben wir immer genug Frischzeug, fangen wir jeden Tag Fisch? Leider haben wir mit unserer Schleppangel nicht so sehr viel Glück gehabt in letzter Zeit. Genau genommen überhaupt kein Glück seit Palau. »Wie fischt ihr denn hier?«, fragt Klaas. Einer der Trapper verschwindet und ruft uns nach fünf Minuten aufs Achterschiff. »So fischen wir hier«, sagt er und zeigt auf zwei große zappelnde Pazifik-Kabeljaus, jeder einen Meter lang. Er hat nur mal eben kurz die Angel über die Kante gehängt. Viele Fische in Alaska sind Bodenfische, man muss die Angelschnur nur schön tief ins Wasser sinken lassen. Ich sehe auf die Uhr und gucke nochmal genauer hin. Mitternacht! Dabei noch heller Tag. In Alaskas Sommer schläft man nicht, das holt man alles im Winter nach. Als wir ins Dingi – »Skiff« verbessert mich Britta – steigen, liegt neben dem Sack mit Fisch jede Menge Proviant: ein tiefgefrorenes Hähnchen, Bratwürstchen, Steaks, Schokolade und

110

Obst. »Ihr könnt doch nicht nur von Konserven leben«, sagt Marcia. Ein Uhr morgens – die Sonne geht unter. Es ist windstill, KAVENGA spiegelt sich im ruhigen Wasser, rote Wolken über Schneegipfeln. Unbeschreiblich.

Chichakoff Harbour im Norden von Attu. Hier fand die letzte Schlacht der Aleuten statt, Klaas steigt wieder in die Berge und sieht dabei Dutzende von Löchern, aus denen die Japaner die Bucht verteidigten. Im dichten Tundragras findet er immer wieder Munition.

Mit dem Dingi fahren wir an Kelpfeldern entlang nach Barron Island. Ein Platsch im Kelp und noch einer, aber wir haben gerade noch zwei pelzige Köpfe gesehen. Kaum angekommen und schon Seeotter! Durchs Kelp rudern wir an Land und gehen vorsichtig um Hunderte von Löchern im Boden herum – Nisthöhlen der Papageientaucher. Schwarzweißes Gefieder, rot-gelbe Papageienschnäbel überall. Die stürzen sich von den Klippen in die Luft, fallen erst wie Steine und strampeln dann mit den Flügeln, zappeln in der Luft, finden dann doch noch ihr Gleichgewicht wieder und fliegen aufs Wasser hinaus. Ab und zu lautes Geschnatter, wir müssen aufpassen, dass wir die hiesigen Eiderenten, »Steller's Eider«, nicht zu sehr stören, die auf ihren Nestern sitzen und brüten.

Unten auf den Klippen liegen Seehunde mit ihren Babys, große runde, schwarze Augen sehen uns an. So viel Leben um uns herum! Britta sitzt im Gras, die Ölhose völlig mit nasser Erde beschmiert, und ist selig. Wir paddeln weiter mit dem Dingi durchs Kelp. Auf den Felsen gleich nebenan sehen wir schon wieder Bewegung – eine große Kolonie Steller-Seelöwen. Steller, der Biologe an Bord bei Vitus Bering, hat so manchem Tier hier oben seinen Namen gegeben. Sie haben hellbraunes Fell und sind riesig. In der Mitte ein Bulle, mindestens drei Meter groß und fünfhundert Kilogramm schwer, alle anderen respektvoll drumherum. Doch eine Gruppe Jünglinge ist einfach zu neugierig, sie kommen bis ans Dingi heran, wie die Orgelpfeifen recken sie die Hälse aus dem Wasser und sehen uns an. Was die wohl von uns denken? Wir wollen nicht länger stören und drehen ab, doch noch lange folgen sie uns.

Auf KAVENGA dann eine kleine Unterbrechung des Traumlebens. Torsten und Klaas machen einen Ölwechsel, das ist immer mit Dreck und Unruhe verbunden. Trotz Sonnenschein ist es eiskalt und der Motor will nicht anspringen, gleich zwei Relais haben bei den Temperaturen den Geist aufgegeben und müssen überbrückt werden. Der Heizer läuft auch mehr schlecht als recht und stößt Rußwolken aus, gerade nachdem ich alles wieder so schön sauber gemacht habe. Nachts bleibt der Heizer aus, da trauen wir ihm schon gar nicht. Wir brauchen aber wenigstens morgens keinen Wecker. Wenn ein Bach Kondenswasser in der Achterkajüte auf Torsten und mich niederstürzt, dann wissen wir, es ist Zeit zum Aufstehen.

Fahrt durch die Beringsee und die Inselwelt der Aleuten. An Steuerbord liegt Semja. Riesige Antennen auf dem Hochplateau sind Überbleibsel aus dem Kalten Krieg und immer noch auf Russland gerichtet. Einmal mehr wird uns bewusst, dass wir Glück haben, überhaupt hier sein zu dürfen. Noch vor wenigen Jahren war dies ein riesiges Sperrgebiet, selbst US-Fischkutter durften nicht westlich von Adak fischen, und irgendwo über uns lieferten sich MIGs und US-Jets Scheinkämpfe, während unter Wasser U-Boote Katz und Maus spielten.

Buldir, eine fast kreisrunde Vulkaninsel, ein einmaliges Vogelparadies. Wir ankern vor der offenen Küste, stapfen durch das Tundragras, klettern im Sonnenschein auf Hügel. Auf Buldir sind die Füchse schon vor vielen Jahren ausgerottet worden. Von den Aleuten-Kanadagänsen gab es nur noch sehr wenige und kaum noch Hoffnung für diese Tierart. Biologen auf der TIGLAX fanden einige Brutpaare und brachten sie hierher, und in nur wenigen Jahren haben sie sich gut vermehrt. Blick über das Nordmeer, Gänsepaare ziehen laut rufend über uns hinweg. Auf den Aleuten ist es zu kalt und stürmisch für Bäume. Die Tundra ist übersät mit Sträuchern, Kräutern und Blumen, richtig alpin. In unserem deutschen Alaskabuch finden wir Fotos der Pflanzen und was für verrückte Namen die haben – wolliges Läusekraut, Kuckucksblume, Alpengelbling und Alpenbeerentraube. Wir sitzen in der Nachmittagssonne, vor uns die tiefblaue Beringsee. KAVENGA hinter dem Strand aus kreisrunden, fußballgroßen Felsbrocken. Vogelinsel, keine Menschen, totale Einsamkeit der Aleuten.

Über Nacht können wir auf der offenen Reede nicht bleiben. Ab ins Dingi und durch die eiskalte Brandung zurück zu KAVENGA. Rauchwolke aus dem Vulkan, wir segeln an rot-braun-gelben Lavahängen entlang, dahinter Schneeberge. Klaas backt Pfannkuchen. Ostkurs in der Beringsee bei leichtem Südwestwind. Ist dies wirklich wahr? Sind wir wirklich hier? Albatrosse begleiten KAVENGA. Wir segeln wie in einem Traum.

2. Juli – schon Juli! – im Morgengrauen stehen wir vor Sirius Point, Kiska. Ein gewaltiger Lavafluss hat sich hier vor vierzig Jahren vom Kiska-Vulkan ins Meer ergossen, heute grau erstarrte Lavasäulen, Paradies für Tausende und Tausende von Zwergalken. Wie Bienenschwärme ziehen diese Seevögel frühmorgens auf das Meer. Dall-Delfine begleiten uns in die Bucht von Kiska. Kiska, mit Ruinen an Land und langen hölzernen Molen, war eine große Militärbasis der Japaner. Die Amerikaner hatten die Insel aus der Luft angegriffen und dann einige Tage später 35 000 Mann gelandet zum Großangriff, doch die fanden Kiska völlig verlassen vor. Im Schutz der Wolken waren die Japaner geflüchtet. Heute scheint die Sonne – noch. Wir gehen alte, überwucherte Straßen entlang. Geschützstellungen auf Bergkuppen, von Rost überzogen. Im Norden stößt der Kiska-Vulkan durch Wolken, Schnee und Eis. Kräuter blühen in Teppichen zwischen Gras und Tundramoos. Unter uns auf einem Felsvorsprung weit über dem schwarzen Sandstrand und dem grauen Meer nistet ein Weißkopfseeadler. Teile von U-Booten liegen am anderen Ufer, Reste von Schiffswracks und auf unserer Seite der Bucht ein verrosteter Dampffrachter auf den Klippen. Durch die geborstene Bordwand schlagen die Wellen in den Laderaum. Mehrere Wracks liegen hier unter Wasser in der Lagune. Kiska ist das Truk des Nordens. Aber hier tauchen? Eiskaltes Wasser, lieber nicht. Uns ist auch so schon kalt genug.

Monate später schickt uns Marcia eine E-Mail, die TIGLAX hatte einen Noteinsatz in Kiska. Taucher waren vom Festland Alaskas nach Kiska gekommen. Es gab einen Unfall und einen Toten. Die TIGLAX musste den Toten abholen und in ihrem Gefrierraum zurücktransportieren, makaber.

Rasende Wolken und prasselnder Regen, nur Stunden später zieht der Himmel sich ganz zu, Sturm kommt auf und über die zwei Seemeilen breite Bucht baut sich eine steile Welle auf. Wir motoren in den Landschutz auf der anderen Seite. Der Wind jault im Rigg, KAVENGA beißt in die Kette und legt sich in den Böen über. Klaas sitzt in Ölzeug im Cockpit, die Angel in der Hand, und holt vier Flundern aus der Tiefe. Eine Flunder pro Person, in Buttersauce und mit gehackten Zwiebeln gebraten. Klaas und Britta kämpfen mit den Gräten dieser komischen, ungewohnten Plattfische. Die Liste meiner Lieblingsfische ist um einen länger. Bis 45 Knoten aus Südwest, konstant über 40 Knoten, auch am zweiten Tag. Klaas nimmt das Dingi und fährt fischen. So ganz klappt das nicht, denn bei jeder Welle greift der Wind unter das Boot und droht es umzukippen, und nur mit Mühe und ziemlich geschockt kommt Klaas wieder an Bord. Abends ist der Wind weg, Sonne über dem Vulkan, der plötzlich wieder sichtbar ist. Es ist auf einmal so still, mir dröhnen die Ohren.

235 Seemeilen von hier nach Adak, ein Segeltörn in der Beringsee um Vulkankegel herum. Südwind mit 25 Knoten und immer wieder das gleiche Spiel. Kommen wir in Lee der Vulkane, raumt der Wind und legt zu bis auf 40 Knoten, um dann fünf bis zehn Seemeilen später zu sterben. Der Tanaga-Vulkan. Eisfelder um Mitternacht. Es ist taghell. Wasserfälle stürzen ins Meer. Dann öffnet sich querab ein Tal, verwunschene Märchenlandschaft. Tundrawiesen, ein Fluss, eingerahmt von Schneekuppen rechts und links. Dann wieder Nieselregen, ekliges klammes Glitschwetter. Wir sind in Adak. Bis vor wenigen Jahren war das hier eine große US-Marinebasis, jetzt ist es ziemlich verlassen. Adak ist unser erster Ort auf den Aleuten. Reihen von Baracken, ein Flughafen. Nur wenige Fischer arbeiten von hier aus. Der Hafenmeister muss wohl mal bei der Marine gewesen sein, er bittet uns, nicht von Bord zu gehen, denn wir haben ja noch nicht einklariert und können das erst in Dutch Harbour. Doch die TIGLAX ist da, und wir gehen längsseits. Marcia lädt uns ein zum Duschen, Wäschewaschen und Abendbrot, und hinterher gibt es ein Video und eine große Schüssel Popcorn, denn schließlich sind wir in Amerika. Britta ist im Paradies. Sie will ja Biologie studieren, und an Bord der TIGLAX findet sie jede Menge Bücher über Fische, Vögel und sonstiges Getier der Aleuten. Was ist schon ein Video mit Tom Hanks und Meg Ryan, wenn man stattdessen stundenlang in der Bibliothek der TIGLAX sitzen und blättern und alles Wichtige abschreiben kann?

Donnerstag, 8. Juli. Letztes »good bye« von Marcia. Das Wetterfax zeigt, alles klar nach Osten, doch im Westen kommt ein starkes Tief. Das läuft im Abstand einiger Tage hinter uns her nach Osten. In Kiska haben wir erlebt, was da drin steckt kann. Es gibt so viele Buchten hier in Adak, so viel zu erkunden, doch nur einen oder zwei Tage hier bleiben geht nicht. Bei dieser Wetterlage heißt es fahren oder lange bleiben, vielleicht eine Woche. Alaska ist groß und der Sommer ist so kurz!

Wir laufen die 410 Seemeilen nach Dutch Harbour in einem Stück. Südwestwind mit 25 Knoten. Vor Igitku backt Klaas Erdnußbutterkekse. Das Rezept und die Zutaten hat er vom Koch der TIGLAX bekommen, und dort konnte er gar nicht genug kriegen von dem Zeug. Klaas rührt und knetet und backt und backt… und backt. KAVENGA rollt. »Mir ist schlecht«, sagt Klaas und backt verzweifelt weiter und weiter. »Hast du gesehen, wie das Kochbuch heißt, aus dem du das Rezept abgeschrieben hast?«, fragt Britta. »How to cook for fifty men!« Kekse für fünfzig hungrige Männer. Nur Klaas ist nicht mehr hungrig. »Nie wieder backe ich Kekse!« Er verschwindet für den Rest des Tages im Bett.

Bilderbuchsegeln in der Beringsee, Nordwest 15 Knoten und der Himmel ist blau. Wale an Steuerbord, gar nicht weit weg. Britta weiß Bescheid: »Das sind Orcas, Schwertwale. Eine Familiengruppe. Da ist das Männchen mit der riesigen Rückenflosse. Die wird bis zu zwei Meter hoch.« Wer hätte das gedacht, dass sie ihr neues Wissen so schnell anwenden kann. Dann kommen Dall-Delfine und dann wieder Orcas. Stundenlang begleiten uns die Wale. Mal sind sie in der Ferne, dann wieder ganz nah. Um Mitternacht liegen im hellen Tageslicht weit voraus die berühmten und perfekten Vulkankegel der Islands of the Four Mountains. Klaas macht lange Nachtwachen, von 21 Uhr bis 3 Uhr. Dann hat er den Computer ganz für sich. Er beschwert sich aber darüber, dass ihm bei der Nachtwache die Sonne viel zu hell auf den Bildschirm scheint. Es wird wärmer. Nachts fällt die Temperatur nur noch bis auf 6°C.

Islands of the Four Mountains, aus der Ferne faszinierende Eiskegel, doch heute ist dicker Nebel, absolute Waschküche. Sichtweite bis zum Bug, Radarwetter. Wenn ich am Mast nach oben sehe, erkenne ich einen Schein Blau. Keine dicken Wolken über uns, nicht einmal eine hohe Nebelschicht. Mehr als 20 bis 30 Meter kann die Schicht nicht sein, doch seitwärts nichts als Weiß, dabei ist der Kagamil-Kanal, durch den wir zwischen den Inseln laufen, nur schlappe drei Seemeilen breit. Viel später reißt der Nebel auf, nur kurz. Hinter uns liegen Mount Cleveland und Kagamil, perfekte Vulkankegel auf dem Weg nach Dutch Harbour.

Im ersten Morgengrauen liegt Dutch Harbour vor uns. Eine Kulisse bunter Hozhäuschen, mitten drin eine russische Kirche mit Zwiebelturm, im Hintergrund riesige Schneeberge. Gar kein so großer Schock, wieder in die Zivilisation zu kommen, wenn der Ort so nett

Bald Eagle

und verschlafen aussieht. Wir legen an einem wackeligen Steg an, in vollkommen klarem Wasser, an den Pfählen Seeanemonen und Seesterne. Fast wie in den Tropen. Auf den Fischkuttern sitzen große Vögel. Die haben wir doch schon mal gesehen. »Das sind ›Bald Eagles‹, Weißkopfseeadler«, sagt Britta erstaunt. Diese so seltenen Adler, vom Aussterben bedroht, sitzen hier in Dutzenden auf den Masten der Fischkutter und zanken sich um die Fischabfälle.

Die Beamten von Zoll und Immigration kommen an Bord. So ein bisschen nervös sind wir ja doch. Streng genommen sind wir seit zwei Wochen illegal in den USA. Aber die Beamten machen es sich bei uns gemütlich, fragen vorsichtshalber nichts, erzählen von Alaska und ganz nebenbei werden die Formalitäten erledigt. Visa für sechs Monate, Cruising Permit für ein Jahr. Ich kann Britta gerade noch in die Seite stossen, als sie anfangen will, von unseren tollen Landgängen in Attu zu schwärmen.

Dutch Harbour besteht aus zwei Teilen, auf je einer Insel und durch eine Brücke verbunden. KAVENGA liegt im neuen Teil zwischen Fischfabriken und den Unterkünften für die Arbeiter, meist Puertoricaner, und hier gibt es auch zwei Supermärkte. Und was für Supermärkte! Krasser Gegensatz zu Japan. Dort war alles zierlich verpackt nur in kleinen Mengen zu haben. Zarte Menschen schoben winzige Einkaufswagen durch die engen Gänge. Hier bekommt man alles nur in gigantischen Mengen, die Einkaufswagen sind doppelt so groß wie zu Hause und die meisten Menschen sehen aus, als seien sie gute Kunden hier. All die so verführerischen, so unge-

116

sunden Speisen der westlichen Welt haben uns wieder. Pommes Frites, Donuts, Eiscreme, Unmengen von Fertiggerichten. Ein typisch amerikanischer Supermarkt, wie wir ihn schon von vor fünfzehn Jahren her kennen. Obst und Gemüse gibt es auch, aber unverschämt teuer, es kommt von weit her. Britta hat Marshmallows und Kakao entdeckt, Klaas eine Bratpfanne, aus der der Lachs, den er fangen wird, garantiert ohne festzukleben von selbst herausrutscht. Dann gibt es hier Videos zu leihen. Draußen regnet es, es sieht nach einem gemütlichen Videoabend auf KAVENGA aus mit Kartoffelchips und Kakao mit Rum.

In Dutch Harbour geht alles gemächlich zu. Besonders wenn es regnet – und das tut es hier 200 Tage im Jahr – macht man es sich am besten gemütlich und überarbeitet sich nicht. Das haben wir schon im Supermarkt gemerkt und jetzt auch wieder bei der Post. Es dauert eine Weile, bis die Frau am Schalter aufwacht und versteht, was wir wollen. Wir hatten das Post Office in Dutch Harbour als Postadresse angegeben und sogar dem Postmaster geschrieben und gebeten, die Post für uns aufzubewahren, falls wir ein bisschen länger bräuchten hierher. Es ist nichts für uns da und die Dame am Schalter erinnert sich an keinen Brief von uns an den Postmaster, Ende der Auskunft. Von nebenan kommt eine etwas munterere Beamtin dazu. Sie hört sich auch alles an, und dann hat sie einen Geistesblitz. »Seid ihr das mit dem Post Restaurant? In Dutch Harbour gibt es kein Post Restaurant. Ein Brief ist gekommen, den habe ich zurückgehen lassen.« Jetzt dauert es eine Weile, bis bei uns der Groschen fällt: Post Restaurant – Poste Restante. Wir haben als Adresse wie immer »SY KAVENGA, Poste restante« angegeben. Sollte doch international bekannt sein, oder? In Amerika heißt das aber nun mal »general delivery«. Mit »poste restante« konnten die nichts anfangen und haben den Brief zurückgeschickt. Wir haben aber noch Glück im Unglück. Seit Tagen ist kein Flugzeug gelandet, wegen des Nebels. Und letzte Woche war das auch schon so. Wenn dann mal eins landet, ist es bis auf den letzten Platz mit Passagieren und deren Gepäck besetzt, kein Raum für Luftfracht. Unsere übrige Post müsste also noch kommen. Wir stellen einen Nachsendeantrag und hoffen auf das Beste!

Mit dem Dingi fahren wir häufig in den alten Teil des Ortes auf der Insel Unalaska. Dort stehen die bunten Holzhäuschen und die alte russische Kirche, die wir schon von KAVENGA aus gesehen hatten. Wir stapfen im Regen durch den Schlamm auf der Hauptstraße, die den grandiosen Namen »Broadway« trägt. Verwinkelte Kramläden, in denen einfach alles zu haben ist. Bedient werden wir von Aleuts. Sie fühlen sich im alten Teil des Ortes wohler als in der modernen Welt auf der anderen Seite der Brücke. Hier geht es freundlich, lustig und entspannt zu, die Zeit ist stehen geblieben, trotz Regen bummeln wir am Strand entlang.

Die Bücherei in Dutch Harbour ist die erste von vielen, die wir in den USA besuchen. Dort kann man nämlich immer umsonst E-Mail benutzen. Diese Bücherei ist aber ungewöhnlich. Die Bücher im oberen Stockwerk sind alle zum Tauschen, eingerichtet für die Crews der 400 Fischkutter, die jedes Jahr Dutch Harbour anlaufen. Und da finden wir zum ersten Mal Bücher von Dana Stabenow, Krimis, die in Alaska spielen und die Atmosphäre dieses Landes so gut wiedergeben. Einer davon spielt sogar hier. Wer darf ihn jetzt zuerst lesen?

Im tollen Supermarkt hat Klaas Angelzeug gekauft, Spezialköder für Heilbutt. Wir fahren nur wenige Seemeilen. Hinter uns liegen noch die Schneeberge Unalaskas und die Farbtupfer Dutch Harbours. In der Constantine Bay ankern wir extra tief auf 25 Metern, und in Minuten ist der erste Heilbutt an der Angel. Ein prächtiger Plattfisch, fast noch ein Baby, nur knapp einen Meter lang. Die neue Pfanne kommt zum Einsatz und erfüllt alle Erwartungen. Fisch satt, heute und morgen!

Gegrillter Alaska-Heilbutt

Heilbutt aus Alaska
Olivenöl
Paprika, Basilikum, Oregano, Pfeffer, Salz
Zwiebelpulver, Knoblauch

Alle Gewürze mit Olivenöl mischen. Den Heilbutt filetieren und mit der Gewürz-
mischung einreiben. Heilbutt bei mittlerer Hitze von beiden Seiten grillen. Mit
Röstkartoffeln und gedünstetem Gemüse servieren.

Margaritas mit Gletschereis

Klaas hat von Marcias Bordcomputer ein Tiden-Programm kopiert. Trotzdem sind
wir zur falschen Zeit am falschen Ort. Südwest mit 25 Knoten, KAVENGA rauscht
mit halbem Wind durch den vier Seemeilen breiten Akutan-Pass. Brecher steuerbord voraus! Luken zu! Die Geschwindigkeit steigt auf fünfzehn Knoten auf dem
GPS, Strömung spült aus der Beringsee zurück in den Nordpazifik, Strömung mit
acht Knoten genau gegen den Südwestwind von 25 Knoten. Klaas steht am Ruder, weiße Brecher, KAVENGA steckt die Nase in die See, schäumendes Blauwas-
ser steht bis zum Mast über dem Deck, das ganze Vorschiff unter den Wellen.
Fünfzehn Knoten immer noch auf dem GPS, und das Wasser spritzt durch die
Gummis der Luken. Zu viel Druck, da halten die nicht dicht. Stampfende, chaoti-
sche Schiffsbewegungen, krachend fliegt drinnen alles durch die Gegend, was
nicht festgeklemmt ist. Dann sind wir durch, eine halbe Stunde Spuk nur. Nichts
kaputt. Nicht einmal eine Welle ins Cockpit gestiegen. Letzter Gruß von der
Beringsee. Vor uns liegt die Alaska-Halbinsel, der amerikanische Kontinent. Uns
allen ist schlecht. Das wilde Gebocke im Pass, da brummt der Schädel und die
Knochen schmerzen. Das werden wir den ganzen Tag nicht los.

16. Juli, ein Monat seit der Abfahrt aus Japan, ein Monat, in dem wir mit dem Wetter prima klargekommen sind. Richtigen Sturm nur in der Ankerbucht von Kiska, viel Regen, aber auch jede Menge Sonne. Jetzt hat der Wind auf Ost gedreht. Genau von vorn, es hat keinen Sinn gegenanzubolzen. Querab liegt King Cove, ein winziger Fischerort am Festland, der Hafen voller Kutter, große Stahltrawler, kleine hölzerne Lachsfischer, dicht an dicht im Nieselregen glänzend. Tundrahügel, keine Schneeberge mehr. Wieder bunte Häuser an Hängen, farbenfroh wie Dutch Harbour, doch viel, viel kleiner. Eine »cannery« – Fischfabrik – und der große Supermarkt, das Zentrum der Siedlung. Eine Straßenverbindung hierher gibt es nicht. Ab und zu kommt ein Schleppzug mit einem Berg von Containern. Im Schuppen des Hafenmeisters bullert der Ölofen gemütlich heiß und es riecht nach trocknendem Ölzeug. »Good afternoon!« Freundliche Gesichter. Viel spricht man nicht. Vom Winde stumm gemachte Fischer. Lustige Augen sagen mehr als viele Worte. Wie viel kostet es für eine Nacht hier? Der Hafenmeister schiebt das Registrierbuch zu Silke und mir. »Da schreibt ihr eure Adresse rein, und wir schicken die Rechnung.« – »Wir kommen aber aus Australien.« Verstehst du es denn nicht, scheint der Hafenmeister zu denken und sagt nochmal ganz langsam: »Da schreibst du die Adresse rein, und irgendwann kommt vielleicht die Rechnung, wenn wir dran denken.« Alles klar. Also so läuft das hier, da können wir nicht nein sagen. Zurück in den Regen und dann in den Supermarkt, denn da gibt es Videos zu leihen, und zum zweiten Mal in Alaska machen wir einen Video-Abend. Heizofen an, Pizza in den Backofen, in den Schlafsack gekrabbelt, da soll es draußen regnen, so viel es nur will. Heute stört uns das nicht. So gemütlich kann es nur in Alaska sein!

Wetterwechsel, raus aus King Cove, Regen oder keiner. Aber es ist nur eine Täuschung, denn kaum stecken wir die Nase aus dem Becken, da dreht der Wind wieder auf Ost. Regenböen, Stecknadeln in den Augen, eiskaltes Nass, das an den Armen entlang ins Ölzeug kriecht. Von Coal Bay haben wir keine Detailkarte. Ganz egal, 45 Seemeilen sind genug an diesem Ekeltag. Coal Bay, wir können die Ufer nur erahnen. Ganz langsam, ganz vorsichtig. Kleine Kreuze auf der Seekarte, wo genau kann man nicht sehen, nicht einmal mit der Lupe. Wo sind die Felsen? Wir ankern tief, zwanzig Meter. Tundra, Regenhügel, eine verfallene Hütte am Ufer. Klaas sitzt draußen, Ölzeug und Angel, und schon bald müssen wir ihn stoppen. Zwei Klippenbarsche, dann Dorsche, die wir Feinschmecker gleich wieder freilassen, und zur Krönung einen zwanzig Kilo schweren Heilbutt. Der Regen hört nicht auf. Drinnen wird gekocht und gegessen. Alaska satt, und irgendwann wird das Wetter schon umschlagen und das Schiff austrocknen.

Dienstag, heute ist der 20. Juli. Die Sonne scheint, knallblauer Himmel, weiße Schaumkronen verwehen von den Wellenkuppen. Vierzig Knoten konstant, Böen mit fünfzig, Alaskawetter, von achtern zum Glück. Sturm in der berüchtigten Shelikoff Strait. Am Ufer dichte Wälder, richtig tiefgrün, die Tundra liegt hinter uns. Wildes Alaska, zwischen Berghängen winden sich blaudunkle Gletscher zu Tal, ein Berg höher als der nächste. Mount Katmai mit 2047 Metern hinter der weiten Katmai-Bucht. Rotbraune Lavafelder, Reste des Vulkanausbruchs von 1912. Dann wieder himmelhohe Eisgipfel, fantastische Sichtweiten heute, unglaublich klare Luft. Ein Schönwettersturm, zusammengequetschte Isobaren mit Bilderbuchpanorama.

Geographic Harbour ist ein Geheimtip von Marcia. Dahin müssen wir, denn dort soll es Bären geben, große Grizzlys. KAVENGA schießt um das klippige Kap, Windschutz. Achteraus die weiß-schaumigen Wellenberge, die nach Norden rollen, doch wir haben Schutz. Kaum noch Wind jetzt, ruhiges Wasser. Fünf Seemeilen weit geht es unter Motor dicht am Ufer entlang. Zu dumm, das Marcia Brittas Hoffnung so geweckt hat. Nur weil Marcia hier mal Bären gesehen hat – das kann eine ganz schöne Enttäuschung geben, denke ich. Die Nadelwälder reichen bis an das Meer, braunschwarze Felsen am Ufer. Kann doch nicht sein, oder? Einer bewegt sich, ganz eindeutig. »Bär«, schreit Klaas und dreht vorsichtig KAVENGAS Nase auf die Steine zu, so dicht, wie er es sich nur traut. Der Grizzly lässt sich nicht stören, scheint in Ruhe nach Nahrung zu suchen. Wir ankern in einem Felskessel, keine noch so kleine Welle auf dem Wasser. Wiesen und Wald, dahinter steigen die Felswände auf, verlieren sich in der Höhe vor dem Hintergrund von Schneegipfeln und Eisfeldern. Es ist warm, der Sturm bläst nur draußen in der Shelikoff Strait. Es ist Ebbe. Wieder Bären! Ein halbes Dutzend zottige Kerle trotten am Ufer durch den trockengefallenen Matsch. Immer wieder gräbt einer von ihnen im Dreck, dass die Schlammbrocken nur so spritzen, tolpatschig wie kleine Hunde sehen sie dabei aus. Die Bären graben nach Muscheln. Sie sind bis zu drei Meter lang und 500 Kilo schwer, ganz schöne Schwergewichter und ganz bestimmt nicht bereit, sich streicheln zu lassen. Schade! Haben sie eine Muschel, machen sie einen kleinen Hüpfer, zerkrachen sie unter den Vordertatzen und schlürfen genießerisch den Inhalt.

Wir gehen an Land. Wir kennen uns aus mit Bären, denn wir haben eine Broschüre an Bord, »Bear Facts«, und da steht genau drin, wie man sich verhalten soll. Probieren wir das doch mal aus. Regel Nummer eins: »Gib dich zu erkennen. Zeige dem Bären, dass du ein Mensch bist.« Man soll mit den Armen wedeln, kein Problem. Und laut reden. Klaas meint, besser noch ist singen. Und er singt »We are going on a bear hunt« (Wir gehen auf Bärenjagd), ein bekanntes australisches Kinderlied. Hoffentlich können die kein Englisch! Regel Nummer zwei: »Nicht laufen.« Nein, wir laufen nicht, wir gehen lieber langsam an die Bären heran. Wir wollen sie ja nicht erschrecken. Britta meint, die Regel bezieht sich wohl eher auf das Weglaufen, nicht das Hinlaufen. Die dritte Regel gibt Ratschläge für den Fall, dass man angegriffen wird. Das passiert ja nicht, brauchen wir also nicht zu lesen. Jedenfalls noch nicht. Auf dreißig Meter kommen wir an die Bären heran, Wahnsinn. Dann dreht der erste den mächtigen Kopf auf uns zu, macht einen halben Satz – und gräbt weiter nach Muscheln. Aus den Büschen kommt eine Bärin, zwei süße Plüschbabys neben sich. Jetzt wird es ernst. Muttertiere können gefährlich werden. Langsam zurück zum Dingi. Wir sitzen im Cockpit, ein Sommernachmittag vor diesem Bergpanorama und die Bären am Ufer. Für solch einen Tag zahlen wir gern mit einer Woche Regen.

Weiter, denn wenn wir nicht auf Achse bleiben, wenn wir hier noch eine Nacht verbringen, nochmal vor dieser Kulisse, wie können wir dann jemals weiter, uns jemals wieder losreißen? Hier würden wir am liebsten ein Leben verbringen, oder wenigstens ein Jahr, einen Winter hier im Eis, Zeit, um diese Küste kennen zu lernen. Wir könnten ja noch umplanen. Erst nächstes Jahr weiter nach Süden… Das ist die Fantasie, doch in der Realität müssen wir das Geld zählen und demnächst überlegen, von wo Klaas im Februar am besten nach Townsville und zur Uni fliegt. Anker hoch und weiter, und noch immer dreißig Knoten und mehr in der Shelikoff Strait. Das schafft der Autopilot nicht, Halbwindkurs und total böig. Klaas und ich steuern mit der Hand. KAVENGA schießt die Wellen hoch und in die Täler. Mit dem Rad in der Hand spüre ich, wie das Schiff lebt, wie es auf Ruder und Sturmböen reagiert. Achteraus die kristallklare Gebirgskulisse und die eisblaue Gletscherwelt, vor uns das Nadelbaumgrün der Kodiak-Insel. Dazwischen unser Schiff.

Abends ankern wir im perfekten Schutz von Little Spruce Island in der Kupreanoff Strait. Little Spruce Island, Tanneninsel, neben KAVENGA plantscht eine ganze Gruppe von Seeottern. Gibt es niedlichere Tiere im Meer? Die paddeln auf dem Rücken liegend neugierig um KAVENGA herum. Der Bauch ist Arbeitsplattform. Muscheln oder Krebse werden darauf transportiert und dann genießerisch zerpflückt, während wir mit unserem Ankermanöver für die Unterhaltung sorgen. Ein weiblicher Seeotter kommt vorbei, Baby auf dem Bauch. Kommen wir mit dem Dingi zu nah, bleiben nur noch Wellen übrig. Doch wenige Minuten später sind sie wieder da, alte Gesichter mit langen Schnauzbärten. Wir fühlen uns beobachtet!

Eigentlich wollten wir Kodiak auslassen, es ist ja schon der 22. Juli, die Zeit drängt. Heute ist zwar strahlend blauer Himmel, aber Sturmwarnung, und eigentlich haben wir alle Lust, uns Kodiak anzusehen. Wir haben so viel darüber gelesen, aus der Zeit, als Alaska noch zu Russland gehörte. Kodiak ist nun wirklich eine richtige Stadt, Einwohnerzahl: 15 000. Die Heimat der Königskrabbe. Im Hafen manövrieren jede Menge Fischerboote. Hier sind zum ersten Mal in Alaska ausländische Yachten. Zwei. Transient Parking, der lange Steg für Besucheryachten, ist belegt. Das liegt vor allem an der dreißig Meter langen Luxussegelyacht JUPITER, die mit Skipper Jonathon zum dritten Mal um die Welt rast und fünfzig Meter Platz beansprucht. Ab und zu kommt der Eigner, um Ferien an Bord zu machen, und gibt dann bekannt, wo das Schiff in seinem nächsten Urlaub sein soll. Wir haben JUPITER schon in Palau und Japan getroffen. Von Palau sind sie direkt nach Kobe und weiter direkt hierher gefahren. Crewmitglied Andy hat genug. Er mustert ab. Morgen fliegt er nach Hause. Nichts hat er gesehen von Japan, und von Alaska auch nur den Hafen von Kodiak. Nichts als Hetze und Arbeit. Aber lange darf er nicht mit uns klönen. Jonathon pfeift ihn zurück. Andy muss vor seinem Abflug noch in den Mast, denn die Salinge ganz oben müssen dringend auf der Oberseite poliert werden. Das zweite Schiff ist eine TO-Yacht, die FALCON aus Belgien. Sie sind direkt von Hawaii gekommen. Wenn überhaupt mal ein Segelschiff nach Alaska kommt, dann auf dieser Route oder von Japan direkt nach Kodiak, nonstop. Die meisten haben Bedenken wegen der Stürme des hohen Nordens und riskieren es lieber, die 3000 Seemeilen in einem Stück auf niedrigerer Breite zu fahren statt wie wir an der Aleutenkette entlang. Für uns waren die Aleuten der Höhepunkt der Reise, und vom Sicherheitsstandpunkt aus hat der Weg durch die Beringsee den Vorteil, dass man sich im Falle eines Sturmes in einer der einsamen Ankerbuchten der Aleuten verstecken kann.

In Kodiak ist Festtagsstimmung. Ist heute irgendein besonderer Tag? Ja, und ob, die Sonne scheint! Drei Wochen lang hat es ununterbrochen geregnet, jetzt hat der Regen nicht nur aufgehört, sondern der Himmel ist strahlend blau. Die ganze Stadt ist im Rausch. Für uns ist heute Bildungstag – Einblick in die Geschichte und Kultur Alaskas im Alutiiq-Museum und im Baranov-Museum. Eine Übersichtskarte zeigt die verschiedenen Volksstämme, die Aleuts, die Inupiats im Norden, Athabascan im Inland, Yuits im Süden und die Tlingits und Haida des Südostens. Neben der Karte ein Modell der Erdhütten, der Barrabaras. Löcher im Boden, abgedeckt nur mit Ästen, auf denen Tierhäute liegen. Unglaublich, darin haben die gelebt, oben im Norden, in Schnee und Eis. Ihre Kleidung haben sie mit Nadeln aus Knochen genäht, aus Walhäuten mit Gedärmen als Faden. Unter der Decke hängen mit Häuten bespannte Kajaks, Bidarkas und Umiaks. Im Baranov-Museum sind wir plötzlich im Russland des 18. Jahrhunderts. Der Erste, der die große Menge Seeotter in dieser Gegend entdeckte, war Grigorij Shelikov. Alexandr Baranov wurde ein paar Jahre später Manager der Russisch-Amerikanischen Gesellschaft und Kodiak, damals St. Paul genannt, die erste Hauptstadt Russisch-Amerikas. Als dann 113 Jahre später keine Seeotter mehr übrig waren, wurde der Handelssitz nach Sitka verlegt. In einem Glaskasten liegt ein ausgestopfter Seeotter. Was waren das für Zeiten, als Seeotter und Seelöwen hier brutal von Weißen wegen ihrer Felle umgebracht und fast ausgerottet wurden. Ganz zu schweigen von den Massakern, die die neuen Siedler und die Händler unter den Indianern anrichteten.

Britta gefällt es am besten im Hafen. Dort schwimmt ein großer Steller-Seelöwe zwischen den Schiffen. Er hat gerade einen dicken Fisch gefangen, wirft ihn immer wieder in die Luft und zerpflückt ihn schmatzend. Wir sitzen auf dem Steg im Sonnenschein und genießen den Sommertag. Gegenüber an Land parken die abenteuerlichsten Autos, zusammengehalten mit Draht und viel Glück.

124

Leute mit alten Gummistiefeln, Wollmützen und wettergegerbten Gesichtern, auch typischer Bestandteil von Alaska: die »Bushies«, die irgendwo allein in Hütten leben, manche ganz verschwiegen, andere laut und polterig. Auch in der Münzwäscherei, in der Britta und ich uns niedergelassen haben, treffen wir sie. Britta meint, sie könnte ein Buch schreiben: »Münzwäschereien, in denen ich Schularbeiten gemacht habe!« Sie will immer mitkommen, denn es gibt jedes Mal irgendetwas anderes Interessantes zu sehen. In Truk und Palau war das der Treffpunkt der Inselfrauen zum Kaffeeklatsch. In Japan konnte man sich die Wartezeit mit Eis oder sonstigen Leckereien aus den allgegenwärtigen Automaten vertreiben, und hier jetzt Alaska-Bushies. Lange dauert es jedes Mal, deshalb hat Britta immer die Schularbeiten dabei.

Nur eine Nacht bleiben wir in Kodiak. Hier kostet es Liegegebühr, Ankern in einsamen Buchten ist umsonst.

Sealion Rock, Fliegendreck auf der Seekarte. Das hier ist Alaska, überall Tiere, wenn da Sealion Rock steht, dann sind da bestimmt auch welche. Eine ganze Kolonie von Steller-Seelöwen ist da, ein Riesenbulle in der Mitte, drumherum der Harem und die Jungtiere. Schwell schwappt um die Felsen, Kelp liegt in langen Streifen auf dem Wasser. Ein Seeotter taucht auf. Glucksendes Saugen der Wellen warnt uns, wir sind auf dem offenen Meer. Weit, weit im Westen noch die Berge und Vulkane der Katmai-Gegend, im Süden Kodiak, Nachtfahrt nach Norden, zur Kenai-Halbinsel, Nachtfahrt mit nur wenigen Stunden Dunkelheit.

Der Fjord wird eng. Vor uns am Ende der Harris Bay stehen Brecher über einer Gletscher-Moräne. Ende der Seekarte. Vor hundert Jahren war alles vor uns noch Gletscher, der ist jetzt um sechs Seemeilen zurückgegangen, ohne dass die Seekarte verlängert worden ist. Eine tief hängende Wolkendecke verschluckt die Bergspitzen und das Harding-Eisfeld darüber. Gespenstisch gletschertrübes Wasser. Es soll aber eine Durchfahrt über die Moräne geben, GPS Position: 59°44,225′N, 149°53,603′W. Wir tasten uns heran, und KAVENGA rutscht über den Rand der Karte. »There be dragons here«, stand auf den alten Karten am Rande dort, wo die bekannten Gewässer endeten. Vor Drachen haben wir keine Angst, aber vor Felsen, die nach den Kielen greifen wollen. Wo wir jetzt fahren, war vor nicht langer Zeit der Gletscher, der eine tiefe Schlucht gegraben hat, zu tief für das Echolot, über zweihundert Meter. Wir sind in der North West Lagoon. Klaas steuert um Eisschollen herum. Den Geber der Logge haben wir ausgebaut, wollen ihn vor Eisschaden schützen. Der Fjord erweitert sich ganz am Ende, dann reißen die Wolken für ein paar Stunden auf. Tief blau-grün schiebt sich der Rand des Harding-Eisfeldes weit über uns in die Täler hinunter, Gletscherzungen, erstarrte Eisflüsse. Von tausend Metern Höhe stürzen sie in den Fjord als Küstengletscher. Ein Panorama mit fünf Gletschern ringsum. Eiskalte Luft fällt vom Eisfeld auf uns herab. Totenstill treibt KAVENGA zwischen den Eisschollen vor der Wand des North-West-Gletschers. Seehunde liegen auf dem Eis. Britta und ich rudern ein Stück von KAVENGA fort. Fotos vom Schiff vor der Gletscherwand. Pistolenschussartiges Geknalle, Eislawinen lösen sich, stürzen ins Meer, Geschwappe von Eisschollen.

Gar nicht so einfach, hier einen Ankerplatz zu finden. Überall tiefes Wasser, fast überall. Auf zwanzig Metern finden wir Grund. Wieder so ein Ankerplatz im Amphitheater der Berge, wieder ein Platz der Superlative, der Unwirklichkeit. Blick auf drei Gletscher von hier. Zwei wie erstarrte Wasserfälle unter dem Eisfeld. Der dritte windet sich langsam, geschwungen zu Tal. Klaas macht »Margaritas Alaska«, die mit echtem Gletschereis, denn das sind die einzigen, die zählen. Lange liegen wir wach in der Nordnacht. Die Gletscher arbeiten in der Ferne, rumpelnd abwärts stürzendes Eis. Unheimlich.

Wir fahren nach Seward, benannt nach dem US-Staatssekretär, der dafür gesorgt hat, dass 1867 der Verkauf Alaskas von Russland an die USA zustande kam – für 7,2 Millionen Dollar. Vor dem Holgate-Gletscher begegnet uns das erste Ausflugsboot mit Tagestouristen aus Seward. Motorboote, dann der Ort am Ende der Resurrection Bay. Nur ein paar Straßen, flache Holzhäuser, gemütlich sieht das aus, doch am Ufer eine andere Art von weißer, erstarrter Gletscherform: Die Lawine der Wohnmobile hat hier das Meer erreicht. Tourismus satt, denn Seward ist der erste Hafen für uns, der Anschluss an das Straßennetz der USA hat. Und er bleibt der einzige Alaskas! An all die anderen Stellen, all die einsamen Buchten und perfekten Ankerplätze kommt man nur mit dem Schiff. Was für riesige Wohnmobile, eines neben dem anderen. Später finden wir das erste Naturgesetz der Wohnmobile heraus: Für jedes Jahr, das der Fahrer altert, wird das Fahrzeug einen Fuß länger, und wir sind in Amerika, dem Land der unbegrenzten Möglichkeiten.

KAVENGA liegt für zwei Tage im Hafenbecken von Seward. Gleich nebenan ist der Terminal der Kreuzfahrtschiffe, nördlicher Endpunkt für Touren der riesigen schwimmenden Paläste. Trotzdem hat Seward Atmosphäre, und überhaupt ist der

126

Ort toll, könnte gar nicht besser sein, denn bei der Post liegt ein Paket für uns, nachgesandt aus dem nebelumwehten Dutch Harbour!

Alaska, Prince William Sound, Valdez und das Öl des Nordens. Wer denkt dabei nicht auch an die Katastrophe der EXXON VALDEZ, die auf die Klippen ging und das blaue Wasser schwarz färbte. Exxon hat Entschädigungsgelder zahlen müssen, doch Geld kann die Tiere, die qualvoll starben, nicht wieder zum Leben erwecken. Von einem Teil dieser Summe ist jedoch in Seward das »Sea Life Centre« entstanden. Wir sehen durch Glasscheiben Papageientaucher und Lummen unter Wasser »fliegend« tauchen. Welche Eleganz, welcher Gegensatz zu der Strampelei in der Luft!

Im Sea Life Centre gibt es auch Telefone und billige Telefonkarten. Brittas beste Freundin Joanne hat Geburtstag, zu Hause in Townsville, und Britta telefoniert. Alle Freundinnen erinnern sich an sie, vermissen sie. Wann kommst du wieder, wann sehen wir uns? Reisen ist irre und Reisen ist toll, trotzdem, die alten Freunde mal wiedersehen, das wäre doch auch was. Klaas sucht auch den Kontakt mit Leuten seines Alters und findet bald einige Studenten, mit denen er ins Kino geht. Britta und Silke sind inzwischen mal wieder im Waschsalon. Britta sammelt Material für ihr Buch über die Waschsalon-Erlebnisse. Die Attraktion in Seward sind Globetrotter, Wanderer, Weltreisende, aber ohne Schiff. Eine ganz andere Art von Abenteurern.

30. Juli, und wir haben den nördlichsten Punkt unserer Fahrt erreicht, 60°59'N, 147°10'W, der Columbia-Gletscher im Prince William Sound. Straße, Wohnmobile und Kreuzfahrtschiffe liegen Tage im Kielwasser. Fast genau 10 000 Seemeilen seit Townsville. Wir sind ganz allein vor der kilometerbreiten Front des Gletschers, weite Eisströme schieben sich aus den Bergen in das Meer. Doch hier kommt man nicht an die Gletscherfassade heran. Ein Feld bis zu hausgroßer Eisberge versperrt den Weg. Dicht an dicht, und noch Meilen bis zur Front. Feld der Berge, Vielfalt des Eises. Da gibt es dunkelblaue Berge aus der Tiefe des Gletschers, unwirkliches Tiefblau, geschaffen durch den Druck der Eismassen darüber, die den Sauerstoff aus dem komprimierten Tiefeis gepresst haben. Dann grüne Brocken, weiße, und pechschwarzes Eis vom Gletscherrand, von dort, wo er mit seiner Eiskante Jahr für Jahr und Jahrzehnt für Jahrzehnt an den Bergen nagt und reibt und Geröll mitnimmt, es Stück für Stück in das Meer hinunterträgt und da, wo das Eis schmilzt, auf dem Grunde Moränen baut. Klaas dreht den Bug zwischen Eisberge und langsam, ganz langsam, schiebt KAVENGA sich in die Eiswelt. Weiter und weiter. Klaas macht Fotos von der Saling, KAVENGA einge-

schlossen im Eislabyrinth. Inseln aus Eis. An einer machen Klaas und Britta einen Landausflug, noch mehr Fotos! Zwei auf einer Eisscholle mitten im Eisfeld des Columbia-Gletschers. Aber nur kurz! Zurück an Bord, denn die Tidenströmung bewegt das Eis. Ein Berg vor uns dreht sich erst im Zeitlupentempo, dann entschlossen schnell um die eigene Achse. Die ausgewaschene Unterseite, glasig glatt, ragt jetzt in den Himmel, Strudel entstehen, Eisbrocken tauchen aus der Tiefe auf, heben sich weit aus dem Meer, fallen gurgelnd zurück. Krachend schlagen Riesenbrocken gegen unsere metallene Bordwand. Das Lot zeigt nur noch wenige Meter Wasser. Ist es so flach hier oder ist es eine Inversionsschicht, Temperaturunterschiede, die das Signal reflektiert, statt des Meeresbodens? Mit voller Motorleistung schieben wir uns durch das Eis, bahnen uns eine Schneise durch Berge und Schollen. In der Granite Cove finden wir perfekten Schutz in flachem Wasser, denn die größeren Schollen stranden in der flachen Einfahrt zu der Bucht. Totale Stille, hörbar nur das Fließen der Bäche über Gletschergeröll und Wind in den Bäumen.

31. Juli, heute machen wir eine drastische Kursänderung und laufen nach Süden. Ist dies schon der Beginn der Heimreise? Besser nicht darüber nachdenken. Ein großes stationäres Hoch liegt über dem Inland, blendend blauer Himmel, leider totale Flaute. Hinter uns das gleißende Weiß der Gletscher, zwei breite Arme um einen Berg herumgreifend, Umarmung im Eis. Nach 48 Seemeilen ankern wir in der Garden Cove. Nachmittag in praller Alaskasonne im Hochsommer. Gestern noch bullerte der Ölofen, heute ist T-Shirt-Wetter. Lachse springen im Wasser, überall, denn Ende Juli beginnt die Lachssaison. Familienausflug zum Lachsbach. Und wie fängt man die denn nun genau? Das haben sie uns auf der TIGLAX nicht erklärt, leider. Neben der Angel, denke ich mir, kann es ja nicht schaden, die Harpune mitzunehmen! Wenn Bären Lachse fangen können, müssen wir das doch auch hinbekommen. Schwarze Schatten jagen über den Kieselgrund des klaren Baches. Klaas versucht sie mit der bloßen Hand zu greifen. Eiskaltes Bachwasser spritzt, so ganz klappt das noch nicht. Da! Britta hat sie entdeckt, Lachse unter einer grasigen Uferbank versteckt, die der Bach unterspült hat. Wie war das noch, unter dem Bauch kitzeln, dann greifen und fertig. Oder gilt das nur für Forellen? Harpune laden, alles bitte ganz weit zurücktreten, Schuss, und schon habe ich ein großes Stück Wurzel auf dem Speer. Aber dann den ersten Lachs, dann zwei, drei, vier. Für jeden einen. Es sind »Pink Salmon«, Buckellachse, die da in der Bratpfanne enden. Lachs auf dem Teller, draußen paddelt ein Seeotter auf dem Rücken liegend um uns herum, an einer Portion Seetang lutschend, die er

auf seinem Bauch ausgebreitet hat. Mit ohrenbetäubendem Lärm setzt ein rotes Wasserflugzeug spritzend direkt hinter uns auf und liefert ein paar Angler am Ufer ab. Komisch, die sind gar nicht perfekt ausgerüstet, denn eine Harpune sehe ich nicht. Alaska-Idylle, nur beim Dingifahren muss man aufpassen. Man hat zwar Vorfahrt vor Flugzeugen, solange die noch nicht abgehoben haben, aber ausprobieren sollte man das besser nicht, denn wer will schon einen unfreiwilligen Haarschnitt bekommen.

Tage im Alaska-Hochdruckgebiet, Sonne, nur Sonne, und das glasklare Himmelsblau, Sichtweite am Maximum. Dafür nehmen wir das Motoren in Kauf. Der Golf von Alaska ist die Sturmküche des Nordens, Hexenkessel im Herbst und Winter. Jetzt ist es still hier wie auf einem Mühlteich. Nach 180 Seemeilen ankern wir in Icy Cove. Uns fehlen die Worte, wie viele Superlative darf man benutzen, ohne dass sie die Wirkung verlieren? Doch vor uns steigt Mount St. Elias schroff aus dem Land auf, der zweithöchste Berg der USA, wie eine Pyramide vom Meeresspiegel auf sechstausend Meter, Gigant aus schroffem Fels, Eisfeldern, Geröll und Schnee. Dahinter Bergkette um Bergkette, Spitzen, die schon in Kanada liegen. Dichte Tannenwälder an den Hängen. Normalerweise liegt das unsichtbar im Nebel verschluckt.

Wir sind ruhelos, im Rausch dieser Eindrücke, im Rausch der langen Tage. Hoch über Alaska, wie lange kann denn dieses Sonnenwetter anhalten? Stunden später sind wir wieder unterwegs, die Tide ist gekentert, ein Teppich kleiner Eisschollen bedeckt Icy Bay meilenweit. KAVENGA lässt eine Spur offenen Wassers hinter sich. Achteraus der Sechstausend-Meter-Gigant über dem Gefunkel und Geglitzer des Eisfeldes, durch das wir uns knirschend und knisternd schieben. Wir sind nur noch auf 59°55'N, doch wir kommen uns vor wie Arktisfahrer.

Wir folgen der Küste, Bergketten, immer wieder Gletscher, deren Zungen sich zum Meer winden. Es sind Ausläufer des Malaspina-Eisfeldes. Nachtfahrt, dann die tiefe Bucht von Yakutat, achtzehn Seemeilen bis zum Hubbard-Gletscher. Morgengrauen, ich habe mal wieder alles an, was ich besitze. Es ist meine Wache und ich muss am Ruder stehen, um Eisschollen auszuweichen. Saukalt, wirklich saukalt. Der Hubbard ist riesig, drei Seemeilen breit an der Abbruchkante, und eisige Fallwinde von 20 bis 30 Knoten lassen meine Finger und Nasenspitze vereisen. Jeder Gletscher ist anders, hat Persönlichkeit. Der Hubbard ist rohe Naturgewalt, flößt Respekt ein, die Nackenhaare sträuben sich. Wir stehen jetzt alle draußen. Das Wasser ist braun, voll von Sand, die Eisschollen weiße Tupfer darauf und der Gletscher wahnsinnig groß. Ganze Sektionen donnern krachend ins

Meer, Flutwellen und Tidenstrom. Und was ist das? Dicht voraus eine Barriere zusammengeschobener Schollen und Berge, das Wasser dahinter steht glatt einen halben Meter tiefer als auf unserer Seite. Mit fester Hand wird KAVENGA näher und näher gesogen. Motor einkuppeln, auf Abstand gehen, Eisbrocken und -berge kreiseln und strudeln, der Hubbard ist der größte Küstengletscher Nordamerikas. Jetzt ist die Sonne draußen. Noch merkt man nicht viel von ihrer Wärme. Funkelndes Eis, und wieder sehen wir diese geschwungenen Gletscherströme, die sich aus den Bergmassiven herunterwinden, schwarze Geröllstreifen liegen auf ihrer Oberseite, dort wo sie zu dicht an den Felswänden entlangschaben. Grazil sieht das aus von hier unten, und wild gewaltig zerklüftet durch das Fernglas. Die Kälte treibt uns zur Umkehr und wir ankern in der Monti Bay in Yakutat. Nur achtzehn Seemeilen hinter uns liegt die Gletscherkälte. Hier ist es warm. Kinder baden am Strand. Lachsfischer haben am Steg der Fischfabrik festgemacht. Yakutat ist ein verschlafener Ort. Und noch immer liegt das Hoch über Alaska, noch immer Sonne wie im Mittelmeer… Was für Typen hier herumlaufen! Ob der Arzt Joe Fleischmann heißt? Ob es eine Buschpilotin namens Maggie gibt? Im Radio können wir die Morgensendung mit Chris aber leider nicht finden.

Von der Lituya Bay haben wir keine Seekarte. Ob wir da noch stoppen wollen? Silke und ich gehen bei einem der Lachsfischer an Bord, um die Karte anzusehen. Das ist vielleicht ein gemütlicher kleiner Holzkutter! Großer gusseiserner Bullerofen, schnuckelige Sitzecke, Koje, und hinten die großen Ausleger, an denen die Leinen mit den Lachsködern gefahren werden. Bis zu zwanzig Leinen haben sie, die richtigen Köder, die richtige Schlepptiefe und Geschwindigkeit, das ist Berufsgeheimnis. Immer habe ich gedacht, wenn es einen Job gibt, den ich wirklich nicht möchte, dann steht Berufsfischer ganz schön weit oben auf der Liste. Aber Schleppfischen nach Lachsen auf der Weite des Golfes von Alaska, unter schier endloser Nordsonne, das hat schon was, das ist ein faszinierender Job, der perfekt in dieses Land passt.

Alaskasommer, noch ein Tag wie ein Geschenk. 150 Seemeilen seit Yakutat. Wir ankern in einem total geschützten Flussdelta in der Dundas Bay, 58°20'N und 136°20'W. Bei Cape Spencer sind wir in die Inside Passage eingelaufen, der Golf von Alaska liegt im Kielwasser, geschützte Gewässer bis hinunter nach Vancouver und Seattle. Noch sind wir ganz allein. KAVENGA liegt bewegungslos an der Kette. Auf der gegenüberliegenden Seite des Fjordes weites, flaches Grasland, ein Bach kommt aus den Bergen, dichte Wälder dahinter, und ganz in der Ferne Mount Fairweather, 4670 Meter hoch, Eis und Schnee. T-Shirt-Wetter für uns,

Sonne und Sommer und Lachse. Zeit für die Badehose und die Angel. Let's go fishing. Doch so einfach ist das bei den Lachsen nicht, denn wenn die erst mal in ihren Heimatflüssen auf Rückwanderung in die Laichseen sind, dann beißen sie nicht mehr. Angeln kann man eigentlich nur draußen auf dem Meer. Angeln, denke ich, das kann man aber auch auf ganz verschiedene Weise. Und wenn die Lachse weder auf Wurm noch Fliege oder Köder aus Metall und Kunststoff reagieren, dann muss es eben ohne all dies gehen. Lösung des Problems: nicht die gute, alte Harpune, sondern der Dreierhaken. An Bord haben wir keinen, also basteln wir welche aus normalen Haken. Los geht's. Muss wohl Ebbe sein, denn weit flussaufwärts kommen wir nicht mit dem Dingi. Weiter zu Fuß, Klaas, Britta und ich. Geschwungener Bach, Grasflächen, Wälder, kristallklares Wasser und dicke fette Bärenstapfen im Schlamm. Gut, denn Bären lieben Lachse, und Lachs ist, was wir suchen. Oben über den Baumspitzen ziehen Weißkopfseeadler ihre Kreise, und was für Spuren sind denn das da am Ufer? Ganz klar, Elch. Erfahrene Trapper sind wir nicht, aber in unserem »Lonely Planet«-Reiseführer haben wir Zeichnungen gesehen und das hier sind Elchspuren. Doch Elche sind scheu, Lachse dagegen nicht. Massen glitzernder silbrigschwarzer Leiber im Wasser. Angeln à la KAVENGA. Man nehme Leine, Blei und Dreierhaken und werfe dann die Leine so weit es geht Richtung Lachse. Dann ziehen, ziehen, schnell, und wenn man Glück hat, dann piekst der Haken einen Lachs auf. Britta hat aber kein Glück, und zappelnd sitzt am Haken ein Tannenbaum. Leicht verschätzt beim Zielwurf. Klaas klettert und sitzt samt Haken in der Tanne, unter ihm alle die Lachse. Zweiter Versuch. Britta wirft nochmal, hält das Ende der Leine in der Hand und läuft, läuft, läuft und zieht. Staub wirbelt auf am Ufer, und der zappelnde Lachs ist schon mitten auf der Wiese, bevor Britta stoppt. »Better safe than sorry«, ist ihr Motto, »der kann nicht mehr in den Fluss zurückspringen.« Lachse satt. Als wir zurückkommen, schwimmt das Dingi mitten in der Flussmündung. Muss wohl Flut sein… Klaas schwimmt hinaus. Ein Sommerabend, Kulisse wie auf einer Postkarte. Ein ganzes Land nur für uns und Lachse in der Bratpfanne. Gedanken am Rande: Was ist aus meinen Ängsten geworden, der Furcht vor Nordpazifik-stürmen und so? Das Wetter war gut zu uns, mehr Sonne als Regen, und jeder Tag ein Erlebnis. Rund 3500 Seemeilen seit Japan. Nichts ist mehr kaputt ge-gangen. Wir vier haben einen weiten Weg hinter uns, durch ganz schön einsa-me Gebiete, und alles hat dermaßen gut geklappt. Jetzt sind wir fast in der Gla-cier Bay, sind am Anfang der Inside Passage. Das wilde Alaska liegt im Kielwasser, fünfzig Längengrade seit Attu.

Margarita

Gletschereis
30 ml Tequila
15 ml Cointreau oder Triple Sec
10 ml frischer Limonen- oder Zitronensaft (oder aus der Flasche)
Zitrone und Salz zum Überziehen des Glases

Den Rand des Glases zuerst in Zitronensaft tauchen, dann in eine Schale mit Salz, das Glas dabei leicht drehen. Das Salz soll am Glas kleben bleiben. Die übrigen Zutaten gut im Cocktailshaker schütteln und in das Glas gießen.

Rücksturz in die Zivilisation

Glacier Bay-Nationalpark, weltberühmt, Ziel vieler Yachten, die von Seattle aus die Inside Passage nach Norden fahren. Für die ist das hier der Endpunkt ihrer Fahrt, das letzte Stück Wasser im Schutze der Inselwelt Südost-Alaskas. Draußen liegt das offene Meer, der Golf, daher kommen wir. Bartlett Cove, die Ranger-Station, Mann oh Mann, die Zivilisation hat uns wieder. Ausflugsdampfer liegen an der Pier, ein paar Yachten auch. Ein Typ sieht uns beim Festmachen zu und ruft herüber: »You look like you did win a war with that boat! (Ihr seht aus, als ob ihr mit dem Boot einen Krieg gewonnen hättet!)« Sieht KAVENGA so gletscherverkratzt aus? Oder ist das nur ein Kompliment für unser stabiles Schiff? Für die Glacier Bay braucht man eine Genehmigung, denn nur zehn Yachten dürfen gleichzeitig in diesem fünfzig Seemeilen tiefen Fjord sein. Wir haben eine, haben die schon in Seward besorgt, per Fax. Damit ist es aber nicht getan, denn bevor man uns auf die Natur loslässt, müssen wir ein Video sehen zum Thema, was man darf und was man nicht darf. Dann müssen wir unterschreiben, dass wir alles gesehen haben, alles verstanden haben und uns der Strafen bewusst sind, die für Verstöße drohen. And here we come!

Ende des Alaska-Hochs, Ende unseres Sommerrausches. Regenschauer peitschen über die karge Landschaft. Als Captain Vancouver hier vor zweihundert Jahren vorbeikam, war die Glacier Bay noch vom Eis bedeckt, Ende eines 1200 Meter dicken Eisfeldes, das von hier bis zum Mount St. Elias reichte. Das Eis hat sich heute um über hundert Kilometer zurückgezogen, und all das Land um uns herum ist so karg, weil es hier nun mal Hunderte von Jahren dauert, bis die Vegetation sich die Geröllflächen zurückerobert hat.

ob ich in Zukunft
Comics zeichnen
sollte?

Glacier Bay, Bucht der Gegensätze. Nur zehn Yachten auf 13 000 Quadratkilometern Nationalpark, aber mehrere Kreuzfahrtgiganten täglich, die sich vor den Gletschern treiben lassen, Kaskaden von Kamerablitzen loslassen und gelbbraune Rauchsäulen ausspucken. Gletscherhöhlen im Tiefblau des Reid-Gletschers. Seehunde, wo immer man hinblickt, die sich auf den Eisschollen vor dem John-Hopkins-Gletscher aalen, noch mehr Regen, und vor Anker in Sandy Cove. Letztes Dämmerlicht. Das ist doch ein Elch! Wir sitzen im Cockpit, Totenstille, der Regen hat aufgehört, langsam und majestätisch wandert der Elch gerade noch erkennbar am Waldrand entlang. Schalenweise pflücken wir am nächsten Tag Walderdbeeren und Blaubeeren. Silke backt Blaubeerkuchen. Alaska, Land der Bären und der Beeren.

Welches Land hat schon eine Hauptstadt, vor deren Haustür sich Zwergwale und Buckelwale tummeln? Zwergwale begleiten uns lange Zeit, und als wir Point Retreat umrunden, sind wir plötzlich mitten in einer Gruppe von Buckelwalen. Mit weit aufgesperrten Schlunden filtern sie in Ufernähe Plankton aus dem Wasser. Immer wieder zeigen die riesigen Schwanzflossen steil in die Luft, wenn die Wale wieder in die Tiefe gehen. So eine Hauptstadt hat nur Alaska. Die zweite Besonderheit von Juneau ist, dass man nicht mit dem Auto dahin kommt. Juneau ist nur per Schiff oder Flugzeug erreichbar. Unter Motor fahren wir den Gastineau-Kanal entlang. Und hier ist reichlich was los. Drei große Kreuzfahrtschiffe liegen direkt in der City an der Hafenmauer. Ein Schwarm einmotoriger Wasserflugzeuge sammelt Touristen für Rundflüge ein. Wir trauen uns kaum an die Hafenmole, denn wir sind uns nicht sicher, wer Vorfahrt hat, die Flugzeuge oder wir. Ein Kreuzfahrtriese legt ab, und ein winziges Wasserflugzeug schwimmt noch direkt unterhalb seines Bugs und weicht erst aus, als der Riese laut Signal gibt.
Der kleine Hafen von Douglas an der anderen Seite des Kanals sieht sehr viel ruhiger und sicherer aus. In Douglas liegen einige hiesige Segelschiffe mit »live aboards«. Das ist das weit verbreitete Phänomen von Leuten, die jahrelang auf ihren Schiffen wohnen, so gut wie nie den Hafen verlassen, fest planen, irgendwann auf große Reise zu gehen und es dann doch nicht tun. Uns wird sofort von zwei Schiffen herübergewunken, beide bestehen darauf, dass

wir mit ihnen im Auto nach Juneau fahren, zum Einkaufen, zum Wäschewaschen, Sightseeing. Velva und Bob von der WINDARRA wollen gerade ihren Abendspaziergang zur Treadwell-Mine machen. Ob wir mitgehen wollen? Und ob, von der Mine haben wir schon gehört. 1881 wurde hier zum ersten Mal Gold gefunden. Unter Fichten wandern wir an alten Fundamenten vorbei, an Resten von Stampfanlagen und anderen Maschinen. 1917 hatten die Tunnel der Mine eine Tiefe von tausend Metern erreicht und waren weit unter den Gastineau-Kanal vorgedrungen. Der Eingang zur Mine lag aber etwas zu dicht am Meer, und am 21. April 1917 um 22.57 Uhr überflutete der Gastineau-Kanal die Mine. In weniger als drei Stunden war die ganze Anlage im Wasser versunken. Das war das Ende für Douglas als Minenstadt. 66 Millionen Dollar in Gold waren herausgeholt worden.

Regen, Regen, Regen. Südost-Alaska ist berühmt dafür, und wir bleiben nicht verschont. In Alaska ist alles ein Abenteuer, sogar die Busfahrten. Wir haben endlich unsere Dias zum Entwickeln gebracht. Das geht nur bei »Photomaster« auf dem Glacier Highway. Im strömenden Regen an der Bushaltestelle erzählt mir ein netter Mann, dass er auch ein Segelschiff hat. Wenn alles mit seinen Aktien klappt, ist es in zwei Jahren so weit, dann fährt er mit Frau und Tochter los. Welche Reiseroute kann ich ihm empfehlen? Er weiß nicht genau, was ihm gefällt, kann ich ihm da helfen? Im Bus beteiligt sich dann mein Nachbar auf der anderen Seite des Ganges an der Unterhaltung. Er hält es für keine gute Idee, dass wir schon weiterfahren. Wir waren ja noch nicht im Norden Alaskas und überhaupt, wieso wollen wir eigentlich nach San Francisco, und ob wir heute abend zum Essen kommen wollen. Er hat noch ein Meeting, aber um elf ist er zu Hause. Ein Mann, der drei Reihen weiter hinten sitzt, möchte wissen, ob ein Stahlschiff einem Aluminiumschiff vorzuziehen sei. Im Moment hat er eine Jolle, aber er will demnächst, falls seine Aktien so steigen, wie er sich das vorstellt, auf ein großes Schiff umsteigen. Ob ich fünfzig Fuß für eine gute Größe halte? Nächste Haltestelle. Ein junger Mann steigt ein, begrüßt die Busfahrerin mit Handschlag und stellt sich vor. Darrell heißt er, und er hat gerade seine Tante besucht. Er begrüßt auch alle zwanzig

Fahrgäste mit Handschlag und hat für jeden ein freundliches Wort. Irgendwo habe ich diese Stimme schon mal gehört… Dann fällt es mir ein: Forrest Gump!

Bei all diesem kurzweiligen Geplauder merke ich plötzlich, dass ich schon ziemlich lange im Bus sitze. Ich bin zwar diese Strecke gestern im Taxi gefahren, aber heute im strömenden Regen erkenne ich nichts wieder. Die Fahrerin kennt Photomaster nicht, aber kein Problem. Übers Mikrofon erkundigt sie sich, ob einer der Anwesenden helfen kann. Die darauf folgende Diskussion ergibt zwei weitere Abendeinladungen und ist so irreal, dass ich fast vergesse, warum ich hier bin. Eine alte Frau zupft mich am Ärmel: »Wenn du zu Photomaster willst, musst du hier aussteigen.« In Juneau könnte ich leben, ich fühle mich schon richtig zu Hause.

Am nächsten Tag scheint die Sonne. Klaas geht wieder wandern, den »Perseverance Trail«. Es wird angeraten, ein Zelt mitzunehmen und diesen Treck in zwei Tagen zu machen. Nur Wanderer, die ganz besonders fit sind, können es in einem Tag schaffen. Klaas geht im Morgengrauen los. Ein Zelt haben wir nicht. Klaas meint, er sei ganz besonders fit, und wohl wäre mir auch nicht, wenn Klaas da allein in der Wildnis zeltet. Bären gibt es schließlich überall hier.

Velva und Bob wollen mit uns zum Großeinkauf fahren, und Britta, das arme Kind, muss auf KAVENGA bleiben und Schularbeiten machen. Aber wir trösten sie damit, dass Einkaufen ja wirklich nichts Besonderes ist. Allerdings ist heute Samstag, und Velva und Bob haben viel Zeit. Wir gehen erst mal ins Café und dann fahren wir zum berühmten Mendenhall-Gletscher. Aber wenn man die Gletscher so gesehen hat wie wir, unberührt, einsam, nur mit dem Boot zugänglich, dann ist so ein Eisfeld, das man von einem Besucher-Zentrum mit Aussichtsplattform ansieht, nichts Aufregendes mehr. Dafür gibt es hier Eichhörnchen, jede Menge. Das dürfen wir gar nicht Britta erzählen. Sie hat noch nie ein Eichhörnchen gesehen. Sowas gibt es bei uns zu Hause nicht. Kängurus im Garten, das ja, und Kakadus auch, aber eben keine Eichhörnchen.

Im Großmarkt erstehen wir dann einen Campingkocher und eine Gasflasche. Auf KAVENGA hat es nämlich wieder eine Katastrophe gegeben, diesmal wirklich ernst. Beide Flammen des Petroleumkochers sind kaputt. Wir mussten den Kocher ständig reparieren, und jetzt ist der Punkt erreicht, bei dem auch die Rohrverbindungen so verbogen und ausgeleiert sind, dass eine Reparatur viel zu kompliziert und teuer wäre. Nur der Backofen funktioniert noch. Und dieses Drama passierte gerade, als ich zum ersten Mal seit langer Zeit angefangen hatte, Steaks zu braten. Steaks aus dem Backofen sind irgendwie nicht dasselbe.

Abends gibt es auf den Stegen des Hafens eine Party für uns. Jeder bringt etwas mit. Blauer Himmel, so ungewöhnlich für Juneau, wieder diese unbeschreibliche Abendstimmung. Wir sitzen auf den Stegen, essen »King Crabs« und trinken Wein. Auf dem Schiff neben uns wohnen Leimomi und Robert. Leimomi gehört zum Stamm der Tlingits. Die Tlingits sind eingeteilt in die »Ravens« und die »Eagles«. Leimomi ist ein »Raven«. Als Robert sie heiratete, musste er bei den »Eagles« aufgenommen werden, obwohl er ein Weißer ist. Denn ein »Raven« darf nur einen »Eagle« heiraten.

Klaas hat seine Pläne wieder geändert. Er möchte ein Jahr seines Studiums in Alaska absolvieren. Möglichst in Fairbanks, das ist so schön weit im Norden. Es gibt noch so viel zu wandern in Alaska. Und dann die ganz große Sache: »mushing«, das Fahren mit Hundeschlitten. Da gibt es dann auch das Iditarod-Rennen. Mit dem Hundeschlitten von Anchorage nach Nome, 1860 Kilometer. Klaas' Blick verklärt sich, wenn er sich vorstellt, wie er auf so einem Hundeschlitten über die weiten Schneefelder gleitet, immer weiter nach Norden, über ihm die Aurora Borealis. Britta will nochmal nach Seward, will im »Sea Life Centre« arbeiten mit den Seelöwen und Papageientauchern und – jetzt verklärt sich Brittas Blick – mit der TIGLAX in die Aleuten fahren, ein paar Monate auf den Inseln das Tierleben erforschen.

Auch Torsten und mir geht alles viel zu schnell. Wir haben schon eine ganze Liste zusammen, was wir in Alaska unbedingt irgendwann machen wollen:

– zwei Sommer in Alaska segeln, im Schiff überwintern und ein Buch darüber schreiben
– zu den Pribiloff-Inseln und in der Beringsee an der Westküste entlang nach Norden segeln und Walrosse sehen

- ein Jahr in einer einsamen Hütte leben als Selbstversorger
- die Aurora Borealis (Nordlicht) sehen
- wandern im Wrangell-St. Elias- und im Denali-Nationalpark und die beiden höchsten Berge der USA sehen
- Karibus im Arctic-Nationalpark sehen
- mit einem Schiff den Yukon entlangfahren
- in Barrow an der Nordküste als Lehrer arbeiten

Wer von uns vieren wohl seine Pläne verwirklichen wird? Wenn der Leser Näheres darüber wissen möchte, möge er in einigen Jahren im Buchladen unter »Hartmann« nachsehen.

Taku Harbour hinter Taku Inlet. KAVENGA liegt an einem alten Schwimmsteg, hinter uns die Ruinen der Taku Cannery, einer verfallenen Lachsfischfabrik. Ein rostiger Boiler steht noch auf einer morschen Plattform. Maschinenteile liegen bei Ebbe auf dem Trockenen, Lachse springen, ein Bach kommt vom Lake Taku aus den Bergen und verschwindet zwischen Tannen am Ende der Bucht. Lachse, glitzernd, silbriges lebendiges Alaska-Gold, das vor gut hundert Jahren geldhungrige Pioniere in den Norden gelockt hatte. Lachse sind faszinierende Fische, die in Süßwasserseen in den Bergen Alaskas ihr Leben beginnen, dann seewärts wandern, je nach Lachsart ein oder mehrere Jahre im Nordpazifik verbringen, dabei Tausende von Seemeilen zurücklegen und dann zum Laichen in ihren eigenen speziellen Fluss und dann See zurückkehren. Wenn sie können, denn Bären und Adler und jede Menge anderes Getier warten mit hungrigen Bäuchen im Spätsommer auf die Fischmassen und holen sich ihren Anteil. Kein Wunder, dass bald Menschen da waren, die das auch taten. Erst nur die Indianer, die Tlingits und die Haida, dann die Glücksritter aus dem Westen. Und die brachten Technik und Ideen und unstillbaren Geldhunger mit sich. Wozu denn fischen oder hier und dort Netze benutzen? Es war ja viel einfacher, eine ganze Flussmündung mit einem Riesennetz zu durchspannen und die Lachse systematisch in ein Haltebecken dahinter zu schleusen, aus dem dann die Fischfabrik direkt schöpfen konnte. Stunde für Stunde, Tag für Tag, Woche für Woche. Dass dabei oft genug ein riesiger Teil der Lachse im Haltebecken erstickte und tot wieder gen Meer trieb, war ja egal. Aus dem Fluss in die Dose und auf den amerikanischen Festlandsmarkt.

Alaska Salmon, auch aus Taku. Großzügigerweise ließ man meist am Sonntag das Sperrnetz für ein paar Stunden geöffnet, freier Weg für die Lachse. Das sollte für das Fortbestehen der Art genügen. Tat es aber nicht, denn es dauerte nur wenige Jahre, bis die Lachse so dezimiert waren, dass die Fischfabriken schließen mussten, wie hier in Taku. Heute sind solche Netze illegal, und der kommerzielle Lachsfang ist streng reguliert und nur noch von Booten aus erlaubt. Die Lachsbestände haben sich erholt. Überall hier schnellen die Fische in die Luft, fallen klatschend ins Meer zurück. »Vier Lachse, bitte«, bestellt Silke bei Klaas, »das genügt!« Der ist schon eine halbe Stunde später wieder zurück mit vier Prachtexemplaren. Wozu denn angeln? Die hat er mit der Hand gefangen, einfach in den Bach gegriffen und aufs Ufer geworfen. »Können die Bären doch auch!«, meint Klaas.

Inside Passage, Fjordlandschaften hinter immer neuen Inseln, mal Fahrt durch enge Schluchten, dann ein Stück offenes Wasser, Wälder und Wälder, kaum mal ein Ort oder Haus, kaum mal ein anderes Schiff, fast 900 Seemeilen von Juneau bis Vancouver. Auch so eine Landschaft, in der man Jahre verbringen könnte. Insellabyrinth. Fisch satt und Beeren, so viele man nur pflücken will, doch es ist Ende August, und wenn wir nicht irgendwo hier überwintern wollen, müssen wir weiter, weiter, jeden Tag unterwegs, jeden Tag ein Stück Süd, vor der Kulisse dieser Wahnsinnsnatur. Tracy Arm, unser letzter Gletscher, das letzte Eisblau, die letzten Eisberge. Schon zwanzig Kilometer vom Gletscher entfernt Regen, aber nicht nur einfach Regen. Wer in Südost-Alaska unterwegs ist, der lernt die feinen Unterschiede kennen. Da gibt es das nicht endende Geprassel ohne Wind, direkt von oben mit mächtiger Wucht. Den windgepeitschten Regen, immer von vorn versteht sich, der einem das Gesicht wund schlägt. Den feinen, ganz feinen Niesel, wie Staub in der Luft, der seinen Weg in jede Ritze im Ölzeug findet. Und alle nur erdenklichen Zwischenstufen. Was es nicht gibt, das ist Sonne. Manchmal, wie heute, haben wir Glück. Ankerplatz vor dem Anan Creek. Hier soll es Schwarzbären geben. Ein Pfad führt am Bach entlang. Moosbewachsene Baumriesen am

oder lieber Kinderbücher?

Weg, Eichhörnchen! Endlich sieht Britta Eichhörnchen, die mit mahlenden Kiefern und dicken Backen an Tannenzapfen knabbern. Der Wald tropft, grünes Licht bricht durch die Baumspitzen und ein dicker Schwarzbär aus dem Unterholz. Der hat es nicht sehr eilig und nimmt auch kaum Notiz von uns, verschwindet wieder. Das war ganz schön dicht! Im Bach schwimmen Lachse, Massen von Lachsen schießen in die Flußmitte, Kampf gegen reißende Strömung, schnellen aufwärts, schaffen es, oder fallen zurück, treiben erschöpft am Bachrand, da, wo es nicht so strömt. Und da sitzen die Bären!

Wozu denn hart arbeiten, wenn das Essen einem doch ganz genau vor das Maul getrieben wird? Blitzende Augen im schwarzen Pelz, der dicke wollige Kopf mit der blanken Nase wandert von rechts nach links, von links nach rechts, ein schneller Biss ins Wasser, ein zappelnder Lachs im Maul. So einfach geht das also. Vorsichtig legt der Bär den Lachs auf einen Felsen. Erster Biss, Oberseite Kopf ab, zweiter Biss, die Eingeweide. Mensch, sowas, der nimmt den Lachs aus, fast wie wir. Nein, denkste, der gehirn- und eingeweidelose Fisch ist Abfall, interessiert den Schwarzen nicht mehr, glitscht wieder ins Wasser, schwimmt zappelnd und ziellos im Bach, und flussabwärts kreisen ein Dutzend Weißkopfseeadler und bedienen sich. In zehn Minuten hat der Bär sieben Lachse erlegt, Gehirn und Eingeweide verspeist, den Rest verworfen. »Wir würden ein gutes Team machen, der und wir«, sagt Klaas. »Was der wegwirft, kommt bei uns in die Pfanne.« Eine Bärin und zwei Junge fischen am Anan Creek, dann wieder ein paar Junggesellen. Die scheinen hier vor diesem Restaurant regelrecht anzustehen.

19. August, Ketchikan, letzter Ort in Alaska. Regen fällt, fällt vom Himmel in dichten schwarzen Massen. Wo ist die Sommersonne? Heute wird es nicht richtig hell. Gestern auch nicht. Und wo ist die Meeresoberfläche, Trennung zwischen nass und trocken? Wir scheinen Kiemen zu brauchen, um an Land atmen zu können. Ketchikan, Stadt der ehemaligen Bordelle, Platz zum Austoben für die Mannschaften der Fischkutter und Holzfällercamps. Heute nicht mehr, aber früher mal. »Ketchikan, where men and salmon come to spawn«, steht es auf dem neuen T-Shirt von Klaas. Die Lachse sind noch da, ziehen in schwarzen Massen den Fluss hinauf. Angler stehen auf der Brücke, dicht an dicht, Ölzeug glitzert im Dämmerlicht.

Alaska, Ende, Schluss für uns, Ausklarierung in Ketchikan. In den USA nimmt man ja die Bürokratie ernst, oder? Und als Segler sind wir all dies Aus- und Einklarieren gewöhnt. Das gehört dazu, auch in Alaska. Erste Station, der Zoll. Was muss ich tun, um auszuklarieren? Die Beamtin rückt die Brille auf der Nase zurecht, sieht über meine linke Schulter hinweg das große Poster an, das US-Bürger auffordert, suspekte Aktivitäten auf dem Meer zu melden, denn Schmuggler sind nicht gern gesehen. Dann sagt sie:»No idea, sorry.« Keine Ahnung. Aber wir hätten doch unser Cruising Permit? Ja, sage ich, aus Dutch Harbour. Jetzt sieht sie mir direkt in die Augen. Das ist die Lösung! Dann schick doch euer Permit zurück nach Dutch Harbour. Okay, sage ich, wird gemacht, und bin draußen im Regen. Kommt nicht in Frage! Das kostbare Cruising Permit gilt für zwölf Monate, und das bleibt an Bord. Auf zur Immigration. Ich lege die Pässe auf den Tisch. Die sehen mich ganz schief an. Ein Ausreisestempel, nur weil wir ausreisen, nein, das gibt es nicht. Also fahren wir einfach mal los, drehen KAVENGAS Nase ins Regengepeitsche und denken an die Wochen im Alaskahoch. Das liegt inzwischen weit im Kielwasser. Südost-Alaska, der warme Japanstrom schiebt sich hier vor der Küste nach Süden, bringt feuchtes Wetter, endlosen Regen, dichte sattgrüne Nadelwälder, mit Mosen und Flechten behangen.

Prince Rupert, 22. August, erster Hafen in Kanada und »déjà vu« – das kennen wir doch schon von 1985, als wir per Auto quer durch Kanada gefahren sind. Schornsteine der Papiermühlen, Qualm wälzt sich über das grüne Land und die ehemals dichten Wälder sind gerodet. Generationen alter Baumriesen liegen zu Chips zermahlen in Bergen am Ufer und warten auf japanische Frachter, die sie abholen und zu den gefräßigen Papierfabriken in Tokyo, Osaka oder Kobe bringen. Aus erster Hand lernen wir kennen, was die japanische Verpackungswut, Sucht nach glänzenden Werbeprospekten und das Bedürfnis, Wegwerf-Essstäbchen aus Holz zu benutzen, auf dieser Seite des Nordpazifik für katastrophale Umweltfolgen hat. Aber in Alaska wird doch auch Kahlschlag betrieben, und der riesige Tongass National Forest ist dafür freigegeben. Und trotzdem, der Unterschied zu Kanada ist unglaublich. In Alaska gab es hier und dort abgeholzte Hänge, doch immer war jede Menge Wald auf Bergkuppen und entlang aller Bäche und Flüsse stehen geblieben. Der Regen – so die Theorie – schwemmt die Samen aus den höher gelegenen Waldregionen in die gerodeten Flächen darunter und der Wald soll sich regenerieren, so gut es geht. Trotzdem fuhren wir meist durch unberührte Natur. Kanada dagegen ist brutal. Kilometerweit abgeholzte Ufer, die Berge bis hinauf in die höchsten Spitzen kahl und hässlich. Das tut weh, das ist deprimierend… Mit voller Fahrt nach Süden, rauschendes Segeln über die sturmberüchtigte Queen Charlotte Strait, die Seymour Narrows, wo bis dreizehn Knoten Strom laufen und selbst große Frachter in Probleme geraten können, und wieder Schornsteine. Der Himmel ist rauchverhangen – die Papiermühlen von Campbell River. Nachtfahrt unter Vollzeug, und vor uns liegt Sand Heads, Ansteuerungsfeuer des South Fraser Rivers, irgendwo im Morgendunst dahinter die Kulisse Vancouvers. Fähren mit Kurs auf Vancouver Island, Schleppverbände mit Bergen von Holzchips darauf, Segelyachten, Fischkutter, 5500 Seemeilen seit der letzten Großstadt, Osaka in Japan. Längsseits an einem Kutter in Steveston. Die Sonne scheint, Ende unseres Bogens um den Nordpazifik, Ende des abgelegenen Nordens und Beginn eines neuen Kapitels, »The Lower 48« und Mexiko, Festland USA, noch nicht ganz, denn erst mal bauen wir hier in Steveston unseren neuen Gasherd ein, und dann geht's los, geht's weiter, bald, und vor uns liegt San Francisco. Wieder so ein Traum von mir, einmal im Leben mit dem eigenen Schiff unter der Golden Gate Bridge hindurchsegeln...

Friday Harbour, wir sind wieder in den USA und der bärtige Beamte im Hafengebäude wirft nur kurz einen Blick auf Pässe und Cruising Permit. Was wir denn überhaupt von ihm wollen? Alle Papiere sind doch gültig, und Kanada, das ist doch gar nicht richtig Ausland, oder?

Septembersonne, das Wetter ist warm, der Himmel ist blau und der Hafen voller Segelyachten. Fähren vom Festland spucken Touristen aus. Wir aalen uns in der Sonne und werden warm bis in die tiefsten Knochen. Der Ankerplatz ist ruhig und es gibt jede Menge zu sehen. Seattle liegt im Südosten, Boeing und Microsoft, Menschen mit Taschen voller Geld und auf Wochenendtrip mit der neuen Yacht. Die sorgen für Abwechslung mit präzise ausgeführten Chaosmanövern. Dazwischen starten und landen Wasserflugzeuge. Interessant! Am Spätnachmittag ankert eine Zwölf-Meter-Yacht viel zu dicht am Ufer. Die werden schon wissen, was sie tun, denke ich. Die kommen doch von hier. Etwas später, es wird schon dunkel, kommt das Vessel Assist-Motorboot ihnen zu Hilfe. Vessel Assist, das ist so eine Art ADAC fürs Wasser. Jetzt geht's los. Der Anker der Yacht hat sich wohl verfangen. Der Vessel Assist-Spezialist hat ein Tau an der Kette angeschlagen und gibt mit seinem starken Motorboot Vollgas voraus, mit Anlauf, bis die Kette krachend straff kommt. Der Anker sitzt. Aber was allein nicht klappt, das geht vielleicht zu zweit. Schlepper und Geschleppter nehmen gemeinsam Anlauf, und wieder kracht und scheppert es. Ob wir das Manöver falsch gedeutet haben? Vielleicht testen sie nur die Bruchlast der Kette oder versuchen sie zu verkürzen? Vessel Assist verschwindet. Klaas und ich fahren hinüber. Tatsächlich hängt der Anker an einem Wrack. Es ist Flut, und das Paar – er arbeitet bei Boeing – hat Angst, bei Ebbe aufzusitzen. Aber warum versuchen sie dann das Wrack in die Hafenmitte zu schleppen? Radikaler Vorschlag von uns: Macht eine Boje an

142

die Kette, lasst die Kette ausrauschen, geht an die Mooring zwanzig Meter vor euch, und morgen im Tageslicht holt euch Klaas mit Taucherausrüstung die Kette wieder raus und klariert den Anker. Nein, das wäre zu einfach und Vessel Assist kommt auch wieder, belegt ein Tau an der Mooring, zieht die Yacht mit dem Heck dorthin, kassiert 200 US-Dollar und weiß sonst auch nicht so recht weiter... Gleich am Morgen taucht Klaas in das eiskalte Wasser, befreit den Anker und bekommt 50 US-Dollar, obwohl er gar nicht danach gefragt hat. Hier könnten wir ein Geschäft aufmachen, kein Problem. Gerade treibt ein Motorboot hilflos im Hafen, jetzt bitten uns andere Yachties aus Seattle um Hilfe, doch das Wetter ist gut, wir wollen weiter und ihr Problem besteht nur darin, dass sie sehen wollen, ob ihr Propeller sauber und in Ordnung ist. Dem Vessel Assist-Spezi wollen wir auch lieber nicht ins Handwerk pfuschen, eine »Green card« hat schließlich keiner von uns.

Und dann ist da noch Peter Schultz mit der dreißig Jahre alten HANSEATIC II, zwanzig Meter lang. Peter hat mitbekommen, dass ich Geburtstag habe, und kocht abends das Festessen bei sich an Bord, dicke Lachsfilets à la Alaska. Peter war auch in Alaska. Er lebt in San Francisco und ist auch auf dem Weg dorthin zurück. Nach Richmond müsst ihr segeln, ist sein Rat. Die Marina da ist die billigste in der Bay Area von San Francisco, und er kann auf KAVENGA aufpassen, wenn wir das Landesinnere erforschen. Vielen Dank für das tolle Essen, Peter. Wir fahren schon mal vor. See you on the other side of the Golden Gate!

Gegrillter Alaska-Lachs

Lachssteak
Zitronensaft
etwas brauner Zucker
Sojasauce

Zitronensaft über die Lachssteaks träufeln. $1/2$ Stunde stehen lassen. Zucker und Sojasauce verrühren. Lachssteaks damit bestreichen und grillen. Statt zu grillen kann man die Lachsteaks auch mit Butter in der Pfanne braten. Mit Reis und grünem Salat servieren.

Lachsfilet mit Parmesan

Lachsfilets
3 Essl. Olivenöl
1 Essl. Essig
$1/_2$ Teel. Senf
Prise Zucker
Frische Kräuter (oder getrocknete)
Pfeffer
Parmesankäse

Olivenöl, Essig, Senf, Zucker und Kräuter mischen und die Lachsfilets zwei Stunden darin marinieren. Eine Rostbratpfanne mit Öl ausreiben und die Filets darauflegen. Mit Pfeffer und Parmesankäse bestreuen und bei 200 °C ungefähr 15 Minuten backen.

Pan-Pan, Pan-Pan, Pan-Pan

In der Juan de Fuca Strait ist das Meer ruhig. Schwarz-weiße Schwertwale, eine ganze Familiengruppe, laufen auf Gegenkurs zum Greifen nah an uns vorüber. Ein Abschiedsgruß des Nordens. Die riesige Rückenflosse des Männchens zieht einen Bogen durch das Wasser. Cape Flattery, ein Leuchtturm auf einer Felseninsel, die Juan de Fuca Strait spuckt uns aus in den Pazifik, 12. September, Spinnakerfahrt nach Süden. Es ist noch nicht spät im Jahr, doch vier Wochen nach dem 15. August, nach dem Zeitpunkt, zu dem man eigentlich besser südlich von 45° Nord angelangt sein sollte, und bis dorthin sind es noch ein paar hundert Seemeilen. Glattes Meer und weit, weit hinten die Bergkulisse Washingtons. Kaum spürbar ist das Heben und Senken des Ozeans. Der Pazifik schläft. Die Küs-

21. Japan: Der schwimmende Tori
    von Miyajima.

22. In einem kleinen Dorf.

23. Kirschblüte auf Miyajima.

24

24. + 25.
    Auf dem Fisch-
    markt von Akashi.

26. In Kobe.

27. Abschiedsfeier in
    Akashi.

28. Gerhards und
    Fusakos Hochzeit.

25

26

園酒家
CANTONESE RESTAURANT
情報通信の田中工業
樂園酒家
CANTONESE
RESTAURANT
三人·四人打
ルールマ
フリー
お1人様
TEL(078

27

28

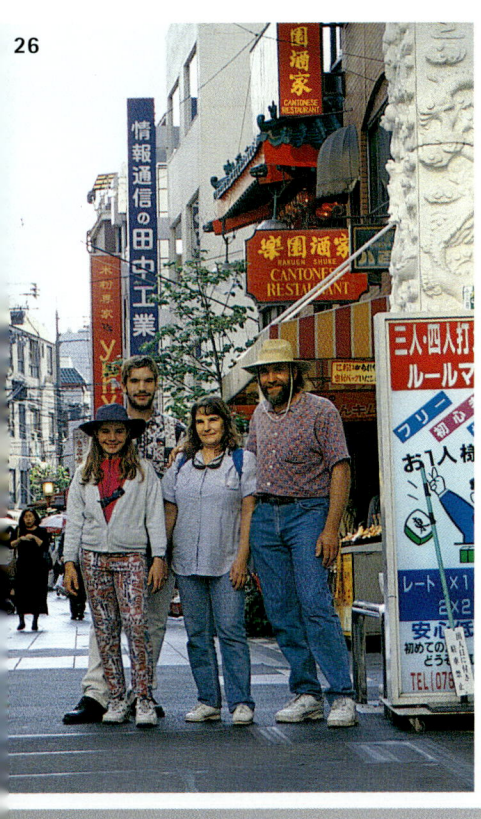

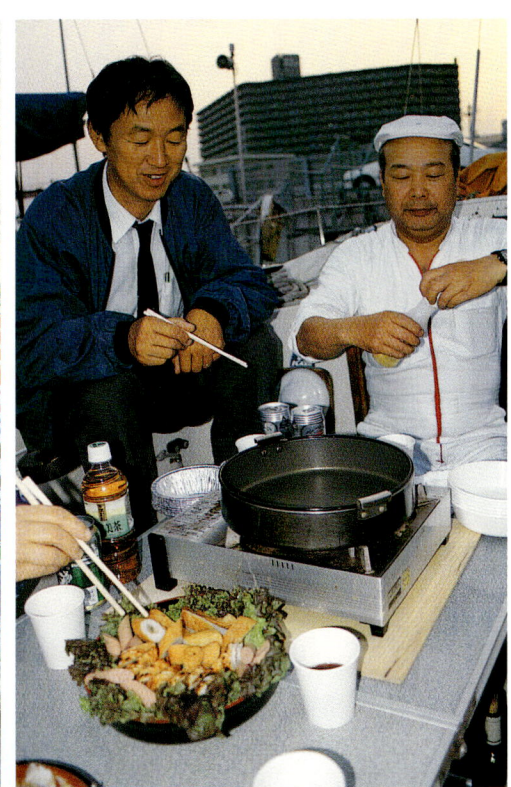

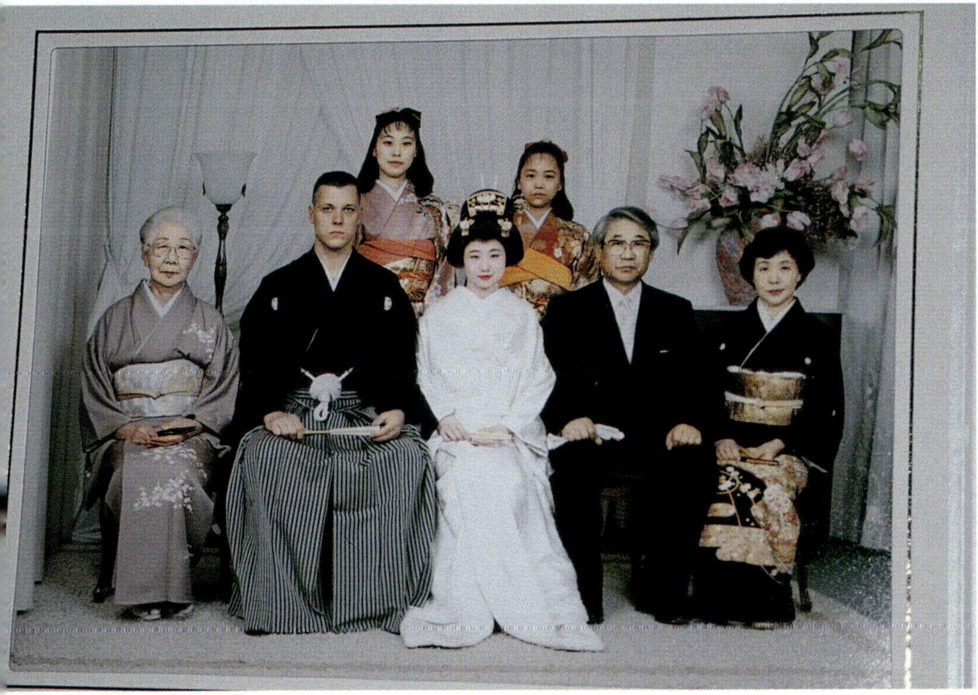

29

30

31

29. Alaska: Das Ortszentrum von Dutch Habor.

30. Chichakoff Harbor.

31. Alte Bulldozer in der Massacre Bay auf Attu.

32. Um ein Uhr morgens in der Casco Cove auf Attu.

33. Alaska: Unsere ersten Grizzly-Bären!

34

35

34. *Alaska: Vor dem Hubbard-Gletscher.*

35. *»Margaritas« mit Gletschereis.*

36. *Ein Riesen-Heilbutt!*

37. *Geographical Harbor:*
    ein geschützter Ankerplatz.

38. *Sommer in Alaska.*

39

40

41

39. *Alaska, Glacier Bay:* KAVENGA
   vor dem Grand-Pacific-Glescher.

40. *Seelöwen in der Glacier Bay.*

41. *Wir schwelgen in Alaska-Lachsen.*

te Washingtons und Oregons soll die gefährlichste der USA sein mit Fluss-mündungen mit weiten Barren, mit Brecherreihen vor den Häfen. Die Einfahrt zum Columbia River ist das Delta der tausend Wracks. Wir haben nur grobe Karten, denn wir wollen in einem Rutsch nach San Francisco, gut 700 Seemeilen. Klaas filmt KAVENGA unter Spinnaker.

13. September, es hat aufgefrischt. Klaas filmt KAVENGA unter Groß und Trecker mit Schaum vor dem Bug und zehn Knoten Fahrt. Und mich in der Lotsenkoje mit einem spannenden Buch in der Hand, »J is for Judgement« von Sue Grafton. Wir sind allein auf dem Meer, laufen dreißig Seemeilen vor der Küste, schäu-mende Weite, und tags darauf noch mehr Wind. Klaas filmt KAVENGA unter dop-pelt gerefftem Groß und Trecker, und er filmt mich in der Lotsenkoje. Weit bin ich noch nicht gekommen, erst auf Seite 65. Zwei Stunden später filmt er wieder, KAVENGA unter Trecker, ohne Groß, und eine Stunde später wieder, nur noch ge-refftes Trecker. Wind mit Böen bis 45 Knoten. Dann wieder das alte Spiel: Eine noch stärkere Böe fällt ein, der elektrische Autopilot erreicht seine Grenze, als KAVENGA auf zwölf bis dreizehn Knoten Fahrt beschleunigt, die groben Seen hi-nunterfegt und anzuluven beginnt. Handsteuern oder Sturmfock? Sturmfock raus. Gar nicht mehr so einfach in dieser See. Der Sturm fegt die Gischt in Streifen über das Meer. Neben dem Kajütaufbau erwischt mich eine übersteigende See. Plötz-lich stehe ich bis zum Bauch im Wasser. Hand über Hand schlagen wir die Sturm-fock an, weiter und weiter, vor dem Sturm. Klaas filmt KAVENGA unter diesem kleins-ten Lappen, Fahrt reduziert auf acht Knoten, und wie auf Schienen schiebt sich das Schiff südwärts. Boen über fünfzig Knoten.

15. September, Pan-Pan, Pan-Pan, Pan-Pan. Die US Coast Guard hat einen Not-ruf aufgefangen und verbreitet ihn weiter für alle Schiffe in der Nähe. Es ist wild hier draußen, und eine kanadische Motoryacht hat Wassereinbruch und droht zu sinken. All ships, all ships, all ships... Kann jemand helfen, will die Coast Guard wissen. Wir melden uns, geben unsere Position durch, doch wir sind sechzig See-meilen entfernt, viel zu weit weg für schnelle Hilfe, und könnten unter Sturmfock den Kurs auf den Havaristen nicht anliegen, keine Chance. Nordwest-Sturm, Ore-gons Küste direkt voraus. Legerwall, noch nicht gefährlich, irgendwann vielleicht aber doch. Wir machen West, so gut es geht. Klaas filmt mich in der Lotsenkoje mit »J is for Judgement«, Seite 185. Schweinerei ist das. Eben noch stand ich bis zum Bauchnabel im Wasser, aber filmt er das? Nein! Und warum nicht? Nur weil er auch an Deck ist und arbeitet? Ist das etwa ein Grund?

Die weltberühmte US Coast Guard mag uns wohl nicht so recht. Ich funke

Humboldt Bay auf Kanal 16 an und bitte um einen kurzen Wetterbericht. »Go to channel 21 alpha...« Haben wir aber nicht auf unserem australischen UKW-Gerät, funke ich zurück, diese krummen US-Wetterkanäle. Darum bin ich doch auf Kanal 16. Das begreifen sie nicht, »go to 21 alpha!« Ich geb's auf. Das Wetter ist sowieso so, wie es halt kommt. Und erst mal kommt es noch dicker. Warum ist denn die Sturmfock nur so groß? 55 Knoten Sturm und zwölf Knoten Hexenritt in Wellenkessel, dann versucht KAVENGA wieder anzuluven. Runter mit der Sturmfock und beigedreht. Schwer legt KAVENGA sich über und drinnen geht alles auf Reise, was sich noch irgendwie bewegen kann. Windgeheule im Rigg. In der Kajüte ist es warm und geschützt. Klaas filmt mal wieder. Natürlich mich plus Krimi in der Lotsenkoje, Seite 265, und Silke mit einem Glas Wein in der Hand auf dem Boden sitzend, mitten drin in all den Sachen, die sich dank der Wellen und der Schwerkraft da unten angesammelt haben. Pan-Pan, Pan-Pan, Pan-Pan, immer wieder kommt der Notruf als Relais von der Coast Guard in Humboldt Bay über das UKW. Warum schicken die denn keine Hilfe, einen dieser sündhaft teuren Coast Guard-Kutter, extra gebaut für Wetter wie dieses, die stecken auch sechzig Knoten weg. Und was macht die Coast Guard? Die leiten einen japanischen Autotransporter zur Hilfeleistung um... – und das fünfzig Seemeilen vor der Küste der USA! Spitzenböen jetzt mehr als sechzig Knoten, 62 Knoten registriert der Windmesser maximal. Warum zum Teufel haben wir das Dingi in den Davits gelassen statt es abzubauen und wegzupacken? Böen peitschen das Rigg, sie fassen das Dingi, schleudern es von unten gegen die Solarpanele, immer wieder, immer wieder. Wenn das so bleibt – ich sehe den Punkt kommen, an dem ich das Dingi losschneiden und aufgeben muss, bevor es draußen schlimmen Bruch gibt. Noch nicht, noch nicht. Sturmnacht, in spitzem Winkel driften wir mit zwei bis drei Knoten nach Südost. In zwölf Stunden wird der Landabstand nur noch drei Seemeilen sein, aber jetzt ist jetzt und dann ist dann.

Silke kocht Minestrone, warmes, gelbes Licht in schwarzer Nacht, das Draußen bleibt draußen. Uns dröhnen die Ohren. Am sichersten sitzt man auf dem Fußboden. Klaas filmt mal wieder. Dieser Sturm wird voll dokumentiert. Um Mitternacht lässt der Spuk nach. Sturmfock hoch, Kurs Süd. Und wieder ein Pan-Pan-Ruf. Ein Fischkutter sinkt irgendwo da draußen, und die Crew wird im ersten Tageslicht per Hubschrauber abgeborgen. Grau in Grau des Morgens, Trecker hoch und später das Groß, nur noch 35 Knoten. Schwer arbeitend kommt uns ein Hochseeschlepper entgegen, ein großes Schiff. Schleppzug nach Alaska. Ich frage nach dem Wetter. Wortkarge Kerle, diese Berufsschiffer. Er sagt kaum etwas, doch

146

plötzlich kommt aus unserer Funke ein minutenlanger Wetterbericht. Er hat einfach über sein Handy den Telefonwetterbericht gewählt und das Ding dann vor das Mikrofon gehalten. Vielen Dank und gute Fahrt!

Und wieder die US Coast Guard auf Kanal 16. Und wieder ein Pan-Pan-Relay. Die haben noch einen Notruf aufgefangen, doch das Schiff meldet sich nicht mehr. Katastrophe oder dummer Witz? Bitte Ausschau halten. Neptun hat sich ausgetobt und mittags ist Flaute. Ziellos schwappt die See hin und her. Bodega Bay, dreißig Seemeilen vor San Francisco, unter Motor und zwischen dicken Nebelschwaden halten wir auf den Hafen zu. Eine Mole aus Felsen, und was ist das? Das sind doch Pelikane! Die ersten Pelikane seit Australien, aber anders als zu Hause. Hier sind sie schwarz und weiß. 700 Seemeilen seit der Juan de Fuca Strait, und die Pelikane beweisen es, wir sind im Süden, eine andere Welt. Dann fällt der Nebel wie ein Vorhang über Bodega Bay. Das war's für heute. Ende dieses Trips. Leute, lasst uns eine Pizza in den schönen neuen Gasofen schieben und ein Video in den Rekorder. Den von Klaas: Sturmstärke zwölf vor Oregon und Nord-Kalifornien.

17. September '99, KAVENGA vor der Golden Gate Bridge. Das ist einer der Bilderbuchmomente dieser Fahrt. Vor uns Alcatraz im Sonnenschein, auf Steuerbord die Wolkenkratzer-Silhouette. Maxirennyachten mit Dutzenden von Beinen über der hohen Kante baumelnd segeln unter Spinnaker Freitagnachmittag-Regatten. Die San Francisco Bay Area, unser wirklicher Empfang in den »Lower 48«. Wahnsinnsstadt, Wahnsinnsland, mit all seinen Nachteilen und doch all seiner Aufregung und all dem, was es zu sehen gibt. Hier wollen wir eine Weile bleiben, wollen Klaas und Britta die USA zeigen, denn wir waren ja schon mal hier und haben hier schon mal gelebt und gearbeitet.

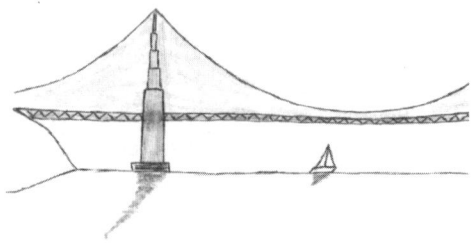

Minestrone

KAVENGA-Essen im Sturm

2 Dosen »Stockmeyer« Minestrone

Man hole die Dosen aus dem Fach unter Brittas Koje, greife sich einen Dosenöffner, setze sich auf den Fußboden und öffne die Dosen. Dann gieße man den Inhalt in den ganz großen Kochtopf (da schwappt die Suppe nicht so leicht raus). Man erwärme die Suppe, ohne sich viel um zusätzliche Gewürze zu kümmern, weise jeden an, sich irgendwo einzukeilen, und fülle tiefe Suppenschalen halb voll. Dann freue man sich über die überschwänglichen Komplimente, die man normalerweise bei dieser Art Essen nicht bekommt.

USA und Mexiko

Asphaltsegeln

Land der Entfernungen, der geraden Straßen unter Himmel ohne Ende: Wir brauchen ein Auto! Ohne Auto ist man hier ein Krüppel. KAVENGA liegt sicher vertäut in der Richmond Marina, und Klaas und ich stiefeln los auf Autosuche. Zuerst in Richmond. Dies ist nun gerade kein Luxusstadtteil. Schäbige Häuser, deren Scheiben zum Teil mit Karton geflickt sind. Davor stehen Autos, die oft genug aufgebockt sind, ohne Räder, ohne Motor. Gut, dass heller Tag ist, und da hinten sehen wir ein Zeichen der Zivilisation: ein gelbes M auf rotem Grund. The Golden Arches. Wir flüchten zu McDonald's. Nein, eine Flucht ist es nicht, ich muss nur mal ganz dringend pinkeln, doch das ist nicht so einfach, denn die Klotür muss per Knopfdruck von der Kasse aus geöffnet werden als Vorbeugung gegen Kriminalität. Und über einem der Tische hängt ein großes Schild: »Reserved for our friends – the Police«. Hier dürfen die Polizisten sitzen und bestimmt ihre Big Macs für umsonst verspeisen. Und wir dachten, das gäbe es nur bei den Simpsons.

Kilometerweit zu Fuß, so wird das nichts. Wir nehmen uns einen Leihwagen für einen Tag und fahren von »Used Car Lot« zu »Used Car Lot«. Dort im Hof steht ein Straßenkreuzer, silber-metallic, ein Ford Lincoln, acht Zylinder. Bei der Probefahrt versinken Klaas und ich tief in weiche Luxuslederpolster. Klaas hat ganz große Augen, und wir kommen nicht mehr los von unserem neuen Freund. Der heisst LUPONC, denn das steht groß und deutlich auf dem Nummernschild. LUPONC ist vier Jahre älter als Klaas, Baujahr '77. Wir sind mobil. Testfahrten auf den Freeways in der Bay Area. Betonpisten führen achtspurig in den Himmel, dann in fantasievollem Geschleife über- und untereinander hindurch, spalten sich auf, vereinigen sich wieder, und plötzlich sind wir auf der San Francisco Bay Bridge, müssen zwei US-Dollar Gebühr bezahlen und wollen doch ganz woanders hin.

Die HANSEATIC II liegt am Ende unseres Stegs, Peter ist angekommen, er musste den ganzen Weg von der Juan de Fuca Strait motorsegeln. Da können wir ja beruhigt losfahren, KAVENGA ist in guten Händen. Wir packen LUPONC voll bis zum

Rand. Abfahrt, vier Wochen USA, los gehts, Klaas am Steuer und vor uns ein Kontinent.

Der alte Straßenkreuzer ist voll gepackt bis obenhin. In Kanada haben wir ein Zelt gekauft und aufrollbare Matratzen. Einen Campingkocher hatten wir ja schon aus Juneau. Kühlbox, Topf, Pfanne, Geschirr, warme Kleidung und Wanderschuhe – alles wird in den Kofferraum gepackt, wieder ausgepackt, neu eingepackt... – bis die Klappe endlich zugeht. Britta und ich sitzen hinten, die Schulkiste zwischen uns. Vier Wochen ganz ohne Schule sind zu viel. Aber Britta hat auch gerade wieder einen großen Ansporn bekommen. Alle drei Projekte, die sie in den letzten Monaten anfertigen musste, sind in der Schule ausgestellt worden und sie hat nur A's bekommen.

Los geht's, wir wollen im Westen der USA bleiben, in den Four Corner States. Die haben uns schon 1984 am besten gefallen. Bären und Streifenhörnchen zwischen schroffen Felswänden des Yosemite-Nationalparks, eine schlaflose Nacht nach einem staubigen, heißen Tag im Death Valley. Höhenunterschied von 3000 Meter über dem Meeresspiegel auf 86 Meter darunter. Das lässt das Herz schneller schlagen.

Lichtermeer in Las Vegas. Viel größer als vor fünfzehn Jahren. Ein ganz neuer Stadtteil ist dazugekommen mit Riesenkomplexen, jeder unter einem anderen Thema: Piratenschau mit echtem Feuerwerk bei Treasure Island, ein Vulkanausbruch, eine riesige mittelalterliche Burg, Venedig, Paris, Rom, Tropenparadies. Alles bis zum letzten I-Tüpfelchen nachgebaut. Sogar die Decken sind simulierter Himmel, der langsam die Helligkeit ändert, von Tag zu Nacht zu Tag. Hotels, Essen, Drinks, alles ist spottbillig hier. Sein Geld verdient Las Vegas mit »gambling«.

Klaas geht allein los. Mit siebzehn Jahren und Stadtplan wird er ja wohl zum Hotel zurückfinden. Nachmittags um zwei wandert er los und als Britta, Torsten und ich um zehn Uhr abends ins Hotel zurückkommen, ist er noch nicht wieder da. Um elf Uhr auch nicht. Auch nicht um zwölf Uhr oder um eins oder zwei oder drei. Da muss irgendetwas passiert sein. Kriminalität in Amerika! Las Vegas, hartes Pflaster! Wie konnten wir ihn nur allein losziehen lassen. Wir haben schon alle Krankenhäuser angerufen und sind gerade mit der Polizei verbunden, da geht die Tür auf und Klaas kommt gemütlich hereinspaziert. Um 3.30 Uhr morgens! Es geht ihm blendend, er hat zwei Mädchen in seinem Alter getroffen und ist mit ihnen durch die Casinos gezogen. An die Spielautomaten hat man sie nicht gelassen, aber sie haben auch so viel Spaß gehabt. Und Klaas hat ein neues Hobby. Er hat ein Zauberbuch gekauft und Spielkarten gewonnen. Mit Kartentricks will er anfangen.

Am nächsten Tag haben wir dann alle genug von Las Vegas, sogar Klaas. Der Grand Canyon ruft. Auf dem Zeltplatz laufen überall Rehe herum, »Mule Deer« mit großen Ohren, und abends sitzen wir am Rand des Grand Canyon und betrachten die Schattenspiele der untergehenden Sonne.

Klaas und Torsten wollen ganz runter in den Canyon wandern, bis zum Colorado River. Man braucht ein Permit, um dort unten zu campen, und das bekommt nur eine begrenzte Anzahl von Leuten jeden Tag. Torsten und ich stehen Schlange für das Permit, Klaas geht schon mal schauen, wie der Trail so ist − und ist mittags zurück. Er war ganz runter zum Colorado und wieder hoch. Dreißig Kilometer mit einem Höhenunterschied von 1357 Metern! Ein Weg, für den man zwei Tage rechnen soll, in sechs Stunden. Dann ist es ja nicht ganz so schlimm, dass wir kein Permit bekommen haben. Nur Torsten muss auf seine Wanderung verzichten. Abends sitzen wir wieder am Canyonrand. Ein unvergleichliches Naturschauspiel, wie überall in diesem Gebiet der tiefen Canyons, die der Colorado seit Millionen von Jahren gegraben hat.

Kulisse aus Cowboyfilmen im Monument Valley, tausend Jahre alte »cliff dwellings« − Höhlenwohnungen − in Mesa Verde, bizarre Felsformationen in den Canyonlands- und Arches-Nationalparks. Wir fahren und fahren durch die Weite Amerikas. Meist sitzt Klaas am Steuer von LUPONC, außer am Tag nach

CLIFF PALACE

seinem Dauerlauf in den Grand Canyon und zurück, denn da kann er seine Beine nicht mehr bewegen und Torsten darf auch mal Highwaycowboy spielen. Nur ein offenes Verdeck fehlt noch.

Nachts zelten wir in den Nationalparks. Jeden Abend machen wir ein großes Feuer und sitzen so nah wie möglich drum herum. Es ist schon Oktober und empfindlich kalt. Trotzdem, Schnee haben wir noch nicht gesehen. Wo fällt Schnee im Oktober? Der Straßenatlas empfiehlt den Rocky-Mountains-Nationalpark. Ohne Garantie natürlich. Für Klaas und Britta ist dieser Nationalpark etwas ganz Besonderes. Eis auf den Seen, Dickhornschafe, Hirsche, Biber und die hohen Pass-Straßen mit dem Blick über das schneebedeckte Bergmassiv. Und Klaas will wieder wandern. Endlich mal einen der Viertausender besteigen. Morgens um fünf, als es noch dunkel ist, setzt Torsten ihn samt topografischer Karte und GPS am Bear Lake ab. In spätestens zwölf Stunden soll er zurück sein. Dann werden wir ihn am Bear Lake abholen.

Um fünf Uhr ist Klaas nicht da, um sechs Uhr auch nicht. Wieder so ein »déjà vu«-Erlebnis. Was ist gefährlicher, Las Vegas oder die Rocky Mountains? Besonders nervös macht uns das Wetter. Heute Morgen war der Himmel noch vollkommen blau. Seit Mittag hat es sich zugezogen, die Pass-Straße wird gesperrt, Schneetreiben in den oberen Regionen. Außerdem ist es jetzt schon fast dunkel. Vielleicht ist Klaas auf einem anderen Weg zurückgekommen und schon im Hotel? Zwanzig Minuten Fahrt zurück, kein Klaas. Torsten fährt wieder hoch zum Bear Lake. Ein Ranger, den er unterwegs trifft, will eine Suchaktion einleiten, wenn Klaas immer noch nicht am Treffpunkt ist. Schwarze Nacht und Eiskristalle in der Luft. Dann kommt Torsten ein Auto entgegen, das mit der Lichthupe blinkt. Klaas sitzt auf dem Beifahrersitz. Was war los?

Klaas' Story: »*Meine Rocky-Mountains-Wanderung… Um sechs Uhr bin ich gestartet und um 08.30 Uhr war ich auf dem ersten Berggipfel, 3800 Meter hoch, blauer Himmel. Dann ging es vier Stunden lang auf dem Kamm entlang von Gipfel zu Gipfel, der höchste 4100 Meter. Jetzt war es windig geworden, 25 bis 30 Knoten. Die ganze Zeit hab ich nach einem Abstieg in das Tal gesucht, die Berge waren ja sehr steil und ich war querfeldein unterwegs. Wenn ich keinen anderen Weg*

gefunden hätte, wär ja noch viel Zeit gewesen, den alten Weg zurück-
zugehen, aber ich dachte, ich hätte einen direkten Weg ins Tal gefun-
den. Dann begann es zu schneien, der erste Schnee für mich, seit ich
fünf Jahre alt war. Ich hab das noch nicht als Gefahr gesehen, denn
große Wolken waren keine da. Eine Stunde später war ich an der Stel-
le, wo es ins Tal gehen sollte. Da ging es aber nicht weiter. Ein 300
Meter tiefer Felsabhang und plötzlich dichtes Schneetreiben.
Neuschnee, schmelzender Schnee auf den Felsen, sehr rutschig, und
nach den ersten zehn Metern hab ich den Abstieg aufgegeben. Also
zurück, aber der alte Weg war zu weit. Zu viel Schneetreiben, um die
beste Route zu finden. Jetzt war es schon 13.00 Uhr. Und da bin ich
dann ausgerutscht, runter, fast senkrecht in die Tiefe, hab mich über-
schlagen und bin knapp vor einem Dreißig-Meter-Abhang in einer
Schneewehe gelandet. Nur ein paar Hautabschürfungen, weiter nichts
passiert. Jetzt war es schon 14.00 Uhr, Sichtweite nur noch zwanzig
Meter, dichtes Schneetreiben. Bei der Sicht mit GPS und topografi-
scher Karte musste ich in weniger als fünf Stunden den Rückweg
schaffen, für den ich bis hierher acht Stunden in schnellem Tempo ge-
braucht hatte. Ich hab alle Kraftreserven dafür gebraucht, GPS in der
Hand, denn im Dunkeln hätte ich nie den Weg über all die Kliffs und
Abhänge gefunden. Im Halbdunkeln hab ich dann später einen Ab-
zweig verpasst, als ich schon wieder auf dem Treck war, und konnte
ihn nur mit dem GPS finden. Um 19.15 Uhr war ich im total Dunklen
zurück am Parkplatz. Da hatte ich jede Menge Leute erwartet, nach-
dem Torsten und Silke in Las Vegas die Polizei und Krankenhäuser
angerufen hatten. Niemand war da, nur ein Auto, das letzte auf dem
Parkplatz. Das fuhr auch gerade und hat mich mitgenommen.«

So, Klaas hat also fallenden Schnee gesehen. Mehr als ihm lieb
war. Britta findet das nicht fair. Aber sie kommt auch noch zu ihrem
Recht. Dichte Schneeflocken fallen am Loveland-Pass. Der Schnee
bleibt schon auf den Tannen liegen. Wunderschön sieht das aus.
Britta kurbelt ihr Fenster ganz runter, Schneeflocken fallen auf
ihren Pullover, bleiben in ihrem Haar hängen und schmelzen auf
der Zunge. Dann halten wir an und sie tobt durch das Schneegestö-
ber, lässt sich immer wieder tief in den Schnee fallen. Genau an dieser Stelle ist Klaas als Dreijähriger auf seinen Mini-Skiern herum-

gestapft, und jetzt genießt Britta die verzauberte Landschaft. Noch nie in ihrem Leben hat sie fallenden Schnee erlebt, noch nie hat sie gesehen, wie Flocke auf Flocke fällt und sich die Decke Schicht um Schicht aufbaut und alles zudeckt. Alten Schnee vom letzten Winter, den gab es ja auf den Aleuten. Aber richtigen Neuschnee, der im Gesicht kleben bleibt und langsam, ganz langsam den Wollpullover klatschnass durchweicht, das gibt es für sie zum allerersten Mal hier auf dem Loveland-Pass in den Rocky Mountains.

Von jetzt an geht es in den wärmeren Süden – Neu-Mexiko und Texas. Überall gibt es State Parks, in denen wir unser Zelt aufschlagen können. Unser Mittagessen ist oft ganz traditionell amerikanisch. Die Auswahl ist groß: McDonald's, Burger King, Taco Bell, Carl's Jr., Jack in the Box. Fast Food ist immer am billigsten, meist sogar billiger als selbst zu kochen, und auf jeden Fall einfacher. Aber mittlerweile hat keiner mehr recht Appetit auf das Zeug.

Wir sehen uns alte Pueblos an in Taos, Bandelier und San Ildefonso und fahren an ganz neuen vorbei, denn in Santa Fe und Umgebung sind fast alle Häuser im Pueblo-Stil gebaut. Santa Fe – eine der Hochburgen der alternativen Szene. Hier wollen wir uns mal umschauen und Ideen sammeln. Wenn wir zurückkommen nach Australien, müssen wir uns ja jetzt doch etwas mehr anstrengen, Geld zu verdienen. Eine kleine Farm allein reicht da nicht, aber ein Ökoladen würde gut dazu passen. Doch Santa Fe ist eine Enttäuschung. Schickeria, hohe Preise und Touristen. »New Age« als lukrative Industrie. Nur der Farmers Market ist schön. Leute von Lavendel- und Olivenfarmen. Wir bekommen ein paar Adressen nördlich von San Francisco. Da müssen wir unbedingt hinfahren. Hoffentlich hält LUPONC das noch durch.

Geisterstädte, Billy the Kid und Pat Garret in Lincoln, UFOs in Roswell. Im Big-Bend-Nationalpark setzen wir mit einem Ruderboot über den Rio Grande, essen Tamales in einem winzigen Dorf in Mexiko und werden gleich danach wieder in die USA zurückgerudert. Der Big-Bend-Nationalpark ist unser östlichster Punkt. Wir haben geplant, jetzt wieder auf Westkurs zu gehen. Wie viel Zeit haben wir eigentlich noch? Wir sind schon halb in New York, und da wollte ich schon lange mal wieder hin. Unbedingt. Und auf dem

Kokopelli,
ein Flötenspieler –
Felszeichnung aus
dem Südwesten

Rückweg vielleicht durch State College, wo wir damals gewohnt haben. Wir wollten doch eigentlich auch Ernst Schürer besuchen, Torstens Chef von damals, mit dem wir immer noch in Verbindung stehen. Was würde LUPONC wohl dazu sagen??? Die Vernunft siegt, es geht zurück, Kurs Westen, an der mexikanischen Grenze entlang. Immer wieder sehen wir Leute an der Straße, mitten in der Wüste, fernab von jedem Ort. »Das sind Mexikaner, die über die Grenze flüchten«, witzelt Torsten. »Klar«, sage ich. »Das machen die herdenweise. Wir haben doch schon hunderte gesehen.« Zwei Minuten später steht ein Border Patrol-Fahrzeug am Straßenrand, dreißig Männer sitzen zusammengepfercht und unter Bewachung auf der Erde. Das sind tatsächlich Flüchtlinge, unvorstellbar, in solchen Mengen!

Abends in Tucson gehen wir in ein Motel. Für zwei Nächte. Amerika, das Land der Coupons. Und wir haben einen für das Super Eight-Motel, 39 US-Dollar für vier Personen mit Frühstück und Pool. Endlich kann Britta ihre Mathematikaufgaben machen, die sie ausgelassen hat. Es ist nämlich Geometrie dran, und das ist im Auto und auf Grasboden sehr schwer. In den Fernsehnachrichten kommt doch wirklich ein Bericht über die Probleme mit illegalen Einwanderern aus Mexiko, die gerade in Arizona in Massen über die Grenze gehen und oft genug Glück damit haben.

Tucson ist Wüste, mit riesigen Saguaro-Kakteen, die man so gut aus Wildwest-Filmen kennt. Und mit Hunderten von Flugzeugen der amerikanischen Streitkräfte, die hier im trockenen Wüstenklima eingemottet parken und auf den nächsten großen Krieg warten.

San Diego – die Westküste hat uns wieder. Zwei große Tage für Britta: der Zoo von San Diego und der Wild Animal Park. Und sie hat sogar gerade in Französisch »la girafe«, »le panda« und »l'elephant« gelernt.

An der Küste nach Norden, und ein paar Tage später sind wir wieder in San Francisco. Genau einen Monat und fast 10 000 Kilometer später. LUPONC liegt in den letzten Zügen. Vielleicht schaffen wir noch ein, zwei Tagestrips nach Norden, und dann hoffen wir noch jemand zu finden, der ihn uns abkauft.

Wir wollen wieder raus aufs Meer, raus in die blaue Weite, doch wie schwer ist es, hier loszukommen nach zwei Monaten! Silke hat einen Zahnarzt gefunden, der endlich helfen kann. Zahnschmerzen hat sie gehabt seit Palau. Ob das jetzt besser wird? Wir schicken Weihnachtspakete rund um die Welt, werden vom TO-Stützpunktleiter Klaus Kutz in den Encinal Yacht Club zum Essen eingeladen und wir besuchen Uwe, unseren Freund aus Yap. Ein richtig sympathischer Typ ist das. Sein Haus liegt auf einem Berg in San Francisco, das Lichtermeer der City unter uns. Abendessen bei Uwe und Anne. Uwe trägt die traditionelle deutsche Zimmermannshose und -weste. Ich muss Uwe etwas fragen, das mir nicht aus dem Kopf geht. »Ich habe da eine Story gehört. Stimmt das, die Sache mit der Golden Gate Bridge bei der Fünfzig-Jahr-Feier?« – »Klar«, sagt Uwe, »ich war selber dabei.« Zum fünfzigjährigen Bestehen war die Golden Gate Bridge für den Verkehr gesperrt und für das Fußvolk freigegeben. »Let's party on the bridge!« Schulter an Schulter, dicht an dicht war sie voll gepackt mit Menschen. Was keiner bedacht hatte war, dass sie damit vollkommen überbelastet war. Die grazile Biegung in ihrer Mitte nach oben hatte sich in einen deutlichen Durchhang Richtung Meeresoberfläche verwandelt. »Und dann fing auch noch so ein Haufen Idioten an herumzuspringen, um die Brücke zum Schwingen zu bringen. Also, das war haarscharf, haben die Experten hinterher gesagt. Nur vorher, da hat sich das niemand überlegt.«

»Wieder los müsste man«, sagt Uwe, »wieder auf Segelreise gehen.« Doch er ist auf dem Wasser der ewige Unglücksvogel. An Land geht es ihm prima, aber auf dem Wasser erwischt es ihn scheinbar immer. Zurück nach San Francisco ist er geflogen statt zu segeln, und er erzählt uns seine Geschichte. Außenborder geklaut in Palau, auf Grund in Yap, das wussten wir ja schon. Dann aber Mastbruch zwischen den Atollen Yaps, ausgeraubt vor Anker in Truk, nochmal ausgeraubt in Pohnpei. Dann hatte er die Nase voll, hat die alte INVERLOCKY zum Verkauf nach Australien zurückgebracht. Dabei war die Gartenlaube hinten noch gar nicht fertig. Und der fünfzig Jahre alte Zweitakt-Diesel, der war einfach Spitze! »Aber bald kaufen wir ein neues Schiff, und dann geht's wieder los!« Warum sollte er auch das nächste Mal nicht mehr Glück haben? Wir wünschen ihm und Anne das Beste.

Es wird kalt in San Francisco, klamme, feuchte Nebeltage kommen. Unter Radar motoren wir über die Bucht, dann nochmal unter dieser Brücke hindurch, Golden Gate, rotes Stahlgitterwerk weit über uns. Wieder so ein Platz auf dieser Welt, an dem man ein ganzes Leben verbringen könnte. Draußen steht ein grober Schwell auf dem Pazifik. Kein Wind, KAVENGA versucht uns abzuschütteln wie ein bockiges Pferd. Und langsam läuft unser Schiff, dick bewachsen nach zwei Monaten in der Marina. Mir ist schlecht.

Tex-Mex Chili con Carne

1 Essl. Olivenöl
2 Knoblauchzehen (oder Pulver)
750 g Rindfleisch, in kleine Würfel geschnitten
1 gehackte Zwiebel
1 Dose (440 g) gehackte Tomaten
250g Tomatensaft (oder Tomatenpüree und Wasser)
1 Dose (465 g) rote Bohnen, abgetropft
$^1/_2$ Teel. Oregano
1 Teel. Kreuzkümmel (»comino«)
1 Chilischote (oder $^1/_2$ Teel. Chilipulver)

Öl und Knoblauch in einer großen Pfanne erhitzen. Rindfleisch dazugeben und anbraten. Zwiebel, Tomaten und Tomatensaft hinzufügen, auf kleiner Hitze $^1/_2$ Stunde kochen lassen. Die restlichen Zutaten unterrühren und erhitzen. Mit Guacamole und Tortillas servieren.

Guacamole

2 reife Avocados 1 Essl. frische Korianderblätter
1 Tomate 125 g saure Sahne
1 kleine Zwiebel 1 Essl. Limonensaft

Avocados schälen und pürieren. Zwiebel und Tomate in kleine Würfel schneiden.
Alle Zutaten vermengen.

Links liegt das Land

10. November '99, in Monterey scheint die Sonne. Wir lösen uns langsam von
der Großstadt. Ein Tag Ruhe hier. Fischkutter liegen im Hafen und überall räkeln
sich dicke Seelöwen genüsslich herum, lassen sich den Pelz trocknen. Auch am
Ende unseres Bootssteges liegen zwei oder drei und bellen laut den Himmel an.
Britta ist fasziniert und kann ihnen stundenlang zusehen. Dabei hat sie eine so
ruhige Art an sich, dass die Tiere sich nicht gestört fühlen. Das Tierleben des Nordpazifik hat sie geprägt, und ihr größter Wunsch ist jetzt: Da liegt so eine Inselgruppe am Äquator, können wir da nicht hinfahren? Die Galapagos-Inseln! Doch
was für eine riesige Segelstrecke das ist. Wollen wir denn nicht mehr nach Hawaii
und von dort nach Hause? Aber selbst wenn, selbst wenn wir durch den Südpazifik segeln, Französisch-Polynesien und so weiter – und niemand sagt, dass
wir das machen werden! –, selbst dann liegen die Galapagos-Inseln nicht auf
dem Weg. Das wäre ein Umweg von zweitausend Seemeilen! Kommt doch gar
nicht in Frage, oder? Oder vielleicht doch? Wer kann das schon sagen, hier und
heute.

Dicke Suppe und mondlose Nacht. KAVENGA nähert sich den Channel Islands.
Das soll Südkalifornien sein? »It never rains in California«, aber es ist hundeklap-
perkalt. Voraus liegt San Miguel. Nicht viel Wind heute Nacht, und doch geht der

Pazifikschwell hoch. Das Radar läuft, trübe Einsamkeit. Die Millionenküste ist nur dreißig Seemeilen entfernt, aber kein Lichtschein durchdringt die Nacht. San Miguel ist unbewohnt, nur Vögel, Seelöwen und See-Elefanten leben hier. Wo sollen wir ankern? Wir haben die große Auswahl, denn im Norden liegt die Kuyler Bay und im Süden eine andere Bucht, die auch geschützt aussieht auf der Seekarte, und außerdem ist da auch ein dicker, fetter Anker eingezeichnet. In beide scheint man problemlos unter Radar einlaufen zu können. Lieber doch die Kuyler Bay. Manchmal gehört auch Glück dazu, um eine Reise durchzustehen, denn die Kuyler Bay ist ruhig und weit und birgt uns sicher. An der Südbucht kommen wir zwei Tage später vorbei. Brecher in der Bucht, Brecher schon in der Einfahrt, eine schlimme Falle. Was wäre gewesen, wenn… Ob wir die Brecher rechtzeitig gesehen und dann abgedreht hätten? Das dumme Gefühl in der Magengegend bleibt. Schiffe gehen verloren, Menschen sterben, das gehört zum Meer, und niemand ist davor gefeit, niemand kann mit Sicherheit sagen: »Mir wird das nie passieren.« Und kaum jemand weiß, wie knapp es für sein Schiff schon einmal gewesen ist, denn die größte Gefahr ist nicht immer die, die offensichtlich ist. 1985 hatten wir erst wenige Seemeilen unter unserem Kiel, waren stolz, die Biskaya überquert zu haben und schöpften in der Sonne Portugals neue Kraft nach dem Irland-Chaos. Unterwegs lernt man viele Segler kennen und freundet sich an. Da war die Santana aus Berlin, ein großes Schiff mit jeder nur erdenklichen Ausrüstung. Die hatten sogar einen Morsedekoder für Wetterberichte und versorgten uns mit den neuesten Vorhersagen für die Fahrt entlang der Küste Portugals. In Leixoes lag ein winziger dänischer Schärenkreuzer neben uns. Kein Motor, kein Dingi, keine Elektronik, aber drei junge Typen drauf, die damit auch die Biskaya überquert hatten auf der Suche nach Stränden und Sonne. Wir waren noch in Leixoes, als beide Schiffe nach Süden ausliefen. Sechzig Seemeilen weiter kamen sie in einen Sturm, und die Santana begann auf Figueira da Foz abzudrehen. »Nichts wie hinterher«, war die Entscheidung der Dänen, das sichere Hafenbecken genau voraus. Figueira da Foz ist ein Hafen, vor dem bei Sturm aus West Brecherketten stehen, und die Santana erwischte es als Erste, zerschmettert auf dem Wellenbrecher neben der Einfahrt, aus dem Ruder gelaufen, beide tot. Der Schärenkreuzer kam durch, machte die Einfahrt, aber kenterte dann im Hafenbecken durch. Zwei tot, und nur einer konnte gerettet werden. Zwei Schiffe und vier Opfer, das ging durch die Presse, das machte uns klar, auf was wir uns mit der Segelei eingelassen hatten. Zwei so unterschiedliche Yachten hatte es getroffen, Segelkameraden, das war ein Schlag, der uns ganz schön traf, daran mussten wir lange denken und tun es noch oft genug, und auch wieder hier, vor San Miguel.

Heute ist der 14. November und Klaas hat Geburtstag. Es ist ein ganz besonderer, der achtzehnte! Er hat sich Zauberbücher gewünscht. Mit den Kartentricks klappt es schon wirklich gut. Wenn wir von der Reise völlig pleite nach Hause zurückkommen, dann kann er sich schon ganz gut selbst ernähren, als Zauberer. Noch ein Geschenk gibt es: Klaas darf KAVENGA den Bauch abschrubben, damit wir vielleicht ja doch noch mal schneller laufen als fünf Knoten.

San Miguel ist eine unbewohnte Sandinsel, ein Nationalpark, und riesige Kolonien von Seelöwen und See-Elefanten gibt es hier. Mit dem Dingi darf man nicht heran an die Tiere, denn sie ziehen gerade ihre Babys auf. Mit dem Fernglas beobachten wir sie, schwarze Punkte auf gelbem Sand. Sehen können wir ja nicht so viel, denn wegen der Brecher halten wir Abstand, aber riechen kann man umso mehr.

Los Angeles ist nicht mehr weit. Bei uns läuft das UKW auf Kanal 16. Das ist der beliebte Unterhaltungssender der US Coast Guard, fast so gut wie die Sit-Coms im Fernsehen. »Pan-Pan, Pan-Pan, Pan-Pan. All ships, all ships. This is the US Coast Guard. A person just fell off the end of the Santa Monica jetty. Please keep a sharp look-out and pick him up, if you see him!« Klar, machen wir gern. Wir sind nur dreißig Seemeilen entfernt, doch wenn er hier vorbeitreibt, der arme Kerl, der von der Pier gefallen ist, dann greifen wir ihn uns. »Pan-Pan, Pan-Pan, Pan-Pan. This is the CUBA LIBRE. We are a twenty foot motor-boat and we are drifting. Our outboard stopped.« Die Coast Guard will dem Motorboot mit dem stehen gebliebenen Motor helfen. Wo treibt ihr denn? Wir werden Hilfe schicken! Die haben keine Ahnung, wo sie sind, wo der Motor nun ausgefallen ist. Irgendwo sind wir, ist die Antwort, ein paar hundert Meter vom Ufer. Aber wo denn, will die Coast Guard wissen. Was seht ihr, Häuser, Schornsteine, Tanks, oder vielleicht ein Atomkraftwerk? Es muss doch möglich sein, den Ort etwas einzugrenzen. Ist es aber nicht, und so schickt man dann ein Auto, ein Flugzeug und einen Coast Guard-Kutter los, um das treibende Boot zu suchen.

Nachtfahrt vor Los Angeles, wir stehen noch immer dreißig Seemeilen vor der Küste. Der Nebel ist weg, die Nacht ist kristallklar. Ein Himmel voller Sterne, Gefunkel aus der Unendlichkeit des Weltalls. Sterne überall, viel mehr Sterne als wir seit langem gesehen haben. Vor allem dort im Osten. Wie auf zwei Ketten aufgesetzt, wie eine Treppe vom Himmel herab. Lichtpunkte sinken in parallelen Reihen erdwärts, erlöschen, neue folgen von oben nach, stetig, regelmäßig, ohne

160

Ende. Invasion der Außerirdischen? Nein, nur LAX, der Los Angeles International Airport. Das sind landende Jets, so weit entfernt, so klar erkennbar, und was für eine Verkehrsdichte!

20. November, wir gehören zu den zehn glücklichen Yachten, die am Police Dock von Shelter Island in San Diego einen Liegeplatz gefunden haben. Und plötzlich stecken wir mitten drin im Pulk der Amerikaner, die sich darauf vorbereiten, das ganz große Abenteuer zu beginnen, wovon sie jahrzehntelang geträumt haben, wofür sie gespart haben, was jetzt endlich zur Realität wird – DIE Segelreise nach Mexiko. Wie in einem Bienenkorb summt es hier. Habt ihr an das gedacht und an jenes? Habt ihr eine Fischlizenz für Mexiko? Habt ihr schon auf dem Markt Grünzeug eingekauft? Habt ihr eine Fischlizenz für Mexiko? Habt ihr schon getankt? Den letzten sauberen Diesel gibt es hier. Was, ihr habt noch keine Fischlizenz für Mexiko? Au Backe, nein, noch haben wir keine, doch jede Yacht, die auch nur einen Angelhaken an Bord hat, die braucht eben diese Lizenz, sagt man. Sonst bekommt man den größten Ärger, sagt man. Sogar das Schiff kann beschlagnahmt werden, sagt man. Langsam bekommen wir Angst. Wir fahren mit dem Bus in die City von San Diego. Was man da für merkwürdige Gestalten trifft. Aber klar, wer ein Auto hat, der fährt nicht Bus, und wer hat schon in den USA kein Auto. Merkwürdige Typen sind das, solche, die auf der sozialen Leiter nicht gerade auf den oberen Sprossen stehen. Segler zum Beispiel. Auf zum mexikanischen Konsulat. Die Tarjetas Turistas, die Touristenkarten, die bekommen wir umsonst. Ob wir eine Fischlizenz haben, werden wir gefragt und gleich weitergeschickt in die richtige Abteilung. Da werden wir sehr höflich und korrekt zur Kasse gebeten. Die Fischlizenz muss man haben, das ist Gesetz, und hier ist der Antrag. Und hier ist noch einer, denn das Dingi muss eine Extralizenz haben. Und hier sind noch vier, denn jede Person muss ihre eigene Lizenz haben. Das sind dann rund zweihundert Dollar, eine Masse Geld, und wir zahlen, denn wir sind gesetzesfürchtig. Mexiko ist zudem unser erstes Land in Lateinamerika auf dieser Fahrt, und – und das ist der Hauptgrund – uns hat es schon einmal erwischt, damals in Peru.

Salaverry, Peru, das ist ein offizieller Einklarierungshafen im Norden des Landes, und 1986 mit SEETEUFEL war Salaverry zudem auch Nothafen für uns, denn beim Kaffeekochen hatte ich mir richtig schlimm die Hand verbrüht. Der Diesel war auch alle, der Wind ließ auf sich warten. Ein offizieller Einklarierungshafen laut Seehandbuch, da musste doch alles okay sein, war es aber nicht. Peru ist nun einmal Peru. Salaverry, das waren verfallene Hafenmauern, damals, halb abgesoffene Hafenbarkassen, ein paar windschiefe Bretterbuden, Wüstensand vor den Anden und die Capitania de Puerto de Salaverry. Wir hätten angeblich Vorschriften gebrochen, und nicht nur eine. Zweihundert Seemeilen vor der Küste hätten wir uns über Funk melden müssen und um Einfahrtserlaubnis in peruanische Hoheitsgewässer bitten müssen. Das konnten wir doch nicht ohne Kurzwelle, nur mit UKW. Egal, das sollte 1000 US-Dollar Strafe kosten. Unsere Ausklarierung aus Panama, bitte schön, da stimme angeblich auch etwas nicht. Also selbst wenn der Capitan de Puerto das mit dem UKW als Entschuldigung gelten ließe, dann würde eben die Sache mit der angeblich fehlerhaften Ausklarierung 1000 US-Dollar Strafe kosten. Dann kam uns der gute Mann aber noch weiter entgegen. Er würde ja auch beide Vergehen noch durchgehen lassen, gar kein Problem. Aber, da wäre noch ein drittes, wir verstanden dieses Vergehen nicht genau, und das, genau das, sollte jetzt eine Strafe kosten, und zwar... 1000 US-Dollar. Wir weigerten uns zu zahlen. Warum denn auch und weshalb? Wir hatten ja wirklich nichts falsch gemacht. Aber alle Diskussion nützte nichts, denn der Capitan dachte sich immer neue, haarsträubendere Gesetze aus, die alle mit derselben Forderung endeten, der nach 1000 US-Dollar. So geht's doch nun wirklich nicht, dachte ich damals. Seeteufel war schließlich im Hamburger Seeschifffahrtsregister eingetragen und damit jedem deutschen Seeschiff rechtlich gleichgestellt. Da rufe ich einfach unsere Botschaft an, dachte ich – die deutsche Botschaft, dein Freund in der Not. Die Botschaft ist in Lima, und man nahm sich unserer auch sofort an. Was denn passiert sei? »1000 US-Dollar?«, sagte ein freundlicher Herr am Telefon, »zahlen sie doch einfach die paar Mark.« Das war's dann, Ende aller Hilfe, Ende aller Bemühungen, allein in Salaverry. Ein Soldat mit Gewehr war auch schon an Bord postiert worden. Unsere Pässe wurden gestempelt, wir wurden aufgefordert, das Schiff zu verlassen, denn das sei jetzt beschlagnahmt. Ende unserer Fahrt, damals, 1986 in Salaverry, Peru. Aber wir waren doch auf dem Wege nach Australien! Also legte ich bei der Bank dort 1000 US-Dollar in bar – die wir zufällig an Bord hatten – auf den ungehobelten Holztresen. Das konnte nicht sein, sagte der Beamte, so viel Geld. Das musste falsch sein. Uns kam zu Hilfe, dass wie oft in Lateinamerika auch in Peru das Dollar-Zeichen vor der einheimischen Währung gebraucht wird. Nicht 1000 US-Dollar, sondern 1000 Inti bezahlte ich damals, etwa 70 US-Dollar, doch auf der Bankquittung stand »$ 1000 para el fundo de la Capitania de Puerto de Salaverry«. Der Capitan sah das, akzeptierte es, freute sich und bemerkte den Fehler nicht. Raus hier, raus aus dem Hafen, bevor das auffliegt, dachten wir, Kurs Callao. Dann kam die Einklarierung in Callao und der Beamte von der Capitania in Callao zeigte uns das Telex, das unsere Ankunft ankündigte und das bestätigte, dass wir eine »muelta«, eine Strafe, von »US Dolares 1000,-« in Salaverry gezahlt hätten. Und doch, aus 1000 US-Dollar waren für uns 1000 Inti geworden, dank des Bankbeamten in Salaverry. Niemand hat den Fehler bemerkt. Jedenfalls nicht in den sieben Wochen, die wir noch in Perus Gewässern waren. Auf unsere deutsche Flagge waren wir nach der Erfahrung mit unserer Botschaft nicht mehr so stolz. 200 Dollar für eine Fischlizenz, diesmal, dachten wir, da zahlen wir die paar Mark, denn nochmal wollen wir nicht in eine solche Lage kommen.

Hinter uns am Police Dock liegt die Momo, auch ein Reinke-Schiff, eine »Hydra«. Gerold ist allein, nur mit Hund Wauzi unterwegs, jedenfalls im Augenblick. Gerold und Wauzi sind ein eingespieltes Segelteam. Wauzis Spezialität ist es, nachts das Dingi loszuwerfen, sodass Gerold mit der Momo auf Suche gehen muss. Wir haben uns jede Menge zu erzählen von unserer Zeit in den USA, von den vielen anderen Reisen, die sowohl Gerold als auch wir im Laufe der Jahre so unternommern haben, essen jeden Abend zusammen und leeren so manche Flasche Wein und Budweiser. Gerold ist schon auf dem Weg nach Norden durch Mexiko gekommen, ohne Fischlizenz. Er sieht das mit den Behörden in Mexiko ganz locker. »Was sollen die denn schon machen – mir das Schiff wegnehmen?« Ihn hat niemand nach einer Lizenz gefragt. Das ständige Ein- und Ausklarieren, das für alle mexikanischen Häfen Vorschrift ist, das hat er auch meistens gelassen. »Einmal, da kamen die zur Momo raus, ein paar Zolltypen, aber Wauzi und ich waren an Land«, erzählt Gerold. »Hab ich halt gewartet bis vier Uhr, dann ist ja Feierabend. Da haben die sich auch wieder verzogen.« Als Gerolds Frau Rike in Cabo San Lucas per Flieger zu ihm kam, da hat er sie einfach selbst mit Kugelschreiber in das hochheilige, offizielle und unantastbare Dokument, die Crewliste, eingetragen. »Das ist viel einfacher, und was soll denn schon passieren?« Ich wünschte, ich könnte das so locker sehen. Aber Gerold war ja auch noch nie in Salaverry. Außerdem ist er so ein lockerer Typ, wenn der in Mexiko im Gefängnis säße, hätte er auch da bestimmt noch eine prima Zeit und würde mit den Gefängniswärtern Karten spielen.

Gerold will auch nach Süden, ein paar Tage nach uns. Bis bald, Gerold, bis La Paz. Vielleicht sehen wir uns da. Aber erst mal muss ich uns das Ausklarierungspapier vom Zoll holen. Das bestätigt uns ganz offiziell, dass wir im 223. Jahr der Independence of the United States of America San Diego verlassen ohne feste Kanonen an Bord, »mounted with no guns«! Also los, Segel hoch, tschüss Wauzi, dann winken wir noch den Seelöwen zu, die auf den Fahrwassertonnen vor San Diego liegen. Kurs Ensenada, erster Hafen in Mexiko.

The United States of America

DEPARTMENT OF THE TREASURY
UNITED STATES CUSTOMS SERVICE

Clearance Of Vessel To A Foreign Port

District of __San Diego 25__
Port of __San Diego 01__

These are to certify all whom it doth concern:

That __TORSTEN HARTMANN__

Master or commander of the __KAVENGA__ Flag __AUSTRALIA__

burden with __11__ Net Tons, or thereabouts, mounted with no

Guns, navigated with __4__ men, including master

__ALUMINUM__ built, and bound for __ENSENADA, MEXICO__

with no passengers and having on board __SHIP STORES__

MERCHANDISE AND STORES,

hath here entered and cleared his said vessel according to law.

Given under our hands and seals, at the Customhouse of San Diego, California,

This __23RD__ Day of __November__

One Thousand Nine Hundred Ninety-Nine in the 223rd year of the Indenpendance of the United States of America

Leticia C. Anduji
(Customs Officer)

Mexiko, »Mañanaland«. »Welcome to Paradise«, funkt eine US-Yacht an die nächste. Was ist denn dort so toll, haben wir immer wieder gefragt. Was ist da so besonders, so total anders als in den USA, als in Kalifornien? Die Tomaten seien so toll und billig, das Brot sei so toll und billig, der Käse sei so toll und billig, und überhaupt…

Die Einklarierung klappt problemlos. Ein Gigant von Fahnenmast mit einer riesigen Mexiko-Nationale überragt alle Gebäude. Das Wappen mit Adler und Schlange auf rot, grün und weiß. Keiner fragt nach der Fischlizenz, hier nicht und auch nicht später. Die Autos sind älter hier, die Löcher in den Straßen und Fußwegen tiefer. Man muss wieder aufpassen, wohin man tritt. Die Preise sind fast so hoch wie in San Diego. Das Brot schmeckt uns nicht, Tomaten und Käse sind nicht billiger oder besser. Doch eins ist deutlich anders hier. In den südlichen USA sprechen viele Menschen nur Spanisch, sind mexikanischer Herkunft und können kein Englisch. Hier spricht jeder Englisch, kein Problem. Spanisch können muss man eigentlich nur in den USA.

1. Dezember, auch in Mexiko wird es Winter. Starkwind aus Norden bläst, dann wickelt uns klammkalter Nebel ein. Die Baja California ist einsam. Orte gibt es fast

nicht, dagegen Geröllfelder, nackte Berge, Wüste mit Kakteen. Wir ankern vor den San-Benito-Inseln. Brecher über Klippen und Felsen, die Luft ist voll vom Gebrüll der Seelöwen und See-Elefanten, ein Tierparadies. Im Ölzeug schleichen wir uns mit dem Dingi an die Tiere heran. Weißer Schaum am Strand, Brandung, an Landung ist nicht zu denken. Plötzlich tauchen ein paar neugierige schnauzbärtige Gesichter neben uns auf, große schwarze Augen, dann ein Dutzend, dann zwei Dutzend sprudeln um das Dingi herum, tauchen im glasklaren Wasser unter uns hindurch und rüpeln sich gegenseitig an, um den Platz mit der besten Sicht auf uns zu bekommen, Seelöwenkinder. Pfeilschnell begleiten sie uns neben dem Dingi. Kleine Kerle sind das, nur gut einen Meter lang, Schulausflug der Grundschule. Doch der Aufpasser ist auch da, eine tiefe Stimme brüllt befehlend aus der Ferne, immer wieder, immer wieder und dringender und aufgeregter. Wir kommen uns mit unserer Begleitung vor wie der Rattenfänger von Hameln. Dass das ganze Jungvolk aber auch mit uns auf Reisen gehen muss! Na ja, auf den abgelegenen San-Benito-Inseln passiert ja sonst nicht viel mit Unterhaltungswert. Jetzt gehorchen die Kleinen aber doch, drehen gemeinsam ab in Richtung Kolonie. Dort, da hinten, in der Felsbucht, da müssten wir landen können. Doch als wir näher kommen, taucht aus der Brandung der Oberseelöwe auf wie Neptun selbst, bis zum Bauch im Wasser, Schaum aus dem Bart tropfend brüllt er uns an. An diesem Stück des Ufers hat er das Sagen. Schon gut, so wichtig ist uns der Landgang nicht. Wir wollen auch nicht weiter stören. Wir sind nur Besucher hier.

Immer noch Nordwind, 25 Knoten, KAVENGA läuft Schmetterling. Das ist Leben, das ist Segeln. Klaas steht am Ruder und steuert die Wellen aus, besser kann es gar nicht werden, doch wir sind schon am Ziel für heute, der Cerro La Cantina liegt querab, da ist Kelp Point, vor uns öffnet sich die Bahía Tortugas, vor Anker vor dem staubigen Ort und der Pier, die mitten im Prozess des Zusammenstürzens erfroren zu sein scheint. Bahía Tortugas ist ein wichtiger Stop auf dem Wege nach Süden an der Baja California. Jedenfalls für all die US-Yachten, die eine nach der anderen so gut es geht an die verfallene Pier gehen und Diesel bunkern, wichtiges Diesel, denn ein Segel ziehen die höchstens mal zur Zierde hoch, egal wie viel Wind weht. Unser Tank ist noch randvoll. Bahía Tortugas, seit vor zwanzig Jahren die Fischfabrik geschlossen wurde, ist der Ort so ziemlich tot. Sandwege, Hunde dösen im Schatten weiß gekalkter Häuser, ein paar Kinder kicken einen Ball herum, eine schwarz-gelbe Corona-Bierreklame ist ein Farbtupfer an einer Hauswand. In engen, dunklen Läden gibt es das Nötigste: etwas Gemüse, Käse und Konserven. Sechzig Kilometer Staubpiste verbinden den Ort mit der asphaltierten Hauptstraße zwischen Tijuana und Cabo San Lucas.

Am Strand wird aus einer Holzbude Bier verkauft. Seglerrunde, alles Amis bis auf uns. Wie habt ihr denn den Sturm überstanden, fragen sie uns. Das war doch ein Ding, gestern. Mit Mühe und Not haben sie das hinter sich gebracht. Nur einem Schiff ist etwas passiert, der Baum gebrochen. Wir sehen uns verständnislos an. Welcher Sturm? Was denn? Gestern soll das gewesen sein? Wir hatten nur 25 Knoten, Spitzensegeln zu den Seelöwen der San Benitos! Plötzlich sind wir die Segelprofis, werden bewundert. Ihr wart ja auch in Alaska, heißt es, ihr kommt mit so etwas klar. Und das klingt doch gut, oder?

Heute ist Weihnachten, der 24. Dezember 1999, Weihnachten in Mexiko. Wir ankern in der Bahía San Francisco in der Cortez-See nördlich von La Paz. Dies ist unser drittes Weihnachten an Bord von KAVENGA. Silke und Britta haben gebacken:

166

Pfeffernüsse, Zitronensterne, Printen, Lebkuchen und zwei große Adventsstollen. Die Kajüte ist geschmückt. Weihnachtsmänner, Engel, Sterne und Schneemänner hängen von der Decke. Und Klaas jongliert. Zauberer müssen auch jonglieren können, meint er, und hat sich Bälle aus Luftballons und Reis gemacht. Seit einiger Zeit landen die auch gar nicht mehr so regelmäßig im Kochtopf oder auf dem Frühstücksteller, sondern ziehen ihre akkuraten Bahnen von einer Hand zur anderen. Der Kassettenrekorder spielt Weihnachtslieder, und Britta liest das letzte Kapitel aus Jostein Gaarders »Das Weihnachtsgeheimnis« vor, wie im letzten Jahr vor dem Palmenmotu im Satawan-Atoll. Das war vor 11 000 Seemeilen und wir sind jetzt auf der anderen Seite des Pazifik. Im letzten Jahr und im Jahr davor – noch in Australien – hatten wir eine kleine Palme an Bord als Weihnachtsbaum. In diesem Jahr ist die Baumbeschaffung ein Problem. KAVENGA liegt vor dem weißen Strand der weit geschwungenen Bahía San Francisco. Hinter uns das Tiefblau der Cortez-See, drüben am Festland rotbraune Felsrücken, einer hinter dem anderen, Farben und Schattenspiele wie am Grand Canyon. Auf der Insel vor uns sind die Hügel karg, nur Steine und Kakteen, Sand und Geröll, vertrocknetes hartes Gras, keine Bäume, keine Büsche. Da ist nichts, das so aussieht, als würde es sich als Weihnachtsbaumersatz eignen. Dann eben nicht… Britta drückt es so aus: »Wir haben einen Tannenbaum, der typisch ist für die Gegend. Und hier ist es typisch, dass es keine Bäume gibt.«

Doch auch ohne Weihnachtsbaum findet uns der Weihnachtsmann, allerdings erst am 25. Dezember, denn wir sind ja nicht in Deutschland. Am 25. Dezember läuft ein kleines Kreuzfahrtschiff in die Bahía San Francisco ein. Bevor wir anfangen können, uns in unserer Einsamkeit durch die vielen bunten Touristenkajaks gestört zu fühlen, die es ausspuckt, kommt auch schon eines der großen schwarzen Zodiacs der SEA LION zu uns herübergebraust und lädt uns für den Abend zum Strand-BBQ ein, es ist schließlich Weihnachten! Rippchen satt, Salat, und natürlich – denn es sind ja US-Touristen – Brownies und Eggnogg, und wir vier schlagen so richtig zu. Lagerfeuer und Gitarre, »Puff the Magic Dragon« und »King of the Road«. Christmas Day in Mexiko.

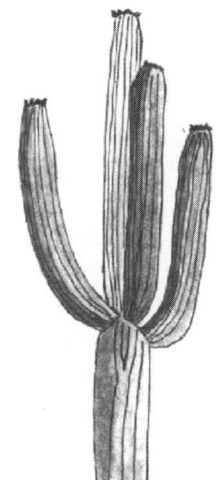

31. Dezember '99, heute ist der letzte Tag mit einem Datum, bei dem die Jahreszahl mit einer Eins beginnt. Am Ankerplatz vor der Isla Santa Catalina sind wir ganz für uns. Heute Nacht, da soll also das große Chaos um die Welt ziehen, der Strom ausfallen, Flugzeuge abbstürzen, Raketen sich von selbst in Bewegung setzen, Atomkraftwerke explodieren… Um uns herum nur stilles Meer und die Steilufer der Isla Santa Catalina, Kaktusinsel. Solche stacheligen Prachtexemplare gibt es nur hier. Klaas paddelt und fängt einen Fisch. Ich nähe neue Bezüge für die Polster. Wir beobachten die Zeit auf dem GPS und hören Deutsche Welle und BBC. Bei uns ist es erst fünf Uhr nachmittags, als die Zahlen auf dem GPS auf 00.00 springen. Das neue Jahr, das Jahr 2000, der GPS funktioniert und im Radio bleiben die Chaosmeldungen aus. Draußen leuchten die Kliffs der Baja im Glutrot der letzten Sonne, schwarze Schattenrisse baumgroßer Kaktusriesen vor dem Dämmerhorizont. Wir schalten das Radio wieder aus, sind allein hier. Das Alltagsleben und der Rest der Welt wird schon irgendwann von selbst wieder nach uns greifen, das brauchen wir nicht zu uns hierher zu holen.

In Agua Verde ist unser Schlag nach Norden in die Cortez-See zu Ende. Kurs Süd, zurück nach La Paz. Unter Groß und Trecker jagt KAVENGA durch den San-Jose-Kanal, der sich nach Süden trichterförmig verengt. Schmetterling bei 25 Knoten Wind. Klaas steht am Ruder, 30 Knoten, dann 35 Knoten. »Warum refft ihr denn nicht?« Silke kann das Unheil kommen sehen. Doch Klaas und ich sind im Geschwindigkeitsrausch. KAVENGA surft mit elf Knoten, mit zwölf Knoten, hört gar nicht mehr auf zu surfen, fegt wie eine Jolle über das Meer. 40 Knoten Wind, die See von achtern wird grob. Dafür ist er berüchtigt, der San-Jose-Kanal. Klaas hält Kurs, kurbelt am Ruder, steuerbord, backbord, immer wieder 40 Knoten in den Böen, unter uns bricht sich eine See und im weiß brodelnden Geschäume ist das Ruder ohne Biss. Halse! Der Großbaum kommt über, erst nur etwas, denn wir fahren ja einen Bullenstander, doch dann bricht der Block am Bullenstander und mit einem Knall kracht das Groß herum. »Ich hab's ja gesagt«, Silke ist sauer. »Schluss mit der Rekordfahrt.« Groß runter, nur noch unter Trecker, acht Knoten Schleichfahrt. Querab bricht eine See und rollt mal eben vor der Sprayhood über das Kajütdach. Dann fällt der Anker in Evaristo. »El Norte« heißt das hier, wenn im Winter der Nordsturm bläst und die ganze Cortez-See hinunterfegt. Perfektes Segelwetter, außer wenn der Bullenstander bricht, aber es ist ja sonst nichts kaputt gegangen! »Nur Glück gehabt«, sagt Silke. »Nochmal macht ihr das aber nicht!«

Los Islotes, das sind nur ein paar Felsenspitzen, die aus dem Meer aufragen, Gischt und Brecher. Salzspray liegt in der Luft. Ein Seelöwenparadies ist das hier, und diesmal tauchen wir mit ihnen. Wieder sind es die Kleinen, die mit uns toben, und wir sind in ihrem Element. Ein Knuff in den Rücken heißt: »Ich bin hinter dir. Komm, spiel mit mir!« Britta steckt ihre Hände aus, scharfe Babyzähne zupfen spielerisch an ihren Fingern und Armen. Blasenspuren sprudelnd hinterlassend umkreisen uns die Tiere, drehen sich, rangeln miteinander. Ein großer Seelöwe schwimmt in der Nähe, beobachtet das Gebalge und kann gleich eingreifen, wenn ihm etwas hier nicht passt. Klaas macht Fotos mit der Unterwasserkamera, und neugierig beißen die Seelöwen in die Kabel. Winter in der Cortez-See. Es ist kalt im Wasser, trotz der Anzüge. Zu lange halten wir das nicht aus. Kurs La Paz.

La Paz, das ist ein bunter Ort vor den Bergen der Baja, jede Menge Segelyachten vor Anker und in den Marinas, die große spanische Kirche mit den Doppeltürmen auf dem Marktplatz, Schuhputzer und Taco-Buden, jeden Morgen um acht Uhr spielt die Marinekapelle zum Tagesbeginn, wenn die Nationalflagge gehisst wird. La Paz, das hat schon was, doch wir Seezigeuner, wir fühlen uns eingesperrt, fühlen uns wie ein Hund an der Leine, denn wir sind für gut drei Wochen hier. Drei Wochen an einem Platz, wo wir doch sonst niemals wissen, wohin uns der Wind am nächsten Tag wehen wird. Aber Klaas wird am 3. Februar nach Australien zurückfliegen, sein Jahr Segeln ist um. Er wird in Townsville Physik und Mathematik studieren, und La Paz ist für den Abflug der günstigste Flughafen in dieser Ecke der Welt. Immer war Klaas da, mehr als achtzehn Jahre lang, doch jetzt fliegt er im wahrsten Sinne des Wortes davon. Für uns alle ist das das Ende eines Lebensabschnittes und der Beginn eines neuen. Am Ankerplatz bläst es manchmal ganz schön den La-Paz-Kanal hinab, und in den starken Tidenströmen bocken die Schiffe und tanzen den La-Paz-Walzer. Unsere Stimmung hat einen Tiefpunkt erreicht, denn in La Paz gibt es wieder E-Mail und Fax und wir bekommen die neuesten Abrechnungen vom Brickyard. Geld ist keins da, die Lage ist nicht besser geworden, sondern schlechter, und darum ist auch in den nächsten Monaten keins zu erwarten. Sollen wir nach San Francisco zurücksegeln und das Schiff verkaufen? Was für ein Ende wäre das für diese Segelreise, was für ein Fiasko. Doch Geld wächst nicht an Bäumen. Wenn nicht das Schiff in den USA verkaufen, dann bleibt nur die Weiterfahrt. Weitersegeln, das ist doch genau das, was wir wollen. Also, beschließt der Familienrat, Townsville ist und bleibt das Reiseziel, come hell or high water, und was das Geld anbetrifft, da gibt es auch eine Lösung. Wir geben einfach keines mehr aus!? Oder besser gesagt und etwas realistischer, wir werden versuchen, mit so wenig auszukommen wie nur möglich. Um die Finanzen kümmern wir uns, wenn wir wieder zu Hause sind. Die Farm oder auch nur ein Ökoladen kommen ja wohl nicht mehr infrage. Die einzige Lösung ist wohl, schnell einen Job zu finden, irgendeinen. Zumindest für den Anfang. Mal sehen. Life goes on. Also lassen wir selbst den Taco-Stand links liegen und haben auch keine Lust auf Margaritas, die hier auch nicht billiger sind als in den USA. Die echten Rund-Pazifik-Margaritas gibt es hier sowieso nicht. Die muss man sich selbst machen vor den Gletschern Alaskas mit frisch gekalbtem Gletschereis unter der Mitternachtssonne!

In der Marina de La Paz gibt es einen Büchertauschraum. Man darf Bücher mitnehmen, bringt Bücher, und jeden Morgen flitzt Britta mit dem Dingi an Land, geht die Neueingänge durch und liefert Gelesenes ab. Sie entdeckt Agatha Christie, und nach dem ersten Buch kann sie es kaum erwarten, sich auf die nächsten 77 zu stürzen, die Silke zu Hause hat. Und wir rutschen in die deutsche Szene in La Paz hinein. Da ist Eberhard Wolff, der TO-Stützpunktleiter, der uns unsere Post bringt und mit dem wir so manche Tasse Kaffee leeren. Da sind George aus Hamburg und Günther mit ihren Yachten, und Siegmund und Doris, gebürtige Berliner, jetzt aus Washington State und mit ihrer selbst gebauten Yacht KOLIKA unterwegs. George ist schon siebzig, hat seine SUNRAY in Vancouver ausgebaut, wo er seit den Fünfzigern lebte, ist losgesegelt und vor acht Jahren in La Paz hängen geblieben. George ist ganz schön einsam, fährt mit uns einkaufen und Silke backt ihm deutsches Brot und Apfelkuchen. Günther mit der PRINCESS ist auch so ein netter Einzelgänger älteren Jahrgangs, ähnliche Story, Lebensabend an Bord in La Paz. Siegmund und Doris haben dreißig Jahre lang in Washington State gelebt. Bei Kaffee und Kuchen an Bord der KOLIKA hören wir die Geschichte des Schiffes. Dies ist eine Yacht, die einem wirklich auffallen muss, denn statt eines normalen Mastes hat Siegmund einen zweiteiligen gebaut. In der Form eines großen A laufen von Backbord und von Steuerbord zwei Mastprofile schräg nach oben und treffen sich in der Mastspitze. Siegmund hat die KOLIKA völlig selbst gebaut. Er hat sich eine Genehmigung zum Holzfällen geholt, und das war der Beginn. Alle Achtung und Hut ab! Vom Baumfällen zum Endprodukt in sechs Jahren. Drinnen sieht die KOLIKA aus wie eine Berliner Wohnung: Spitzengardinen, Plüschpolsterecke, Badewanne und Waschmaschine. Siegmund erklärt mir, wie man ganz einfach eine Alaska-Sägemühle konstruiert, nur mit einer Kettensäge und einer Winsch und dem zu zersägenden Baumstamm. Der Mann hat Ahnung, Meister der Improvisation, auch wenn er noch nicht so weit gesegelt ist und wenn die KOLIKA mit dem Doppelmast ein wenig wie eine Ölbohrplattform aussieht. Das ist nur aus der Ferne so, doch wir sind noch nicht bereit, unser konventionelles Rigg einzutauschen. Siegmund ist ein Bastler, der unwahrscheinlich zufrieden zu sein scheint mit sich und seinem Leben. Ob es bei ihm noch mehr zu lernen gibt als wie man eine Alaska-Sägemühle benutzt?

Für Britta beginnt ein neues Schuljahr. Eberhard hat das große Schulpaket gebracht, das heute in der Post war. Klasse acht, erstes Jahr in der High School. Das Ganze sieht furchterregend aus, meint Britta, gar nicht mehr so locker wie letztes Jahr. Maths, Science, Graphics, English, French, Social Science, Art, Home Economics und Health Education. Mit einem Seufzer macht sich Britta an die Arbeit...

Auf einem klapprigen Karren wird KAVENGA dann noch für zwei Tage aufs Trockene gezogen und wir antifoulen für den langen Weg über den Pazifik. 10 000 Seemeilen bis nach Townsville, mindestens. Antifouling streichen – das hört sich so einfach an. Ist es leider nicht. In Townsville war es kein Problem, die richtige Farbe zu finden. Unser Freund Heinrich Eichenbrenner von Rosshaven Marine hatte gleich mehrere Marken zur Auswahl, alle extra für Alu-Schiffe, garantiert kein Kupfer drin, denn das würde zu Elektrolyse am Rumpf führen. In den USA konnten wir keine gute Farbe finden, denn da ist wegen der strikten Umweltschutzbestimmungen nichts Wirksames auf dem Markt. Fahrt nach Mexiko, hatte man uns geraten, da kann man solche Farbe kaufen. Stimmt nur leider nicht. Spezialantifouling für Alu-Schiffe kommt eben doch aus den USA. Die gleiche Farbe wie in San Diego, nur viel teurer, wegen des Transports und des Zolls. Siegmund hilft. Er muss nach San Diego fahren, mit einem Freund in dessen Auto, und da bringt er die Farbe mit. Das gleiche miese Zeug, das wir eigentlich nicht nehmen wollten, und doch das einzige, was es gibt. Das Aufslippen in La Paz ist doppelt so teuer wie in San Francisco, ein wirklicher Hammer für die Bordkasse. Sage und schreibe 1000 US-Dollar inklusiv der Farbe. Was wäre die Alternative? Ohne funktionierendes Antifouling die Ozeanpassagen segeln, zur von Entenmuscheln bewachsenen treibenden Insel werden? Wie anders war es damals, als wir 1986 in Chile SEETEUFEL für die Pazifiküberquerung vorbereiteten.

Hinter dem Panamakanal war die Farbe vom Rumpf abgefallen, und auch sonst gab es einiges zu reparieren. Wohin segeln, wo das Schiff slippen? Wir hatten Burghard Pieskes erstes »SHANGRI-LA«-Buch an Bord, und der beschrieb eine Werft in Arica in Nordchile, bei der die SHANGRI LA geslippt worden war. Der Chef hieß Don Ricardo. Nichts wie hin, wir segelten nach Arica. Vielleicht gab es den ja noch, den Don Ricardo mit seiner großen Werft »Astilleros Arica S.A.«. Es gab ihn, und er war noch immer der Chef. Was kostet denn das, slippen, sandstrahlen? Don Ricardo saß uns im Restaurant des winzigen Yachtklubs gegenüber und sprach kein Englisch. In grausamem Spanisch erklärte ich, was wir wollten, und er nickte. Ein rundlicher, kurz gewachsener Chilene, um die Fünfzig, dicke rote Whiskynase und Bartstoppeln. Dann machte er sich an die Arbeit und rechnete. Länge des Schiffes, Tonnage, Tiefgang, was zu tun wäre, Tausende anderer Fragen. Das Blatt vor ihm füllte sich mit Reihen von Zahlen, er addierte, subtrahierte und multiplizierte und schob den Zettel mit dem Endresultat zu mir über den Tisch: eine sechsstellige Zahl, allerdings ohne Ausnahme Nullen. Umsonst, kostet nichts. Und warum? Plötzlich sprach Don Ricardo perfektes Englisch, er hatte uns nur an der Nase herumführen wollen. Weil ich will, sagte Don Ricardo, dass ihr in der Welt erzählt, dass Chilenen keine Kinder essen. Das bezog sich natürlich auf die politische Lage, Chile unter Pinochet, und Don Ricardo sah seine Hilfe an als seinen Beitrag zur Völkerverständigung. SEETEUFEL auf dem Gelände der Werft, kaum sah der Vormann, wie Silke mit dem kleinen Klaas die wackelige Leiter runterkletterte, da gab er seine Order, und einige Stunden später war eine Treppe mit Geländer geschweißt worden, wie eine Flugzeuggangway. Südamerikaner sind wahre Gentlemen. Stundenlang saß Don Ricardo bei uns nach der Arbeit an Bord, einen Whisky in der Hand und Seekarten auf dem Tisch. Segler gehen früh ins Bett. Aber wenn Don Ricardo nachts um elf vor der Treppe auftauchte und hupte und rief, dass wir jetzt chinesisch essen gehen würden, dann wurde es halt mit dem Schlafengehen etwas später.

Britta hat uns überzeugt. Mal wieder haben wir die Reiseroute geändert. So wichtig ist uns Hawaii auch nicht, und was sind schon ein paar tausend Meilen extra, wenn es dafür blaufüßige Tölpel zu sehen gibt, Echsen, Pinguine, Riesenschildkröten und Vulkane. Townsville liegt im Südwesten, wir segeln erst mal nach Südosten. Alles fertig, alles vorbereitet, nur eines nicht, und das ist der Laptop-Computer. Der ist leider gestorben, eines plötzlichen Todes, in den ein achtzehnjähriger Junge, ein zwölfjähriges Mädchen und ein im Wege stehendes Glas Wasser verwickelt waren. Mist, kein Word Processing mehr, kein Wetterfax, keine elektronischen Nachschlagewerke für Brittas Schularbeiten, und in La Paz gibt es keine Reparaturmöglichkeiten, obwohl Klaas und ich uns die Hacken wund laufen.

Morgen ist der 3. Februar, morgen ist nicht nur Brittas Geburtstag, sondern auch der Tag, an dem Klaas abfliegt, und heute kommt eine E-Mail von meinen Eltern. Ob wir nach dem Flugzeugunglück nicht Klaas' Flug umbuchen wollen?

Was für ein Flugzeugunglück? Wir hören uns um, und tatsächlich, gestern ist der Flieger der Air Alaska von Mazatlan kommend acht Seemeilen vor Los Angeles abgestürzt, achtzig Tote. Das haut rein, das trifft voll, denn morgen soll Klaas mit Air Alaska fliegen, nach Los Angeles, und eigentlich hatten wir ihn von Mazatlan auf der anderen Seite der Cortez-See auf die Reise schicken wollen. Das war Plan A gewesen, der dann durch Plan B ersetzt worden war, drei Wochen in La Paz. Mann, oh Mann… Die Chance ist groß, dass er in diesem Unglücksflieger gesessen hätte. »Seht das doch mal so«, sagt Eberhard trocken und sachlich und versucht uns zu beruhigen. »Dass zwei Flugzeuge der gleichen Gesellschaft innerhalb von zwei Tagen abstürzen, das ist doch sehr unwahrscheinlich!« Stimmt, da hat er recht. Ich sage jetzt lieber nicht, dass Klaas von Los Angeles aus mit Qantas nach Brisbane fliegt und dass Qantas in ihrer Geschichte noch nicht ein einziges Mal einen Absturz hatten. Was würde das über die Wahrscheinlichkeit sagen?

Heute ist der 3. Februar und wir feiern Brittas Geburtstag so fröhlich es nur geht. Britta hat sich einen großen Mexikanerhut gewünscht. George fährt uns zum Flughafen. Dann ist Klaas weg, wir sind zu dritt. Wie leer das Schiff jetzt ist. Zwei Tage später kommt die E-Mail: Klaas ist gut in Townsville angekommen. Anker hoch und nichts wie weg. Kurs auf die Riesenschildkröten, und niemals sind wir so zufrieden wie wenn wir wieder auf Fahrt sind!

Fajitas

1 kg Rindfleisch
100 ml Olivenöl
2 Essl. Limonensaft
4 Knoblauchzehen (oder Pulver)
3 Chilischoten (oder Pulver)
Pfeffer
2 Paprikaschoten (möglichst verschiedene Farben)
1 Zwiebel (möglichst eine rote)
8 Tortillas

Das Fleisch in Streifen schneiden. Öl, Limonensaft, Knoblauch, Chili und Pfeffer mischen und das Fleisch über Nacht darin marinieren. Tortillas in Backpapier einwickeln und 10 Minuten im Ofen erhitzen. Die Marinade verwerfen, Fleisch bei starker Hitze unter Rühren braten. Gemüse hinzugeben und noch 2-3 Minuten braten. Fajitas werden so gegessen: Man legt eine Tortilla auf seinen Teller, füllt etwas von der Fajita-Mischung in die Mitte, dazu grünen Salat, Guacamole und Salsa. Dann rollt man die Tortilla auf und isst das Ganze mit der Hand.

Tomaten-Salsa

4 Tomaten, gewürfelt
1 Zwiebel, gewürfelt
1 Chilischote, gewürfelt

2 Essl. Korianderblätter
1 Essl. Limonensaft

Alle Zutaten mischen.

Der Südpazifik

Islas Encantadas, verzauberte Inseln

3. Tag auf See, 10. Februar. Kaum Wind, ein Knoten Fahrt. Britta und ich sitzen im Cockpit und blicken über das spiegelglatte Meer. Die Sonne steht schon sehr tief, und der rotgelbe Himmel spiegelt sich im Wasser. Am Horizont sehen wir immer noch Wale blasen und ab und zu auftauchen. Die sind schon seit gestern in unserer Nähe. Direkt neben KAVENGA schwimmt eine große Schildkröte, hebt den Kopf aus dem Wasser, sieht uns lange an und taucht dann unter. Britta und ich denken beide das Gleiche. An die Geschichte von der französischen Yacht SAUVAGE. Denen war vor den Galapagos-Inseln der Mast gebrochen, und mit dem Motor stimmte auch etwas nicht. Auf Galapagos wollten sie nicht auf einen neuen Mast warten. Sie hatten Angst, die Behörden würden einen Trick finden, ihr schönes neues Schiff zu beschlagnahmen. Also sind sie unter kleinem Notrigg die 3300 Seemeilen nach Tahiti gefahren. Sechzig Tage haben sie gebraucht. Gut, dass die Strömung mit ihnen war. »Das war die beste Fahrt, die wir je hatten«, erzählt die neunjährige Chloe begeistert. »Endlich konnte man all die Tiere im Wasser angucken, statt nur an ihnen vorbeizurasen.« – »Nur als eine Schildkröte uns ohne Schwierigkeiten überholte, da fing ich doch an zu verzweifeln«, meint Chloes Mutter Sophie.

4. Tag auf See, 11. Februar. Torsten holt den Sextanten heraus. Mal sehen, ob wir das noch können, Sonnen- und Mondstandlinien und Sternfixe. Britta wird auch in die Geheimnisse der Astronavigation eingeweiht. Schulunterricht und Sternenkunde und Ausschau nach Tieren halten. Was für ein Leben! Ruhe und Frieden. Das Meer ist ruhig, KAVENGA liegt wie im Hafen. Nur voran kommen wir nicht recht. Wind zwischen null und fünf Knoten. Brittas Position ist 53 Seemeilen zu weit südöstlich. Aber wir haben ja noch viele Tage Zeit zum Üben.

6. Tag auf See, 13. Februar. Noch 1420 Seemeilen bis zu den Galapagos-Inseln. Während meiner letzten Freiwache habe ich geträumt, der Baumbeschlag sei gebrochen. Torsten lacht und sagt: »Ich kann ja mal nachsehen.« Der Baumbeschlag ist gebrochen, jedenfalls fast. Das Nirosta-Gussteil ist an seiner dünnsten Stelle angebrochen. Wir können ihn gegen den Beschlag am Baumniederholer austauschen, denn die zwei sind baugleich. Danach kleben wir den Spinnaker. Der ist nämlich letzte Nacht gerissen. Wir haben uns noch nicht an den neuen Bügelanker gewöhnt, der so komisch nach vorn heraussteht, und der Spinnaker ist beim Setzen daran hängen geblieben. 12 Uhr: Britta nimmt die Mittagsbreite. 13 Uhr: Der Wind ist ganz weg, Motor an. Kurze Zeit später ertönt der Bilgealarm. Die Stopfbuchse scheint mehr Wasser durchzulassen als sonst. Pumpen! Torsten verschwindet im Maschinenraum. Keine Ahnung, woher die Flut kommt. Das muss ja irgendetwas mit dem Motor zu tun haben. In der Bilge sind schon wieder mindestens fünf Liter. Mein Wissen über die verschiedenen Teile, die zusammen unsere Motoranlage bilden, ist bestenfalls rudimentär. Vielleicht sollte ich das mal ändern. »Was ist denn das für ein Schlauch, der da im Wasser hängt. Muss der nicht irgendwo angeschlossen sein?« »Nein«, sagt Torsten. »Das ist der Schlauch vom Überdruckventil des Heißwasserbereiters.« Er hält ihn hoch. Ein stetiger Strahl Wasser fließt heraus. »Und«, fährt Torsten fort, »daraus fließt nur Wasser, wenn der Kessel kurz vor dem Explodieren ist.« Das Wasser fließt aber auch, wenn das Überdruckventil kaputt ist, und das ist es. Torsten legt die ganze Heißwasseranlage still, macht ja nichts, wir sind wieder in den Tropen, da ist es warm, da duschen wir kalt. Britta stellt sich auch auf Tropen ein mit Micheners »Tales of the South Pacific« und »Return to Paradise«. 16 Uhr: Brittas Position ist nur fünf Seemeilen vom GPS-Standpunkt entfernt. Es gibt Pizza und Gurkensalat zum Abendbrot. Den heute gefangenen Fisch haben wir freigelassen. Ein Hai im Cockpit war uns zu gefährlich. Die Pizza schneide ich in vier Teile. Ich habe mich noch immer nicht daran gewöhnt, dass Klaas nicht mehr da ist.

7. Tag auf See, 14. Februar. Zum zweiten Mal habe ich Geburtstag auf dem Meer. Diesmal bekomme ich keine freien Nächte ge-

schenkt. Ganz allein will Torsten nicht Nachtwache machen. Aber auf dem Frühstückstisch stehen eine mexikanische Keramik und T-Shirts und eine Karte, von Britta gemalt, mit Galapagostieren darauf. Die Windbedingungen sind immer noch die gleichen. Ab und zu motoren wir mal – wenn der Wind ganz weg ist –, aber meistens probieren wir, mit den Segeln einen Zehntelknoten mehr herauszuholen und die Fahrtgeschwindigkeit auf zwei oder drei Knoten zu steigern. Ich hole Klaas' Buch »The Best of Sail Trim« aus dem Regal. Wenigstens kommt der Wind aus achterlicher Richtung und wir können den Spinnaker fahren. Ein Großteil des Buches behandelt Spinnakersegeln. Aber letztendlich müssen wir doch feststellen, dass wir nicht viel Neues lernen. Mit Buch sind wir auch nicht schneller als ohne. Jeden Abend rollen wir die Persenning über dem Cockpit zurück und sitzen unter klarem Sternenhimmel mit einem Glas mexikanischem Rotwein – Britta mit Zitronensaft – im Cockpit und singen Shanties. Es hört uns ja niemand.

8. Tag auf See, 15. Februar. Wenig Wind, aber Strömung mit uns! Zwei Knoten. Fliegende Fische überall. Backtag: Brot und Marmorkuchen. Britta ist eine Woche voraus mit ihrem Schulpensum.

9. Tag auf See, 16. Februar. 10.00 Uhr: Wir bekommen Besuch. Ein Tölpel sitzt auf den Solarzellen, er humpelt etwas. Wir lassen ihn sitzen und sich ausruhen. 15.30 Uhr: Motor an. 17.30 Uhr: Bilgealarm. Diesmal sieht Torsten die Ursache sofort. Die Wasserpumpe am Motor ist kaputt. Kein Problem, wir haben ein Ersatzteilkit an Bord. Damit sollten wir das schnell behoben haben. Einziges Problem: Wir bekommen die Achse nicht herausgeschlagen aus den alten Lagerschalen, denn die Federringe sind total festge-

rostet. Nach nicht enden wollender Fummelei mit Schraubenzieher und allem möglichen Werkzeug fallen uns die Einzelteile schließlich in den Schoß – nach einigen Stunden! Mit den Ersatzteilen ist die Pumpe dann schnell wieder zusammengebaut. Nun ja, relativ schnell, wir mussten uns erst klar darüber werden, welcher Teil der Pumpe an welchen Teil des Motors gehört. Ich habe viel gelernt in den letzten Tagen. Aber schließlich, eine halbe Stunde nach Mitternacht, sitzt die Pumpe wieder an ihrem Platz. Motor an: Wasser spritzt in alle Richtungen, genau wie vorher! Vielleicht hätten wir doch die Ersatzpumpe bei der Stoll Engine Company in Newport Beach kaufen sollen. Die hatten wir schon in der Hand, eine komplette Pumpe, und haben sie wieder zurückgelegt. 280 US-Dollar! Eigentlich billig, aber eben Geld, das weg wäre. Betont ruhig baut Torsten unsere erst zwei Jahre alte Sherwood-Pumpe wieder aus. Der Federring, der die Keramikdichtung festhält, ist ausgeleiert und verrutscht. Ohne viel Hoffnung biegen wir ihn zurecht und bauen das Ganze wieder zusammen. 3.00 Uhr morgens: Motor an – kein Wasser spritzt irgendwohin. Die Pumpe ist dicht. Torsten und ich sehen sie misstrauisch an. Nach dem vielen Biegen und Hämmern kann die gar nicht dicht sein! Die macht uns was vor. Im nächsten Augenblick müsste sie sich doch in ihre Einzelteile zerlegen. 4.00 Uhr: Die Pumpe läuft immer noch, als wäre nie etwas gewesen. Und den Motor können wir abstellen. Wir haben Wind. Bevor wir mit der Reparatur anfingen, hatten wir hoffnungsvoll den Spinnaker gesetzt und während der ganzen Zeit segelt KAVENGA schon. Langsame Spinnakerfahrt durch schwarze Nacht, und drinnen im gemütlichen Lampenschein der Kajüte unser Reparaturchaos. Jetzt zehn Knoten von achtern. So kann es bleiben für die nächsten 1060 Seemeilen. Die Zahl unserer Passagiere hat sich auf drei erhöht. Zwei Tölpel auf den Solarzellen, einer auf der Fußreling.

10. Tag auf See, 17. Februar. Wunderbares Segeln. Raumschots mit Genua und Großsegel. Die Vögel haben uns verlassen. Die Reinigungsaktion der Solarzellen dauerte eine Stunde.

12. Tag auf See, 19. Februar. Noch 900 Seemeilen. Seit gestern hoch am Wind und wir können den direkten Kurs nicht halten. Zwei Knoten Strom, jetzt von vorn. 20 bis 25 Knoten Wind. Hohe Welle.

Elendes Gebolze in die Wellen. Alle Knochen tun weh. Laut US Pilot Charts sind dies genau der Wind und Strom, mit denen wir auf dieser Strecke und zu dieser Zeit rechnen müssen. Auf Besserung ist also nicht zu hoffen. Die Küche bleibt kalt bis auf Tee und Kaffee.

13. Tag auf See, 20. Februar. Wind und Strom unverändert. Wellen werden immer höher. Trecker und zwei Reffs im Groß. Bratkartoffeln und Spiegeleier. Als das fertig ist, bin ich zu seekrank, um davon zu essen. Wenn das so weitergeht, gibt es nur noch Dosenfutter. Aber wenigstens kommen wir voran, wenn auch nicht hundertprozentig in die richtige Richtung.

14. Tag auf See, 21. Februar. 8.00 Uhr: ein Riesenknall draußen. Das vordere Steuerbord-Unterwant ist heruntergekommen. Das Terminal oben am Mast ist gebrochen. Was jetzt? So etwas haben wir noch nie erlebt, nicht auf SEETEUFEL und nicht auf KAVENGA. Kann man so weiterfahren, weiter in die Wellen krachen bei diesem Hoch-am-Wind-Kurs? Vielleicht sind auch andere Beschläge kurz davor zu brechen? Und was wäre, wenn ein Oberwant den Geist aufgibt? Aber erst mal muss der Mast gesichert werden. Torsten tauscht ein achteres Unterwant gegen das gebrochene vordere aus. Das vordere trägt ja viel mehr Last, und als achteres setzen wir ein Tau ein, das über einen Block auf einer Winsch belegt wird. Immer noch stellt sich die Frage: Was jetzt? Sollen wir zu den Marquesas abdrehen? Die Belastung für das Schiff wäre viel geringer auf diesem Kurs. Wir fahren erst mal weiter Richtung Galapagos. Seit Tagen hatten wir dieses Gebolze. Soll das umsonst gewesen sein? Vielleicht war nur dieser eine Beschlag fehlerhaft. Vielleicht sind die anderen alle in Ordnung. Nur noch 630 Seemeilen nach Puerto Ayora. Der Wind ist jetzt konstant 25 Knoten. So viel ist das eigentlich gar nicht, außer er kommt von vorn. 11.00 Uhr: Der Windgenerator stottert und bleibt stehen. Was kommt denn noch alles? Bezahlen wir jetzt für unsere tolle Zeit in Alaska? Das Problem Windgenerator heben wir uns für den Hafen auf. Ab jetzt heißt es Strom sparen. 23.00 Uhr: nur noch zwölf Knoten Wind. In den letzten Stunden ist nichts mehr kaputt gegangen. Das Meer wird auch etwas ruhiger.

16. Tag auf See, 23. Februar. Nur noch 407 Seemeilen. Wir segeln mit halbem Wind bei einer Windgeschwindigkeit von zehn Knoten.

Die Luken sind offen, wir duschen, und der Mast steht noch. Es gibt Gulasch mit Reis und Krautsalat und später Popcorn. Britta nimmt den Schulbetrieb wieder auf. Abends sitzen wir im Cockpit, Rotwein ist auch noch da.

18. Tag auf See, 25. Februar. Noch 176 Seemeilen bis Puerto Ayora. Seit gestern morgen läuft der Motor. Umlaufende, sehr leichte Winde in der innertropischen Konvergenzzone. Mehr und mehr Vögel um uns herum. Am Horizont ein Schatten, er wird größer. Die Insel Culpepper. Schroffe Felsklippen und dichtes Grün auf dem Hochplateau. Seelöwen tauchen neben KAVENGA auf, und wir sehen sie in der Brandung an der Insel spielen. Delfine begleiten uns. Und dann – ein großes Tier springt aus dem Wasser, und noch eins. Manta-Rochen! Dutzende! Und immer wieder schnellt ein Rochen in die Luft, überschlägt sich und klatscht zurück ins Meer. Die Strapazen der Fahrt sind vergessen.

19. Tag auf See, 26. Februar. Vier Uhr morgens: Ein würziger Geruch nach Kräutern liegt in der Luft. Im Mondlicht neben uns der Schatten der Isla Isabela. Im Morgengrauen sehen wir erstarrte Lavaströme an den Berghängen, grüne Büsche und Kräuter dazwischen auf der rotbraunen Vulkanerde. Und wieder unzählige Manta-Rochen, überall ragen ihre Flossenspitzen aus dem Wasser und immer wieder springt einer in die Luft. Durch die Inselgruppe der Galapagos geht es weiter Richtung Santa Cruz und Puerto Ayora. Vorbei an Walen und Delfinen. Wir sind noch nicht an Land gewesen, aber wir wissen jetzt schon: Die Islas Encantadas sind überwältigend.

Puerto Ayora, Academy Bay, der Hafen ist völlig offen nach Südosten. Man kann die Masten von einigen Yachten sehen, und die malen große lange Achten in den Himmel. Ein paar Fischkutter, ein paar Touristenboote, Brecher am Ufer, Brecher über Riffen, der Ankergrund ist hundsmiserabel und selbst der neue 51 Kilo schwere Bügelanker von Eberhard in La Paz sitzt erst beim dritten Anlauf recht und schlecht. Wir fallen in unsere immer noch schaukelnden Kojen, mal wieder eine Nacht durchschlafen, auch wenn es einem dieser Ankerplatz nicht leicht machen will.

Tags darauf scheint die Sonne, Wind und Schwell haben sich etwas beruhigt, und wir tuckern mit dem Dingi in den Ort. Plötzlich sind wir in Südamerika. Im flachen Innenhafen liegen bunte Holzschiffe, die ersten grau-schwarzen Gala-pagos-Leguane blicken ernst von der Hafenmauer auf uns herab. Draußen auf der Reede ankert ein uralter knallroter Frachter aus Guayaquil, dessen Ladung mühsam Stück für Stück erst in Leichter umgestaut wird und dann am Ufer hier in Lieferwagen. Massenweise große Gaszylinder sind dabei, Säcke von Mais, Mehl, Zucker und Zwiebeln, Kekse und Bier. An den Flaggenmasten wehen die Fahnen der Galapagos-Inseln und Ecuadors, und vor der Uferpromenade steht ein großer Betonalbatross, unter dessen geschwungenen Flügeln hindurch man die ankernden Schiffe sieht. Ein Wandgemälde am Supermarkt zeigt die Ge-schichte der Inseln: spanische Entdecker, Charles Darwin mit strengem Blick und weißem Rauschebart, Walfangschiffe vor Anker. Touristenshops und Straßenres-taurants an gepflasterten Wegen. Doch etwas fehlt hier… der Straßenverkehr. Ein paar Taxis gibt es, ein paar Lieferwagen und jede Menge Fahrräder. Privatautos dagegen fast nicht. Himmlische Ruhe. Am Ufer liegt ein Holzschiff halb auf Land. Morsche Planken werden ersetzt und mit Kokosfasern wird kalfatert, doch nie-mand ist so recht in Eile. Capitania de Puerto Ayora, es ist Zeit einzuklarieren. Je ärmer die Länder, desto weißer die Uniformen der Marine, desto polierter die Stie-fel und desto »hilfreicher« der Hafenkapitän. Wir brauchen ein Ausräucherungs-zertifikat. Haben wir das? Nein! Dann sollen wir den Ausräucherer für 35 US-Dollar an Bord kommen lassen. Wollen wir das? Nein! Na dann, für 20 US-Dollar unter dem Tisch in die Hand des Capitans werden wir von der Zertifikatpflicht befreit. Dann zum Pässestempeln. Sechzig Tage Aufenthaltsgenehmigung, super. Wir werden in Villamil ausklarieren. Das erwähne ich so nebenbei, da holen wir uns den Ausreisestempel. Geht nicht! Das ist die offizielle Antwort des Beamten von der Migracion. Dazu müsst ihr hierher zurückkommen, denn in Villamil, da gibt es keine Migracion, nur einen Capitan de Puerto. Was, 45 Seemeilen gegen den Passat? Egal, die Stempel sind im Pass, wir sind frei. Ob wir später hier auskla-rieren und illegal in Villamil sind, oder in Villamil legal sind, dort aber ohne Aus-reisestempel auslaufen werden, das lassen wir erst mal auf uns zukommen, das werden wir später ausdiskutieren mit all den anderen Seglern, bei Hamburgern und Bier. Irgendwer wird schon wissen, was man da so macht.

Erster Galapagos-Tag, Touristen gibt es hier in jeder Menge, doch die Stimmung ist toll, und wir erinnern uns an die Hafenorte in Griechenland, damals vor 25 Jahren, auf Paros oder Kreta, als der Wein noch billig war, der gegrillte Octopus ganz prima zum Ouzo passte und der Massentourismus noch nicht alles nie-dergewalzt hatte. Wie ist das denn hier mit dem Umrechnungskurs, fragen wir, und ein junger Österreicher erklärt uns, dass er gerade aus der einzigen Geldmaschine eine Million Sucres herausgeholt hat. Das sind 40 US-Dollar. Nichts wie hin! Wir holen uns ein paar Millionen und finden unser künftiges Stammlokal. Zu dritt Hamburger, Pommes Frites, jeder einen Fruchtsalat, Cola und Bier, das kostet zusammen 6 US-Dollar, wir sind reich!

Von den großen Galapagos-Schildkröten haben die Walfänger nicht viele übrig gelassen. Zu Zehntausenden wanderten diese ruhigen und hilflosen, Hunderte von Jahren alten Wesen als Lebendproviant in stinkende Schiffsbilgen. Eingeschleppte Ziegen und Ratten trugen dann ihren Teil dazu bei, die Schildkröten von ehemals 200 000 auf unter 20 000 zu dezimieren. Im Charles-Darwin-Institut werden sie heute gezüchtet. Viele der unbewohnten Inseln sind wieder frei von Ziegen und Ratten. Es geht aufwärts mit den Schildkrötenzahlen. Aber bei Tieren, die einige hundert Jahre alt werden, da dauert es etwas länger mit der Vermehrung. Kakteen auf Lava, dichtes Buschwerk, dazwischen liegen die Schildkrötengehege des Instituts. Ganz still stehen wir, gehen nicht heran an die Giganten. Ein Koloss ist aber sehr kontaktfreudig und leitet eine komplizierte 180-Grad-Wende ein. Dann schlurft und schiebt er sich im Zeitlupentempo zu uns. Ein zerknautschter, unendlich alter Kopf kommt auf einem dunklen faltigen Hals teleskopartig auf uns zu gefahren und reibt sich an Brittas Bein. Ganz still sind wir. Dann krault Britta die schrumpelige Haut und die Schildkröte verdreht behaglich die Augen.

Puerto Ayora ist ein Hafen zum Hängenbleiben, zum Versumpfen, und wir sind fast drei Wochen hier. Zum ersten Mal treffen wir wieder segelnde Weltenbummler, Schiffe aus aller Welt und nicht nur aus den USA, wie in Mexiko. YANA liegt neben uns mit Anvor und Tord aus Göteborg. KEPHA II aus Oslo mit Liv und Hans und den Kindern Mia und Camilla, und die kleine hölzerne EMILY aus Seattle mit Debbie und Geoff. Jeder bringt seine Segelgeschichten mit, und bei den Bierpreisen hier können es sich alle leisten, großzügig mit den Sundownern zu sein. Wir alle haben die 3000-Seemeilen-Fahrt nach Französisch-Polynesien vor uns. Es wird geschraubt und gebastelt und kartonweise Proviant herangeschafft. Aber nur wenn der Wind nicht zu schlimm weht und die Wellen nicht zu hoch gehen. Sonst besteht Gefahr, dass man es macht wie Matt aus San Diego, der auf dem Wege zum Einklarieren sein kleines Dingi in einer Welle versenkte. Matt sieht das ganz locker: »Schiffspapiere und Pässe, die schwimmen ja!« Hans und Liv haben die KEPHA II in Florida gekauft, eine brandneue Bénéteau. Den Kauf regelten sie per Fax aus Oslo, sie hatten das Schiff nie gesehen und waren noch nie gesegelt. Jetzt sind sie schon in Puerto Ayora. Auf das Vorschiff gehen sie auf See nie. Rollgroß, Rollfock, da braucht man das doch nicht, meint Hans. Vor der Abfahrt, erklärt er, da wird er auf der Rollfock ein Doppelsegel anschlagen, wird zwei Spinnakerbäume setzen, alle Schoten fertig machen, und dann braucht er auch auf den 3000 Seemeilen bis zu den Marquesas das Cockpit nicht zu verlassen. Lach nicht, denke ich, Hans ist ein Optimist, der kommt in Fatu Hiva an, nimmt die Bäume im Hafen herunter und war wirklich nie auf dem Vorschiff!

Tanken in Puerto Ayora ist ein Abenteuer. 0,80 US-Dollar kostet die Gallone und wird in schweren Kanistern frei Schiff geliefert. Eine ganze Gang von muskulösen Jünglingen bringt uns Diesel. Die 60-Liter-Tonnen werden an Bord gehievt und umgefüllt. Klar fasse ich mit an, klar, dass ausgerechnet da einer der Typen sein ganzes Gewicht samt Dieseltonne auf die Seereling hängt und dass die Relingstütze laut seufzend ihr Leben aufgibt und Dieselfass samt mir und Muskelmann über Bord gehen in das Motorboot unter uns. Schwarz ist der Diesel von Puerto Ayora. Billig ist es nur, wenn man das Geld für all die Filter nicht mitrechnet, die wir damit volldrecken werden.

In Puerto Ayora begegnen wir der »Bluewater Rallye«, achtzehn Segelyachten auf vorgeplanter Route, jeder Hafen vorgeschrieben, alles schön im Pulk. Wozu denn das, warum denn nur, das ist es doch nicht, weshalb man segeln geht! Geoff von der EMILY und Torsten von KAVENGA unterhalten sich darüber wohl etwas zu laut, als wir zusammen bei »El Chocolate« vor unseren Hamburgern sitzen. Ein Amerikaner setzt sich zu uns, stellt sich vor und erzählt, dass er auch an der Rallye teilnehme. Aus Sicherheitsgründen. Er und seine Freundin segeln eine 18-Meter-Slup, und seine Freundin sei vorher noch nie gesegelt. Darum die Rallye, denn da ist für alles gesorgt, da kann nichts passieren. Etwas leiser setzen wir unsere Unterhaltung fort. Was wäre wenn… Was passiert, wenn tausend Seemeilen von hier etwas richtig schief geht, es richtigen Bruch gibt? Was dann, wie hilft es dann, in der Rallye zu sein? Genau dieses Schiff, die MANGO TANGO, werden wir später in Papeete nochmal treffen. Und wirklich gerieten sie zwischen Galapagos und den Marquesas in echte Seenot. Die Klimaanlage in der Eigner-kajüte war ausgefallen und sie mussten darum in die Besucherkabine umzie-hen. Das zu erzählen war den beiden nicht mal peinlich. Warum denn auch? Hat nicht jede gut ausgerüstete Fahrtenyacht mindestens eine Klimaanlage, die 24 Stunden am Tag läuft, zusammen mit dem Generator, versteht sich?

Doch wir sind ja nicht so weit gesegelt, um Segelstorys zu hören. Wir sind hier wegen der Tiere. Mit Ramon fahren wir in die Berge, in Regenwald auf Vulkan-hängen. Bambusdickichte und Riesenbäume gibt es hier, und Schildkröten. Stun-denlang wühlen wir uns durch stacheliges Gestrüpp und über Felsen, pflücken wilde Pampelmusen und Passionsfrüchte – und finden Riesenschildkröten, in freier Natur, wo sie genüsslich grünes Gras kauen und auch Passionsfrüchte mampfen. Diese Tiere sind wild. Wir halten Abstand, denn kommen wir zu nah, dann atmen sie fauchend aus und ziehen den Kopf ein. An den Klippen am Hafen nisten Blaufußtölpel, poppig bunte Farbkleckse. Wer hat sich das nur ausgedacht, die Farbe ihrer Füße? Mit Tord und Anvor fahren wir zur Seelöweninsel und schnorcheln mit den Babys. Die rüpeln uns an wie ihre Verwandten in Mexiko und scheinen uns zu fragen, warum wir denn so lahm sind. Warum taucht ihr nicht auf den Grund herab mit uns und surft in den Brechern über die spitzen Felsen?

Jede Menge anderer interessanter Stellen gibt es auf den Galapagos-Inseln zu besuchen. Der Haken dabei ist, dass das nur per Tourboot erlaubt ist. Zu teu-er für uns alle, denn wenn man auf eine Tour will, dann muss man vorher auch noch 100 US-Dollar Eintrittsgebühr für den Nationalpark bezahlen. Was tun? Ganz einfach, Britta fährt allein, und ihr Ticket kostet auch nur 50 US-Dollar. Mit Schnorchelausrüstung, Fernglas und Kamera in der Tasche geht es los. Zur Isla Bartholomé der erste Trip. Britta schreibt ins Bordbuch: »*Ich hatte den Trip gemacht, um Pinguine zu sehen, doch das sollte nicht sein…*« Die Inseln sind ja kein Zoo, und gerade heute sind keine Pinguine da. Doch Delfine und Seelöwen und karg faszinierende Galapagoslandschaft. »*Ich habe einige Fotos geschos-sen.*« Dann geht sie noch auf eine zweite Tour, zu den Islas Plazas, da gibt es nämlich nicht nur die Meeres-Leguane, die wir aus Puerto Ayora kennen, son-dern die zweite berühmte Echsensorte der Galapagosinseln, die Land-Leguane. »*Die männlichen ausgewachsenen Land-Leguane sehen toll aus. Die meisten von ihnen haben orange Flecken auf dem Rücken. Es gibt auch Hybrid-Leguane, eine Mischung aus den beiden Arten, die können tatsächlich auf die Kakteen klet-*

tern, die es hier so viel gibt, und sich die Früchte holen. Diese beiden Leguan-
arten können die Kaktusfrüchte heil verschlucken, inklusiv Stacheln. Autsch…«

In Puerto Ayora gibt es ein Internet-Café, und wenn die Telefonverbindung
nicht gerade gestört ist, dann kann man hier seine E-Mails lesen. Endlich Nachrichten von Klaas. Alles in Townsville klappt bestens. Die Uni macht Spaß, das Leben geht seinen Gang. Wie immer. Leider regnet es dauernd. Die schlimmsten
Regenfälle in der Geschichte der Stadt. Neulich war die Straße überflutet, das hat
er aber erst gemerkt, als unser Auto eine Flutwelle vor der Windschutzscheibe
herschob und der Motor sich weigerte, unter Wasser zu laufen. Den hat er dann
einfach trockengelegt. Jetzt läuft er wieder prima. Nichts passiert, nichts kaputt.
Es regnet immer noch. Was gibt es sonst noch zu erzählen? Ach ja, das Wichtigs-
te, gleich am ersten Tag in der Uni hat er Kristine kennen gelernt. Seitdem sind
sie unzertrennlich, immer zusammen, mal schlafen sie in unserem Schuppen in
Alligator Creek, mal in Townsville in Kristines Zimmer auf dem Uni-Campus.

KAVENGA versinkt tiefer im Wasser. Wir laden ein zu Preisen, wie wir sie nie
erhofft hatten: Bier, Marmelade, Eier, Mehl, Zucker, Kekse, H-Milch… Niemals mehr
wird unser Geld so viel wert sein wie hier und heute. Selbst nicht auf den Galapagos-Inseln, denn in ein paar Wochen ist der 1. April, und dann findet in Ecuador eine Währungsreform statt, die »Dollarification«. Der Sucre wird abgeschafft
und der US-Dollar wird zur offiziellen Währung. Was dann aus den Preisen wird?
Jetzt brauchen wir nur noch Benzin, ein paar Kanister voll für den Außenborder
und Kompressor, doch die einzige Tankstelle hat keins. Erst nach drei Tagen habe ich Erfolg. Am Montag um 15.00 Uhr soll es Benzin geben. Eine Kette hängt
vor der Tankstelle, davor wartet eine Schlange von Autos mit leeren Tanks. Vor
der Zapfsäule steht ein Aufpasser mit Gewehr, breitbeinig wie ein Westernheld.
Auf die Plätze, fertig, los! Doch zuerst werden Kunden mit Kanistern bedient, und
ich gehöre dazu, werde herbeigewunken und abgefertigt. Die Autos hupen, die
Fahrer johlen, hoffentlich lyncht mich der Mob nicht. Am 14. März sind wir ab-
fahrbereit. Aber vorerst geht's nur zur Nachbarinsel. Kurs Villamil auf der Isla
Isabela.

Unsere Seekarte ist alt, noch aus SEETEUFEL-Zeiten. Es ist die British Admiralty
Chart 1375 von 1946, 1985 das letzte Mal berichtigt. Villamil, der Ortsname, steht
da klar und deutlich im Südwesten dieser weiten und offenen Bucht. Da sind
aber keine Häuser zu sehen, die liegen im Norden der Bucht. Schwell läuft, drei
Meter aus Südwest, und weit vor der Küste schon steht Brandung. Hoch bauen
die Brecher sich auf, höher, höher und wild schäumend. Wenn ich vor etwas auf

See Respekt habe, wenn sich mir der Magen verknotet, dann sind es Brecher über Untiefen, Heben und Senken der See, dann plötzlich überschlägt sie sich, unfassbare Urgewalt, allzerstörend. Hier gibt es kein Warten auf die siebte Welle. Jede ist ein Brecher, und wo ist die Einfahrt? Wie lächerlich einfach ist es dann im Nachhinein, wir fahren durch die halbwegs sichere Zone zwischen den Rollern vor dem Ufer und denen vor der Insel, die dem Hafen vorgelagert ist. Vor Anker in Villamil. Über der Capitania weht die Ecuador-Nationale, dahinter steigt das Land langsam in die Wolken hinein, die den Vulkan heute verbergen. Villamil ist das genaue Gegenteil zu Puerto Ayora. Der Ankerplatz ist perfekt geschützt, die Stadt winzig, lateinamerikanisch weiß getüncht, Sandwege zwischen den Häusern, kein Straßenpflaster und fast keine Touristen, keine T-Shirt-Läden, keine Souvenirs und auch keine Straßencafés mit Hamburgern. Zwei, drei Geschäfte gibt es, zimmergroß, H-Milch kann man kaufen, ein paar Dosen und Brot, das ist schon fast alles. Ein großes Fachwerkhaus ist das Hotel »Balena Azul«, der »Blaue Wal«. Senora Dora ist die Dueña, die Besitzerin, sie kommt aus der Schweiz. Eine der Lavainseln hinter KAVENGA ist ein Tierparadies, die schwarzen Lavaklumpen leben, man muss nur genau hinsehen. Überall Leguane, winzig kleine und dann große Urväter, schwarz mit weißen Lippen, die wie geschminkt aussehen, und mit gezackten Rückenkämmen. Mit langen Schwänzen ziehen sie geschwungene Furchen in den weißen feinen Sand am Strand, am Seelöwenstrand, denn hier lebt eine ganze Kolonie der Galapagos-Seelöwen. Britta kommt mit dem Paddelboard jeden Morgen zu Besuch. »*Einmal habe ich einen richtigen Schock bekommen. Ich habe auf dem Sand gelegen und die Leguane beobachtet, und plötzlich habe ich hinter mir Geräusche gehört. UND WAS HABE ICH GESEHEN? Ein Seelöwe ist direkt zu mir gekommen. Er hat an meinen Schuhen geschnuppert und ist dann an mir vorbei den Strand hoch gewatschelt. Wow... how special!*« Die ganz kleinen Seelöwen schlafen oft tief und fest. Manchmal robbt Britta sich leise an sie heran, krault sie am Bauch, und genießerisch räkeln sie sich im Sand, bis sie dann doch endlich die Augen öffnen und Britta sehen. Die hat nun nicht gerade Ähnlichkeit mit einer Seelöwenmama und sofort gehen sie auf Distanz. Vor dem Strand liegen Felsen, Brecher rollen herein. Das Surfen haben nicht die Menschen erfunden. Draußen treiben die Seelöwen, warten auf DIE perfekte Welle, DEN perfekten Surf, und dann nichts wie los, im Schaum über messerscharfe Felsen, dann den Strand hinauf mit dem letzten Schwung der Welle. Das Wasser geht zurück, der Seelöwe dreht sich auf die Seite, lässt sich den Sand hinunterrollen, wieder von der Welle packen, und verschwindet in der Tiefe. Das war wirklich die perfekte Welle. Wo bitte ist die nächste? Hier auf den Galapagos ist unsere letzte Begegnung mit den Seelöwen. So lange haben wir sie um uns gehabt. Steller-Seelöwen in Alaska, kalifornische Seelöwen von San Francisco bis La Paz und jetzt Galapagos-Seelöwen. Das war's. Von jetzt an gibt's das nicht mehr, das Gebrülle in der Nacht, schlafende Seelöwen auf jeder Boje und die elegante Begleitung, die neben unserem Dingi durch die Wellen schießt. Schade.

Señora Dora hat einen Trip zum Vulkan für uns organisiert. Los geht's. Erst mal über eine Schlaglochpiste bergauf durch Lavafelder. Die Lava sieht aus wie dicker erstarrter Pudding, meterhoch aufgetürmt zu den Seiten der Pisten. Weiter bergauf, Büsche wachsen hier und kleine Bäume, und weiter bergauf. Die Vegetation wird regenwaldartig. Hohe Baumriesen überdachen den Weg. Man hat Kaffee angebaut, Papayas, Bananen, Apfelsinen, Pampelmusen und Tabak. Kühe weiden hier und Esel. Noch weiter nach oben. Es wird kühl, das Land karger, keine Bäume mehr, nur noch Büsche und Gras. Der Weg ist zu Ende. Weitergehen soll es per Pferd, und die Pferde werden erst mal zusammengetrieben und Sättel aus alten Autoreifen und Stücken von Rüsteisen werden hervorgeholt. Britta ist noch nie geritten. Das wollte sie schon immer, nicht nur mal auf einem Pferd sitzen, nein, richtig reiten, eine lange Strecke. Kaum sitzt sie drauf auf ihrem Pferd, auf genau dem braunen mit der weißen Nase, das sie am liebsten wollte, da geht es auch schon los. »Ich war ganz schön nervös, denn ich hatte so etwas noch niemals gemacht, aber ich war auch SEHR excited.« Britta reitet vor mir, dreht sich immer wieder um, so etwas »Wahnsinniges, irre Tolles! Später sind Silke, Torsten und ich sogar galoppiert!!!« Britta reitet, als hätte sie das schon immer getan, den Hut im Nacken und die langen blonden Haare wehen hinterher, weiter, Galopp, und weiter, nur Pferde, Vulkan und wir drei.

Der Sierra-Negra-Vulkan hat eine Caldera von zwölf Kilometern Durchmesser. Links neben uns geht es steil in die Tiefe, rechts auch, und weit in der Ferne liegt die Westseite der Insel, die Bahía Isabela, groß und geschwungen, was für eine Ankerbucht. Dahin müssten wir segeln, denn dort soll es ganz sicher Pinguine geben. Wenn das nur nicht alles verboten wäre. Ab jetzt müssen wir zu Fuß weiter. Stolperpfad durch die Kulisse des jüngsten Vulkanausbruches. Schwarze Aschekegel, daneben tiefrote Lavaspuren und schwefelgelbe Risse, aus denen es dampft, und im tropfenden Kondensat hat schon wieder Leben Fuß gefasst, kräftig grüne Farne in der Lava, Vorboten der Invasion des Lebens. Auf dem Rückweg reiten wir durch Wolken, erst nebelig feucht, dann prasselnder Regen und der Pfad wird zum Fluss. Unbeirrt sicher setzen die Pferde Huf vor Huf. Zurück im Regen auf dem offenen Lieferwagen, doch Señora Dora wartet schon im »Blauen Wal« auf uns. Heiße Suppe, Gulasch und Kartoffelbrei, Papayasaft, Kaffee und Kuchen, alles ganz schweizerisch gekocht und für 1,50 US-Dollar pro Person. »*Wir waren nass, nass, nass und kalt, kalt, kalt, aber happy, happy, happy!*« 31 Ausrufungszeichen setzt Britta im Bordbuch hinter diesen Satz.

Einige Tage später machen wir den Trip zum zweiten Mal. Das war einfach zu toll, und diesmal sind wir erfahrene Reiter, oder? Statt einer Stunde dauert der Ritt nur eine halbe. Galopp, Galopp, weiter und weiter, und auch die Pferde scheinen es zu genießen, können sich mal austoben, Galopp am Caldera-Rand, Galopp um Büsche und Bäume. Diesmal regnet es nicht auf dem Rückweg. Steil bergab führt der Pfad, schneller, schneller, und plötzlich steht Britta hinter einer Kurve am Wegesrand. Weg ist das Pferd. »Mir ist ein Fuß aus dem Steigbügel gerutscht. Ich hab an den Zügeln gezogen und ›Brrrr‹ gerufen, und dann ist der Sattel abgerutscht!« und Britta unter ihrem Pferd Morro gelandet. Jetzt hat sie dicke Prellungen und blutige Ratscher. Trotzdem steht später im Bordbuch: »*Reiten ist genau das Richtige für mich!*«

Der Blick in die Bahía Isabela hat uns gepackt. Das ist die kalte Seite der Galapagos-Inseln, und dort leben viele Pinguine, sagt man. Mit einer Segelyacht darf man aber leider nur die vier offiziellen Häfen hier anlaufen. Immer wieder reden wir darüber in Villamil mit Enne und Helge von der dänischen NORDSTJERNEN. Wenn man doch einfach mal hinfährt, nur kurz? Pinguine, Britta kommt davon nicht los. YĀNA läuft aus, und Britta findet ein Geschenk von Tord und Anvor unter unserer Sprayhood: einen Holzpinguin, den Tord auf einen Stein vom Seelöwenstrand geklebt hat. »Ein Geschenk für dich«, hat Anvor geschrieben, »weil du keine Pinguine gesehen hast«. Gute Fahrt, YĀNA, und hoffentlich sehen wir uns mal wieder!

Am Nachmittag vor unserer Abfahrt kommt eine Yacht in Sicht, die kennen wir doch, schwarze Masten, ein hoher Aufbau, die RENAHARA! Die hatten wir schon in La Paz getroffen, Renate und Hartmut. Wir hatten uns so gut verstanden da, aber unsere Wege hatten sich nur kurz gekreuzt. Seglerschicksal. Wir springen ins Dingi, entern noch auf See und haben schon ein Bier in die Hand gedrückt bekommen, bevor der Anker unten ist. Sind das hier nicht wahnsinnige Inseln? Muss nicht jeder diese Stimmung spüren, diesen Zauber erleben, Tierparadies isoliert im Pazifik, für das die RENAHARA und wir über 2000 Seemeilen Umweg gesegelt sind? Nein, Renate und Hartmut waren nicht auf unseren Galapagos-Inseln, sondern auf ihren. Der Ankerplatz in Puerto Ayora war furchtbar und die Menschen wollten ihnen nur das Geld abnehmen. In der Abendsonne sitzen wir zusammen am Seelöwenstrand und sehen den Leguanen zu. Sonnenuntergang in unwirklichen Farben. Seht ihr, das sind unsere Inseln. Vielleicht erlebt ihr sie ja auch noch so. Wir waren jetzt über einen Monat hier und könnten Jahre bleiben, doch in Mexiko, da ging es uns genau anders herum. Renate und Hartmut fanden es toll dort, und wir, wir waren enttäuscht. Ob man Länder jemals objektiv sehen kann? Wohl nicht, und wozu auch, das Außenherum ist auch immer die Spiegelung des Inneren.

27. März, Ausklarierung, nachmittags Anker hoch und morgens um vier Uhr in mondloser Nacht fällt er schon wieder in der Caleta Tagus im Nordwesten von Isla Isabela. Erstes Tagesgrau, steile Felswände ringsum. In akrobatischer Leistung haben 200 Jahre lang Schiffsbesatzungen ihre Bootsnamen weit oben auf die Felsen gemalt. Historische Graffiti. Heute kommen nur noch Tourboote mit Genehmigung hierher, und wir. Die Mischung aus Kuhgebrüll und heiserem Hundegebell kennen wir doch schon von damals aus Chile! Pinguine!!! Ganz dicht manövrieren wir an den Felsen entlang. Schwarz-weiße Galapagos-Pinguine sitzen auf Steinvorsprüngen. Abends vor Anker in der Bahía Isabela. Überall sitzen

Blaufußtölpel und Pinguine, endlich Pinguine. *»Ich habe sie gesehen, als sie die Felsen hochgeklettert sind, und sie sind unter meinem Paddleboard durchgetaucht. Oh, wie unheimlich toll diese kleinen Pinguine sind!«* Unser letzter Abend auf den Galapagos-Inseln.

Visiting an exotic port of call

For the past two years 13-year-old Britta Hartmann (a former Townsville Grammar School student) has been sailing the high seas on board a 14 metre sailing boat, *Kavenga* with her family — her mum and dad and brother Klaas. Britta has been doing Charters Towers Distance Education as well as some other subjects including navigation, sailing, cooking and sewing. Occasionally Britta has been sending us stories of her travels. Here is her account of her travels

SINCE my last article, we're now much closer to home. I've travelled through a lot of great places, and am now in the Kingdom of Tonga. One of the places that I loved the most was the Galapagos Islands. That exotic place that I'd always wanted to go to, ever since I was five.

I could hardly believe my luck when we decided to sail there.

To me, the Galapagos Islands had always been a special place — a wildlife haven.

And rightly so, for as we dropped anchor, and watched the sun set over the town of Puerto Ayora, we saw a marine iguana swim next to *Kavenga*, and then dive away. The next days were absolutely wonderful.

We went to the port captain, and right next to his office on the beach were marine iguanas by the dozen.

In fact, the whole town was full of them! They looked so wise, with their painted faces!

We went up into the mountains and watched the Galapagos tortoises, which these islands are so famous for.

Their wise old faces looked out at us, from under their gigantic patterned shells.

In one part of the Galapagos Islands, called the Plazas Islands, I saw land iguanas.

These iguanas live on the land, while marine iguana can also swim.

There is also a cross between these two, called a hybrid, and it can climb up cacti.

We had the chance to swim with sealions.

Those lively animals would dance under the water, come right up to us, then go back, watching us curiously.

We also saw many manta rays and on our way out of the islands, stopped at a place where we could see the Galapagos penguins. These tiny creatures, only 50 cm tall, looked at us comically from their rocky perches.

The Galapagos Islands are part of Ecuador, South America, and the language spoken there is Spanish. The currency is sucre, and one Australian dollar is the same as 17,000 sucres.

The people were really friendly, and we had a lovely time. Adios! (That's Spanish for goodbye).

SWIMMING WITH THE SEALIONS . . . Britta Hartmann enjoyed swimming with these curious and lively animals

Townsville Bulletin, 24.10.2000

190

Quesadillas

4 Tortillas
Olivenöl
250 g geriebener Käse
6 Frühlingszwiebeln (oder Zwiebeln oder ähnliches)
2 Chilischoten (oder Pulver)

Eine Seite jeder Tortilla mit etwas Öl bestreichen. Eine Tortilla mit der geölten Seite nach unten in einer Pfanne erhitzen. Mit der Hälfte der übrigen Zutaten belegen, eine zweite Tortilla darauflegen, geölte Seite nach oben. Nach ein paar Minuten wenden, so dass die zweite Tortilla jetzt unten in der Pfanne liegt. So lange backen, bis der Käse geschmolzen ist. In Viertel schneiden. Mit den beiden anderen Tortillas wiederholen und mit Salsa servieren.
Die Füllung kann man nach Belieben variieren, z.B. Salami zufügen.

Wasser, Wind und Baguettes

3. Tag auf See, 31. März, Position 02°25'S, 094°42'W. Wir alle finden es herrlich, wieder unterwegs zu sein. Nach dem geselligen Leben auf den Galapagos-Inseln mit all den Seglern und Globetrottern aus der ganzen Welt ist es mal wieder schön allein zu sein – oder in unserem Fall zu dritt – und wieder zu sich selbst zu finden. Es ist auch entspannend zu wissen, dass wir zwar eine sehr lange, aber auch sehr einfache Strecke vor uns haben. 3600 Seemeilen bis Tahiti. Vor dreizehn Jahren waren wir lange auf den Marquesas gewesen. Wenn wir die diesmal nicht anlaufen, sondern durch die Tuamotus nach Tahiti fahren, sparen wir Zeit, und wenn wir Glück haben auch den Bond. Vielleicht finden wir ein paar kleine Motus, die unbewohnt sind,

und klarieren erst in Papeete ein. Wir haben gelesen, dass man vier Wochen in Französisch-Polynesien bleiben darf, ohne den Bond zu zahlen. Ob das klappt? Schon wieder etwas Illegales, ein Landfall auf Motus vor dem Einklarieren. »Warum machen Segler immer so viele verbotene Sachen?«, will Britta wissen. Wenn sie später mal Schwierigkeiten mit dem Gesetz bekommt, wissen wir, woran es liegt.

Im April kann man auf der Strecke, die vor uns liegt, laut US Pilot Charts weitgehend mit Winden aus Südost rechnen, später aus Ost, und mit einer Geschwindigkeit von elf bis sechzehn Knoten. Außerdem ist eine West-, später Südwestströmung angegeben von ein bis zwei Knoten. Also Wind von achtern bis raumschots mit gerade richtiger Stärke und Strom mit uns. Jedenfalls wenn man südlich von ungefähr acht Grad Süd ist. Das sind wir aber noch nicht, und jetzt ist erst mal Flaute und Strom gegenan. Eben noch herrliches Segeln, und jetzt Flaute! Motor an. Aber so schlimm ist das auch nicht, wir müssen sowieso den Wassermacher wieder durchspülen und dafür muss der Motor zwanzig Minuten lang laufen. Danach ist aber immer noch Flaute. Das Schiff liegt so ruhig wie im Hafen, eine ideale Zeit für Britta, ihre Hauswirtschaft-Aufgaben zu machen. Die theoretischen sind schon fast fertig. Wir wissen jetzt alle ganz genau, wie wir uns optimal ernähren sollen und was das, was wir normalerweise essen, unserem Körper antut. Jetzt zur praktischen Seite: Heute Mittag gibt es »Maccaroni, Bacon & Bean Salad« – ohne »bacon«, den haben wir nicht an Bord. Für heute Nachmit-

tag ist »Apple Gingerbread« geplant. Jetzt zu Naturkunde. Diese Woche ist Biologie dran. Dazu muss das Keimen und Wachstum von Pflanzen unter verschiedenen Bedingungen beobachtet werden. Glücklicherweise haben wir noch Weizensamen an Bord. Eine leere Cornflakespackung dient als »geschlossener Behälter mit nur einer Öffnung zur Seite hin«. Auch der Test um festzustellen, was passiert, wenn man Kalziumhydroxid in Wasser verrührt, sich setzen lässt, das Wasser abgießt und dann durch einen Strohhalm hineinbläst, fällt sehr viel leichter, wenn das Schiff ruhig liegt. Wir duschen, essen zu Mittag... – und fangen einen Fisch, eine große Gold-makrele. Jetzt kann der Wind wiederkommen.

Abends motoren wir immer noch. »Das Meer sieht so aus wie in der Augsburger Puppenkiste«, sagt Britta.

6. Tag auf See, 3. April. Um neun Uhr morgens werde ich nach zwei Stunden Schlaf durch Stimmen im Cockpit geweckt. »Dans quelle sorte de logement habites-tu?« – »J'habite dans un voliere.« Der Französischunterricht ist in vollem Gange. Der Anreiz ist ja auch jetzt viel größer, Französisch-Polynesien ist das einzige Land, in das wir noch kommen, in dem nur französisch gesprochen wird. Also schnell noch so viel pauken, wie es nur geht, bevor es ernst wird. Das Wetter ist immer noch sehr gemischt, Wind und Strom aus allen Richtungen, dauernd Segelwechsel. Wo bleibt denn unsere ruhige Segelei im Passat, so wie wir sie vor dreizehn Jahren erlebt hatten? Immerhin ist der Schwell nicht zu stark und das Schiff liegt ruhig. Wir duschen, essen zu Mittag... und fangen eine Goldmakrele, so-gar größer als die erste. Wenn das so einfach ist, werden wir jetzt jeden Tag duschen, danach Mittag essen und dann die Angel mit dem Fisch einholen... Gegen Abend sitzen wir im Cockpit, Delfine überall um uns herum. So viele haben wir selten gesehen. Etwa eine Stunde lang begleiten sie uns. Der Wind scheint stetiger zu kommen – Richtung und Stärke. Ist das nun endlich der Passat?

11. Tag auf See, 8. April. Das Glas mit Weizenkeimen ist aus dem »geschlossenen Behälter mit nur einer Öffnung zur Seite hin« he-rausgeflogen. Seit vier Tagen rauhes Segeln. Konstant 25 bis 30 Knoten Wind, aus Südost zwar, aber nicht das gemütliche Segeln, das wir erwartet haben. Viel mehr Wind als üblich. Die Etmale sind

gut: 180 sm, 182 sm, 176 sm, und Torsten und ich zu müde, um uns darüber zu freuen. Jeder Knochen tut weh von dem Durchgerüttele, denn eine üble Kreuzsee aus Süd läuft zusätzlich. Und dann stellt sich noch die Frage: Wenn Nummernschilder nur drei Ziffern hätten, wie hoch ist die Wahrscheinlichkeit, ein Nummernschild zu bekommen, bei dem die Summe der Nummern 8 ist? Ist die Antwort 45 von 1000 richtig? Britta sitzt am Tisch, hält sich mit der linken Hand fest und schreibt mit der rechten. Seit zwei Tagen ist Mathematik dran: Ratio, Proportion und Wahrscheinlichkeitsrechnung. Wir können nur staunen über dieses Durchhaltevermögen.

Und plötzlich ein scharfer Knall von draußen. Diesmal ist der Schreck nicht so groß. Diesmal wissen wir, wie es sich anhört, wenn ein Unterwant bricht. Irgendwie hatten wir damit gerechnet. In Puerto Ayora hatten wir alle T-Terminals mit der Lupe angesehen, bei einem waren wir nicht ganz sicher: Ist das nun ein Haarriss oder machen wir uns langsam verrückt? Ein Tau mit starkem Haken dran, fertig für den Noteinsatz, liegt immer griffbereit, und Torsten geht gleich in den Mast und hakt es ein. Kein Problem, wir haben zwar 25 Knoten Wind, genau wie letztes Mal, aber diesmal von raumschots. Fünf Uhr nachmittags Bordzeit: Torsten schaltet das HAM-Radio ein, das Amateurfunkgerät. Um zwei Uhr UTC ist das Pacific-Island-Netz auf 14135 kHz drauf mit Günter von der Insel Contadora. Wir geben jeden Abend unseren Standort durch und das Wetter und wir wollen mal hören, wie es der RENAHARA geht. Ihnen ist gestern das Großsegel gerissen. RENAHARA meldet sich und draußen bei uns gibt es wieder einen Knall. Lauter als zuvor. Schrecksekunde, dann stürzen wir alle an Deck. Das Trecker-System segelt im Abstand einiger Meter in Parallelkurs zu uns, gehalten nur noch durch Fall und Verstagung zur Mastspitze. Wir stehen nur und starren es an. Wie sollen wir 150 Kilo Segel und Baum an Deck wuchten, bei 30 Knoten Wind und diesen Wellen? Ein voll gesetztes Segel, das nur vom Masttopp gehalten wird – wenn wir nicht sofort reagieren, dann gibt das Bruch, das hält der Mast nicht aus. Los das Fall, Segel runter, und das klappt auch ganz gut und entlastet das Rigg. Und jetzt? Wie sollen wir das Segel und den Baum einfangen und fast einen Meter über die Seereling wuchten? Britta,

Torsten und ich, was schafft man nicht alles, wenn es einfach sein muss, wenn so viel davon abhängt und es nicht anders geht, wenn keiner da ist, der helfen kann. Schot dicht, Haltetaue angeschlagen, das Treckerwant gelöst, alles über die Seereling gehoben und an Deck festgelascht. Das war's. Hat geklappt, echte Teamarbeit, und nichts sonst ist beschädigt.

Was ist überhaupt passiert? Der Fußbeschlag ist gebrochen. Konstruktionsfehler des Herstellers. Ein Acht-Millimeter-Wantenspanner soll die Biegemomente zwischen Baum und Deck aufnehmen. Die Reparatur in Papeete wird schon kein Problem sein und auch nicht teuer werden, das ist das Gute. Das Ärgerliche ist, dass es passiert ist, dass der Wantenspanner so unterdimensioniert war. Was wäre, wenn... Wenn einer von uns bei Segelmanövern neben dem Baum gestanden hätte! Unzählige Möglichkeiten fallen uns ein. Wir haben mal wieder Glück gehabt. Glück gehabt, dass es noch hell war, dass Britta so ein vollwertiges Crewmitglied ist und dass wir drei so aufeinander eingespielt sind. Aber die Firma Müller & Hans in Deutschland wird etwas zu hören bekommen. Der Unfall wäre so einfach zu verhindern gewesen, zum Beispiel durch eine Sicherung am Fußbeschlag. Die restlichen 1800 Seemeilen müssen wir jetzt ohne Trecker fahren. Wie gut, dass wir damals nicht auf Müller & Hans gehört haben, die uns überzeugen wollten, dass man zusätzlich zum Trecker keine konventionelle Fock an Bord haben muss, da das Trecker-System total zuverlässig sei. Wo die wohl Testfahrten gemacht haben? Auf dem Bodensee? Hoch geht die noch nagelneue Fock, das Großsegel ist doppelt gerefft, es geht weiter.

12. Tag auf See, 9. April. Fünf Uhr nachmittags auf der Borduhr, das Pacific-Island-Netz. RENAHARA ist ohne Ruder. Sie wollten ein Leck in der Steuerhydraulik reparieren. Als sie dazu das Öl abgelassen hatten, hat eine See das Ruder herumgerissen, das jetzt nicht mehr durch das Öl im Steuerzylinder abgebremst wurde. Das hat so einen Schlag gegeben, dass der Zylinder aus seiner Halterung gerissen worden ist. Es dauert eine Weile, bis die Notpinne installiert ist, dann führen sie Taue von ihr auf Schotwinschen im Cockpit und müssen das Ruder mit den Winschen bewegen. Später haben wir über Kurzwelle mit der NORDSTJERNEN Kontakt. Enne berichtet,

dass Helge eine Gehirnerschütterung hat, er hat den Großbaum gegen den Kopf bekommen. Dieses Jahr scheint kein glückliches zu sein für eine Pazifiküberquerung.

Unser täglicher Positionsbericht an das Pacific Seafarers' Net auf 14 313 kHz um 0330 UTC:

DICK 11-4	ISOIS H66 12-4	BOB 13-4	RUSS W7T 14-4
0330 Z	0330 Z	0330	0330
11°27' S.	11° 44° S	12° 17' S	12° 27' S
120° 40' W	122° 13° W	123° 40' W	125° 40' W
COURSE 260°T	course 250°	course 270 t	course 260 T
SPEED 3 Km	SPEED 3 Knots	speed 4 Knots	Speed 5 Knots
WIND E 5 Km	WIND E 5 Km	WIND E 7 Knots	W SE 12 Knots
SWELL 5 FT SE	SE SWELL 4 FT	SE SWELL 3 FT	Seas SE 4 FEET
10 CLOUDS	100 CLOUD	80 CLOUD	80% CLOUD
BAR STEADY	BAR 1021	BAR 1021	BAR 1020
1018	UP 3 (93)	STEADY (91)	DOWN 1 (17)
15-4	16-4 LARRY W4CB	17-4 LES	18-4 DICK
0330 Z	0330 Z	0330 Z	0330 Z
13° 10' S	14° 19' S	15° 02' S	15° 28 S
128° 28' W	130° 39' W	133° 08' W	135° 47 W
250° T	250° T	270°T	260° TRUE
7 Knots	8 KNOTS	6 Knots	6 Knots
WINDS SE 15-20	WINDS SE 25-	WINDS SE 20	WINDS 15-20 SE
5 FT SEA SE	6 FT SEA SE	8 FT SEA SE rain squalls to 30	6 FEET SEA SE
30% CLOUDS	40% CLOUDS	30% CLOUDS	20% CLOUD
BAR 1020	BAR 1021	BAR 1021	BAR 1020
STEADY (165)	1 UP (149)	STEADY (152)	DOWN 1 (157)
19-4 Bob	20-4 Bob	21-4	22-4
0330 Z	0330 Z	0330 Z	0330 Z
15° 58' S	16° 25' S	16° 43' S	16° 52' S
137° 46' W	139° 40' W	141° 38' W	143° 18' W
260° TRUE	250° T	260° TRUE	260° TRUE
5 Knots power	4 Knots	3 FKNOTS	5.5 Knots
WINDS SE 3 Knots	WINDS NW 8 Km	WINDS SW 8 Km	WINDS SE 5 Km
3 FT SWELL SE	SEA CALM NW	SEA 1FT SW	SEA CALM
10% CLOUD	20% CLOUD	100% CLOUDS	50% CLOUDS
BAR 1018	BAR 1018	BAR 1018	BAR 1017
DOWN 2 (118)	STEADY (113)	STEADY (114)	DOWN 1 (96)

196

15. Tag auf See, 12. April. Seit zwei Tagen zwischen 5 und 15 Knoten Wind. Das Meer hat sich beruhigt und wir uns auch. Wir wechseln oft von Genua und Groß auf Spinnaker, je nach der Windrichtung. Der Trecker fehlt uns als zweites Segel für die Passatbesegelung. Es ist erstaunlich, wie schnell man wieder fit wird. Der Himmel ist blau, das Meer auch, fliegende Fische und Doraden springen um uns herum. Wie schön ist es doch, so über das Meer zu segeln. Ganz allein mit der Natur. Seit zwei Wochen haben wir kein Schiff gesehen. Das könnte noch monatelang so weitergehen. KAVENGA liegt so ruhig, dass wir Brittas praktischen Hauswirtschaft-Unterricht weiterführen. Zu Mittag gibt es »Polynesian Beans«, nachmittags »Caramel Pears«. Nur das Abendbrot ist ein Problem – »Mixed Vegetable Curry«. Torsten und ich sitzen mit dem letzten Glas mexikanischen Rotweins gemütlich im Cockpit, während Britta sich drinnen abplagt. Aus der Kajüte ertönt lautes Scheppern, dann eine Reihe von Flüchen. Bevor wir wieder in Australien sind, müssen wir uns um eine zivilisiertere Landsprache bemühen, sonst könnten wir alle unangenehm auffallen. Britta erscheint überhitzt im Cockpit: »Ist es schlimm, wenn ich zu viel ›Chinese Five Spice‹ genommen habe? Da ist viel mehr rausgekommen als ich wollte, das Glas ist jetzt auch leer.« Das Endergebnis ist dann aber doch sehr gelungen und für Ostern plant Britta das »Two-Course-Menu«, das ihr Lehrbuch verlangt. Nur bemängelt sie, dass auf KAVENGA keine Dessert-Gabeln und keine »Bread and Butter Plates« vorhanden sind. Dafür übt sie, auf verschiedene Arten Servietten zu falten. Außerdem holen wir die Ostereier und -hasen vom letzten Jahr hervor, und Britta bastelt ein paar neue als Tischdekoration. Das Kapitel im Lehrbuch über Tischmanieren nehmen wir zur Kenntnis und nicht zu ernst.

Drei Wochen auf See, heute ist der 18. April. Seit fünf Tagen wieder Starkwind, Böen bis zu 45 Knoten, dann ganz leichter Wind, dann wieder stark. Dauernd Segelmanöver. Der Wind wechselt auch ständig die Richtung. Wir sind todmüde und total erschöpft. Bei Segelwechseln passen wir besonders auf, dass uns wegen der Müdigkeit kein Fehler unterläuft. Torsten und ich haben beide die fixe Idee, dass irgendwann der Mast runterkommt nach all dem Ärger

mit dem Rigg. Wie anders war doch damals die Fahrt mit SEETEU-
FEL! Britta ist mittlerweile bei »Social Science« angelangt. Die Grie-
chen, Römer und andere alte Kulturen sind schon lange abgehakt,
jetzt sind das Mittelalter und die industrielle Revolution dran.
Während Torsten und ich immer erschöpfter werden, setzt sie sich
jeden Morgen nach dem Frühstück an ihre Schularbeiten, egal wie
sehr es schaukelt. Sie ist wirklich der beste Seemann von uns allen.
Nebenbei schreibt sie auch ein Buch. Sie ist schon auf Seite 58 und
überlegt sich, welche Verlage sie anschreiben wird. RENAHARA fährt
wieder unter Selbststeuerung. Jetzt ist aber die Rollgenua kaputt. Sie
haben nur Sturmfock und das Groß gesetzt, das sie wegen des Risses
darin reffen mussten. Vier Knoten Fahrt, wir bewundern die Ruhe,
mit der Renate das alles über Funk erzählt.

23. Tag auf See, 20. April. Laut Wetterfax von Werner auf der
FREIHEIT befinden wir uns in einer Kaltfront. Das erklärt die Ge-
witter und umlaufenden Winde der letzten Tage. Trotzdem nicht so
schlimm. Wir können unsere erste Tuamotu-Insel auf dem Radar
sehen, Rekareka in acht Seemeilen Entfernung. Nicht ganz so spannend wie damals nur mit Sextanten, aber auch mit GPS aufregend
genug nach 23 Tagen auf See. Besonders wenn der GPS dauernd
ausfällt und man nicht weiß, warum. Im Radio können wir jetzt
über einen Mittelwellensender aus Tahiti polynesische Musik
empfangen.

Auf dem Pacific-Island-Netz erzählt Albert von der PHOENIX,
dass er noch genau 90 Stunden 25 Minuten und 32 Sekunden bis
Fatu Hiva zu fahren hat und dass die Entenmuscheln an seinem
Rumpf drei Zentimeter lang sind. Günter meint, das mache nichts,
denn die Entenmuscheln würden bei Flaute ihre Ärmchen raus-
strecken und paddeln und ihm auf diese Weise weiterhelfen. Die Segelyacht APPRENTI SORCIER belehrt Günter, dass der Name ihrer
Yacht mit »Zauberlehrling« zu übersetzen sei und nicht mit »Ange-
brannte Soße«.

25. Tag auf See, 22. April. Zwölf Uhr Mittag Bordzeit. Palmen
am Horizont. Als wir damals mit SEETEUFEL unser erstes Atoll
gesichtet haben, fragte Klaas: »Was sind das da für Stöcke im Wasser?« Und genauso sieht es auch aus. Aber schnell kommt das Motu

richtig in Sicht, und kurze Zeit später viele andere, die zum Nihiru-Atoll gehören, und dann die Motus von Marutea-Nord. Die Kaltfront ist auch vorbei. Gibt es etwas Schöneres, als unter Spinnaker bei ruhiger See zwischen tropischen Atollen zu segeln, begleitet von Palmensilhouetten und dem Grün der Lagunen, das von den Passatwolken im warmen Tropenwind reflektiert wird?

23. April, gerade beginnt der 26. Tag auf See. Sieben Uhr morgens Bordzeit, der Anker fällt nach 3300 Seemeilen vor dem Atoll Motu Tunga.

Die Tuamotus, »Dangerous Archipelago«, Gewirr der Atolle, unberechenbare Strömungen, wir liegen im falschen Pass von Motu Tunga. Falscher Pass, weil er nicht wirklich ein Pass ist, nicht die Einfahrt in die Lagune bildet, sondern nur ein Einschnitt im Riff und auf der Lagunenseite flach, voller Korallen. Leinen zu Ankern im flachen Wasser, der Buganker im Tiefen, KAVENGA haben wir vorsichtig an die Seite gezogen, heraus aus der stärksten Strömung. Unter uns glasklares Blau, auf zehn Metern Tiefe ist jeder Stein erkennbar. Unmengen bunter Tropenfische, Lebensgebrodel im Pass, unruhig kreuzen ein paar Haie weit unten. Wir schnorcheln, das Wasser ist warm, gut ein Jahr seit Palau, ein Gefühl wie zu Hause, wieder in den echten Tropen, in den Tropen, wo man scheinbar ewig im Meer treiben kann und dem Leben zusieht, dort im Wasser. Britta sitzt im Flachen, füttert Dutzende gelb-bunter Schmetterlingsfische mit Kokosraspeln. Ostwind, Passat, die Palmen knistern und Miniaturwellen schwappen an das Ufer. 3300 Seemeilen seit Villamil, wie groß dieser Pazifik ist. KAVENGA liegt bewegungslos. Ein Sonnenuntergang wie auf einer Postkarte. Keine Nachtwachen, heute können wir schlafen, die ganze Nacht durch.

Südseeleben, Zeit wird bedeutungslos, keine Verbindung zum Rest der Welt. Oder doch? Eine 18-Meter-Ketsch braust an uns vorbei durch den Pass. »Geht's da in die Lagune?«, schreit der Skipper per Megafon zu uns herüber. Nein, negativ. Das hier ist der falsche Pass von Motu Tunga, und einen richtigen gibt es auch nicht. Alles Korallen voraus, alles flach. Drei Knoten Strom stehen, voraus ist Schluss und das tiefe Wasser ist nur 25 Meter breit. Laut dröhnen die Kommandos aus den Saling-Lautsprechern der Ketsch. Bei Vollgas achteraus kommt eine dicke Rußwolke aus dem Auspuff, dann rauschen sie wieder an uns vorbei in Richtung nächstes Atoll. Wir drei sehen uns an, Realität oder Fantasie? Waren die wirklich hier auf unserem Atoll? Kurz bevor es dunkel wird, kommen zwei fünf

Meter lange Motorboote, vier Männer aus Faaite, die zum Fischen und Langustenfangen hier sind. Mit der Sprache haben wir Probleme, Brittas und mein Jahr Französischunterricht reicht noch nicht so sehr weit. Polynesische Gastfreundschaft, sie laden uns ein zum Langustenessen satt und schenken uns zwei der berühmten schwarzen Perlen. Ein rauer Tisch auf Korallenkies unter Palmen vor der blau-grünen Lagune. Silke backt Kuchen und Brot für die vier.

KAVENGA war dicht bewachsen mit Entenmuscheln. Ein Stück des Rumpfes hatte ich abgekratzt, doch das war total unnötig, denn als ich heute tauche, sind alle weg. Kaum zu glauben, doch Mengen bunter Fische haben sich voll gefressen und keine Muschel übrig gelassen. Polynesien, wer hier arbeitet, ist nun mal selbst schuld. Direkt unter KAVENGA schieße ich einen dicken Forellenbarsch mit der Harpune und reiche ihn in Rekordgeschwindigkeit zu Silke und Britta nach oben, bevor mir die nervösen Haie zu dicht auf die Pelle rücken. Morgen soll es zum nächsten Atoll gehen, nach Tahanea, und Britta und ich versuchen herauszubekommen, wann die Strömung im Pass nicht zu schlimm ist. »Um zwölf Uhr mittags?«, fragen wir die vier. »Peut être«. Die kommen gerade aus Tahanea, die sollten es wissen. »Oder um 13.00 Uhr?« – »Peut être«. Und auch um 14.00 Uhr und um 15.00 Uhr heißt es »peut être«. Also alles klar und keine Angst, denn »peut être« bedeutet »kann sein«. Auf Australisch würden wir sagen: »She's right, mate, no worries!«

Wasserfallartig stürzt das Meer aus der Lagune von Tahanea heraus, eineinhalb Meter hohe Wellen, steile Brecher, schaumiges Gestrudel im Pass, doch wir schummeln. Wir haben die Sonne im Rücken und halten uns am Rand des Passes im flachen Wasser, wo es ruhiger ist, sind drinnen und ankern hinter einer Sandhuk gleich am Pass, vier Meter Wassertiefe, perfekt geschützt, unbewohntes Atoll, Kokosnüsse satt, Papageifische an Korallenbrocken unter uns. Direkt voraus trennt nur ein Geröllstreifen Lagune und Meer. Hier drinnen türkisfarbene Ruhe und draußen die weißen Pazifikroller auf Tiefblau, die endlose Pazifikweite. Und was ist das? Ein dünner Stock am Horizont, da kommt doch eine Yacht! Nein, zwei, dann drei, dann vier, ein ganzes Rudel. Wir sitzen am Ufer des Passes, denn hier gibt's was zu sehen. Spektakulär sieht das aus vom Land her, wie die Schiffe sich durch die Brecher des Passes arbeiten. Unübersehbar liegt KAVENGA hinter der Sandhuk in ruhiger Geborgenheit. Doch die vier gehören zur Blue Water Rallye, und da ankert man dort, wo es einem gesagt worden ist, nicht da, wo es logisch ist. 20 Knoten Passat haben über viele Seemeilen Lagune aus Südost eine hackige See aufgebaut, und die ankern auf ihrem vorgeschriebenen Platz mitten in

200

den Wellen, während wir unsere Bucht hinter der Sandnase für uns haben. Nach zwei Nächten sind sie wieder verschwunden, die Rallyeschiffe. Ich wechsle die Birne der Dreifarbenlaterne im Masttopp. Blick von 17 Metern herab über Motus und Pass, dünne Spur der Palmeninseln, Bollwerk zwischen drinnen und draußen. Das ist auch so ein Traum, eine Idee, was man machen könnte, wenn… Eine ganze Saison, April bis Oktober, ein halbes Jahr, nur die Atolle der Tuamotus, Ankerplätze wie dieser. »Dangerous Archipelago«, weil man nicht mehr davon loskommt, weil einen dies gefangen nimmt, Kokospalmen und Korallen, und weil auch Blue Water Rallyes höchstens mal für zwei Nächte am Horizont auftauchen und die Atolle groß sind.

Die Atolle sind allerdings so groß, dass man hier durchaus auch mal in Not geraten kann, wenn der Wind dreht, wenn ein Tief durchzieht und man im Sturm auf Legerwall liegt statt im Schutz des Riffs. Wenn die Sonne scheint, denkt man nicht daran, doch die Gefahr besteht. Uns hat es einmal fast erwischt auf einem Atoll wie diesem. Penrhyn in den nördlichen Cook Islands, perfekter Ankerplatz, dann Winddrehung am Abend, mondlose Nacht und 35 bis 40 Knoten Weststurm quer über das Atoll, acht Seemeilen Anlauf für die Wellen. Ankerwache, Stunde um Stunde. Dann plötzlich SEETEUFEL quer zu den Wellen, der Anker hatte geslippt, das Ufer knapp hinter uns, Korallenköpfe ringsum. Da gab es keine Chance, Kette und Anker aufzuholen, bei den Seen, nur mit einer Handwinsch. Als ich meine Finger dann zwischen Winsch und Kette geklemmt hatte, gab ich es auf, ließ die Kette ausrauschen. Silke am Ruder, vorsichtig gegenan motorend, Gischt und Schaum und Sturm im Rigg. Dann hatte ich den Reserveanker angeschlagen, hatte ihn fallen gelassen, und er saß, er hielt uns sicher für den Rest der Nacht. Morgens tauchte ich, um ihn zu checken. Immer der Kette nach, ein Korallenkopf, nur ein Meter Wasser darüber. Auf der einen Seite führte die Kette hinauf, auf der anderen lag der Anker. Wir müssen mit dem Bug gerade drüberweg getrieben sein, als die Kette fiel, müssen ihn gerade mit dem Kiel verfehlt haben. Später erzählten uns die Einheimischen, dass sie sicher waren, wir würden stranden, dass sie schon im Wasser waren und zu uns schwimmen wollten, um uns zu retten, als der Reserveanker endlich fasste.

Noch mehr Erinnerungen: Auf der British Admiralty Chart 998 läuft ein Blei-stiftstrich von Fakarava nach Papeete, SEETEUFELS Kurs von 1987. Im Fakarava-Atoll war damals der Motor verreckt, schmutziger Diesel, alles versaut, Pumpe, Düsen usw. Unter Segeln aus dem Pass, dann die Fahrt nach Papeete und Kreuzschlä-ge durch den Pass von Papeete, Kreuzschläge gegen die Strömung am Flughafen entlang, Wind fast weg, bis der Retter kam, das Dingi von der GOD'S SPEED, das uns zum Ankerplatz vor Maeva Beach schleppte. Fahrt nach Tahiti, von den Tuamotus. Das kann doch nicht so schwer sein, den zweiten Bleistiftstrich daneben zu setzen, vierzig Seemeilen länger zwar, doch ohne streikenden Motor. KAVENGA segelt Regatta gegen SEETEUFEL, wir gegen uns selber. Doch das Wetter ist mistig, Wind aus Nord-Nordwest statt Passat. Hier fehlt uns der Trecker jetzt wirklich. KAVENGA arbeitet schwerfällig unter der Genua, volle Höhe am Wind, aber 20 Knoten sind zu viel für das große Segel, doch zu wenig für die kleine Fock. Perfektes Treckerwetter. Auf Backbordbug, die Fahrt ist anstrengend, keiner fühlt sich wohl. 6000 Seemeilen auf Steuerbordbug gesegelt und jetzt dies. Unsere kleine Welt stimmt nicht mehr, alles ist verkehrt, alles falsch. Der Kocher unter uns statt über uns, die Klospülung will auch nicht so recht, und aus der Lotsenkoje rollt man hinaus. Nach zwei Tagen liegt Tahiti voraus. Nicht Papeete mit Venus Point, nein, das konnten wir nicht anliegen, sondern der Isthmus von Tahiti, 25 Seemeilen weiter südlich. Kreuzen oder Motor an? Der Motor blubbert kraftvoll vor sich hin, Kurs Nordwest, Kurs Pass von Papeete. Der Haupttank sollte fast leer sein. »Sollen wir auf den Nebentank umstellen?«, fragt Silke. Gute Idee, denn wir wollen doch nicht, dass uns so kurz vor dem Ziel die Maschine abstirbt. Ohne Motor nach Papeete hinein, also, das wär ja was. Nur hätten wir dieses Mal das Dingi mit dem starken Außenborder selbst dabei. Ich lege den Hebel um, Diesel aus Japan aus dem Nebentank, für ganze drei Minuten. Aus, Ende, Motor steht. Was soll denn das jetzt? Die Schlauchverbindungen sind perfekt. Ich stelle wieder um auf Haupttank, anspringen will der Isuzu nicht. Also die Filter? Der große Vorfilter ist total zu, völlig verschlammt, in drei Minuten komplett dicht. Diesel aus Japan oder eine Algenkolonie? Vielleicht doch nicht so gut, das Zeug so lange herumzuschleppen. Doch in Juneau, da lief er noch ein paar Stunden aus diesem Tank. Das war doch erst neulich, wann genau? Im August, und jetzt ist Mai. Wie die Zeit vergeht! Ich bin todmüde, habe ölige Hände, sauge den Diesel mit dem Mund an, wie immer. Komisch, der Diesel aus Galapagos schmeckt angenehm dieselig, der aus Japan dagegen unangenehm bitter. Kein Wunder, dass der Motor ihn nicht mag. Andererseits haben wir doch einen japanischen Motor. Ich entlüfte die Leitungen, ich bin noch immer todmüde und drehe eine Schraube verkantet in den Filter. Dass das so schwer ist, die zu drehen! Ein feiner metallischer Knacks, ein gebrochener Gewindeansatz, spritzender Diesel, noch 25 Seemeilen bis Papeete, und der Wind ist jetzt auch weg. Mist! Wieder ohne Motor nach Papeete. So wichtig ist es nun auch nicht, dass bei der Regatta von den Tuamotus nach

202

Papeete SEETEUFEL und KAVENGA gleiche Chancen haben. Ich reibe mir den Schlaf aus den Augen, lasse eine dicke Unterlegscheibe weg, setze Teflonband zur Rettung ein und eine Stunde später läuft er wieder, der Isuzu. So lange der Diesel im Haupttank reicht.

Vor Anker, Maeva Beach, 3. Mai, 14.00 Uhr. Wir haben das Rennen gewonnen.

Papeete, damals und heute. Polynesien auf Großstadt-Französisch, Lärm und Hektik und Auspuffgestank. Der Bond erwischt uns natürlich doch. Ironischerweise brauchen Deutsche heute nicht mehr zu zahlen. Damals mit SEETEUFEL hatten unsere deutschen Pässe nichts genützt, wir mussten den Bond hinterlegen, fast DM 9000,- damals. Heute im Zeitalter der EU sind Deutsche von der Bondzahlung befreit. Wir sind aber jetzt ja Australier und müssen mal eben so 3000 australische Dollar rüberschieben, um länger als 72 Stunden hier bleiben zu dürfen. Das Geld werden wir ja wiederbekommen, doch samt Gebühren und Umrechnungsverlusten kostet uns der Spaß 300 Australdollar. Das Gerücht, dass man dreißig Tage bleiben darf, ohne den Bond zu zahlen, das bleibt ein Gerücht, und mit dem groben und unfreundlichen Gendarmen von der Sécurité wollen wir uns lieber nicht auf Diskussionen einlassen. Er ist bestimmt der Stärkere hier, und so muss uns unsere Mastercard aus der Patsche helfen.

Im Internet-Café. Sauteuer, aber wir hören endlich wieder von Klaas. »Warnung«, steht ganz am Beginn der E-Mail, »diese E-Mail ist sehr lang, druckt sie aus, sonst kann es teuer werden.« Das tun wir. Neun Seiten, bei Klaas geht es kunterbunt zu. In seinen Unikursen ist er einer der Besten, und in Townsville ist diese Zyklonsaison die schlimmste seit Jahrzehnten gewesen. Riesige Regenfälle haben das Land überschwemmt. »An beiden Seiten des Highway flossen gewaltige Flüsse. Kurz vor Townsville wurden sie dann zehn Meter breit und es ging nicht weiter. Die Straße in die Stadt hinein war gesperrt. Also keine Uni für uns an dem Tag.« Uns – das sind Klaas und Kristine. Sie sind immer noch unzertrennlich und Klaas schreibt viele Seiten darüber, wie glücklich sie zusammen sind. Und dann wieder über die Regenfälle. So viel Wasser treibt die Schlangen ins Trockene. Mitten in der Nacht tritt Klaas auf dem Weg zur Toilette fast auf eine »Spielzeugschlange. Dann fiel mir ein, dass ich keine Spielzeugschlange besitze. Es war eine eineinhalb Meter lange giftige Mulga. Komischerweise war ich so müde, dass ich mir gar keine Sorgen gemacht habe. Ich war nur total genervt darüber, dass ich diese blöde Schlange jagen musste. Ich habe dann den längsten Besen genommen, den ich finden konnte, und sie unter dem Sofa rausgejagt und dann konnte ich sie aus dem Schuppen schieben. Interessante Sache

– auf glatten Fliesen können Schlangen sich fast nicht bewegen. Jedenfalls nicht nachts, wenn sie kalt sind.« Aber sonst ist zu Hause alles in bester Ordnung, und wir fahren beruhigt mit »Le Truck«, dem LKW mit Holzaufbau für Passagiere, zurück nach Maeva Beach.

DER NEUE
FUSSBESCHLAG
FÜR DAS
TRECKER-
SEGEL

Papeete 1987, damals sind wir immer wieder zum Bosch-Experten getrabt, diesmal ziehen wir stundenlang durch die City, lassen einen neuen Fußbeschlag für den Trecker schweißen, reparieren das Unterwant und essen jede Menge französische Baguettes, Pâte und Ananas. Das ist dann aber auch alles, was wir uns leisten können, das einzige, was nicht allzu teuer ist, denn ansonsten sind die Preise phänomenal, unfassbar, DM 4,- für einen Liter Milch. Sonst hat sich nicht viel verändert. Das Schönste an Tahiti ist der Blick auf Moorea, das ist noch immer so.

1987 besuchten wir Wolfgang und Gertrud Hausner auf der Taboo III, mit Baby Vaitea und mit M16-Maschinengewehr im Niedergang und Handgranaten an Bord. Diesmal trinken wir Sundowner mit Ulli und Ulli auf der Pelikan. Sie haben eine Holzkeule unter dem Kopfkissen statt des Maschinengewehrs. Wie die von der Pelikan, so sind auch wir unbewaffnet. Das Gewehr an Bord allein bringt's ja auch nicht, denn wenn der Wille zum Töten fehlt, der eiskalte Wille, zuerst abzudrücken, dann zieht man immer den Kürzeren. Noch ein zweites deutsches Schiff ankert nicht weit von uns. Der Skipper schwört auf sein Gewehr, das ist schließlich ein unverzichtbarer Bestandteil der nautischen Ausrüstung. Egal, wo er gerade ist, wenn ein Fischer auch nur näher herankommt als hundert Meter, draußen auf dem offenen Meer, dann kommt die Knarre raus, er schießt in die Luft. Allein zwischen Panama und den Galapagos-Inseln musste er das dreimal so machen, da blieb ihm keine andere Wahl. Und wie die dann geflüchtet sind! Ein echter Mann! Damals vor vierzehn Jahren im Golf von Guayaquil kamen Fischer längsseits und tauschten mit uns eine große Dorade. Gut, dass sie nicht ihn erwischten statt uns. Trotzdem, die Gefahr der Piraterie ist schon groß, doch deshalb so negativ durch die Welt zu schippern, ständig im Verteidigungszustand, das ist auch nicht das Wahre. Wir vermeiden stattdessen gefährliche Gebiete, drücken die Daumen und hoffen aufs Beste. Dann soll es da auch Segler geben, die ihre Relingsdurchzüge isolieren und unter Strom setzen wie einen Weidezaun. Ob die schon mal nachts aus Versehen dagegen gepinkelt haben? Oder Bob Griffith, der in seinem Buch »Blue Water« von Waffen abrät, aber schreibt, ein paar Stangen Dynamit und wasserdichte Zünder, das sei DIE Idee. Gut geeignet zum Abschrecken von Piraten und zur Selbsthilfe bei Strandung der Yacht, wenn Korallenköpfe den Rückweg in das tiefe Blau versperren. Alles nichts für uns, und in den eigenen Fuß schießen kann man sich auch, selbst im weiteren Sinne. Damals mit SEETEUFEL vor Anker vor der Küste Chiles in tiefschwarzer Nacht waren plötzlich vier, fünf Mann in Tarnkleidung, schwarz-grün im Gesicht bemalt, mit Maschinengewehren im Anschlag an Bord gesprungen. Wenn ich da ein Gewehr gezückt hätte… Es waren dann nur chilenische Soldaten, die ganz freundlich unsere Pässe geprüft haben und uns baten, am Morgen weiterzufahren, da wir mitten in einem Militärübungsgebiet geankert hatten. Und wir hatten uns schon so über das bunte Feuerwerk am Ufer gefreut.

Ulli hat eine Riesenwerkzeugkiste auf der PELIKAN und jede Menge Ersatzteile und er hilft mir mit zwei Verbindern aus, sodass der Trecker wieder aktionsfähig ist. Immer noch vor dem Maeva Beach Hotel. Maeva – das bedeutet »Willkommen« auf Polynesisch. Abends dröhnt das Trommeln der polynesischen Tänzer vom Hotel über das Wasser. 50 US-Dollar für Tanz und Essen. Französisch-Polynesien und besonders die Gesellschaftsinseln sind eine Einstellungssache. Nirgendwo ist es so einfach, die Südsee zu erleben wie hier. Die Frauen lächeln und sind mit Blumen geschmückt, die extra in Gärtnereien für nur diesen Zweck gezüchtet werden. Die Besucher werden darüber aufgeklärt, welche Bedeutung die verschiedenen Blumen haben und die Art, wie sie getragen werden. So lernen sie, die fremde Kultur besser zu verstehen. Sogar am Flughafen wird man mit polynesischer Musik und Blumenkränzen empfangen. Abends kann man dann zu den traditionellen Tänzen gehen, im Preis inbegriffen so viel Essen, wie man nur will – natürlich polynesisch zubereitet. Sogar auf einigen der häufiger besuchten Tuamotu-Inseln nehmen die Einheimischen jetzt Tischreservierungen entgegen. Das ist alles ganz authentisch, heißt es. Das ist das echte Polynesien, und alles ist so sauber. Und die Einheimischen benehmen sich wie wir. Keiner spuckt auf den Boden, und Betelnusskauen gibt es nicht. Man kann auch ruhig den Kindern nahe kommen, ohne zu viel Angst haben zu müssen, sich Läuse zu holen. Auf uns wirkt das alles ganz anders. Französisch-Polynesien, ein großes Theater, in dem permanent das Stück gezeigt wird »Die Südsee, wie der Tourist sie gerne sehen möchte«. Bei uns kommt die Südseestimmung nicht recht auf. Wie anders war es doch in Mikronesien, als wir Chief Pekulimar bei uns an Bord hatten und im Auslegerkanu im Morgengrauen fischen gewesen sind. Nichts wie weg von hier, raus aus Papeete, bevor wir völlig pleite sind.

Bilderbuchsegeln, so wie man sich das vorstellt, wenn man eine Reise plant, Seekarten und Handbücher auf dem Tisch. Leider gibt es das nicht so oft. Aber daher kommt es ja gerade, dieses Gefühl, wirklich etwas geschafft zu haben, wenn der Anker fällt. Doch heute, heute ist so eine Nacht, Nacht des vollen Mondes über der Südsee. Achtzig Seemeilen von Moorea nach Huahine, Ostwind, 15 Knoten. Genua und Großsegel, KAVENGA segelt fast aufrecht, die Segel ziehen perfekt, sieben Knoten Fahrt, Millionen Sterne über uns, Zauberpunkte auf schwarzem Samt. Das Kreuz des Südens an Backbord und der Große Wagen an Steuerbord, dicht über dem Horizont. Gleißend glitzernde Wellen unter dem Mond, lauer Wind im Gesicht. Wind, der Besitz ergreift von Schiff und Mensch, Wind der Versprechungen, weiter und weiter, was liegt hinter dem Horizont, unser Ozean, der Pazifik, Meer unserer Wahl, Eismeer und Meer der Tropen, Atolle in der Unendlichkeit, Stecknadelköpfe in unfassbarer Weite, all das spüre ich in diesem Wind. Wind der Ruhelosigkeit und Versprechungen und auch der Erfüllung und Entspannung, vor Anker irgendwann wieder, kristallklares Wasser und Ruhe hinter dem Riff, auf dem die Brandung steht. Und über allem die Mahnung, dass dies nicht immer so ist, dass die Natur auch zuschlagen kann, Wirbelstürme die Palmen niedermachen und Sturmseen das Land verwüsten können. All das liegt in diesem Wind, all das ist Teil dieser Mondnacht, macht den Zauber der Südsee aus, heute noch ganz genauso wie vor Hunderten von Jahren. Wind, der uns immer wieder hierher zurückbringt auf der Suche nach einer einzigen Nacht wie dieser.

Huahine ist meine Lieblingsinsel in den Gesellschaftsinseln. Easy going, ländlich, hier hat sich in den letzten dreizehn Jahren nicht viel verändert. Dorfstraße unter Palmen an der Lagune, ein bescheidener Supermarkt, wenig Touristen nur, das Tempo langsam, freundliche Menschen. Papeete liegt weit weg und Raiatea und Bora Bora sind nur Schatten am Horizont. Morgens vor Anker, Zeit zum Einkaufen, französische Esskultur, es gibt Baguettes. Stämmige Polynesierinnen schieben ihre Einkaufswagen turmhoch beladen zur Kasse, darin all das, was für uns zu teuer ist. Jede Menge Konserven noch an Bord, doch Baguettes, da hört die Sparsamkeit auf, da wird das Leben ernst, Baguettes müssen sein. Gerade ist der Lieferwagen von der Bäckerei gekommen und körbeweise wird frisches

Brot in den Laden gebracht. Doch Brot ist nicht gleich Brot. Da gibt es dünnere und dickere, längere und kürzere Baguettes, braune und hellere, und dann die echten Nieten, die Brote, die einen leichten Riss in der Mitte zeigen und bestimmt auf dem Weg nach Hause durchbrechen werden. Doch auf den ersten oberflächlichen Blick hin sehen sie alle gleich aus. Bei der Auswahl des perfekten Baguettes kommt lange Erfahrung ins Spiel, und wir lernen noch. Vor uns beugt sich eine ältere Polynesierin über die Körbe, Brot für Brot zieht sie heraus, schnuppert daran, wendet es, schiebt es zurück. Brot für Brot, ein gründlich langer Prozess. Dann hat sie es in der Hand, das Traumbrot, ihr perfektes Baguette, tritt zufrieden zur Seite und macht Platz für die nächste Person, und der Vorgang beginnt von Neuem. Wir sind dagegen pure Anfänger, greifen uns drei Brote, ohne lange zu zögern, und überhaupt, warum muss denn jeder hier erstmal alle Brote mit den Fingern begrabbeln? Wenigstens wir halten uns da zurück. Doch Moment, sieh nur, Silke, das Brot da hat einen Riss, und das andere, das schon in der Tüte steckt, das ist gar nicht kross genug. Wir tauschen das schnell um. Und als wir dann an der Kasse stehen die große Entscheidung: Eben fährt ein Bäckerwagen vor mit ganz frischen Baguettes. Was machen wir jetzt?

Wasser wie aus Glas, nur drei Meter tief hier, Sandgrund. Jede Einzelheit des Bodens unter uns ist klar erkennbar, im Sand Spuren von Einsiedlerkrebsen und Schnecken. Wir schnorcheln und ich zeige Britta, wie man am Ende der Sandspur die Schnecken findet, große Terebras, kleine Coniden und alles mögliche andere. Diesmal sammeln wir keine Schnecken und Muscheln, sondern wir graben sie wieder ein – leben und leben lassen. So viele Schiffe sind heute unterwegs, und jeder sucht und sammelt lebendige Tiere, denn nur deren Gehäuse sind perfekt. Die legt man zum Abtöten in Süßwasser, danach hängt man sie in einem Netz über Bord, bis die Weichteile sich aufgelöst haben und herausgespült worden sind. Damals auf SEETEUFEL haben wir das auch so gemacht, haben unsere Sammlung nach Australien gebracht, und dann? Dann liegen die bunten Schalen in einem Regal zur Dekoration. Sehr hübsch, aber das war damals. Heute ist die Suche noch genauso spannend, doch wir lassen alles liegen, was wir finden, und das ist doppelt so schön, denn was würde uns sonst im Prinzip von einem Jäger unterscheiden, der sich einen Löwenkopf an die Wand nagelt?

Mai Tai

30 ml weißer Rum
30 ml brauner Rum
15 ml Orange Curacao
15 ml Amaretto-Likör
Frischer Limonensaft
Würfel Ananas, Scheibe Limone und Pfefferminzblatt zum Garnieren

Ein Glas halb mit Eis füllen. Limonensaft darüberspritzen, dann die anderen Zutaten darübergießen. Umrühren. Ananas, Limone und Pfefferminzblatt auf einen Zahnstocher pieken. Damit und mit einem Stohhalm servieren.
Ein hervorragender Sundowner, den man besonders (oft) genießen kann, wenn man den Alkohol schon gekauft hat, bevor man Französisch-Polynesien anläuft. Aber nicht zu viel mitbringen, sonst sorgt der Zoll dafür, dass man plötzlich dreimal so viel bezahlt.

42

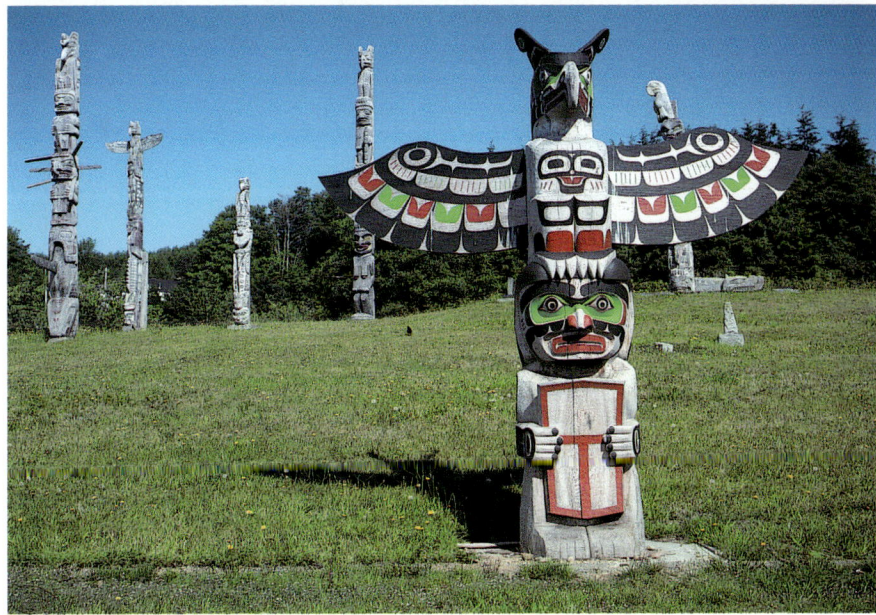

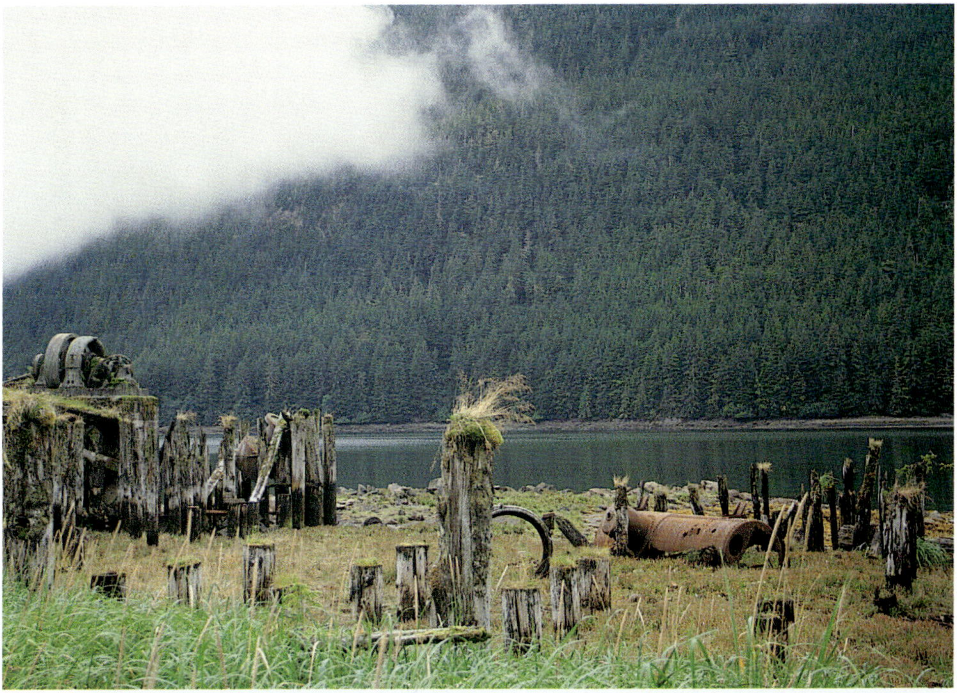

43

42. Alaska, Inside Passage: Ruinen einer »Cannery« in Taku.

43. Kanada, Inside Passage: Totempfähle auf Vancouver Island.

44

45

46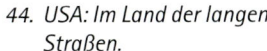

44. USA: Im Land der langen Straßen.

45. Mexiko: Seelöwen in den San-Benito-Inseln.

46. Ensenada Partida.

47. Tauchen mit den Seelöwen bei La Paz.

48. Es schneit – für Britta zum ersten Mal!

49. Zu Brittas 13. Geburtstag: ein Sombrero!

48

47

49

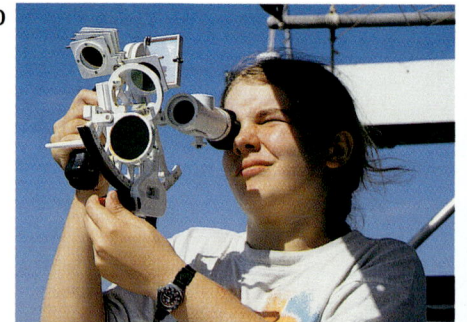

50. Britta lernt Astronavigation.

51. Galapagos: Eine Begegnung im Nationalpark.

52. Galapagos-Leguan.

53. Isla Bartolomé.

54. Isla Isabella: Am Rande der Caldera.

55. Isla Santa Cruz: Der Hafen von Puerto Ayora.

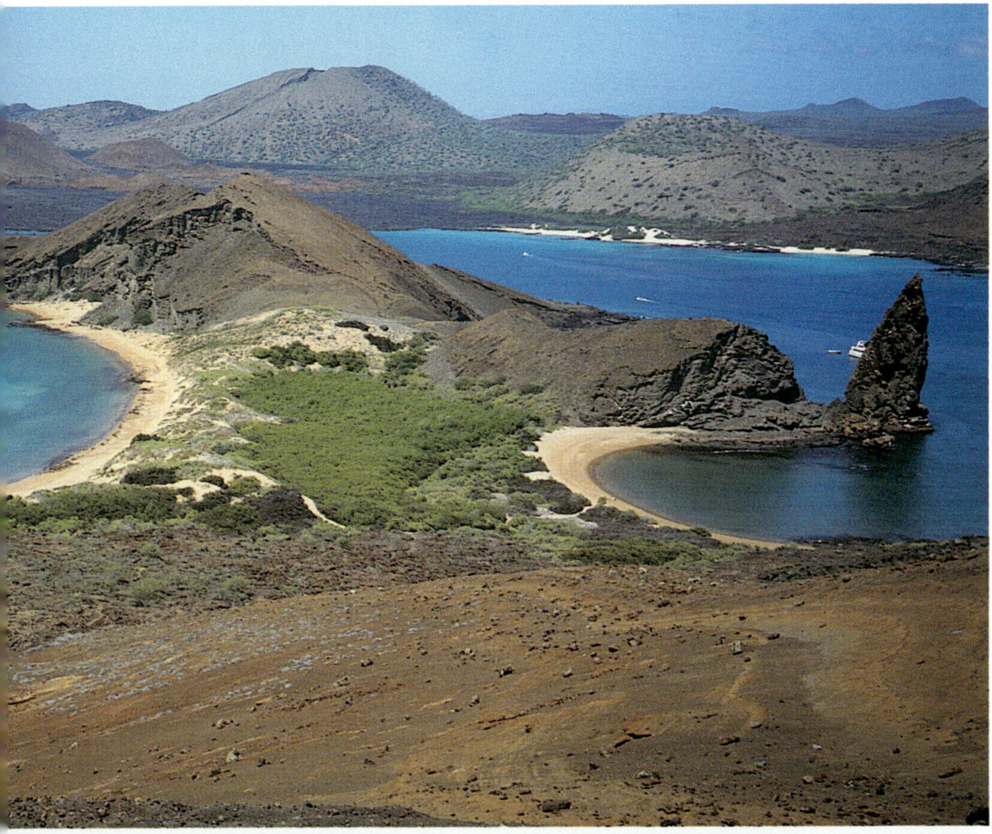

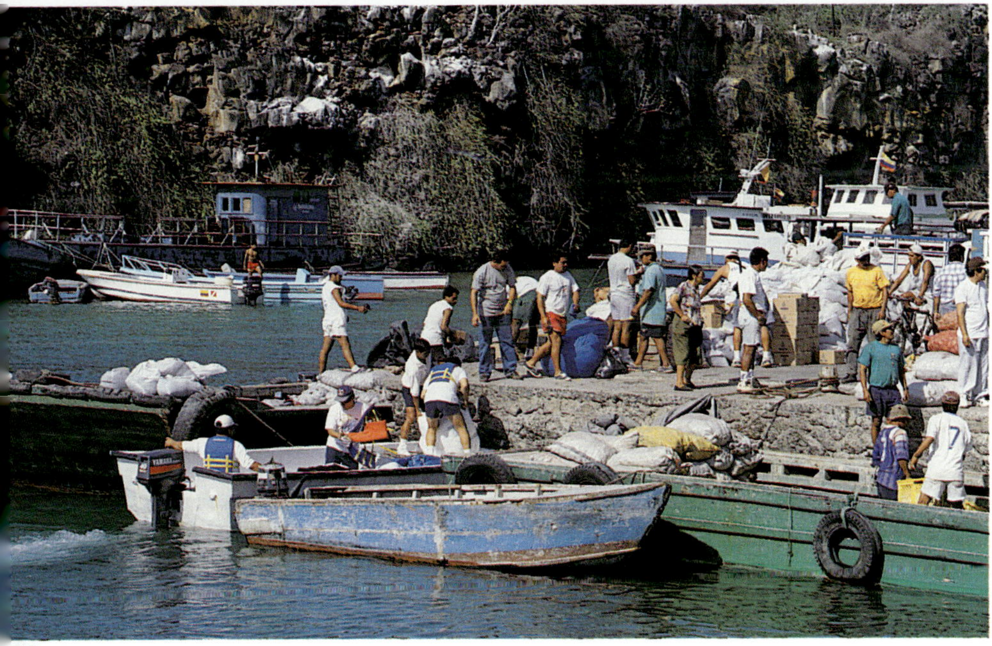

56

57

56. Tonga:
    Schuluniformen.

57. Vanuatu: Britta
    mit Kindern im
    Dorf Asanvaari.

58. Tonga: Im Hafen
    von Nuku'alofa.

59. Tuamotus: Pass
    von Tahanea vor
    einer Regenbö.

60. Vanuatu:
    Bucht der heißen
    Quellen auf
    Ambrym.

58

59

60

61

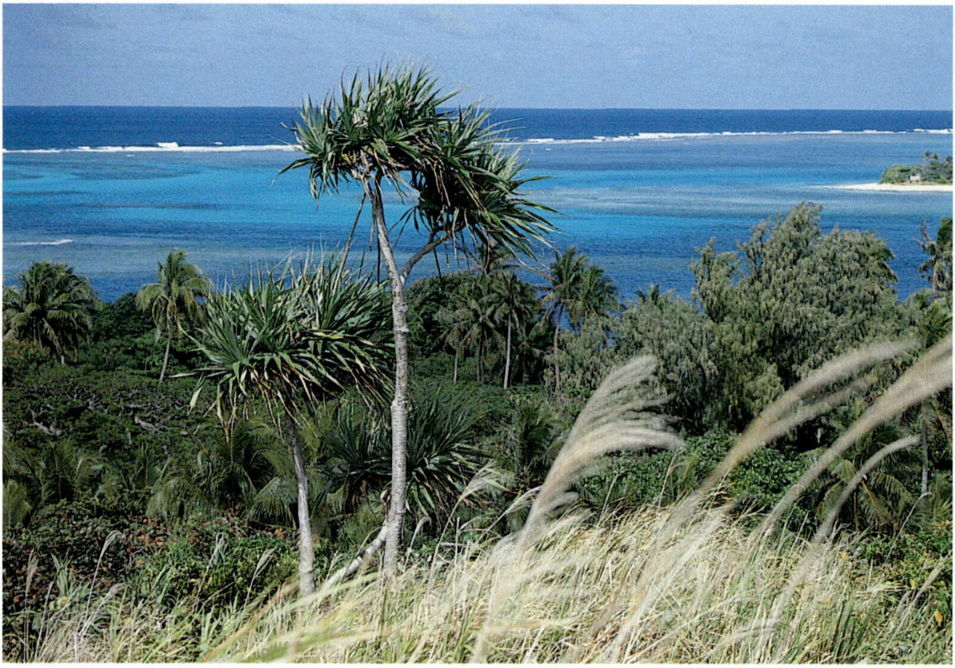

62

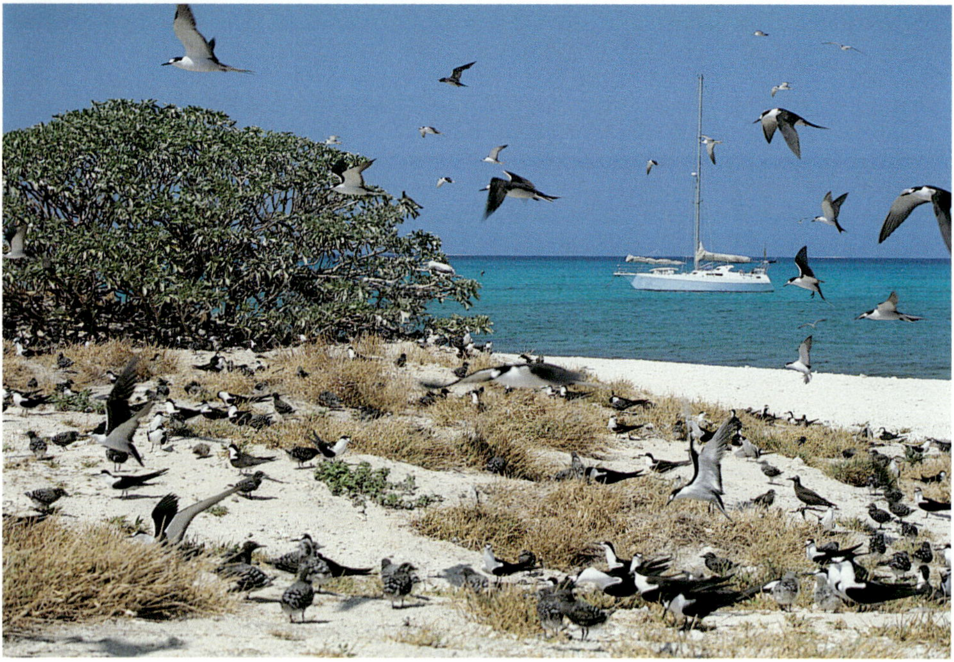

61. Vanuatu: Die Lagune von Anatom.

62. Das Chesterfield-Riff: ein Vogelparadies.

Schlaglochpiste nach Tonga

Sonnabend, 27. Mai. Ostpassat, Traumwetter. Raiatea liegt genau achteraus, wir laufen unter Spinnaker, rot-blau-gelb, Kurs Aitutaki, rund fünfhundert Seemeilen, sieben bis acht Knoten Fahrt, besser geht es nicht, Kurs West, weiter, weiter.

Sonntag, 28. Mai. Der Wind nordet. Gerade haben wir den Spinnaker geborgen, drei Seeleute, drei Ecken – Silke, Britta und ich. Die Segelmanöver klappen, wir sind ein Traumteam, das macht richtig Spaß. Trecker und Groß, halber Wind, lauf, KAVENGA, lauf. Tut unser Schiff ja auch. Fragt sich nur wohin, denn aus Nord wird Nordwest, dann Westnordwest, und der Wind legt zu auf 30 Knoten. Reff ins Groß, dann ein Reff in den Trecker, drei bis vier Meter hohe See aus West. Mist und nochmal Mist. Gewitternacht, Regenböen, krachend setzt KAVENGA in die See ein. Eine Kaltfront geht durch, das dauert nicht so lange, hören wir über HAM-Radio, soll in Stunden vorbei sein. Morgengrauen, Georgel im Rigg, eine Bö, die nicht nachlässt, die zulegt und zulegt, 45 Knoten. Ich reiße die Segel herunter. Silke steht im Regengeprassel am Ruder, hält KAVENGA vor dem Wind, eiskalter peitschender Regen. Silke verzieht keine Mine, beschwert sich nicht, nimmt das so hin als Teil des Seglerlebens, das Miese mit dem Tollen. Wenn ich nur diese Ruhe hätte. Ich stehe vorn, halte mich am Treckerbaum fest, was für ein Blick, was für ein Naturspektakel, windgepeitschtes Meer, Schaumstreifen, Sonnenaufgang, orangerot unter schwarzen Wolken. Salzwasser brennt mir in den Augen, Weltuntergangsstimmung. Hinter mir Silke am Ruder, triefend vor kaltem Wasser, keine Zeit, in der Hektik der Sturmbö Ölzeug anzuziehen. Allein könnte ich das nie, würde ich das nie wollen. Silke ist da, und ich bewundere sie, bewundere ihr Vertrauen, ihren Mut und ihre Kraft. Das alles so mitzumachen, das zu wollen, es mit mir auszuhalten, all die Jahre, all die Erlebnisse, die Stürme und die Flauten. Habe ich ihr das je richtig klar gemacht, was sie für mich bedeutet? Zusammen können wir alles schaffen, alles bewältigen. Wir drehen bei. Geografisch begrenzte Kaltfront, was für ein Witz. Das geht schon seit zwölf Stunden so. Mir ist kotzübel, KAVENGA rollt sich die Seele aus dem Leib. Ich mache mir ein Brot, genieße das Gefühl von Nahrung im Bauch, aber nur kurz, dann ist er wieder leer. Silke und Britta geht es nicht so mies. Mittag und kein Wetterwechsel, also Segel hoch und weiter. Kurs Süd-Südwest, Richtung Rarotonga, Hauptsache irgendwohin. Hoch am Wind bei 30 Knoten, ich liege auf dem Fußboden festgekeilt und sehe durch die Luke am Mast nach oben, der bewegt sich bei jedem Schlag in die Wellen deutlich. Das muss so sein, hat uns der Masthersteller versichert, ganz normal. Soll der doch hier liegen und das sehen. Der hat auch nicht glauben können, dass uns schon zweimal ein Unterwant gebrochen ist. Und wenn das wieder passiert, oder etwas Schlimmeres? Nacht, mondlos, und auch morgens noch der gleiche Mist. Seewetterbericht aus Rarotonga: Süd bis Südwest 25 bis 30 Knoten, very rough seas. Ja, das haben wir auch schon gemerkt. Wenigstens können wir Rarotonga anliegen. Windrichtung dreht auf Süd. Na gut, dann eben nicht Rarotonga. Da segeln doch alle hin, wir dagegen, wir segeln nach Aitutaki. Wieder mal.

Mittwoch, 31. Mai. Wird das Wetter nun besser oder nicht? Auf der Seekarte ist ein großes V mit Bleistift eingezeichnet: unsere Kreuzschläge nach Westen. Immer noch konstant 25 Knoten, immer noch Südwind, jetzt eher wieder Südwest. Elende Bolzerei, und immer diese Angst, dass etwas bricht im Rigg. Und doch haben wir 125 Seemeilen West gemacht in 48 Stunden, objektiv gesehen nicht schlecht, doch subjektiv gesehen sind wir k.o. »Mind over matter«, leicht gesagt. Wir haben ganz einfach nicht damit gerechnet, mit diesem Krampf, und jetzt dreht der Wind noch westlicher. Aitutaki, wer will denn schon nach Aitutaki. Macht gar nichts, dass wir das nicht mehr anliegen können. Kurs Samoa schon eher, das sind dann eben noch ein paar hundert Meilen mehr. Heute morgen habe ich noch zu Britta gesagt, es gäbe eine ganz kleine Chance, am nächsten Tag in Aitutaki zu sein. So kann man sich täuschen.

Nur noch 20 Knoten in der Nacht, wir können doch ein klein wenig höher an den Wind. KAVENGA läuft und läuft, schräg bergauf die Wellenberge hoch, verschwindet in den Tälern. Hoch am Wind, immer so hoch es geht, weiter und weiter, und um sieben Uhr morgens liegt Aitutaki nur 25 Seemeilen querab. Ich sehe Silke an und Silke sieht mich an. Worte sind nicht nötig. Manöver in Rekordzeit, Segel runter, Motor an, Aitutaki, here we come, gegen den Wind und die See aus Südwest. Grauer Himmel, dann ganz in der Ferne, nur von der Spitze der Wellenberge erkennbar, ein grünes Dreieck. Aber der Pass, wie wird der Pass sein? Seen aus Südwest, die laufen gegen den Pass, die haben schon tagelang enorme Wassermengen über das Riff in die Lagune gesetzt. Was für eine Strömung da jetzt wohl steht? Wie tief ist der Pass? 0,5 Faden steht auf der Seekarte, 0,9 Meter bei Niedrigwasser. Im Handbuch steht 0,8 Faden, 1,50 Meter. Was denn nun, können wir das riskieren? »Is any station in Aitutaki receiving this call?« Ich rufe über UKW. Ob das jemand hört? Erich meldet sich, Erich von der OPUS MARIA, die dort ankert. Klappt heute nicht mehr mit der Passage, sagt Erich. Hochwasser war um acht. Wir werden um 13.30 Uhr da sein, bei Ebbe. Erich hat gemessen, und bei Hochwasser stand 1,80 Meter im Pass. »Immer mit der Ruhe«, denke ich. Noch sind wir nicht da.

Grüne Berge, das Riff, dahinter das ruhige Türkis der Lagune. Überall auf dem Riff liegen Korallenblöcke, die irgendwann einmal ein Sturm dort hochgerollt hat. Vor dem Pass ist es gefährlich, kein Schutz, nur dieser Westschwell, donnernde Brecher, Gischt in der Luft. Rechts und links der Einfahrt ragen die Riffkanten aus dem Meer, ein Schaumteppich fällt herunter in die Rinne des Passes, totales Niedrigwasser. Wie ein Wildwasserbach sieht das aus. Nur zwanzig Meter breit ist der Pass und regelmäßig brechen sich die Westroller an seinen Riffseiten. »Das klappt nie«, drängt Silke. Ich stimme ihr zu und gebe Vollgas, wir stehen. Seen von achtern heben das Heck wie einen Fahrstuhl. Letzte Kraftreserven, 2000 Umdrehungen, die Maschine heult, halb sind wir im Pass, halb auf dem Meer. Na ja, da muss man doch nur die Fahrt reduzieren, dann treibt man rückwärts wieder raus! Eben nicht, absolut nicht. Denn kaum reduziere ich die Fahrt, greift die Strömung nach KAVENGA, will uns quertreiben lassen, und das obwohl rechts und links nur ein paar Meter zwischen uns und den Brechern auf dem Riff liegen. Also volle Fahrt voraus, Vollgas, Schritttempo durch Gebrodel, fünf Minuten für dreißig Meter. Und durch, durch, wir sind drinnen, geschafft! Doch die Passage ist schmal, elend schmal. Weniger Strömung hier, keine Gefahr mehr. Wir folgen dem dunkelsten Hellblau. Links warnen Metallstangen vor Korallen. Dies muss die Flachstelle sein, 2,00 Meter, 1,90 Meter, 1,80, 1,70, bei 1,50 würden wir aufsitzen, drüber, es wird tiefer, wir haben es geschafft. Vor Anker neben der OPUS MARIA, eingelaufen bei Ebbe. Der Wasserstand in der Lagune ist bei diesem Wind fast 50 Zentimeter höher als bei Ostwind. Uns allen rast das Herz, das war die gefährlichste Riffpassage unseres Seglerlebens. Und morgen vielleicht schon, wenn das Wetter wieder besser ist, dann kann es hier ganz anders aussehen, dann ist die Riffpassage möglicherweise ganz einfach. Doch heute, heute war das was, mein lieber Mann! Schlimmer noch als die Einfahrt ins Canton-Atoll mit SEETEUFEL 1988. Da waren wir zu spät angekommen, selbst das letzte Büchsenlicht schon fast weg, als der Pass vor uns lag. Doch auf der alten Seekarte stand, dass die Einfahrt per Kette mal von Korallenköpfen gesäubert worden war, 40 Jahre zuvor. Also rein, Atolleinfahrt mit fast null Sicht und Radarhilfe. Hat geklappt, damals, zur Nachahmung nicht zu empfehlen. »Du«, frage ich Britta, »als wir da durchgefahren sind, was hast du da gedacht?« Britta sagt: »Alles, was ich gesehen habe, war das tolle, ruhige Wasser da drinnen.« Am Ufer sitzen Angler, totale Ruhe. Palmenstrand, ein paar Boote im Hafenbecken. Hier gefällt es uns, Aitutaki. Wir sind ein paar hundert Extrameilen gesegelt. Aber dass wir hierher kommen würden, das war doch ganz klar, das hatten wir doch nie angezweifelt.

Wie immer nach einer rauen Segeltour sind wir vollkommen übermüdet und hellwach. Dazu kommt diesmal noch der Adrenalinstoß bei der Riffdurchfahrt. Wir klaren auf und warten ungeduldig auf die Beamten der Gesundheits- und Landwirtschaftsbehörde, die – wie wir gehört haben – erst an Bord gewesen sein müssen, bevor wir an Land dürfen. Die kommen aber erstmal nicht. Die Mauern um das kleine Hafenbecken sind bis auf den letzten Zentimeter besetzt mit Polynesiern, die lange Angelruten halten, uns an Land winken und uns raten, schon mal zur Zoll- und Immigrationsbehörde zu gehen. Wie locker und lustig es hier ist. Keinerlei Hektik in dem verschlafenen Ort. Zoll- und Immigrationsbehörde besteht aus einem Beamten, der eigentlich an seinem Schreibtisch sitzen sollte. Dieser Schreibtisch steht in einem großen Schalterraum, in dem sich auch die Bank befindet. Eine Bankbeamtin erzählt uns, Zoll und Immigration sei mal kurz nach Hause gegangen, und macht sich fröhlich auf den Weg, um die Behörden von unserer Ankunft in Kenntnis zu setzen. Die anderen beiden Bankbeamten lassen sofort ihre Geldzählerei im Stich und kommen zum Klönen. Endlich wieder Inseln, auf denen Englisch gesprochen wird. Aitutaki gehört zu den Cook Islands. Die sind zwar selbständig, haben aber eine ganz enge Beziehung zu Neuseeland und die Einwohner haben auch neuseeländische Staatsbürgerschaft. Alle sprechen die Inselsprache und Englisch. Das ist mal wieder sehr schön, sich so mit den Leuten unterhalten zu können. Spanisch konnten wir ja noch ganz gut, aber bei Französisch hörte es dann auf. Ein paar Kunden kommen herein und beteiligen sich an der Unterhaltung. Jeder hat hier Zeit, und es gibt viel zu erzählen und zu lachen. Wir erfahren auch, dass es in der Bank nicht immer so schrecklich hektisch zugeht wie heute. Heute, am Donnerstag, ist Zahltag, und da sind die Beamten wirklich furchtbar im Stress. Normalerweise können sie sich während der Arbeitszeit auch mal ausruhen. Uns gefällt der Lebensstil hier.

212

Dann erhalten wir die Nachricht, Zoll und Immigration säße in einer Kokospalme, um Kokosnüsse zu ernten, und habe nicht die Absicht, vor Dienstschluss noch herunterzukommen. Ob wir morgen wiederkommen könnten. Wir dürften natürlich ohne Einklarierung auf der Insel herumlaufen.

Im Laden hören wir dann Schwyzerdütsch. Odrr? Erich und Maria von der OPUS MARIA. Sie sind schon zwei Wochen hier, acht Jahre mit dem Schiff unterwegs. Sie haben es nicht eilig. Beim Gin Tonic auf der OPUS MARIA erzählt Erich, dass er und Maria sich neulich nicht darauf einigen konnten, wie lange eine Seepassage gedauert hätte. Er hatte die Tage an den Fingern abgezählt, war aber davon ausgegangen, dass er über zehn Finger verfügte. Er hält seine rechte Hand hoch. Der Mittelfinger fehlt. Letztes Jahr auf den Tuamotus hatte er hinten auf seinem Schiff gestanden und mit ganz hoch gestrecktem Arm einer deutschen Yacht zugewunken. Damals hatte er noch einen Windgenerator. Sehr anschaulich schildert Erich, was dieser Windgenerator mit seiner Hand angestellt hat. Glücklicherweise war der deutsche Skipper Arzt und konnte fachmännisch erste Hilfe leisten. Von Apataki flog einmal wöchentlich ein Flugzeug und das gerade an diesem Tag. Einer der Einheimischen fuhr sie mit dem Motorboot zum Airstrip, doch kurz bevor sie den erreicht hatten, ging der Motor aus und es dauerte noch eine Stunde, bis jemand sie abschleppte. Dann mit dem Flugzeug nach Tahiti, irgendwo nochmal zwischengelandet, elf Stunden nach dem Unfall waren Erich und Maria dann endlich in Papeete im Krankenhaus. Ausgezeichnete Ärzte, sagt Erich, aber der Finger war nicht mehr zu retten. Sechs Monate später hatten sie dann einen Autounfall in Neuseeland, bei dem zwei deutsche Frauen auf sie trafen, die nicht mit dem Linksverkehr klarkamen. »Trafen« war dabei wörtlich gemeint. Nur Erich war verletzt, das rechte Knie zertrümmert, einen Monat Krankenhaus. Aber Erich ist immer guter Dinge, segelt wieder und fährt mit dem Fahrrad in Aitutaki herum, um sein Knie beweglicher zu machen. Schließlich will er im Winter wieder in der Schweiz Ski laufen. 65 Jahre ist er alt.

Britta ist begeistert. Schon wieder ein neuer Dialekt. Schwäbisch hat sie auf dieser Fahrt schon kennen gelernt, Berlinerisch, Kölsch, und wie immer das heißt, was die Leute vom Bodensee sprechen. Aber so ein tolles Deutsch wie das von Erich und Maria hat sie noch nie gehört, und besonders interessant wird es, wenn die beiden dann noch zu Schwyzerdütsch überwechseln.

In Aitutaki kann man versumpfen. Erst nach ein paar Tagen merkt man, dass doch eine ganze Menge Touristen auf der Insel sind. Es gibt einige Hotels, aber laut Gesetz darf kein Gebäude höher sein als die Palmen, eine schöne Abwechslung nach den Gesellschaftsinseln. Wir fahren mit Rädern um die ganze Insel. Wunderschöne Landschaft, lustige Leute. Aber so ein typisches Bilderbuch-Südsee-Atoll ist Aitutaki dann doch nicht. Wir fühlen uns nach Neuseeland versetzt. Dieser Ort könnte irgendwo auf der Nordinsel sein. Abends gehen wir zum traditionellen Tanz, Trommelmusik und Hüftenschwenken. Die Tänzer haben Spaß, die Zuschauer gehen mit, da kann man nicht still sitzen. Ein toller Abend, aber: »Erinnert ihr euch noch an Yap?«, fragt Britta. Ja, wenn man einmal Mikronesien erlebt hat, Yap und seine Outer Islands…

Seit unser Laptop-Computer kaputt ist und damit all unsere Nachschlagewerke unerreichbar geworden sind, ist der Schulunterricht ganz international geworden. Das Projekt über die Azteken wurde mithilfe von mexikanischen Nachschlagewerken, die Eberhards Sohn Alfredo in La Paz besorgt hatte, und mithilfe eines schwedischen Lexikons von Tord von der YÅNA fertiggestellt. Jetzt hätte Britta schon vor einer Woche ihrem Geschichtslehrer mitteilen müssen, welche Rolle Jedadia Strutt und John Heathcote in der industriellen Revolution gespielt haben. In Aitutaki gibt es sogar eine Highschool, und da versuchen wir unser Glück. Die Kinder von Aitutaki werden »computer literate« erzogen, sie ziehen viele Informationen aus dem Internet. Den Unterricht erteilt ein Amerikaner. Larry hat Aitutaki zu seiner Wahlheimat gemacht und ist an einem kleinen Café beteiligt. Nebenbei unterrichtet er an der Schule. »Encarta 99«, »Compton's«, und in Buchform die »Encyclopedia Britannica«. Schließlich werden wir fündig. Antwort auf die Fragen! Beim Besuch der Highschool erfahren wir, dass trotz neuseeländischem Einfluss polynesische Geschichte und Kultur groß geschrieben werden. Die Kinder hier kennen auch die Bedeutung von »Kavenga«. In Französisch-Polynesien hatte niemand davon gehört, obwohl Raiatea als die Wiege Polynesiens gilt. Endlich können wir auch das Naturkunde-Experiment durchführen, für das man eine Kühltruhe braucht. Der kleine Laden hat drei.

Dann hören wir morgens auf einem Amateurfunknetz, dass wir uns nachmittags im amerikanischen »Seafarers' Net« melden sollen. Die haben nach uns gefragt. Was ist los? Ist Klaas etwas passiert? Schlechte Nachrichten von unseren Eltern in Deutschland? Oder haben die auf dem Netz bloß unsere letzte Standortmeldung nicht richtig mitbekommen? Oder will wieder jemand wissen, wie tief der Pass von Aitutaki nun wirklich ist? Wir müssen sowieso bis fünf Uhr warten, also beschließen wir, uns keine Sorgen zu machen und wie geplant heute die gesamte Lagune zu erforschen. Mit Picknickkorb, Machete für die Kokosnüsse, Angelzeug und Schnorchelbrille geht es los, so ziemlich zu jedem Motu in der Lagune. Das Bestechende in der Lagune von Aitutaki sind die Farben, alles von Tiefblau bis Türkisgrün, und dazu scheint noch die Sonne. Die Motus sind wie geschaffen für ein Picknick in der Südsee und es gibt genügend Trinknüsse für alle. Nur unter Wasser ist nicht viel zu sehen. Die meisten Korallen sind tot.

So ganz relaxed und ruhig sind wir aber doch nicht. Schon vor vier Uhr sind wir wieder zurück. Mal hören, was Günter aus Contadora zu sagen hat. Und Günter hat auch eine Nachricht für uns und erklärt gleich, wir sollten uns nicht aufregen, so schlimm wie die Nachricht am Anfang klinge, höre sie sich am Ende nicht an. Wir sehen uns an, keiner sagt etwas. Eine E-Mail von Klaas: Meine Mutter hat einen Herzanfall gehabt. Klaas betont, dass sich ihr Zustand stabilisiert habe.

Was jetzt? Auf all den Reisen immer gefürchtet und jetzt wirklich eingetreten. Jetzt haben wir wirklich so eine Nachricht bekommen. Hoffentlich ist die Post noch offen, hoffentlich können wir noch telefonieren. Das Telefon befindet sich zwar draußen vor der Post, ist aber nur mit Telefonkarte zu benutzen, die kann man in der Post kaufen und die Post hat zu. Im Laden gegenüber verkaufen sie keine Telefonkarten, im Hardwarestore auch nicht, nur bei der Post. Und die hat zu. »Aber«, sagt der Besitzer vom Hardwarestore, »der

Postmeister wohnt gleich um die Ecke.« Der ist gerade beim Abendessen. Doch natürlich hilft er sofort, keine Frage, nur – den Schlüssel zur Post hat sein Assistent. Der wohnt zehn Minuten entfernt und den ruft er jetzt an. Die Frau des Postmeisters kommt mit einer Tüte an die Tür. Im Garten steht ein Karambolabaum. Wir sollen uns so viele pflücken, wie wir nur wollen, während wir warten. Danach ist uns jetzt überhaupt nicht zumute, aber so unhöflich kann man ja auch nicht sein, schon gar nicht bei so einer Hilfsbereitschaft. Mit einer Tüte mit drei Karambolen gehen wir zurück zur Post, zehn Minuten später haben wir eine Telefonkarte. In Deutschland ist es fünf Uhr morgens. Mein Vater ist sofort am Apparat. Meine Mutter ist operiert worden, es geht ihr besser, sie ist aber noch sehr schwach.

Was jetzt? Ich muss sofort nach Deutschland fliegen! Aber wie geht dann alles weiter? Torsten und Britta würden erst mal allein weitersegeln. Und wenn dann wieder Westwind kommt? Kann ich die beiden damit allein lassen? Es ist so viel schief gegangen in letzter Zeit. Ende Oktober müssen wir auch spätestens wieder in Australien sein, dann beginnt die Zyklon-Saison, und außerdem müssen wir dringend wieder arbeiten. Und woher das Geld für den Flug nehmen? Der soll furchtbar teuer sein von hier. Ich beschließe, dass ich erst mal nicht nach Deutschland fliege. Vielleicht von Tonga, von da ist es sicher einfacher. Abends sagt Maria: »Ja, wenn man so herumfährt wie wir, dann ist die Angst immer da, dass zu Hause etwas passiert. Man kann ja nichts ändern, aber man hat doch immer ein schlechtes Gewissen.«

Wetterberichte, Wetterberichte, Wetterberichte, Erich hat uns alle Frequenzen gegeben, Hawaii, Neuseeland, Fidschi, Rarotonga, den Hobby-Meteorologen des US-HAM-Netzes. Nochmal Westwind, noch so eine Fahrt, das soll uns nicht wieder vorkommen. So sind wir gerüstet, auch ohne Wetterfax. Jedenfalls so lange, bis nach einem Tag auf See Richtung Beveridge-Riff Steve von der Sojourner plötzlich die dringende Warnung an alle Schiffe auf dem Pacific-Islands-Netz ausspricht, dass sich südlich von Tonga ein schweres Tief zusammenbraut, das er für genauso gefährlich hält wie das berühmt-berüchtigte Tief des Queen's Birthday-Sturmes von 1994, das vielen Yachten zum Verhängnis geworden war.

Gestern, da war noch alles okay in den Wetterberichten, heute dagegen Steves Warnung vor dem Unheil. Was jetzt? Wir laufen hier auf fast zwanzig Grad Süd am Rande der Tropen, unter uns die Dreißiger und Vierziger des Südwinters. Was machen wir denn nun? Dass es hier ganz schön blasen kann, auch tagelang von vorn, das haben wir gemerkt. Sollen wir nach Norden abdrehen, nach Samoa, so viel Nord machen wie nur möglich, um dem Sturm auszuweichen? Ach was, das Tief ist noch weit weg, der Passat hat uns 170 Seemeilen nach Westen geschoben seit gestern. Wind aus der richtigen Ecke, 20 Knoten, und was kommt, das kommt, nur nicht bange machen lassen, weiter Kurs Beveridge-Riff. Hohe Seen laufen von Süd, aufgebaut von Winterwinden irgendwo dort unten, und schütteln uns durch. Dann nach drei Tagen auf See nicht der angekündigte Sturm, sondern Flaute. Traue nie einem Wettermann, auch nicht dem vom US-HAM-Netz.

Larry von der CANADIAN FLYER ankert im Beveridge-Riff. Eine Detail-Seekarte von diesem Riff gibt es nicht. Stecknadelkopfgroß ist es auf unserem Übersegler kaum erkennbar. Larry ist Pilot gewesen und gibt uns drei Wegepunkte an für den Landeanflug aufs Beveridge-Riff. Hoch rollt die See, doch der Himmel ist blau, kein Wind, nur Sonne. Larry hat Langusten gesehen, bei der ersten Erkundung des Riffs. Morgen zum Frühstück soll es Langusten für alle geben, verspricht er, denn heute Nacht wird er auf Fang gehen, bei Ebbe auf dem Riff, jede Menge Langusten für ihn und Bev, für uns und für Lydia und Tom von der RAPARIGA, die nicht weit hinter uns laufen, auch mit Kurs Beveridge-Riff. Abends sind es nur noch 50 Seemeilen, als eine schwarze Wand aufzieht, Südost mit 25 Knoten und prasselnder Regen. Mondlose Nacht, noch 40 Seemeilen, wir bergen das Großsegel zum Bremsen. Fünf Knoten Fahrt nur unter Trecker anstatt eben noch acht. Sichtweite fast null, Regenwände und Wellen, wo genau ist jetzt das Riff? Das Radar ist nutzlos bei diesem Wetter, unsere Augen auch, und KAVENGA stolpert und rollt viel zu langsam durch die Seen. Immer wieder das gleiche Erlebnis: Reduziert man die Fahrt zu sehr, dann werden die Schiffsbewegungen gemein. Zehn Seemeilen Abstand vom Riff. Alle dreißig Minuten tragen wir die GPS-Position ins Logbuch ein, denn der GPS ist uns in Regenböen schon mehr als einmal ausgefallen. Drei Uhr morgens, Kursänderung um neunzig Grad, Kurs Nord, auf Larrys ersten Wegepunkt zu. Noch immer kein Zeichen vom Riff, das wir jetzt umrundet haben. Erstes Dämmerlicht, ein paar Punkte auf dem Radar, Brecher auf dem Riff, sehen können wir sie jetzt auch. Der Regen hat aufgehört, kein Land, keine Insel, das Beveridge-Riff ist komplett vom Meer überspült. Die Süddünung lässt hohe Wellen auf das Riff rollen. Durchfahrt auf Larrys drei Wegepunkten. Der Pass ist hundert Meter breit und Strömung steht kaum. Wieder glasklares Türkisblau, lass fallen Anker auf zwölf Metern Wasser neben der CANADIAN FLYER im Schutz des Riffs, auf dem vor uns ein gestrandeter Fischkutter liegt, rostend und von Sturmseen weit über das Riff gedrückt. »Welcome to Beveridge Reef«, begrüßt uns Larry. Und die Langusten? »Keine Chance bei dem Regen«, sagt Larry enttäuscht über Funk. »Ich konnte das Riff ja nicht einmal sehen, so hat es gegossen. Aber heute, heute wird es bestimmt was.«

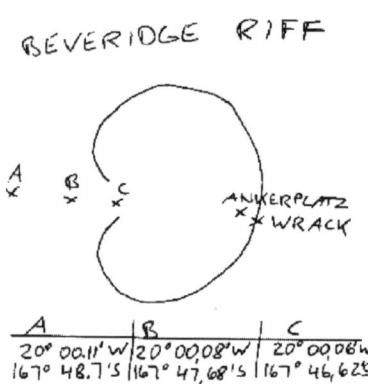

BEVERIDGE RIFF

A
×
B
×
C
×

ANKERPLATZ
× WRACK

A	B	C
20° 00,11' W	20° 00,08' W	20° 00,06 W
167° 48.7' S	167° 47,68' S	167° 46,62 S

Beveridge Reef, 20° Süd und 167°46' West, das ist ein Ring von Brechern mitten im Ozean, kein noch so kleines Motu, keine Sandinsel. Vielleicht in ein paar hundert Jahren, falls der Meeresspiegel nicht zu stark steigt und falls wir dann mal wieder hier sind und falls ein paar Kokosnüsse von Aitutaki hier angespült worden sind und Fuß gefasst haben. Heute ist hier nur Meer, draußen vor dem Riff schaumig weiß, hier drinnen hinter der Korallenkante sicher und geborgen, und drei Schiffe vor Anker, denn die RAPARIGA ist auch gerade eingelaufen. Wolkenfetzen am Himmel, einen Moment Sonne, dann Regenböen, 25 Knoten aus Südost.

Larry und Bev haben uns und Lydia und Tom auf die CANADIAN FLYER eingeladen. Im Salon der großen 55-Fuß-Yacht ist es gemütlich. Draußen herrscht Nordseewetter. »Doch kein guter Tag zum Langustenfang«, meint Larry. Tom zählt die Punkte mit. Zwei Siege für die Langusten vom Beveridge-Riff, Larry null!

15. Juni 2000, wir schnorcheln auf der Innenseite des Riffs. So klares Wasser gibt es selten. Welche Unmengen von Tropenfischen, welche Korallenpracht, ein Wahnsinnsbild, ein Riff, das so weit von allen Inseln entfernt liegt, dass hier selten gefischt wird, einfach irre. Stundenlang schwimmen wir die Riffkante

entlang, immer wieder neue Landschaften, immer wieder Haie. Die umkreisen uns aufgeregt, kommen ganz nah heran. Gruppen von dreien oder vieren, verschwinden wieder. Und große Trevalleys, beste Speisefische, doch wir haben keine Ahnung, ob die Fische hier vielleicht giftig sind, Ciguatera haben. Lieber keinen schießen, denn wenn man Pech hat, kann das zu ganz gemeinen Vergiftungserscheinungen führen. Wir wären nicht die ersten Segler, die sich das einfangen. Die silbernen Kerle hier müssen wissen, dass ihnen von mir heute keine Gefahr droht. Der Boss der Truppe – was für ein Prachtexemplar! – kommt dicht zu mir heran und… beißt in die glänzende Spitze des Harpunenpfeiles, als wolle er mich foppen, und sieht mir tief in die Augen, bevor er abdreht. Als ich um die nächste Korallenecke biegen, schlägt mein Herz schneller, eine dicke, fette Languste! Majestätisch in ihrem Korallenloch, Wahnsinn, irre, Abendbrot, denn Langusten haben das Ciguatera-Gift nicht in sich. Britta holt das Dingi, ein Blick rechts, ein Blick links, kein Hai in der Nähe, ein schneller Schuss, und in großem Bogen fliegt das Tier ins Dingi. Und zwanzig Meter weiter noch eins. Was für ein Tag, erfolgreiche Jagd, und als abends der Wind mit 25 Knoten im Rigg pfeift, brodeln bei uns im Kochtopf die Langusten.

Seglergemeinde hinter dem Riff. Jeden Nachmittag treffen wir uns auf einem der drei Schiffe. Silke backt Kuchen, Lydia macht Tacos, jeder hat etwas zu erzählen. Irgendwann wird das Wetter schon wieder südlich milde werden, Sonne und leichter Passat. Irgendwann… Und wohin fahrt ihr von hier aus? Nach Niue. Da gibt es Internet, umsonst. Was? Kostenloses Internet? Dann segeln wir auch dahin! Und danach zum nördlichen Tonga. Planänderung, aber an so einem Internetzugang können wir nicht einfach vorbeisegeln! Ende des Abends, Rückfahrt im Dingi zu Kᴀᴠᴇɴɢᴀ in stockdunkler Nacht. Immer noch 25 Knoten, klitschnasse Dingifahrt. Wenn jetzt der Motor abstirbt… Freuden und Gefahren des Seglerlebens. Das würde uns glatt aus der Lagune hinausblasen und -spülen. Und wer von den anderen würde das schon merken? Nächster Stop in ein paar Wochen oder Monaten wäre dann Tonga…

Letzter Tag am Riff, und Larry bekommt doch noch seine Languste. Ein Riesenexemplar habe ich geschossen in einem kleinen Loch, und als es sich richtig darin verkrallt, taucht Larry neben mir auf mit seinem selbst gebastelten Lobsterhaken und zieht es aus der Höhle. »Der ist für dich, Larry!« Larry lehnt artig ab, das geht doch nicht! Aber nur ganz kurz, denn bei Langusten, da hört sogar die Höflichkeit der Amerikaner auf, und Larry und Bev haben endlich den Kochtopf voll.

19. Juni 2000, wieder so eine raue Fahrt, nur 135 Seemeilen vom Beveridge-Riff nach Niue, trotzdem anstrengend, viel Wind und noch immer der Südschwell, doch da liegt Niue, ein Felsen im Meer, eine Koralleninsel, die sich fünfzig Meter aus dem Wasser erhoben hat, ein Korallenplateau in luftiger Höhe, Kliffs rund herum, an denen es brandet. Gischtfontänen spritzen in die Höhe, rohe Gewalt der Natur, und einen geschützten Hafen gibt es nicht. Wie soll das werden? Alofi heißt die Hauptstadt, von der nicht viel zu sehen ist. Da ist die Pier, die gerade über die Korallenkante zum Tiefen reicht, einige Häuser an den Hängen und ein Dutzend knallroter Muringbojen, für die Segelschiffe, denn ankern auf dem tiefen Wasser an der Riffkante geht nicht. Hier liegt man doch gar nicht so schlecht! KA-VENGA hängt an der Muring, unter uns Korallen, eine schwarz-weiße Seeschlange taucht auf, holt Luft und windet sich wieder hinab. Wir sind in Niue, »Rock of the Pacific«, Inselstaat mit 2000 Einwohnern. Jetzt heißt es an Land kommen, und das ist hier ein regelrechtes Abenteuer. Im Schwell schnell aus dem Dingi springen, doch das kann nicht im Wasser bleiben, zwischen Wellen und Felsen. Einen Strand oder auch nur ein glattes Felsstück zum Hinaufziehen gibt es nicht. Dafür aber einen großen Kran. Dingi an den Kranhaken gehängt, und auf Knopfdruck schwebt es in die Luft, Drehung, runter damit, und schon liegt es auf dem Trockenen oben auf der Pier. Britta wird unsere Kranspezialistin. Jeder hier sagt »hallo« und winkt uns zu. Zoll, Immigration und Internet, wo ist das? Immer der einzigen Straße nach, zum Internet Users Club. Das ist das Haus mit dem Zettel an der Tür. Was für ein Zettel? Der mit der Bekanntmachung, dass es jetzt kein Internet gibt. Die Satellitenverbindung ist im Eimer, und bei der Telecom hofft man, dass das Ersatzteil in einer Woche da sein wird. Vielleicht aber auch erst in zwei Wochen, oder spätestes in drei, wenn alles gut geht. Unsere Information ist aber richtig: Wenn die Verbindung steht, dann ist es umsonst. Zumindest für Inselbewohner. Ob wir auch mit zu denen gehören würden, die Frage ist müßig. Kein Internet seit Raiatea, also zum Telefon. Die Verbindung klappt, das Echo ist gewaltig, aber Silkes Vater ist am Telefon. Ihrer Mutter geht es viel besser, sie kommt jetzt bald in die Rehabilitations-Abteilung. Uns fällt ein Stein vom Herzen. Von Klaas hat Opa auch gehört, dem geht es gut in Townsville. Und schon sind mehrere Telefonkarten aufgebraucht.

Eine Straße führt ganz um Niue herum. Ich mache einen Niue-Führerschein, das heißt, ich muss ihn mir für $ 3,50 bei der Polizei kaufen, und los geht's im Leihauto. Höhlen am Meeresrand, wir wandern durch dichte Wälder und stoßen uns die Zehen an spitzen Korallenbrocken im Schatten der Bäume. Ein merk-

würdiges Gefühl. Niue, in Alofi sieht es aus wie in einem kleinen Ort in Australi-
en oder Neuseeland. Im Supermarkt merken wir, dass wir jetzt deutlich dichter
an der Heimat sind. Viele Produkte haben wir seit Australien nicht mehr gesehen, hier gibt es sie. Sogar Weetbix und Vegemite. Britta ist begeistert und kauft
einen Vorrat ein. Die anderen Orte Niues sind zum großen Teil verlassen. Leere
Häuser, die Bewohner ausgewandert nach Neuseeland. Nur Kirchen gibt es zu-
hauf, und alle sind bestens in Schuss, tiptop gepflegt, die Farbe neu.

Heute kommt der Schwell aus Südwest und rollt ungehindert über Alofis Reede. KAVENGA benimmt sich, als wären wir auf See. Der Seegrasbart am Rumpf
schwappt auf und ab. Mistfarbe aus den USA. Vor fünf Monaten gestrichen und
schon nutzlos. Hilft alles nichts, ich tauche und schrubbe und halte mir die Hand
vor den Kopf, damit der rollende Rumpf mich nicht zu schlimm trifft. Britta und
ich tauchen dann zum Abschied in den Korallen Niues. Sicht unter Wasser –
dreißig oder vierzig Meter, Korallenwiesen und Seeschlangen. Die sind ungeheuer
giftig, beißen aber nie, sagt man. Hoffentlich wissen die das. Nur 250 Seemeilen
bis Tonga, bis Vava'u, der Wetterbericht ist gut, und an der Muring liegt das Schiff
auch nicht ruhiger als während der Fahrt auf See. Also los!

Hört das eigentlich nie auf, mit dieser groben See und dem starken Wind?
Sechzig Seemeilen seit Niue, Kurs Vava'u, es wird dunkel, vor uns schwarze Wol-
kenwände, Wind jetzt 30 Knoten aus Südost, von hinten, aber diese Wellen, total
konfus, Überlagerung der Windwelle mit vier Metern Schwell aus Südwest.
KAVENGA schießt durch die stockfinstere Nacht, kein Mond, sieben Knoten Fahrt,
acht Knoten, dann mit zehn Knoten die Berge hinab. 40 Knoten auf dem Windmesser, dann Böen mit über 50. Das darf doch gar nicht wahr sein. Tropensegeln?
Noch läuft der Autopilot, doch Silke und ich sind stets bereit zum Eingreifen, ändern den Kurs, steuern kurz mit der Hand, wenn nötig. Regen, es ist kalt, Ölhose
und Öljacke. Der Morgen graut, und um uns herum ist das Meer weiß geworden,
Schaumstreifen, Wellenberge rollen gewaltig von hinten heran. Das Steckschott
sperrt den Niedergang ab, bloß nicht querschlagen und eine Tonne Wasser ins
Schiff verpasst bekommen. Wellenhöhe gut fünf Meter, dazu der Schwell, immer
mal wieder laufen zwei Wellen zusammen, donnernd brechendes weißes Wasser, Schaumflächen. Wir steuern abwechselnd mit der Hand im Zwei-Stunden-
Rhythmus. Nur noch neunzig Seemeilen bis Vava'u. Die Sonne kommt hervor,
glitzerndes Tiefblau der Wellenkämme, sonnendurchstrahlt, ein Sturm mit Schönheit. KAVENGA steckt das weg, Angst kommt nicht auf, nur Müdigkeit. Zweimal
sehen wir einen großen Wal in die Luft schnellen und zurückfallen. Ob das Wetter

für die Tiere auch so aufregend ist? Donnernd brausend wie Lokomotiven kommen die Brecher von achtern. Wer am Ruder steht, zieht den Kopf ein, trifft es uns oder nicht? Doch das Cockpit schlägt nie voll, nicht ein einziges Mal. KAVENGA ist ein Seeschiff. Wir haben Funkkontakt zu unseren Freunden vom Beveridge-Riff, CANADIAN FLYER und RAPARIGA. Die sind kurz nach uns aus Niue ausgelaufen. Tom und Lydia hat es erwischt, Selbststeuerung ausgefallen, quergeschlagen, jede Menge Wasser im Schiff und dann eine Patenthalse, bei der alle Blöcke der Schot am Baum gebrochen sind. Sie liegen vierzig Seemeilen hinter uns, CANADIAN FLYER ist nur drei Seemeilen voraus. »Wenn nur endlich diese Wände aus Wasser nicht mehr wären«, sagt die 64-jährige Bev am UKW, und man merkt ihr die Angst und Erschöpfung deutlich an. Dunkle Kulisse Tongas, wir runden Kap Matakimua im letzten Licht. 250 Seemeilen in 36 Stunden. Windschatten, Lee der Insel, keine Wellen mehr, Ende des Spuks. Unter Radar und mit GPS durch die engen Passagen Tongas. Ich stehe am Steuer, während Silke drinnen in Windeseile alles aufräumt, Zwiebelsuppe kocht und Yams (Süßkartoffeln) mit Käse überbacken. Craig und Caroll, zwei hilfreiche Yachties, warten im Dingi schon am Ankerplatz und weisen uns mit der Taschenlampe ein. Der Anker fällt. Kaum Wind hier in der Bucht. Haben wir das alles nur geträumt? Und heute ist der 26. Juni, nicht der 25., denn Tonga liegt auf der anderen Seite der Datumsgrenze. Da haben wir den 25. ganz einfach verloren. Im Nordpazifik vor genau einem Jahr sind wir in östlicher Richtung über die Datumsgrenze gesegelt und haben darum genau diesen 25. Juni zweimal erlebt. Jetzt mussten wir ihn wieder zurückgeben. Fair enough.

Weizenbrot

17 g Trockenhefe
3 gestr. Teel. Salz
650 ml Wasser
1 Essl. Koriander
1000 g Weizenmehl (möglichst Vollkorn)

Die Hefe und das Salz in dem Wasser auflösen. Koriander und das Weizenmehl mischen und unter das Hefewasser kneten. Gründlich durchkneten. 1 Stunde zugedeckt an einem warmen Platz gehen lassen, das Volumen sollte sich etwa verdoppelt haben. Den Teig kurz durchkneten und in zwei gefettete und mit Mehl bestäubte Kastenformen füllen. Nochmals ½ Stunde gehen lassen. Für Teig aus Vollkornmehl: in den kalten Backofen schieben, Backofen auf 220 °C erhitzen und 1 Stunde backen. Für Teig aus weißem Mehl: Backofen auf 220 °C vorheizen, dann Brote ½ Stunde lang backen.

Variationen:
- gehackte Zwiebeln und geriebenen Käse untermischen
- Rosinen oder andere Trockenfrüchte und Nüsse untermischen

Krustenbrot

400 g Roggenmehl (Vollkorn)
600 ml handwarmes Wasser
1 gestr. Teel. Salz
1 Teel. Honig
600 g Weizenmehl (Vollkorn)
1 Essl. Koriander
100 ml lauwarmes Wasser
17 g Trockenhefe
1 gestr. Teel. Salz

1 Teel. Salz und den Honig in den 600 ml Wasser auflösen, mit dem Roggen zu einem weichen Brei verrühren. Die Teigschüssel mit einem feuchten Tuch und Folie bedecken, sodass der Teig nicht austrocknet. An einem warmen Platz über Nacht gären lassen. Hefe und das übrige Salz in den 100 ml Wasser auflösen und zusammen mit dem Weizen und Koriander unter den Vorteig kneten. 1 Stunde zugedeckt an einem warmen Platz gehen lassen. Das Volumen sollte sich verdoppelt haben. Den Teig kurz durchkneten und in gefettete und mit Mehl bestäubte Kastenformen füllen. Nochmals ½ Stunde gehen lassen. In den kalten Backofen schieben, Backofen auf 220 °C erhitzen und 1 Stunde backen.

Variation: gehackte Kräuter untermischen.

ta'ovala

Wir gehen in Neiafu an Land und sind in einer Mischung von heute und Kolonialzeit, umgeben von Tonganesen in traditioneller Kleidung. Manche sind tatsächlich ganz in Tapa gehüllt. Die meisten tragen Röcke, Frauen sowie Männer, mit einem breiten Band um die Hüften, gehäkelt oder aus Perlen oder Muscheln, sogar die Jungen in Schuluniform. Tonga ist ein Königreich, unabhängiger Staat, keine Verbindung zu einer der großen Nationen, denn Tonga war nie eine Kolonie. Wir sehen zum ersten Mal wieder Yachten aus Australien. Britta ist ganz glücklich, denn endlich sprechen andere Leute richtiges Englisch, ohne deutschen, amerikanischen oder – was sie am schlimmsten findet – englischen Akzent. Die TO-Yachten JAN PLEZIER, SAIDA und OPUS MARIA laufen ein. Sie waren mit uns in Niue und sind nach einem kurzen Aufenthalt dort nur zwölf Stunden nach uns losgesegelt. Ihnen war das Gerolle auf dem Ankerplatz auch zu viel geworden. Jeder hat seine eigene Story zu erzählen von den Riesenwellen, und bei der SAIDA hat eine einsteigende See das Relingskleid weggerissen und den Rahmen der Sprayhood verbogen. Alle sind froh, diese Fahrt hinter sich zu haben, und legen sich erst mal in die Falle. Abends fahren wir in die Lotuma Bay. CANADIAN FLYER und RAPARIGA haben Freunde getroffen und feiern, dass sie alle noch leben. Noch spät am Abend hört man die Geschichten über die Ankerbucht schallen: »We have to reef, now, Now, NOW!«

Internet gibt es nicht, wir rufen Klaas an und reden alle mit ihm. Wie schön, seine Stimme wieder zu hören. Er hat Nachrichten von meiner Mutter, es geht ihr besser. Kristine ist immer noch seine große Liebe, sie wohnen zusammen. Das erste Semester an der Uni ist schon vorbei. Klaas hat wieder Topzensuren, Kristine auch. Er kommt prima klar, aber er macht sich Sorgen um unser Rigg. Wir uns auch, doch das erzählen wir ihm lieber nicht. Wir hören jetzt regelmäßig in Günters Netz hinein. Wir wollen doch sichergehen, dass wir nicht irgendeine Nachricht von Australien oder Deutschland verpassen, und auf Günter kann man sich verlassen, darauf, dass er uns sofort benachrichtigt. Jeden Tag bewundern wir seine Geduld, mit der er E-Mails aus Deutschland weitergibt oder welche aufnimmt, die nach Deutschland gehen sollen. So hat ein Freund von Werner von der Freiheit in Werners Brief nicht entziffern können, was er mitbringen soll, wenn er in Papeete zu Besuch kommt. »Was kommt hinter Vanillepudding?«, hat er an Günter gemailt, und Günter fragt Werner das heute über Funk. »Mit Sahne!«, sagt Werner entnervt. Na denn.

Dann hören wir, dass in der Tapana-Bucht ein deutsches Schiff liegen soll mit zwei Leuten, die direkt von Panama nach Neuseeland gesegelt sind und dort ein Baby bekommen haben. Da wollen wir doch mal hören, wie die lange Fahrt so war. Die Tapana-Bucht sieht sowieso nett aus auf der Seekarte. Aber als wir ankommen, sind nur zwei Neuseeländer da und vor dem Strand liegt eine Jolle. Na ja, auch egal. Wir fahren mit dem Dingi Richtung Strand. Die Jolle hat eine Kajüte und hinten weht eine blaue Flagge. Das kann doch nicht sein! Doch, das ist eindeutig die neue Europaflagge mit der deutschen Fahne oben links in der Ecke. Wir sitzen im Dingi und staunen. Das Schiff ist länger, als es auf den ersten Blick aussieht. Neun Meter, erfahren wir später. Aber so schmal und flach, dass es nur halb so lang erscheint. Freibord im Cockpitbereich etwa dreißig Zentimeter. Die Kajüte besteht aus einer Schlaffläche, bei gutem Wetter kann man die Luke über dem kleinen Kocher öffnen und so beim Kochen stehen. Delphin heißt das Boot und es sieht genauso aus. Am Strand treffen wir Eva, Hans und Baby Lola. Selten haben wir Menschen getroffen, die so ausgeglichen und zufrieden sind, sogar Lola. Hans und Eva sind seit drei Jahren mit Delphin unterwegs, losgefahren in Kreta. In Trinidad trafen sie einen Neuseeländer, der sie davon überzeugt hat, dass man den Silvesterabend 1999/2000 nur in Neuseeland feiern kann. Außerdem war Eva schwanger und so konnte das Kind neuseeländische Staatsbürgerschaft haben. 75 Tage dauerte die Fahrt von Panama nach Neuseeland, ganz nah an den Marquesas vorbei, aber da lief es gerade so schön, da hatten sie keine Lust an Land zu gehen. Wunderschönes Passatsegeln, keinerlei Probleme. Nur jetzt, gerade von Neuseeland nach Tonga hatten sie ein paar Tage richtigen Sturm. Aber das ging dann auch gut. DELPHIN sei wie ein Korken über die Wellen gehüpft, sagt Hans, und nach all den Tausenden von Seemeilen habe er volles Vertrauen in das kleine Schiff. Vor großen Trips geht Hans auf Nummer sicher und klebt die Deckel der Cockpitkisten mit Sikaflex zu. Lola hat auf See viel geschlafen und sich von dem Geschaukel nicht stören lassen. Die ganze Zeit, die wir in dieser Bucht sind, verbringen wir mit den dreien. Mit Hans und Eva liegen wir ganz auf einer Wellenlänge. Aber zu bald fahren wir weiter, es gibt ja noch so viele Inseln in Tonga. Hans, Eva und Lola wollen direkt von hier wieder zurück nach Neuseeland segeln. Wir tauschen Adressen aus und verabreden, uns in Australien wiederzusehen – irgendwann einmal in ein paar Jahren.

Wir hüpfen von Insel zu Insel, nach Osten, dann wieder nach Westen. Die Vava'u-Gruppe ist wunderschön, viel bewaldeter, als ich erwartet hatte, und überall perfekte Sandstrände. Und in der Vaka'eitu-Bucht finden wir auch ein Riff, das sogar uns verwöhnten Queensländern gefällt.

Britta hat ein paar Tage keine Schularbeit gemacht, bei dem Sturm war das selbst ihr nicht möglich und in der Tapana-Bucht hat sie so gern mit Lola gespielt. So muss sie in diesen Tagen einiges nachholen. Ab und zu kann sie die Schule unterbrechen und mal ins Meer springen und schnorcheln. Danach schreibt sie als »My favourite place« dieses Gedicht:

KAVENGA

For English my school book said to me
A poem about your favourite place,
That's what I want to see.
What my school book demands of me I do
Whether my mood be angry, joyful or blue.
So I sat and thought and thought all day,
Should I write about Galapagos, Japan or perhaps USA?

226

I just could not think what to write in my poem,
And then it clicked, why not write about 'home'?
Not many kids have a home like me,
By reading my poem, this you will see.
My home is like the home of a snail,
It moves with me without fail.
It has carried me for many a day,
And into many a lovely bay.
Now I think that I will tell you,
That my home is a lovely boat, it's true!
In fact it is a boat with a sail,
And between the ocean and I, there's just a rail.
And on her side KAVENGA we wrote,
As this is the name of our great boat.
Though many a wave has crashed over her deck,
KAVENGA stayed brave and did not become a wreck.
Our sailing yacht is a flying fish,
Too large to become a shark's tasty dish.
She skims through the waves, dolphins at her side
And birds perched on her, coming just for the ride.
'Weeeeeooeeeoo' the dolphins cry,
as next to KAVENGA they swim by.
And when I hear the sounds thump, thump, thump,
I know the anchor is down and into the cockpit I jump.
The dinghy gets dropped down from the deck,
And we all get in to go diving at a wreck.
No matter what marvels we see under water
I remain loyal to KAVENGA, a true sailing daughter.
The rest of my family are like this, too:
We always return to KAVENGA – this we don't rue.   Übersetzung Seite 284

Die Ha'apai-Gruppe Tongas sieht toll aus auf der Seekarte, doch wenn man all die Riffe und Atolle auf dem Papier sieht, dann merkt man nicht, wie kalt es hier im Winter ist. Juli in der Ha'apai-Gruppe, Ha'afeva, O'ua, Nomuka, das ist Nordseesegeln vor Palmenmotus und vor den Vulkanspitzen von Kao und Tofua. Verrückte Natur, die eine der zwei Inseln ist einer dieser perfekten Kegel, wie im

Bilderbuch, nur diesmal ohne Rauch, schon seit langer Zeit nicht mehr aktiv. Tofua dagegen ist flacher, ohne Kegel, dafür aber steigen Schwaden auf im Norden, dies ist der aktive Vulkan, dies ist die gefährliche Insel, die auch schon ab und zu mal evakuiert worden ist. Nicht auf Dauer, denn an den fruchtbaren Hängen dort wird der größte Teil des tonganischen Kavas angebaut. Ankerplätze zwischen Riffen und Palmen. Irgendwann taucht eine bekannte Silhouette auf dem Meer auf, eine Ketsch, Windgenerator im Besanmast. Die kennen wir doch, das ist die NORDSTJERNEN aus Dänemark, unsere Freunde Enne und Helge von Villamil. Wir sitzen im Cockpit der NORDSTJERNEN, die zwei in dickes Ölzeug eingemummelt: »Das ist ja hier wie im Sommer bei uns zu Hause auf Rømø! Da lohnt es sich nicht einmal, die Sonnenpersenning über dem Cockpit aufzuspannen. Das bisschen Sonne lassen wir uns auf den Pelz brennen und die Knochen wärmen.« Helge geht es wieder gut. Wir hatten ja damals über Funk von seinem Pech gehört, mitten zwischen Galapagos und Marquesas war ein Segelmanöver schief gelaufen, Helge hatte den Großbaum voll vor den Kopf bekommen und war mit einer Gehirnerschütterung in der Koje gelandet. Ich bin jeden Tag im Wasser, doch trotz fünf Millimeter dickem Neoprenanzug bin ich blau gefroren, wenn ich an Bord komme. Diese riesigen Riffgebiete, wie schön könnte das Tauchen hier sein, vielleicht kommen wir mal im Sommer wieder. Vielleicht auch nicht, denn im Sommer ist Hurrikan-Saison.

Nachtfahrt nach Nuku'alofa, von Nomuka Iki sind es 60 Seemeilen. Schiebestrom hilft, und kurz nach Mitternacht steht KAVENGA vor der 15 Seemeilen langen Riffeinfahrt in den Hafen. Wir haben alle Seekarten, auch die genauesten, doch kein Leuchtfeuer stimmt. Entweder fehlen die Bojen samt Licht komplett, oder an ganz anderen Stellen blinken neue verwirrend in rot und grün. Helge hat mir erzählt, dass die GPS-Positionen mit der Karte perfekt übereinstimmen, also verlassen wir uns auf den GPS, neun Wegepunkte bis zum Ankerplatz. Da, eine Tonne auf dem Radar. Die huscht gespenstisch vorbei. Der Mond ist jetzt auch untergegangen. Da sind die Lichter der Stadt. Aha, die Boje mit dem rot blinkenden Licht, die wir schon so lange gesehen haben, das ist wohl doch eher ein Funkmast an Land mit einem Flugwarnlicht an der Spitze, denn das Licht wandert langsam in den Himmel aus. Wir ankern auf der Reede, fahren dann im ersten Tageslicht in das Hafenbecken und liegen perfekt vor Buganker und Heckleinen. Die JAN PLEZIER ist auch da, noch ein deutsches Schiff, die SANTA MARIA II, und ein paar Australier, Neuseeländer und Amerikaner. Noch jemand ist da, die OLOVAHA, das rote Fährschiff, das die Inseln Tongas im Liniendienst miteinander verbindet. Glücklicherweise liegt sie im Außenhafen und hat zu viel Tiefgang für unser flaches Innenbecken.

Die OLOVAHA ist ein alter Bekannter von SEETEUFEL und uns. 1988 lagen wir in Apia, West-Samoa, vor Anker. Der Nationalfeiertag stand bevor, und auch ein Team aus Tonga sollte bei den Kanuregatten mitmachen, die mit den großen Kanus, in denen fünfzig Mann mit Stechpaddeln und Kriegsgeschrei über das Wasser fliegen. Die OLOVAHA hatte das Kanu an Bord und dazu den Straßenkreuzer des Königs von Tonga. Regenböen, damals in Apia. SEETEUFEL lag sicher vor Anker. Wir hatten gerade unsere Post geholt und ausgepackt, lasen Briefe, Klaas spielte am Tisch mit Legosteinen, Baby Britta blätterte in einem Bilderbuch. Plötzlich tauchte vor dem Kajütfenster diese rote Wand auf, kam direkt auf uns zu. Ich sprang ins Cockpit, die OLOVAHA rammte uns hinter dem Mast, drückte SEETEUFEL auf die Seite, und ich fand mich im Wasser wieder. Splitterndes Holz von unserer Kiste hinten an Deck, ein Regen von roten Farbkrümeln, die unsere Salinge vom Rumpf der OLOVAHA abgeschabt hatten, verbogene Reling, die Radarantenne abrasiert, noch schwamm SEETEUFEL. Rückwärtsfahrt der OLOVAHA. Chaosmanöver, und bei der zweiten Kollision hakte sie ihren Anker, der hoch oben an ihrer Bordwand hing, hinter unser Achterstag. Rückwärtsfahrt, OLOVAHA und wir, vor Anker und gezogen am Achterstag ging es durch den Hafen von Apia. Einzige Chance, den Mast zu retten, war das Achterstag zu kappen! Silke warf mir den Bolzenschneider ins Cockpit, ein Schnitt, ein Knall wie ein Peitschenschlag, gekapptes Stag, wir waren frei. Und der Mast stand noch, denn auf SEETEUFEL hatten wir zwei Achterstage! Und niemand auf der OLOVAHA kümmerte sich auch nur im geringsten um uns. Die ignorierten uns total. Andere Yachties waren in Dingis gesprungen, um uns abzubergen. Dass SEETEUFEL noch schwamm, konnte keiner glauben. Vorteile eines Metallschiffes.

Wie war das nur passiert, wie war das möglich gewesen? Niemand an Bord der OLOVAHA hatte ein Kapitänspatent oder auch nur Erfahrung. Kanu und Straßenkreuzer mussten nach Apia gebracht werden, das verlangte der König. Also bekam einer seiner vielen Verwandten den Job, auch ohne notwendige Ausbildung. Beim Anlegen an der Pier kamen die Regenböen dazwischen, der Pseudo-Kapitän verlor den Kopf, die Kontrolle und wir fast das Schiff. Glück im Unglück war, dass niemand je bestritt, dass einziger Schuldiger die OLOVAHA war. Ein Lloyds-Gutachter in Apia nahm unseren Schaden auf, über 30 000,- DM. Der Mast krumm wie ein Fragezeichen. Dann sollte doch die Gegenseite zahlen? Denkste! Denn nach internationalem Seerecht haftete die OLOVAHA nur mit damals maximal

9 000,- DM, was sich aus ihrer Tonnage und einer Standardsumme pro Tonne errechnete. Wir waren vollkaskoversichert, und schließlich hat dann unsere Trans-Ocean-Versicherung die restliche Summe bezahlt. Uns war der Job geblieben, unser armes Schiffchen für die Fahrt nach Australien wieder zurechtzuflicken. Eine Saling machte ich uns aus einem besonders harten Stück samoanischen Holzes, dann spannte ich die verschiedenen Wanten so, dass der Mast einigermaßen gerade stand. Die zerbröselte Radarantenne landete auf dem Müll − es musste eben ohne Radar gehen. Und kosmetische Schäden ignorierten wir. Heute, zwölf Jahre später, fotografiere ich KAVENGA und weit dahinter auf demselben Bild die OLOVAHA, etwas älter, etwas rostiger, und immer noch Respekt einflößend.

Tongatapu ist eine flache Insel, Palmenpromenade vom Hafen am Ufer entlang zum Palast des Königs. Der hat gerade Geburtstag gehabt. »Happy 82nd Birthday Your Majesty« weht es auf bunten Bannern über den Straßen, und sein Gesicht sieht uns von Unmengen von Plakaten entgegen. Der Palast von König Taufa'ahau Tupou IV. ist eher bescheiden. Davor steht ein hoher Flaggenmast. Keine Fahne weht, er ist auf Reisen, diesmal in den USA. Auf Fotos sieht er dünner aus als vor zwölf Jahren, doch jetzt braucht er ein Gehgestell. Damals in Apia lief er uns über den Weg. »Der König von Tonga«, sagte ich zu Klaas. »Ein echter König. Schnell, gib ihm die Hand!« Der sechsjährige Klaas weigerte sich. »Nee, der ist mir zu fett!« Dann eben nicht. Die Chance kommt so schnell nicht wieder.

Nuku'alofa ist ein wilder Ort. Autoschlangen, Menschenmassen, und alles ganz schön verkommen. Löcher in den Fußwegen, und die Gebäude entweder nicht recht fertig geworden oder schon wieder verfallen. So ganz klar ist das nicht. Die Markthalle ist toll. Produkte aus den Gärten Tongatapus: Taro, Tomaten, Süßkartoffeln, Salat, Kohl, Kartoffeln, Ananas, Zwiebeln, Eier, jede Menge und ganz billig.

230

Stattliche Tongafrauen und -männer tragen die Tapa- oder Pandanusstrohmatte um ihre Mitte gewickelt. Das gehört zum guten Ton hier, wie eine Krawatte im Westen, und sieht bei einigen sehr würdevoll aus. Manchmal mischen sich die Kulturen. Da geht eine junge Geschäftsfrau im westlichen Eilschritt, Rock, Bluse, strenge Brille, das Handy in der Hand und die Aktentasche – und in die Strohmatte eingewickelt!

Ein modernes fünfstöckiges Hochhaus überragt Nuku'alofa. In der oberen Etage gibt es Internetzugang für drei Australdollar pro Stunde. Zum ersten Mal seit Galapagos können wir uns austoben, können all unsere E-Mails in Ruhe beantworten und – wieder in Panik geraten über die katastrophale Lage in unserer Firma. Hilft alles nichts, wir werden uns ums Geldverdienen kümmern, wenn wir wieder zu Hause sind. Grundlegend neu sind die traurigen Nachrichten auch nicht. Man hofft halt nur immer, dass wenn man eine Zeitlang nichts gehört hat, die Dinge sich vielleicht doch gebessert haben. Eine E-Mail aus den USA ist auch dabei, von meinem ehemaligen Chef der Pennsylvania State University. Ernst verfolgt unsere Reise und ist selbst ein Abenteurer und Segler. Kopf hoch, mailt er. Ihr habt schließlich das in die Tat umgesetzt, von dem andere nur träumen. Und was für eine unvergessliche Reise ihr hinter euch habt! Was für ein Erlebnis für die ganze Familie! Von Klaas sind auch E-Mails da, jede Menge und ganz lange. Klaas warnt uns jedesmal in den ersten Sätzen seiner E-Mails. Die sind so lang, dass es viel Geld kosten kann, sie vor dem Computer sitzend zu lesen, doch wir können uns bei den Preisen hier Zeit lassen und lesen und lesen.

In Nuku'alofa gibt es zwei Fernsehsender. Wir haben den Fernseher ja eigentlich nur für Brittas Schulvideos an Bord! Wir schauen auch nur mal ganz kurz in die Programme hier, nur mal schnell sehen, was in Nuku'alofa so gesendet wird. Vielleicht gibt es Nachrichten oder etwas kulturell Interessantes – oder den neuesten James Bond-Film! Also los, Antenne rausgehängt, die Kiste »getuned«, und zwei Sender kommen auch wirklich herein, richtig gut. Sechs Uhr, BBC World News. Fantastisch, das Neueste über Fidschi und die heikle Lage dort, und dies und das von der Weltbühne, Arafat und Clinton, der Friedensprozess im Nahen Osten. Also wirklich, da hat sich in zwei Jahren nicht viel geändert. Da macht es schon keinen Unterschied mehr, ob wir die neuesten Nachrichten sehen oder eine alte Aufzeichnung. Ob jetzt was Gutes kommt, nicht unbedingt der neueste James Bond, aber vieleicht der vorletzte? Nein, jedes noch so kleine Dorf in Polynesien hat mindestens zwei oder drei Kirchen und der Klerus hat auch das Fernsehprogramm fest im Griff. Bilder von Schäfchen auf der Weide und darunter Psalmtexte. Danach die Kirchen-Liveshow. Ein Typ, der aussieht wie Jesus selbst, interviewt einen freundlichen dicken Herrn – auf polynesisch. Umschalten! Auch Jesus-Talk, aber nur ein Mann, nicht als Frage- und Antwortspiel. Und umschalten. Und wieder umschalten, denn die Programme ändern sich nicht. Doch... Jetzt läuft auf einem Kanal die Original-Live-Übertragung von einem Dorf der Insel, wo gerade ein Schwein gebraten wird. Wir schalten um, und während das Schwein brät, zeigt der zweite Sender die Lokalnachrichten. Erst auf Polynesisch, dann eine halbe Stunde später das Gleiche nochmal auf Englisch. Prinzessin Salote von Tonga überreicht elf rundlichen Damen Zertifikate. Die haben nämlich gerade einen 14-Tage-Kurs im Zusammenstellen von Blumenarrangements hinter sich. Da gibt es Gestecke, die man an die Wand hängt, solche, die man auf den Tisch stellen kann, und dann welche zum Vor-die-Tür-stellen. Auf dem Konkurrenzkanal brät das Schwein. Wie lange brät wohl so ein Schwein? Umstellen. Die Zertifikate sind jetzt überreicht, und es gibt Nachrichten, die BBC News von vorhin, aber diesmal polynesisch gesprochen.

Das Schwein ist jetzt gar und durch ein Foto mit dem Gesicht von Jesus und einem Psalmtext abgelöst worden. Umschalten. Nach den Nachrichten kommt etwas, das wir nicht verstehen können, aber anhand einiger englischer Worte, die eingestreut sind, schließen wir, dass es sich um so etwas wie die Sitzung des Gemeinderates handeln muss, Baugenehmigungen und ähnliches in voller Sitzungslänge. Jetzt ist es schon halb neun. Umschalten. Und Volltreffer, die neueste Popmusik auf dem Alternativkanal. Tom Jones singt. Das Publikum trägt Mode der Sechzigerjahre, Männer mit Koteletten und Frauen mit hoch aufgesteckten Frisuren. Und danach Musik aus Tonga. Sechs Männer mit Banjos, Ukulelen und Gitarren singen ein Lied, in dem es um ihren Lieblingsrugbyspieler geht. Nächster Musikclip: Elvis Presley. Aber irgendwann ziehen auch wir mal eine Grenze! Umschalten, neun Uhr ist spät genug, da sind die Kinder Tongas im Bett, die Eltern haben Ruhe, können nach des Tages harter Arbeit einen richtigen Film sehen. Action Movie oder so. Noch erscheint der nächste Psalm auf dem Bildschirm, doch es kann nicht mehr lange dauern, es muss gleich losgehen! Tut es auch – eine dreißig Jahre alte Episode von »Flipper«. Ausschalten, Ende, wozu fernsehen? Das ist was für Süchtige, für TV-Junkies. Wir dagegen, wir kommen doch auch ohne aus!?

In Nuku'alofa gibt es auch mal wieder einen Trans-Ocean-Stützpunkt, Paul und Edith Groll. Paul kommt jeden Tag mindestens einmal zum Yachthafen, lässt die unverkennbare Kuhhupe seines Kleinbusses ein paarmal muhen und teilt Post und Neuigkeiten aus. Paul und Edith sind die Hauptattraktion von Nuku'alofa. »Christian geht es den Umständen entsprechend gut«, berichtet Paul heute. Franz von der JAN PLEZIER und Klaus von der SANTA MARIA II nicken. Hab ich was verpasst? Oder was ist los hier? Na, Christian von der DONELLA, der vom Hai angegriffen worden ist am Minerva-Riff. Jetzt will ich aber erst mal die ganze Story hören. Da schläft man im Regen mal etwas länger und schon ist man nicht mehr auf dem Laufenden. Christian Eckhoff aus Neuseeland. Bei mir fällt der Groschen. Christian kennen wir nicht persönlich, doch Georg und Erna aus der Bay of Islands haben wir mal bei Eichenbrenners in Townsville getroffen, und das sind enge Freunde von Christian. Und Christian kennt man auch vom Namen her, seit er vor Jahren an der Südostecke Tannas seine erste DONELLA verloren hat und das jeder in der Szene gehört hatte. Also, Christian hat eine neue DONELLA, war am Minerva-Riff und ist von einem Hai angegriffen worden. Jetzt ist er an Bord des Kabellegers RESOLUTION der neuseeländischen Marine auf dem Weg zum Nuku'alofa-Krankenhaus und soll am nächsten Morgen um drei Uhr hier eintreffen. Beide Arme stark verletzt, Genaues weiß niemand. Christian hatte Glück, denn außer der DONELLA war auch die Luxusyacht SEA TOY am Minerva-Riff, und die hat über Inmarsat den Pan-Pan-Ruf abgegeben, auf den die RESOLUTION reagiert hat.

Regenböen über Nuku'alofa, die RESOLUTION ist pünktlich, und noch vor dem Krankenhausbesuch kommen Christian und Paul am Hafen vorbei. Christian hat beide Arme dick verbunden und steht ganz aufgedreht auf der Böschung, denn der Sanitäter der RESOLUTION hat ihn mit jeder Menge Drogen verarztet. Christian ist 68 und wirkt 15 Jahre jünger, so kräftig und gesund. Ein Unfall beim Fischeschießen. Er hat vierzig Jahre lang mit der Harpune gefischt, er sieht das ganz gleichmütig. Musste ja mal passieren, nicht? Christian ist Freitaucher, zwanzig Meter Tiefe sind nichts für ihn. »Da hab ich diesen Fisch geschossen und bin dann hoch. Hab dummerweise die Harpune losgelassen und nichts zur Verteidigung in der Hand gehabt. Sonst wär das gar nicht passiert. Ich war ja dabei, die Leine einzuziehen, mit dem Fisch am Speer dran. Da kam dann dieser Grauhai, so einsfünfzig lang, am Fisch vorbei, und hat mich am linken Arm gepackt. Meine nagelneue Taucheruhr, die hat der mir auch abgerissen. Dann hab ich dem eins auf die Schnauze gehauen mit der anderen Hand, auf die Augen, damit der loslässt. Und all das Wasser rot von Blut. Bin ich abgerutscht, genau mit der Faust in die Zähne. Anderer Arm auch im Eimer.« Paul fährt mit zum Krankenhaus und bleibt bei der Operation dabei. Über fünfzig Stiche und Riesenglück. Keine großen Blutgefäße getroffen, keine wichtigen Nerven oder Sehnen. Nur ein großer Happs

Muskelfleisch fehlt. Christians Tochter Heike ist aus Neuseeland gekommen. Das ist DIE Story zu Hause, erzählt sie. Segler vom Hai gefressen. Die Sache mit der Uhr sei auch ganz groß im Fernsehen rausgekommen. Christians Crew, zwei junge Typen, einer aus Kanada, der andere aus Südafrika, die haben die Uhr am Tag nach dem Unfall wiedergefunden, in zwanzig Metern Tiefe, vom Hai ausgespuckt. Christians Schiff wird auch bald in Nuku'alofa erwartet. Ein erfahrener Segler von der SEA TOY ist am Minerva-Riff zugestiegen und zu dritt sind sie auf Kurs hierher. Christian ist unverwüstlich. Als die DONELLA wenige Tage später neben uns vor Anker liegt, hat er keine Ruhe, er ist schon wieder an Bord und repariert das Anlasser-Relais.

Immer noch Regen in Nuku'alofa. Franz und Elke wollen auch los, aber nach Fidschi, und sie versorgen uns mit Gin Tonic und Wetterkarten. Heute noch nicht, heute kommt noch ein Tief durch, Westwind. In zwei Tagen oder drei… Hinten im Hafenbecken liegen all die Fähren, die nicht mehr fähig sind aufs Meer zu gehen, rotbraune schwimmende Rostklumpen, ein paar Fischerboote, und manchmal steckt auch ein echtes tonganisches Segelkanu die Nase um die Ecke, geht raus aufs Meer. Die Besatzung probiert aus, wie sich das segelt. Hier gab es mal berühmte Seefahrer mit dreißig Meter langen Segelkanus, die von Tonga aus kreuz und quer über den Pazifik gesegelt sind. Das waren noch Zeiten. Lange her, oder auch nicht, denn was ist das da, unter der schwarzen Plastikplane? Ein dreißig Meter langes Segelkanu im Bau! Wir sehen uns das genau an und bekommen von den Kanubauern alles erklärt. Sorgsam zusammengefügter Hauptrumpf, der Ausleger nur wenig kleiner, darüber die große Decksplattform samt traditionellem Aufbau. Die zwei hohen Masten liegen daneben. Was für ein Monsterprojekt! Darum das kleine Doppelkanu, das haben sie zum Üben gebaut und zum Probesegeln. Das große Kanu hat zwei Masten, was für eine Aufgabe, das zu segeln! Der Ausleger bleibt immer in Luv. Bei jeder Wende wird der Bug zum Heck und das Heck zum Bug. Dann müssen die Masten umgesetzt werden und das Steuerruder auch. Eine Treppe führt in den Hauptrumpf, und innen wird die Baukunst noch deutlicher. Hier sieht man, wie Planke auf Planke gesetzt ist, an den Stößen stark verdickt, dann mit Fasern zusammengebunden und das Ganze durch Spanten verstärkt. Traditionelle Baukunst, dass es das noch gibt, sage ich zu Silke, doch Silke versteht mich nicht, denn eben ist eine Kettensäge angesprungen und die Späne fliegen, als ein paar überstehende Balkenenden getrimmt werden. »Damit fahren wir überall hin, wohin wir nur wollen«, sagt stolz der alte Tonganer, der uns das Schiff gezeigt hat.

»Torsten«, Franz steht am Ufer mit dem neuesten Wetterfax. »Das Wetter sieht heute ganz anders aus als gestern. Schau dir das mal an. Hier das Hochdruckgebiet!« Völlig klar, ich kann es auch sehen, Franz hat Recht. Da gibt es nur eins: auslaufen, das Hoch ausnutzen. Am besten jetzt gleich. Doch heute Abend, da wollten wir doch eigentlich noch alle zusammen in die Pizzeria mit Paul und Edith! Da kann das Wetter warten, denn Pizza geht vor. Man gönnt sich ja sonst nichts. Franz erzählt von seinen spannenden Segelabenteuern in Spitzbergen, Christian von Haien und Südafrika, Paul vom Seglerleben und von Tonga. »Also, das war was, kannste das stecken, woll?« Schade, dass das Wetter gut ist, noch länger können wir nicht bleiben. Toll bei euch hier in Tonga. Tschüss Paul, tschüss Edith.

Apfelküchlein

Rezept von Konditormeister Franz von der JAN PLEZIER

Vorteig:
400g Milch (Wasser und Milchpulver 10:1)
1 Paket Trockenhefe
3 kleine Eier
3 Teel. Zucker

Vorteig gut verrühren, dann weiter abmessen und mischen, während der Vorteig schon arbeitet.

35 g Zucker	4 dicke Äpfel
5 g Salz	200 g helle Sultaninen
400 g Mehl	50 ml Rum
Vanille	Zimt und Zucker

Zucker, Salz, Mehl und Vanille unter den Vorteig arbeiten und gut schlagen. Der Teig soll eine zähflüssige Konsistenz bekommen und sich in der Pfanne zu kleinen ovalen Küchlein (wie Kartoffelpuffer) formen. Die Äpfel schälen und in 1 cm große

Würfel schneiden. Die Sultaninen mit dem Rum ansetzen und nach $^1/_2$ Stunde mit den Apfelwürfeln unter den Teig rühren. Teig noch 15 Minuten gehen lassen und in Butter in der Pfanne bei mittlerer Hitze, auf der ersten Seite mit Deckel, goldbraun backen. Vor dem Essen mit Zimt und Zucker bestreuen.

Hapi tumas long Vanuatu

Logbucheintrag 22. Juli 2000: Ausgelaufen 0815. Genua und Groß, Kompasskurs 270 Grad. Nach Port Vila 980 sm. Sonne, blauer Himmel, Südost 10 – 15 Knoten. Jan Plezier den ganzen Tag neben uns, aber mit drittem Segel!

Fahrtensegler sind keine Regattasegler, das ist eine andere Welt, das sind ganz andere Typen, oder etwa nicht? Franz und Elke haben zusätzlich die Kutterfock gesetzt. Wir haben keine, verdammt noch mal! Da wäre ein Extraknoten Fahrt herauszuholen, mit Kutterfock.

Logbucheintrag 23. Juli 2000: Laufen unter Spinnaker, Ost 10 Knoten. Jan Plezier noch in Sicht. Blauer Himmel und Sonne. Perfekter Segeltag. Verlieren Jan Plezier um 2100 achteraus.

Franz und Elke sind nur zu zweit und haben einen Reacher gesetzt, Kavenga dagegen läuft immer noch unter Spinnaker, und langsam, ganz langsam ziehen wir davon, holen ein klein wenig mehr Fahrt heraus. Tolles Gefühl. Die Jan Plezier geht nach Suva, Fidschi, wir nach Vanuatu. Hoffentlich laufen wir uns dort nochmal über den Weg.

Logbucheintrag 26. Juli 2000: Viel Wind, bis 38 Knoten aus Ost. Nur noch Trecker. Kavenga läuft gut, aber sehr rau. Nördlich von uns liegt ein Trog. Wind jetzt bis 43 Knoten. Himmel blau, See grob. Etmal 165 Seemeilen. Wieder ein Unterwant gebrochen, Ersatz geriggt. Drei Meter See, der Autopilot kommt damit klar.

Am sechsten Tag bleibt es so. Keine Wetteränderung, und Silke schafft es trotzdem, Pfannkuchen zu backen. Etmal 170 Seemeilen. Der 28. Juli ist unser letzter Tag auf See. Immer noch Wind mit Böen in Sturmstärke, und noch ein 170-Seemeilen-Etmal. »Sind alle voll blauer Flecken«, steht im Bordbuch. »Alle Knochen tun weh«.

236

Wieder ein Landfall im Dunkeln, Feuer in Linie. An Felsen vorbei geht es durch die Hafeneinfahrt. Die Koordinaten auf der Karte sind falsch, 0,4 Seemeilen beträgt der Unterschied zum GPS. Jede Menge Segler vor Anker und wir liegen dazwischen. 980 Seemeilen in sechseinhalb Tagen.

Britta ist ein echter Teenager geworden. Nichts läuft mehr ohne Musik. Schularbeiten werden nur erledigt, wenn nebenbei eine CD läuft – eine von Klaas natürlich. Bis sie noch einmal durch unsere Musikauswahl stöbert und »Hair« entdeckt. Dreimal am Tag ist gar nichts, Torsten und ich können es wirklich nicht mehr hören, dabei gefällt uns »Hair« auch immer noch sehr gut. Aber ausschließlich, von morgens bis abends, Tag für Tag? Britta kennt jedes Wort auswendig. Sie kann auch jetzt nicht mehr nur immer in Shorts herumlaufen. Röcke müssen her, bunte, weite, fliegende. Und ein Fußkettchen und selbst geflochtene Haarbänder in das hüftlange offene Haar. Fertig ist das »Flower-Power-Girl«. Damals hätte man leben müssen, seufzt Britta.

Segeln mit Kindern – ist das mit Teenagern genauso unproblematisch wie mit kleinen Kindern? Die Antwort ist uneingeschränkt – »ja«. Klaas und Britta hat die Fahrt Spaß gemacht, was sie vor Ort an fremden Ländern und Kulturen gesehen haben, ist viel mehr, als man je durch ein Lehrbuch lernen kann. Dazu kommt ein großes Verantwortungsbewusstsein und eine Selbstständigkeit, die auch nach der Fahrt erhalten bleibt. Klaas war ja gerade erst siebzehn geworden, als wir mit KAVENGA lossegelten. Außer auf Klassenfahrten war er nie ohne uns gewesen. Er hatte noch nie Bekanntschaft mit all der Bürokratie gemacht, die im täglichen Leben so anfällt, hatte noch nie ein Auto durch den TÜV gebracht und angemeldet, hatte noch nie mit Banken, Versicherungen und ähnlichen Institutionen zu tun gehabt. Seit er von Mexiko zurück nach Australien geflogen ist, ist er völlig auf sich selbst gestellt, hat fünf Monate in dem Schuppen in Alligator Creek gelebt, der bei der Überschwemmung oft nur zu Fuß zu erreichen war, hat Erdarbeiten auf dem Grundstück erledigt, die durch das viele Wasser angefallen waren, hat unseren vielen liegen gebliebenen Papierkram in Windeseile erledigt und sich um den danach anfallenden gekümmert und ist nebenbei noch zur Uni gegangen und hat dort mit den besten Zensuren abgeschnitten. Britta hat ihr Schulpensum hervorragend bewältigt – trotz »Hair« – und die Unabhängigkeit des Seglerlebens genossen. Jetzt, wo die Reise dem Ende zugeht, stöhnt sie immer wieder: »Ich kann mir gar nicht vorstellen, wieder den ganzen Tag in der Schule zu sitzen und mich so furchtbar gut benehmen zu müssen.« Beide haben natürlich Gleichaltrige vermisst. Besonders, wenn man so viele Seemeilen in so kurzer Zeit zurücklegt und immer nur so kurz an einem Ort ist, gibt es selten Gelegenheit, Freundschaften zu entwickeln. Aber beide fanden das »a small price to pay«. Das Problem beim Segeln mit Kindern ist die Meinung der »anderen Leute«: »Das kann man doch den Kindern nicht zumuten«, »das Kind hat doch nichts davon«, »denkt doch nicht nur an euch«. Das haben wir zum ersten Mal gehört, als Klaas acht Monate alt war. Damals sind wir vier Wochen mit dem Campingbus durch Island gefahren. Klaas war lustig und munter und trotzdem sind wir auf jedem Campingplatz mit dieser Einstellung der »anderen Leute« konfrontiert worden. Torsten und ich sind schon in den Schulferien mit einem 50-ccm-Motorrad zum Nordkap gefahren, als wir noch zu jung waren, einen Autoführerschein zu machen, und unsere Reiselust hat sich seitdem nicht verringert. Wären die Kinder wirklich glücklicher gewesen, wenn wir die Ferien in Hotels mit Vollpension verbracht hätten und unsere Zeit ansonsten einer Berufskarriere gewidmet hätten statt ihnen? »Definitely not!«, sagt Britta, als ich ihr diesen Abschnitt vorlese. Das einzige Problem, das ich an diesem Lebensstil sehe, ist die fehlende finanzielle Sicherheit. Wenn wir keine Kinder hätten, würde ich keinen Gedanken daran verschwenden, aber so fällt es mir schwer, mich von dem Gefühl zu lösen, ihnen etwas »mitgeben«, etwas »hinterlassen« zu müssen, obwohl Klaas und Britta eine solche Einstellung entsetzlich finden.

Je mehr Segler wir treffen, desto öfter kommen solche Themen zur Sprache. Die deutsche Seglergemeinschaft des westlichen Südpazifik ist in zwei Lager gespalten. Segeln mit Kindern – unverantwortlich oder bewundernswert. Ausgelöst wird die Diskussion meistens natürlich durch die Frage: »Habt ihr denn schon Hans und Eva getroffen?« Britta ist ohnehin schon genervt von der Einstellung der

Segler aus dem »Unverantwortlich-Lager«. Wenn dann aber Eva, Hans und Baby Lola ins Gespräch kommen, fällt es ihr schwer, ihre – in australischen Schulen mit freundlichem Druck gelehrte – Höflichkeit Erwachsenen gegenüber aufrechtzuerhalten.

Hier ihr Beitrag zu diesem Thema:
Meiner Meinung nach ist Segeln schön und nützlich für Kinder in jedem Alter. Ich kann nicht verstehen, warum die Leute so oft sagen: »Das kann man nicht machen« oder »und wenn das Boot nun sinkt«. Es ist sicher wahr, dass es auch Gefahren beim Segeln gibt, aber die gibt es genauso an Land, mindestens so viele, wenn nicht sogar mehr. Wenn man in einem Haus wohnt und jeden Tag zur Schule gehen muss, kann man leicht einem unaufmerksamen oder betrunkenen Autofahrer begegnen. Oder die Schulkinder sind abgelenkt, wenn sie über die Straße gehen, und denken an andere Dinge. Oder ein Ball rollt über die Straße und ein Kind läuft hinterher. Da kann es schnell passieren, dass es einen Unfall gibt, vielleicht sogar einen tödlichen! Wie können manche Leute da sagen, Segeln sei gefährlicher? Wenn man mit der Familie segelt, dann beginnt man zu verstehen, was das Wort »Familie« wirklich bedeutet. Man lebt mit seiner Familie auf engem Raum, man sieht einander jeden Tag, man spielt mit den Geschwistern und den Eltern, die Eltern sind gleichzeitig die Lehrer für die Schule und alles andere auch. Warum soll es da besser sein, an Land zu leben, wo die Eltern jeden Tag zur Arbeit gehen, wo man selber sechs Stunden am Tag, fünf Tage in der Woche, zur Schule geht und wo man nicht viel Zeit mit der Familie verbringt? Wenn es immer noch Leute gibt, die, nachdem sie dies gelesen haben, glauben, dass Segeln für Kinder nicht gut ist, dann kann ich nur sagen, dass sie mir leid tun. Es gibt nichts auf der Welt, dass mich veranlassen könnte, meinen Lebensstil zu ändern! Wenn meine Eltern mich nicht zum Segeln mitgenommen hätten, als ich noch ein Baby war, dann würde ich jetzt vielleicht das Meer nicht so lieben und auch nicht die Tiere. Wenn wir nicht zusammen Segeln gefahren wären, dann glaube ich nicht, dass wir so eine enge Familie geworden wären. Und wenn sie mich nicht auf diesen zweiten Trip mitgenommen hätten, dann hätte ich nicht die schönen Erinnerungen an all die Länder und an all die Menschen und ich hätte nicht

*die fremden Kulturen erlebt. Darum bin ich sehr, sehr dankbar dafür,
dass meine Eltern nicht auf die Menschen gehört haben, die ihre Entscheidung kritisiert haben, mit Kindern zu segeln, die gesagt haben,
das wäre unverantwortlich und dass sie doch an die Kinder denken
sollten. Meine Eltern haben an mich gedacht und an meinen Bruder,
und sie haben die beste Entscheidung getroffen, die sie jemals hätten
machen können.*

In Port Vila gibt es ein Internet-Café. Leider recht teuer, doch wir holen uns die
neuesten Nachrichten von Klaas und Kristine. Alles läuft bestens, mit der Uni
klappt es prima, und sie lernen jetzt richtig backen und kochen. Klaas schreibt:
*»Gestern war Kristine um sechs Uhr mit der Uni fertig und ich schon um zwei,
deshalb dachte ich, ich mache ein bisschen ›cooking‹. Zuerst wollte ich Kürbis-
brötchen machen. Ich hatte den Teig fertig und sollte ihn ausrollen, um Kreise
auszustechen, so wie Lebkuchenteig. Ich dachte, er wäre etwas zu flüssig, also
habe ich noch eine ganze Menge Mehl dazugetan. Irgendwie wurde es aber
nicht viel besser – er war immer noch sehr flüssig –, und ich dachte, ich probie-
re es trotzdem mit dem Ausrollen. Ich dachte, wenn ich mehr Mehl dazufügen
würde, würde er den Geschmack verlieren. Das war eine Sache! Der Teig klebte
an allem. Er wollte vom Tisch einfach nicht mehr abkommen, so wie der artige
Lebkuchenteig das immer macht. Und das Ausstechen funktionierte gar nicht.
Auch mit total geölten Ausstechteilen blieb der Teich immer noch kleben. Also
habe ich kapituliert und habe den Teig (das was ich abziehen konnte) einfach
so auf ein Blech geschmissen und habe stattdessen einen sehr ungewöhnlichen
Kürbiskuchen gemacht.«*
Die Sonne scheint. Endlich mal kein Regen. Was will man mehr? Vielleicht etwas Wind? Nein, den Wunsch denken wir nicht einmal, sonst gibt es gleich wieder Sturm. Port Vila liegt achteraus, und wir ziehen zwei neue Schleppangeln hinterher, Typ INNOVATION. Die Köder haben wir selbst gebastelt aus Haken und
Handschuhen. Britta liegt faul in der Sonne auf der Cockpitbank, lässt ihr Bein
über das Süll baumeln, den Gummistropp der Backbordangel zwischen den
Zehen. »Fisch!!!« Das Gummi wird länger und länger… Eine große Goldmakrele
(Wahoo) zappelt daran. Ruckzuck ist der oben, zerlegt und in die Pfanne gehau-
en. Dass das so klappen würde, wer hätte das gedacht. Vila kann man noch
sehen, die Angel ist kaum nass, und zack, ein Fisch dran. Das gibt es doch nicht,
so einen Erfolgsbeweis für das neue System. Vielen Dank, Dieter und Brigitte, die

Gummihandschuhe, die bringen es, also wirklich, nicht nur bei euch auf der INNOVATION, sondern jetzt auch bei uns. So viel Fisch auf einen Schlag, da sind auch Filets über für Arne und Kati von der IEMANJA.

Der Ankerplatz vor Nguna ist rollig, es ist Abend, Kinder spielen Ball am Ufer im letzten Licht. Vor uns die schwarze Kulisse des Taputaora-Vulkans. Und was ist das, dieser rote, lodernde, flackernde Schein auf der Flanke des Vulkans? Vanuatu, das ist das Land der Vulkane auf einsamen Inseln... Eben noch war die Nacht schwarz, jetzt dieser Feuerschein, der kommt und geht, für Stunden. Dann nichts mehr, nur noch die Nacht. Niemand lebt dort, keine Stadt, kein Ort. Ein Buschfeuer war es auch nicht bei all dem Regen der letzten Tage. Geträumt haben wir es auch nicht. Lassen wir es dabei, keine Ahnung, was der Spuk war. Der Vulkan auf Lopevi ist in den letzten Wochen aktiv gewesen, speit Feuer und Asche aus, doch Lopevi liegt weiter nördlich und kann eigentlich nichts zu tun haben mit diesem Schauspiel in der Nacht.

6. August. Lamo Point, Ambrym, eben noch rollte KAVENGA vor dem Südostpassat, der gestern und heute mal wieder mit über 30 Knoten weht, jetzt ein Neunzig-Grad-Kurswechsel, Lamo Point achteraus, und mit der restlichen Fahrt gleiten wir in den Windschatten Ambryms. Keine Wellen mehr, glatte See, neben uns die schwarze Insel der Zauberer und Vulkane, Ambrym. Der Doppelvulkan Benbow und Marum liegt verschluckt von einer dicken Wolken- und Dunstschicht. Schwarze Strände, Palmen, schwarze Klippenküste, und wir fahren über ein spiegelglattes Meer. In Vanuatu sind die Inseln mit aktiven Vulkanen diejenigen mit den größten Zauberkräften und den mächtigsten Zauberern. Ambrym steht ganz oben auf der Liste. Dschungel. Auf dieser Seite der Insel gibt es nicht einmal eine Straße oder einen Weg. Und jetzt kommt auch noch Regen. Dicke Wolken direkt voraus. Ich hole mir die Öljacke und ziehe sie mir an. Hier ist es viel wärmer als noch vor kurzem in Tonga, trotzdem, klatschnass am Ruder, das zieht die Temperatur raus. Aber ich schwitze. Gelb-grau-schwarzer Dunst, und wo bitte ist der Regen? Der kommt nicht, der fällt aus. Stattdessen zieht KAVENGA durch ein Nebeldunstmeer. Schwefelgestank und dicke Schwaden überall. Das brennt in den Augen, das kratzt im Hals. Vulkanrauch ist das und nicht Regen. So kann man sich täuschen. Ich ziehe die Öljacke aus. Schemenhafte Küste, dichtes Dschungelgrün, dann schwarze Klippen. Der Dunst lichtet sich etwas, das Dickste liegt hinter uns. Wir haben eine GPS-Position eines Ankerplatzes vor der offenen Küste. Dort soll es an Land heiße Quellen geben. Anker runter auf 20 Metern. Wir ankern vor der endlos langen Küste ohne besonderen Schutz. Ist ja nur für kurz.

Hier bildet die Steilküste ein Tal. Die Berge verschwinden im Schwefelnebel. Landgang. Der Strand besteht aus feinstem, schwarzen Sand. Der Sand ist heiß. Je tiefer ich meine Zehen hineingrabe, desto heißer ist er. Ein Rinnsal windet sich durch die Ebene, die völlig kahl ist zwischen den Bergen. Dampf steigt auf. Heißes Wasser im Bach und an den Seiten Algenflächen in rot und braun und gelb. An den Felswänden wachsen Farne in Rissen im Gestein und kochendes Wasser tropft zu Boden. Schade, nicht genug zum Baden. Auch im Bach reicht das gerade mal zum Benetzen der Füße. Der offene Ankerplatz passt uns nicht. Wir sind in Lee der Insel, trotzdem, alles hier ist so unwirklich, so gespenstisch schwarz. Im Schwefelnebel verliert man den Realitätsbezug. Also weiter, nach Ranon, dahin, wo es andere Menschen gibt. Fünf Seemeilen nur, östlich von uns, weiter. Jetzt tritt die Küste zurück, ein paar hundert Meter nur. Auf der Karte sind Riffe eingezeichnet. Doch was ist das? Wir sind schon dran vorbei, drehen uns nur noch mal um, und da, schräg achteraus, ganz dicht am Land ein Mast. Dort in der Felsecke kann man also ankern, kann einen Weg hinein finden trotz der Riffe. Ruder hart steuerbord und nichts wie hin. Das müssen wir uns ansehen, denn da soll es auch heiße Quellen geben. Ambrym ist berüchtigt für Hai-Angriffe, und die Menschen hier gehen nicht ins Wasser. Paul von der HANNABELLA hat davon noch nichts gehört. Er sucht die Felsen nach Langusten ab und begrüßt uns vom Wasser her, die Harpune in der Hand. »Ich habe die Ecke hier abgeschnorchelt. Alles ist frei von Felsen. Fahrt ganz ans Ende und ich mache eure Heckleine am Ufer fest.« Die Felsbucht ist ein Miniaturkrater, Steilwände, etwas Strand, wir passen gerade hinein in die Mitte, Heckleine zur Lava am Ufer.

Totale Stille, nur ein paar Vögel. Wasser tropft an den Felswänden herab. Sind wir noch auf dieser Welt, oder hat uns die Zauberinsel verschluckt? Der Felskessel hat etwa 50 Meter Durchmesser und ist nur an einer Seite offen. Das Meer ist verschwunden, ist draußen geblieben. Diese Wahnsinnsvegetation hier, die Farne, Palmen und Dschungelbäume. Nach den Gletschern Alaskas ist dies hier der faszinierendste Ankerplatz der Fahrt. Schwarzes Wasser, schwarzer Grund, schwarzer Sand, und irgendwo darin bunte Korallen, die sich gespensterhaft von all dem Schwarz abheben. Nur unsere Spuren im Vulkansand am Ufer. Der Sand ist heiß, der Boden lebt. Die Felswände steigen senkrecht auf rundum, und heißes Wasser tropft aus Rissen, sammelt sich und bildet kleine Bäche. Die Tide ist gerade richtig, die kalte See und das dampfende Vulkanwasser mischen sich, Jacuzzi-Temperatur. Das Wasser ist einen halben Meter tief. Ahhh – hineinlegen, sich aalen, abschalten. KAVENGA vor uns im Kessel, und immer wieder, wenn es es zu heiß zu werden scheint, wenn fast die Schmerzgrenze erreicht ist, dann kommt eine kleine Welle, lässt Seewasser hereinschwappen, und die Welt ist wieder in Ordnung. Paradies. Fast. Nicht ganz. Denn dies ist Ambrym, Insel der Vulkane und der schwarzen Magie. Es ist Nacht, wolkenlos eigentlich, doch die Vulkandünste sind dicht und der Mond ist nur nebelig schwach erkennbar. Merkwürdiges Gefühl, wir auf KAVENGA, der Felskessel, das Wasser schwappt an den Steinen gleich neben uns. Schwefelgeruch. Wir bleiben nur eine Nacht. Wäre es nicht eine Herausforderung des Schicksals, länger zu bleiben?

7. August. Den Kessel der heißen Quellen kann man von hier aus noch sehen, von der Ankerbucht vor Ranon. Am Ufer unterhalb des Vulkans stehen ein paar Hütten, Kanus kommen längsseits. Wir tauschen T-Shirts, eine Zwei-Dollar-Uhr, Angelzeug, ein Netz. Dies ist die Bucht der Schnitzer. Ranon ist bekannt für die Holzfiguren, Nachbildungen der großen Tam Tams, der Schlitztrommeln mit ihren Furcht erregenden Holzgesichtern, und für Flöten aus Bambus… Britta und Silke sind in ihrem Element. Auch unsere Tauschpartner sehen zufrieden aus. Wer hat wohl das bessere Geschäft gemacht? Alle hier! Britta sieht sich unsere neuen Besitztümer an: »Die Tam Tams sehen aus wie Torsten!« Ranon ist eine Mischung aus neu und alt. Zehn Hütten am Ufer, Bambus und Palmwedel, aber auch Wellblech und Sperrholz, Männer am Strand reparieren ein Motorboot mit Epoxyharz. Kinder fischen mit einem Wurfnetz. Hier gibt es keine Straßen, keine Autos. Frauen kommen uns entgegen und balancieren Lasten auf dem Kopf. Immer noch liegt der blau-graue Vulkandunst in den Bergen. »Where are you from?«, fragt uns eine Frau im typisch gerüschten, losen Kleid, dem Mother Hubbard. »Townsville, Australia.« Ob wir uns die Boarding School ansehen wollen? Sie ist die Sekretärin dort. Eine lange Hütte ist der Schlafsaal der Jungen, eine andere ist für die Mädchen. In einem Kochschuppen brennt das offene Feuer und Holzbänke stehen unter Palmwedeldächern, Schulräume am Hang über dem Meer. Liebevoll gepflegt ist alles, und gleichzeitig sieht man, dass das Geld hier an jeder Ecke fehlt. Die Farbe blättert

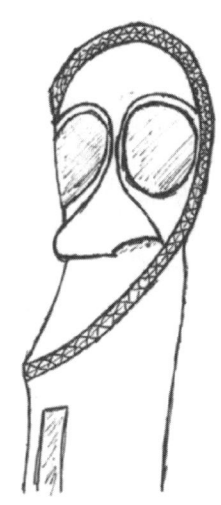

ab und: »Wir haben sogar einen Computer. Der geht manchmal für eine Stunde, wenn der Generator läuft und Strom macht!« Eine Lehrerin aus den USA ist auch hier, beschäftigt über das US Peace Corps. Gleiches Gehalt wie die Vanuatu-Lehrer, gleiche Lebensbedingungen, seit drei Jahren. Die Schule hat kein Geld, erzählt sie, das ist das Problem. Denn Vila ist weit weg, und zuerst wird für die Schulen dort gesorgt. Für hier bleibt kaum etwas. 13 naturkundliche Schulbücher für alle 200 Kinder zusammen. Ungefähr 100 DM zahlen die Eltern der Kinder, die hier leben, pro Halbjahr. Das ist sehr viel Geld für die Menschen in den Dörfern auf Ambrym, Pentecost, Malakula oder Epi. Zurück zu KAVENGA. Dazu gehört schon etwas, bewusster Rückzug aus der Luxuswelt der USA und dann hier arbeiten für so wenig Geld. So leben wie die Ni-Vanuatus, wie die Einheimischen sich selbst nennen. Abgeschiedenheit, getrennt vom Rest der Welt. Zufriedenheit auch, und das für Jahre. Könnten wir das, so ein totaler Rückzug? Nicht jetzt, nicht heute, nicht an diesem Punkt unseres Lebens.

Die See in Lee von Ambrym ist spiegelglatt, doch man darf sich nicht täuschen lassen, denn draußen bläst der Passat immer noch mit 25 bis 30 Knoten, steter Südost-Starkwind, graue Wolken, und in der Selwyn Strait ist der Landschutz weg. Der tagelange Wind hat eine grobe See aufgebaut, Strömung zwischen Ambrym und Pentecost. Ich stehe mal wieder am Ruder, lieber selbst steuern als zähneknirschend dem Autopiloten zusehen, wenn er KAVENGA quer zu den Rollern kommen lässt. Regenböen. Pentecost liegt voraus. Was für ein fantasievoller Name. Am 22. Mai 1768 sichtete Bougainville als erster Europäer die Insel. Das war zufällig am Pfingstsonntag, Pentecost. Kapitän Cook war da schon einfallsreicher und wollte auf Ambrym herausfinden, wie die Einheimischen die Insel nannten. »Wie heißt die Insel«, versuchte er zu fragen. Es gab gerade Yams (Süßkartoffeln) zum Essen. Da antworteten die Gastgeber mit »ama-rem«, unsere Yams! Also Ambrym, irgendwo nahe liegend. Seien wir doch mal ehrlich, wenn ich selbst dermaßen viele neue Kontinente, Länder, Inseln, Flüsse und Meere entdecken würde, dann gingen mir bestimmt auch die guten, griffigen Namen bald aus.

Ambrym und Pentecost, Inseln aus grauer, prähistorischer Zeit, mit Sitten und Gebräuchen, die die Anthropologen seit über hundert Jahren erforschen, niederschreiben, fotografieren und filmen. Tam Tams und Tänze mit Lehmmasken und Grasröcken auf Ambrym, und auf Pentecost gibt es die Turmspringer. Vanuatu, Kultur zwischen gestern und heute, christliche Missionsstationen und Dörfer, in denen die Kinder nicht zur Schule geschickt werden, weil dort alles nach alter Tradition läuft. Auf der einen Seite der Insel Menschen, die in der Steinzeit leben,

244

auf der anderen Seite der Insel Häuser mit Satellitenschüssel. Land im Wandel, Menschen, die ihren Weg finden müssen in der Vielfalt der gangbaren Pfade.

Ambrym liegt achteraus, Ranon mit dem bekannten Solomon Douglas. Solomon ist ein Ni-Vanuatu mit Geschäftssinn, und seine Broschüre findet man schon im Touristenbüro in Vila. »Kommt nach Ranon und fragt nach Solomon Douglas. Der wird euch in ein echtes ›custom‹-Dorf bringen, zum Rom-Tanz, kostet nur 4500 Vatu pro Kopf.« Das sind mal eben lockere 80 DM für die Tanzvorführung, also 240 DM für uns. Wir haben nicht nach Solomon gefragt in Ranon. Wer will es den Ni-Vanuatus verübeln, für diesen Tanz so zuzuschlagen, wenn es Segler gibt, die zahlen, und wenn dies dazu beiträgt, dass alte Sitten und Gebräuche – in Bislama, dem Pidgin-Englisch Vanuatus, »custom« genannt – dadurch am Leben erhalten werden. Aber uns ist das irgendwie doch zu touristisch und außerdem lässt unsere Bordkasse eine solche Ausgabe nicht zu.

Pentecost im Grau des Niesels. Pentecost, das kenne ich schon seit ewigen Zeiten vom Namen her, die Insel der Turmspringer, Geburtsplatz des Bungy-Springens. Wer hat nicht schon einmal Fotos gesehen von den hohen Türmen aus Bambus, von den Männern, die sich hinunterstürzen, die Füße an zwei Lianen gebunden, die den Todessturz stoppen, der Kopf nur Zentimeter über dem Boden. Nur in Süd-Pentecost wird das gemacht. Nicht im August, nicht jetzt, sondern im April und Mai. Doch die Türme stehen, die kann man sich ansehen, und das Dorf Wali mit Chief Willy ist bekannt. Da vorne liegt Wali. Überall Palmen, riesige Plantagen waren das mal. Da ist das Dorf. Von See her kann man nicht viel sehen, ein Palmwedeldach oder zwei und vor allem den weit ausladenden Banyanbaum, der den Dorfplatz überschattet. In jedem Dorf steht in der Mitte so ein Banyanbaum. Mistwetter. Pentecost liegt in Nord-Süd-Richtung und sollte doch Schutz geben gegen den stürmischen Südost. Denkste, die Seen, die durch die Selwyn Strait laufen, folgen der Küste nach Norden. Vor Wali sieht das Meer auch nicht anders aus als draußen. Kein Schutz, das Wasser ist tief. Zu dicht unter Land hängt KAVENGA wie ein Schaukelpferd an der Kette: »Bleibt bloß nicht zu lange weg!« Nein, ganz bestimmt nicht. Wir paddeln zum Banyanbaum. Ein traditionelles Dorf. Das lange, flache Nakamal, das Männerhaus, Hütten mit Wänden aus Bambus und Kokoswedeldächern, tropfend vor Nässe. Der Regen hat aufgehört. Männer sitzen unter dem Banyan und rauchen. »Where are you from? What is your name?« Einer ist tatsächlich Chief Willy. Aber der ist so jung, höchstens 30. Doch er ist Willy. Ob wir den Turm sehen können? Klar, gerne. Kostet 500 Vatu. Kein Problem, denn das wussten wir, und als wir zustimmen, ist das Eis ge-

245

brochen. Vor uns liegt die Hauptstraße, die die Dörfer an der Südwestküste Pente-
costs miteinander verbindet. Im Gras sieht man zwei Räderspuren, die in der
Ferne verschwinden, darauf grobe Reifenabdrücke im braunen Schlamm. Es gibt
also mindestens ein Auto hier. Palmen in Reih und Glied. Die könnten auch eine
Geschichte erzählen. Wer hat die mal gepflanzt, wer hat hier versucht, mit Kopra
Geld zu verdienen? Unsere Wanderung zum Turm wird eine richtige Expedition.
Drei junge Männer führen uns, Kinder toben mit. Die können einigermaßen Englisch. Was für Sprachprobleme diese Menschen haben. Mit der Sprache ihrer Dorf-
gemeinschaft wachsen sie auf. Dann lernen sie in der Schule Bislama, damit sich
auch Bewohner verschiedener Dörfer – ganz zu schweigen verschiedener Inseln!
– unterhalten können. Und dann lernen sie Englisch, um sich mit Menschen aus
dem Rest der Welt zu verständigen. Oder Französisch, falls das gerade die vor-
herrschende Sprache in ihrem Teil Vanuatus ist, oder besser gleich beides. Unter
den Palmen weiden Kühe. So gesund aussehende Tiere gibt es selten, so fett
wie das Gras und kräftig wie seine Farbe. Wir stapfen durch den Schlamm der
Straße, hohe Berge im Hinterland, keine aktiven Vulkane auf Pentecost. Wie lustig die Menschen überall in Vanuatu sind! Was für ein Leben dies ist, eine Welt,
die in ihrer Abgeschiedenheit wohl nichts mit unserer zu tun hat. Willy erzählt.
Er ist der Turmspringer-Champion des Dorfes. Er hat den Turm gebaut. Er ganz
allein, das ist Tradition, und nur er springt von ganz oben. Der Weg führt durch
einen Fluß, reißendes, eiskaltes Wasser. Die Autos hier müssen Geländewagen
sein. Chief Willy, Championturmspringer von Wali, dichter Bart, fast schwarze Haut,
der ernste melanesische Gesichtsausdruck, tausend Jahre entfernt vom Hier und
Heute. Welche Sprache sprecht ihr, will Willy wissen, denn er hat gemerkt, dass
wir drei nicht englisch miteinander reden. Deutsch, wir sprechen deutsch. Das
beeindruckt Willy: »Aber jetzt seid ihr Australier. Wann wart ihr zuletzt in Deutschland?« Ob Willy weiß, wo Deutschland liegt? »1987.« Aha, antwortet Willy uns, und
das sei schade, denn das war ja vor der Wiedervereinigung. Er hätte gern gewusst, wie das Leben in Deutschland nach der Wiedervereinigung ist, was das
so für Probleme gebracht hätte. Stille Wasser sind tief, denken wir. Turmspringer-
Champion von Wali, Willy ist ein Mensch beider Welten, der alten »custom«-Welt
und der des Jahres 2000. »Die Kühe da, die gehören dem Dorf«, erzählt Willy. Und
Kava wird hier auch angebaut. Der beste und stärkste Kava von Vanuatu. Alles
organisch, die ganze Landwirtschaft. Keine Pestizide, keine Insektizide und kein
künstlicher Dünger, keine Antibiotika für die Kühe. Darum bekommen sie Topgeld
aus Japan und aus Deutschland für das Fleisch und den Kava. Willy ist stolz. Grüne

Bewegung auf Pentecost? Ich wünschte, Australien wäre so progressiv wie die Turmspringer von Wali.

Hinter einem Bambuswald liegt ein Steilhang. Gras und glitschiger Lehm, da muss man erst mal hinaufkommen. Willy und seine Freunde reichen hilfreiche Hände, und oben, ganz oben, steht der Turm von Wali, Willys Turm. Wieder so ein Moment, bin ich noch hier in dieser Welt, meiner Welt, oder bin ich ganz woanders? Hinter mir die Bergkette, das Rückgrat von Pentecost. Neben mir Willys Turm, 25 Meter hoch. Bambus zusammengebunden mit Lianen, Baumstämme in der Mitte als Verstärkung, Lianen auch schräg nach hinten gespannt und die Konstruktion haltend, die leicht über den Abhang geneigt sich nach vorn lehnt. Unter uns Palmenwälder und davor das Meer, Küste, bis sie sich im Grau des Nordens verliert. Ganz weit entfernt die Spitze von KAVENGAS Mast. Wind, die Bäume rauschen. Der Sprungturm be-

wegt sich in der Brise, schwankt ganz langsam. Ich muss den Kopf in den Nacken legen, um ihn ganz zu sehen. Der Turm wird jedes Jahr neu gebaut. Er hält nur kurz, dann vertrocknen die Lianen, erklärt Willy. Aufgeregte Schreie. Ein Junge ist heimlich auf den Turm geklettert. Die Männer haben ihn entdeckt. Jetzt ist er ganz oben. Echte Angst, denn der Turm ist nicht mehr sicher, wird irgendwann umstürzen. Doch schon ist der Junge wieder unten. Nie haben wir in Vanuatu gesehen, dass ein Kind geschlagen wird. Auch jetzt gibt es laute Schimpfworte, dann geht die ernste Strafpredigt schon wieder in Gelächter über. Willy hebt ein Stück Liane auf. Für euch! Er gibt es Silke. Was ist das? Das ist das Ende einer Liane, mit der jemand vom Turm gesprungen ist. Das dort sind die Fasern, mit denen sie am Fußgelenk festgebunden war. Das ist unser schönstes Erinnerungsstück an Vanuatu, eine Liane, mit der jemand gesprungen ist.

Zurück zum Schiff. Menschen kommen uns entgegen, ein paar Männer und Frauen auf dem Weg ins nächste Dorf. Immer nur freundliche Gesichter in Vanuatu. »Wollt ihr mit uns heute zu Abend essen und Kava trinken?«, fragt Willy.

Einladung zur halben Kokosnussschale voll Kava, das ist hier die gastfreundlichste Geste, die es gibt. KAVENGA bockt draußen vor der Küste an der Kette. Es regnet, doch unter dem Banyanbaum ist es gemütlich trocken. Entweder – oder. An der ganzen Küste von Pentecost gibt es nur einen sicheren Hafen bei diesem Wetter, Loltong, 28 Seemeilen von hier, mit vorgelagerten Riffen. Da kann man nicht im Dunkeln einlaufen. Mindestens fünf Stunden Fahrt, es ist schon Mittag. Entweder – oder, und wer weiß, ob das Wetter nicht noch schlechter wird. Schade, das ist eine Einladung, die nicht jeder bekommt, trotzdem müssen wir sie ablehnen. Wir erklären es Willy. Anker hoch.

Logbucheintragung 9. August 2000: Immer noch grobe See, besonders in der Patteson-Passage zwischen Pentecost und Maéwo. Laufen unter Trecker und Groß. Südost 25 Knoten. Schiff plötzlich in Seebeben geraten. Seebeben?

KAVENGA zieht mit acht Knoten durch die Patteson-Straße. Ich habe das Rad in den Händen. Auf einmal harte Schläge, Schläge von unten. Auf Grund? 160 Meter auf dem Echolot. Hammerschläge vom Kiel her, Probleme mit dem Ruder? Das fühlt sich ganz normal an. Silke und Britta sind auch draußen. Was kann denn jetzt nur kaputt gegangen sein? Die Schläge spürt man im ganzen Schiffsrumpf. Treibgut? Nichts zu sehen. Ein Erdbeben, sagt Britta. So ein Quatsch. Das würde man doch nicht merken an Bord, denn das Wasser würde das Schiff dagegen isolieren. Aber Britta hat doch recht. Ein Erdbeben, ein ganz schön kräftiges, und die drei anderen Yachten, neben denen wir später ankern, in Asanvari im Süden Maéwos, die haben es auch gespürt. Chief Nelson vom Dorf bestätigt es. Ein Erdbeben, das Zentrum wahrscheinlich auf See in unserer Nähe. Vanuatu, wo anders kann man im Seebeben auf dem Meer sein unter vollen Segeln?

Asanvari, manche Ankerplätze haben einfach etwas. Was genau das ist, kann man schwer in Worte fassen. Was gehört dazu? Andere Segler, mit denen man sich gut versteht, mit denen man über den Riesensturm reden kann, den man gerade noch überstanden hat; perfekt stilles Wasser, auf dem das Schiff schwebt, so klar, dass man jeden Stein am Grunde erkennen kann wie durch Glas; die Kulisse, Berge, ein tosender Wasserfall gleich am Ufer und ein Dorf, das Segler begrüßt wie alte Freunde. Hier gibt es das alles. Chief Nelson hat für heute Abend einen »custom«-Tanz für uns organisiert, und im letzten Licht sind wir alle an Land. Das Nakamal ist ein altes »custom«-Haus, niedrige Decke, es ist dunkel. Hinten in der Ecke brennt ein Feuer, da wird gekocht, und vorn, neben der Tür, machen sie Kava. Zehn Männer in »custom«-Kleidung stehen im Dunkel des Nakamal, Kopfschmuck aus Kokosfasern und Federn, Lendenschurz aus Gras, Stöcke in der

Hand. Dann folgt stampfendes Getanze auf dem Lehmboden. Gesänge zwischen furchterregend-aggressiv und südseeartig-melodisch. Geklapper der Fußrasseln aus getrockneten Hülsenfrüchten. Ein alter Mann mit weißem Bart und weißem Haar, Kreidestreifen auf Gesicht und Brust, sieht aus, als tanze er schon hunderte von Jahren. Einer der jüngeren Tänzer trägt Plastikschlappen und hat sich seinen Namen groß weiß auf die Brust gemalt: Roger. Trotz des Stilbruchs tanzt Roger genauso begeistert die alten Tänze wie die anderen auch. Eine einzelne Glühbirne erhellt das Nakamal. Chief Nelson hat den Generator angeworfen. Das sind Rhythmen, die packen. Jetzt gibt es Kava. Chief Nelson überwacht die Zeremonie, und jeder geht nach vorn und trinkt »one shell of kava«. Taube Lippen, die Zunge wird gefühllos. Gut, dass ich sitze. Ich bin müde. Silke und Britta gehen schon wieder nach vorn, so etwas. Die holen sich ihre zweite Schale Kava. »Und wie viel Kava trinkt ihr so?«, frage ich Chief Nelson. »One shell, maybe two shells. Or five shells. Sometimes twenty.« Britta beschreibt den Kavageschmack so: »Wie wenn man in Erde aus dem Regenwald gebissen hat, auf der noch Kompost ist. Sehr lecker. Wirklich, ganz im Ernst.« Jetzt gibt es Essen für uns Segler. Bananen, Yams und Hühnchen, die schon recht lange hier durch den Ort gegackert sein müssen, bevor sie in der Pfanne endeten. Fisch gibt es heute nicht. »Wie ist das denn mit dem Fisch?«, frage ich Chief Nelson. Das alte Seglerthema, welche Fische sind giftig und welche nicht. Endlich bekomme ich die Expertenantwort: »Red Snapper is poisonous. All others are okay. Most of them.«

Ni-Vanuatus sind musikalisch, nicht nur auf traditionelle Weise, sondern auch modern. Überall in Vanuatu gibt es String Bands. Hier auch. Die South Maéwo String Band, das ist ein Baß aus einer Zuckerkiste, zwei Gitarren und eine Ukulele, und das ist die Musik der Tropennacht. Sehnsüchtig und romantisch, kitschig und zum Lachen, einfach toll. Alle Lieder selbst gemacht, Text und Musik. Arme Kerle, denke ich, denn den Gitarren fehlen die Baßsaiten. Ich habe welche an Bord. Soll ich euch morgen Baßsaiten bringen? »No way, man. This is a string band!« Ach, jetzt kapier ich das, String-Band-Gitarren haben nur vier Saiten. Und Britta tanzt, tanzt mit all den kleinen Kindern des Dorfes, Hand in Hand. Große braune Augen sehen sie bewundernd an, und jeder muss mindestens einmal ihr langes blondes Haar angefasst haben. Tanz zur Musik der String Band unter Palmen am Meer.

Luganville, Espiritu Santo, heute ist Sonntag. Viel ist nicht los hier am Sonntag. An anderen Wochentagen auch nicht. Ein paar Chinesen haben trotzdem geöffnet. Im Chinese Shop gibt es fast alles. Reihenweise Kleidung, Lava Lavas,

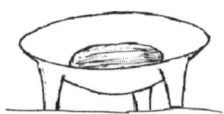

die bunten Wickelröcke, dann Mother Hubbards, je farbiger und je mehr Rüschen am Saum und an den kurzen Puffärmeln, desto teurer. 25-Kilo-Mehlsäcke, Brot von gestern, Werkzeuge, Petroleumlampen, Rattenfallen, Kochtöpfe, Kekse, One-Minute-Nudeln, ganz hinten im dunklen Laden das schiefe Regal mit den verstaubten Aktenordnern, die mit den chinesischen Schriftzeichen und den Bilanzen der letzten 50 Jahre. Fast alle Geschäfte sind chinesisch in Luganville. Die einzige große Straße ist breit, auf leeren Grundstücken sieht man Betonfundamente von Gras überwuchert. Da, blaue Kacheln, das war wohl mal das Badezimmer. Dazwischen Blick aufs Wasser unter Palmen über den Segond-Kanal auf die Insel Aore. Stringbandmusik kommt aus einer Kava-Bar, Ni-Vanuatus in sauber gewaschenen Sonntagssachen. An der Pier liegt ein Inselfrachter, die KIMBE aus Port Vila. Die ist bis oben hin mit Koprasäcken beladen. Nichts rührt sich heute. Zwei Matrosen sitzen unter dem Sonnendach auf dem Achterschiff und beobachten ihre Angelschnüre, die schlapp ins Wasser hängen.

Luganville – die meisten nennen den Ort »Santo« – hat Geschichte, hat die Fantasie von Millionen beflügelt. Heute ist es der zweitgrößte Ort Vanuatus. Vor fast 60 Jahren war es die größte amerikanische Militärbasis im Südpazifik. 50 000 Soldaten haben hier gelebt, 500 000 sind auf ihrem Weg nach Norden durch Santo gekommen, sind von hier in die Kämpfe geschickt worden, in die Salomonen, nach Neuguinea, in die Marianen und Karolinen. Über 40 Kinos gab es damals, fünf Flugplätze, und oft lagen bis zu hundert Schiffe vor Anker im Segond-Kanal. Viel ist nicht mehr übrig nach all dieser Zeit. Endlose Uferbefestigungen sind von den Wirbelstürmen der Jahrzehnte unterwaschen worden, die Spundwände sind durchgerostet und umgefallen. Betonrohre der Abwasserleitungen liegen bloß und geborsten. »Nissen-Hütten« gibt es noch, diese runden Wellblechhütten, das Eisen rostig, manche eingestürzt, andere unter frischer Farbe tun noch immer ihren Dienst.

Santo hat die Atmosphäre der Kolonialzeit, träge, tropisch, drückend. Ein Laster aus dem Krieg rumpelt rußend die Hauptstraße hinunter. Das kann man schon riechen, was der transportiert – süßlich-vergammelter Kopra-Geruch. Die alten

Plantagen produzieren auch heute noch. Männer sitzen auf der Ladung. Hinten am Großschiffkai liegt ein roter Containerfrachter, die Fua Kavenga aus Tonga. Gleiche Farbe wie die Olovaha, gleiche Reederei. Wir schreiben das Jahr 2000, doch die Fua Kavenga ist schon drei Wochen hier, die laden offene Container mit Kopra. Das dauert nun mal. Drei Wochen an der Mauer? Wer soll das bezahlen? Macht doch nichts, nur nicht aufregen, lieber noch eine Schale Kava! Südseecharme. Die wahre Südsee, ist das aber nicht Polynesien, Hüften schwenkende Vahines, Kapitän Cook in Tahiti, Bora Bora mit Lagune und Doppelgipfeln? Vielleicht früher mal. Wir finden die wahre Südsee im Westen des Pazifik, nicht im Osten, denn der Osten, der ist uns viel zu westlich.

Südseegeschichten, das sind Geschichten, die Sehnsucht erwecken. »Tales of the South Pacific«, das Buch, das James Michener berühmt gemacht hat, und das Musical »South Pacific« von Rogers und Hammerstein, das darauf basiert, das alles spielt in Luganville und Umgebung, denn hier war Michener im Krieg stationiert. Dies hier sind die Inseln, auf denen die Storys spielen. Weit draußen liegt Ambae, Vulkanberge, grüner Dschungel unter geheimnisvoll weißer Wolkenkappe. Ambae ist Micheners verzauberte Insel, die man nur manchmal an ganz klaren Tagen von Santo aus sehen kann. Ambae ist Bali Hai.

Am Ausgang des Segond-Kanals liegt Million Dollar Point, Ort unfassbarer Verschwendung, der Irrationalität, die zu diesen Inseln gehört. Statt nach dem Ende des Krieges Ausrüstung und Maschinen einfach zurückzulassen, stehen zu lassen für wen auch immer, räumten die Amerikaner auf und fuhren Lastwagen, Bulldozer, Gabelstapler und alles andere in den Segond-Kanal. Kisten mit Ersatzteilen, nagelneue Flugzeugmotoren, Generatoren, Jeeps, alles verschwand im Wasser, bis sich im Segond-Kanal ein neues Riff gebildet hatte. Und noch etwas liegt im Segond-Kanal, ein paar hundert Meter weiter westlich: das Wrack der USS President Coolidge. Santo war der bedeutendste Hafen der Amerikaner in der Inselwelt des Südpazifik. Die Japaner hatten auf den Salomonen Fuß gefasst, der Hafen musste geschützt werden und wurde vermint. Am 26. Oktober 1942 stand die President Coolidge vor Santo. Die Coolidge war 1930 in den USA gebaut worden, in Newport News, das größte Schiff, das bis zu diesem Zeitpunkt je in den USA vom Stapel gelaufen war. Ein Luxusliner von 200 Metern Länge und 22 000 Tonnen, ein Riese. Dann kam der Krieg. Die Coolidge wurde grau gestrichen, mit Geschützen ausgestattet und zum Truppentransporter umgebaut. Jetzt brachte sie 5000 Mann nach Santo und eine volle Ladung Kriegsmaterial, Jeeps, LKWs, Haubitzen, Munition und den gesamten Vorrat der USA an Chinin für die malariageplagten Truppen. Kapitän Nelson hatte die Hafenanlagen schon in Sicht und dampfte mit voller Fahrt in den Segond-Kanal, als die Signallampen einiger Ankerlieger aufblitzten: »STOP immediately. You are standing into a mine field...« Zu spät. Zwei Explosionen rissen den Bauch der COOLIDGE auf, der Maschinenraum war sofort geflutet. Mit der Restfahrt setzte Kapitän Nelson das Schiff auf das Riff, und nur zwei Menschen kamen ums Leben, denn von der COOLIDGE konnte man jetzt zu Fuß an Land kommen. Aber nur für 90 Minuten. Dann rollte das Schiff nach backbord von der Riffkante und versank im Segond-Kanal, das Heck in 70 Metern Tiefe, der Bug in 30, und blieb dort auf der Seite liegen. Die COOLIDGE war aus Noumea gekommen und der Hafenkapitän dort hatte keine Warnung vor den Minen gegeben.

So endete die COOLIDGE hier, nur ein paar Meter vom Land entfernt, das größte Wrack der Welt, das so einfach erreichbar ist. Tauchen zur COOLIDGE, allein darf man das nicht. Wir tauchen mit Alan Power. Alan ist schon über 30 Jahre hier, hat

mehr als 15 000 Tauchgänge auf diesem Wrack hinter sich und kennt jeden Winkel. Mit seinen 67 Jahren taucht er immer noch und wird »Alan Mr. President Power« genannt. Die COOLIDGE ist ein tiefes Wrack. Nur erfahrene Taucher lässt Alan bis zum Heck vordringen, wo die Tauchtiefe 60–70 Meter beträgt. Ohnehin ist fast jeder Tauchgang hier ein Dekompressionstauchgang. Auf 20 Metern Tiefe taucht der Bug auf. Gigantische Dimensionen, so etwas haben wir noch nicht gesehen: diese Größe, die Ankerwinsch, das Vorschiff, der Aufbau. Das ist es, was mich beim Wracktauchen am meisten fasziniert, dieser Moment, dieses erste Bild, wenn der Aufbau des Schiffes hinter dem Deck erscheint. Reihen über Reihen von dunklen Fenstern, darüber die Brücke, ausgeschwenkte Bootsdavits an den Seiten. Mahnmal und Erinnerung an Vergangenes. Alan schwimmt mit uns durch das Promenadendeck, Fenster, die in den Himmel zeigen, verstreute Ausrüstung, die liegen blieb, Gewehre, Gasmasken, Pistolen, Patronen, Helme. Dann sind wir in der Continental Lounge der ersten Klasse, Luxusaufenthaltsraum, ehemals mit den edelsten tropischen Hölzern getäfelt. Von denen ist heute nichts mehr übrig, doch das große Skylight ist noch heil, das mit Reihen runder ornamentaler Gläser das Prunkstück des Salons war. Durch die Fenster der Bücherei gleiten wir ins Freie. Beim Dekostop wartet Boris auf uns, ein 2,50 Meter großer Barsch, den Alan schon seit 25 Jahren täglich mit etwas Fisch füttert und der besonders Britta gern aus der Hand frisst. Das Wrackfieber hat mich wieder gepackt, lässt mich einfach nicht los. Britta und Silke haben mir Tauchgänge mit Alan zum Geburtstag geschenkt, und so billig wie hier wird das Tauchen nirgendwo anders angeboten. Ich tauche mit Doppeltanks. Manchmal geht es durch das ganze Schiff von vorn bis zum Heck, durch Laderäume, Erste-Klasse-Kabinen, den Speisesaal, die Küche mit Kochgerät und Kartoffelschälmaschine, den Schönheitssalon und das Postbüro und die Klinik. Tauchen ohne Ende. Im Maschinenraum schwebe ich vor dem Antrieb, zwei Elektromotoren, jeder mit 13 250 PS, gigantische Dampfturbinen und Generatoren, der Kontrollstand mit Maschinentelegraf, alles im Grün-Blau des unwirklichen Lichtes auf 50 Metern Tiefe. Und das Heck! Das Ruder steht auf hart backbord, vor mir und über mir das Achterschiff der COOLIDGE, die fünfzöllige Kanone… Mein Tiefenmesser zeigt 64 Meter und der helle Schein der Taschenlampe zerteilt die Dunkelheit im Laderaum Nummer sieben. Doppelachsen mit dicken Gummireifen ragen verdreht nach oben, Reste von LKWs. Das Glas meiner Ikelite-Tauchlampe zeigt einen dicken Sprung. Erinnerung an die Tiefe hier… und an die lange Dekozeit. Ich schwimme zurück, aber nicht ohne einen Abstecher zum Swimmingpool, dann durch den Pool, von einem Ende zum anderen – denn Wasser hält er auch heute noch –, und die zierlichen Mosaikmuster glitzern im Lampenschein. Dann versinkt die PRESIDENT COOLIDGE unter mir. Oben hat es zu regnen begonnen, zu gießen. Tropenregen, wie solide Wassermassen kommt das von oben, verschluckt die Berge hinter Luganville. Der Sarakata-Fluss ist braun, der Segond-Kanal ist braun. Bananenpflanzen und halbe Bäume kommen an KAVENGA vorbeigetrieben. Weltuntergangsstimmung in Luganville. Es ist Zeit, weiterzuziehen.

Unser Päckchen aus Australien ist auch da, ein kompletter Satz Unterwanten vom Masthersteller in Brisbane. In Asanvari hatte ich gesehen, dass unsere letzten beiden heilen Unterwanten auch schon angebrochen waren, alle vier kaputt oder geflickt seit Mexiko. Allyacht Spars haben prompt auf unsere Reklamation reagiert, haben endlich eingesehen, dass die T-Terminals unterdimensioniert waren, und haben kostenlos einen kompletten neuen Satz Unterwanten geschickt. Das nervige Problem, das uns so lange beunruhigt hat, ist beseitigt, der Mast stabil abgesichert, das Schiff wieder perfekt in Schuss. Jetzt kann es weitergehen, Kurs Süd.

Nordostwind. Genau den brauchen wir für die nächsten 310 Seemeilen. Wir wollen nämlich unbedingt noch nach Tanna, denn dort gibt es den Yasur, einen Vulkan, aus dem Steine und Feuer herausgeschleudert werden. Man soll den Feuerschein vierzig Seemeilen weit sehen und auch die Donnerschläge von so weit her hören können. Man kann direkt zum Kraterrand gehen und hineinsehen, gute Kondition, um schnell weglaufen zu können, ist von Vorteil. Es ist schwer, für diese Strecke günstige Winde zu erwischen. Viele Segler warten wochenlang in Vila und fahren dann los, nur um umkehren zu müssen, weil der Südostpassat wieder mit voller Stärke eingesetzt hat.

Wir segeln an der Ostküste Malakulas entlang und ankern abends vor Wala Island. Männer und Kinder in Kanus paddeln um uns herum, wir tauschen ein paar alte Kleidungsstücke für Schnitzereien. Dann kommt jemand in einem Kanu längsseits und bietet ein komplettes Programm für morgen an, Tanzveranstaltung, Besichtigung von ganz geheimen Kultstätten, und sie wollen uns zeigen, wie man in Vanuatu Feuer macht. 2500 Vatu pro Person. Die sind Touristen gewohnt, die gesamte Kultur Vanuatus ist auf einfache Weise hier zu sehen. Aber irgendwie hat Malakula für uns nicht den Zauber der östlichen Inseln Vanuatus. Dort fühlten wir uns um Jahrhunderte zurückversetzt, hier ist das Vanuatu des zwanzigsten Jahrhunderts. Außerdem ist der Wind günstig, 7500 Vatu sind eine Menge Geld und wir wollen alle weiter. Zum zweiten Mal kommen wir in Vila bei Nacht an. Um drei Uhr morgens. Die Fahrwassertonnen sind nicht beleuchtet. Die solargeladenen Batterien haben nur genug Kraft, um die Lampen die Hälfte der Nacht zu versorgen. Schnell das Cruising Permit für Erromango und Tanna holen und weiter.

Der Wind hat auf Südost gedreht, laut Wettervorhersage soll aber in ein paar Stunden Nordwind sein. Und der Wetterbericht stimmt! Das ist sehr günstig, um nach Tanna zu segeln, aber wenn man dann erst mal da ist, wünscht man sich ganz schnell den Südostpassat zurück, denn die Bucht von Port Resolution ist nach Norden offen. Zwei Segelschiffe liegen da, ein Katamaran und ein Trimaran. Denen geht es natürlich besser als uns, aber selbst die rollen reichlich in dem hohen Schwell, der in die Bucht steht. Die Schiffsbewegungen von KAVENGA sind ähnlich wie in grober See. Und überhaupt, wir haben noch kein Gedonner gehört und noch kein feuerspeiendes Ungetüm gesehen. Ein Kanu kommt längsseits. Der Vulkan? Im April diesen Jahres hat er aufgehört, sich so ungehörig zu benehmen, er ist jetzt ganz friedlich und still, kein Feuer, keine Explosion. Das muss das bestgehütete Geheimnis der Touristenindustrie Vanuatus sein. Das Touristenbüro und all die Privatunternehmen mit ihren kleinen Flugzeugen bieten immer noch den Yasur als eine der Hauptattraktionen Vanuatus an. Und dafür sind wir über dreihundert Seemeilen hier herunter gerast! Na ja, die Leute hier sind nett und mit den Seglern vom Trimaran freunden wir uns sofort an – aber dieses Gerolle! Ein Heckanker würde sicher helfen, aber gemütlich ist es trotzdem nicht. Nach einer ruhigen Bucht hatten wir gesucht, in der wir dieses Buch fertig schreiben können. Eine Woche noch, dann sollte das geschafft sein. Erst mal alles auf traditionelle Weise mit der Hand geschrieben, denn eine Schreibmaschine haben wir nicht an Bord. Braucht man ja auch eigentlich nicht, wenn man einen Laptop hat! Britta ist mit ihrem Buch auch schon auf Seite 139 und nähert sich dem Ende. Wo ist die nächste geschützte Bucht? »Ich habe übrigens auf das Cruising Permit auch Anatom schreiben lassen, vorsichtshalber«, sagt Torsten. Von Anatom hatte Christian Eckhoff uns erzählt. Ganz einsame Insel, ganz selten von Yachten besucht. Man kann in Vanuatu nur in Port Vila und Luganville ein- und ausklarieren. Anatom liegt so weit südlich und entfernt von den Hauptattraktionen, dass kaum jemand dorthin kommt. Christian war begeistert von der Insel und den Menschen. Vierzig Seemeilen sind es nur nach Port Patrick auf der Nordseite.

Am nächsten Morgen hat der Wind auf West gedreht und der Schwell kommt von allen Seiten. Aus der Seekarte geht hervor, dass man in Port Patrick geschützt hinter mehreren Riffen ankern kann. Position des Ankerplatzes laut British Admiralty Chart 2904: 20° 08,3'S und 169°46,6'E. Wir sind fast da, laufen direkt in eine Bucht, ein Riff, hinter dem wir ankern können, sehen wir nicht. Ziellos fahren wir ein bisschen herum und überlegen. Alles sieht so anders aus als auf der Seekarte. Die hat eine Anmerkung, dass alle Längenpositionen um 33 Sekunden erhöht werden sollen. Das haben wir getan, aber vielleicht sind 33 Sekunden nicht genug. Das Seehandbuch gibt an, in Port Patrick würde man eine weiß gestrichene Kirche und ein Haus sehen, jedenfalls war das 1969 so. Wir fahren nach Osten an der Küste entlang, suchen die Küste mit dem Fernglas ab und versuchen die Riffe zu identifizieren. Und plötzlich ist es ganz einfach, Port Patrick zu finden, 2,9 Seemeilen weiter östlich als auf der Seekarte verzeichnet. Haus und Kirche sind auch da. Die große Gefahr der modernen Seefahrt: Vertrauen in die Elektronik! Jede in den GPS eingegebene Position ist nur so genau wie die Seekarte, der man sie entnimmt.

So ein einsames Dorf wie Port Patrick haben wir selten gesehen. Einige Strohhütten, so um die zwanzig, aber nur alte Leute und Kinder. Und keiner spricht Englisch. Alle schütteln uns freundlich die Hände, ziehen sich dann aber schnell zurück: »No English.« Seltsam. Am nächsten Morgen dann die Lösung des Rätsels: Eine Kirchenversammlung der Presbyterianer von ganz Vanuatu in Anelguat an der Südküste. Die meisten Leute von Port Patrick sind da. Die beiden Männer, die uns das erzählen, sind nur schnell mal mit dem Boot hierher gekommen, um eine Kuh zu holen. Vierhundert Gäste sind auf der Kirchenversammlung, die tagt schon fast eine Woche und langsam wird das Fleisch knapp. Wir fahren im Dingi zum Schiff zurück. Am Ufer hört man einen Schuss.

Zwei Stunden später läuft KAVENGA in die Lagune von Anelguat ein. Vor dem Ort ist es etwas rollig, aber im Süden ist ein Barriereriff vorgelagert, das auch ein kleines Motu umschließt. Das Wasser dort ist türkisblau in vielen Schattierungen. Weißer Sandstrand und Palmen auf dem Motu. Ob man da wohl ankern kann, zwischen Riff und Motu? Das sieht so schön aus da. Genau der Platz, nach dem wir gesucht haben. Wir tasten uns bei Ebbe langsam durch die Korallen, ein bis zwei Meter Wasser unter dem Kiel. Wenn wir jetzt aufsitzen, ist das nicht so schlimm, dann schwimmen wir bei Flut wieder. Der Anker fällt auf Sandboden. Perfekte Südseeidylle.

Wieder so ein perfekter Ankerplatz, wieder eine türkisfarbene Lagune, wieder weißer Sand und Palmen, wieder Brandung auf dem Riff irgendwo querab. Kann man jemals genug bekommen von der Südsee? Wir nicht! Ganz egal, wie oft wir das erlebt haben, wir sind südseesüchtig und waren das schon immer, sogar schon, als wir es noch nie in der Realität erlebt hatten und es nur von Jack London und Somerset Maugham kannten. Die Wirklichkeit steht der Fiktion um nichts nach, auch nicht im Jahr 2000, vorausgesetzt, du findest deine Traumbucht, und von denen gibt es genug.

Ein Kanu kommt. Ein Mann und eine Frau, James und Loni stellen sie sich vor. Loni ist die Kindergartenlehrerin aus Port Patrick. Wir hätten sie doch gesucht in Port Patrick. Kommt an Bord, lasst uns eine Tasse Kaffee trinken. Wir haben noch jede Menge Buntstifte dabei, die wir in Townsville gekauft hatten, auch Bleistifte und Tuschfarben und Papier. Den Kindergarten in Port Patrick haben wir gesehen: eine Bambushütte, Strohmatten und bunte Bilder an den Wänden. Für die Kindergärten gibt es kein Geld vom Staat, sagt Loni. Da müssen Spenden von den Eltern genügen. Und wenn ab und zu eine Yacht etwas mitbringt, dann hilft das unheimlich. Die UBI BENE war letztes Jahr hier. Die haben dann in Neuseeland für Port Patrick und Anelguat gesammelt. Dieter und Brigitte brachten das große Paket vor zwei Monaten auf ihrer INNOVATION, doch die Einklarierung klappte nicht. Zoll und Immigration kamen nicht, und die INNOVATION samt Paket musste weiter nach Port Vila. Dort gaben sie es Franz, der in Port Vila lebt und Pilot ist. Die »Air Franz« hat aber Anatom bis jetzt noch nicht angeflogen. Doch irgendwann wird das Paket aus Neuseeland bestimmt hier ankommen, und bis dahin haben Loni und die Kinder von Port Patrick ja wenigstens unsere Stifte.

»Kommt doch rüber ins Dorf«, lädt uns James ein, »abends essen wir alle zusammen. Hinterher wird gesungen und getanzt, auch ›custom‹-Tänze.« Vanuatu, Land der tausend Sprachen. James spricht englisch mit uns. Oft genug fehlen ihm die Worte und Loni hilft. Loni und James stammen aus Futuna, nordöstlich von Anatom, und Futuna ist ihre Muttersprache. Auf Anatom sprechen sie die hiesige Sprache und natürlich Bislama, dazu Englisch, das ist dann ihre vierte

Sprache. Doch ihr Französisch, entschuldigt sich Loni, das ist nicht so gut. Wir fahren mit dem Dingi ins Dorf, wir müssen uns doch mal anschauen, was da vor sich geht auf dieser großen Jahresversammlung der Presbyterianer. Kein Wind, die Flut kommt später, da können wir dann nachts im Dunkeln gut zu KAVENGA zurückkommen, ohne Gefahr, mit dem Dingi auf die Riffe zu brummen. Einmal im Jahr hält die Presbyterianische Kirche Vanuatus eine Versammlung ab. Jedes Jahr auf einer anderem Insel, im Jahr 2000 auf Anatom. Auf der ganzen Insel leben nur 500 Leute, und nicht alle von ihnen in Anelguat! Jetzt sind für eine Woche nochmal 400 hier, Gäste der Insel, Teilnehmer der Versammlung aus ganz Vanuatu. Der Premierminister war heute auch schon hier, ist für einige Stunden per Flugzeug gekommen und schon wieder fort. Auf der Graspiste können nur kleine Maschinen landen, die Twin Otters der Van Air. Die hatten ganz schön viel zu fliegen, um die Gäste zu bringen. Der Inselfrachter war auch da, hat einen Generator gebracht und jede Menge Verlängerungskabel und einige Dutzend Lampen – und natürlich seinen Anteil der Besucher.

Im seichten Wasser verankern wir das Dingi. Vor uns liegt Anelguat. Was für ein Bilderbuchort! Auf der weiten Wiese am Ufer spielen Männer Ball. Neben dem Banyanbaum hat man nur für die Versammlung ein Kochhaus gebaut und eine offene Esshalle. Dahinter liegt der Tanzplatz, und dahinter wieder ein Hang, an dem Bänke aus Palmstämmen und Bambusrohr aufgestellt sind. Darüber sieht man die schwarze Ruine der ersten Kirche ganz Vanuatus, die der Missionar John Geddy 1848 gebaut hat. Meterdicke Korallenwände, ein eingestürztes Dach. Die alte Kirche ist das einzige Gebäude hier, das im Augenblick leer steht. Alle anderen müssen zur Unterbringung der vielen Gäste herhalten. Schilder vor den Türen zeigen an, wer hier wohnt: »Ambrym«, »Epi«, »Pentecost«. Auch John Geddys altes Wohnhaus ist davon nicht ausgenommen. Das Dach hatte schon lange gefehlt, doch für die Konferenz hat es schnell ein neues aus Palmwedeln bekommen. »Das ist die Schule«, sagt James, »das der Kindergarten.« Jetzt fällt die Schule aus, Ferien, denn das Haus muss Besucher beherbergen. Ob nächste Woche wieder Schule ist? James schüttelt den Kopf, dann ist die Versammlung zwar vorüber, auch werden viele Menschen wieder abgeflogen sein, aber noch mehr fahren erst mit dem Inselfrachter in einer Woche oder zwei, und bis dahin brauchen sie doch ein Dach über dem Kopf, nicht? Vom Ast des Banyanbaumes hängen ein 60 Kilo schwerer Dog Tooth Tuna und ein dicker Trevally. Essen ist für alle da, reichlich. Hinter dem Dorf ragen grüne Berge auf, Regenwald, die Spitzen verschwinden in den Wolken.

Hinter einer Hütte sitzen Männer, Frauen und Kinder auf dem Gras. Loni legt eine Pandanusmatte auf den Boden für uns. »Wir üben ein Lied für heute abend.« Zwei Männer spielen Gitarre, ein dritter ein ganz besonderes Instrument. Eine Reihe Glasflaschen steht auf einem Brett. Mit der richtigen Menge Wasser darin sind sie gestimmt worden und klingen jetzt beim Anschlagen kalypsomäßig tropisch. Loni hat ein großes Stück Pappe geholt und Kreide, die Gitarren spielen, die Glasflaschen klingen. James ist stolz. Loni hat das Lied selbst gemacht, Text und Musik. Loni schreibt die Worte auf die Pappe, für heute abend, »wenn wir das Lied für alle singen«. »Wir«, das sind Loni und James und all die anderen hier, die Gruppe aus Futuna und aus Port Patrick, denn die meisten dort stammen ursprünglich aus Futuna. Futuna hat keinen Hafen, dahin können wir nicht segeln. Loni schreibt die Geschichte vom Kanu auf, das von Anatom nach Port Vila gesegelt ist. Sie beschreibt die Fahrt über das Meer:

> Nomata solwata I raf
> Win I blou
> Rain I fol toan
> Be oli no frait no sek sek.

Bislama ist die Sprache der Fantasie. Wer Fantasie hat, kann viel verstehen. James übersetzt für uns:

> It does not matter, that the saltwater is rough
>   Nomata   solwota I raf
>
> And that the wind (he) blows
>   Win I blou
>
> And that the rain (he) falls (down)
>   Rain I fol toan
>
> Nobody is afraid and nobody is sick
>   Be oli no   frait   no   sek sek

Es macht nichts, dass das Meer rau ist,
Dass der Wind bläst
Dass der Regen fällt,
Niemand hat Angst, niemand ist (see)krank.

Und das Kanu segelt, segelt an Kwamera vorbei, segelt an Aniwa vorbei, weiter nach Erromango und weiter nach Vila Harbour:

Bambae kenu ia I out long Kwamera,
I pas out sait long Aniwa,
Mo Erromango,
Mo I kasem Vila Haba.

Und wir sind glücklich darüber, und wir sind traurig, denn das Kanu ist gefahren und wird nie wiederkommen:

I gud yumi glat,
I gud yumi sori,
Long kenu ia bambae I go,
I nomo kambak.

Loni singt, James singt, die Futuna-Gruppe singt, und wir sind eins mit dieser Lebensfreude, diesem Gesang, der nie für die Ohren von Besuchern wie uns gedacht war und der für uns ein unbeschreibliches Willkommen bedeutet. Und wie die Menschen Vanuatus singen können! String Bands und »custom«-Tänze, Lonis Musik, die hohen Stimmen der Frauen und die tiefen der Männer.

Wenn die Glocke schlägt, gibt es Essen, hat James gesagt. Die Sonne ist untergegangen, der Wind ist völlig weg, auch nicht die kleinste Welle auf dem Wasser. Wie Schattenspiele zeichnen sich die gezackten Palmen vor dem rotlila Himmel ab. James hat einen Kassettenrekorder aufgestellt. Ein Band läuft. Das klingt wie Musik aus Tahiti. Unsere Futuna-Freunde tanzen, Hände an den Hüften, kreisende, schwingende Bewegungen. Ich hätte nie gedacht, dass es in Melanesien solche Tänze gibt. »Was für Musik ist das, James?« – »Aus Tahiti!«, sagt James und umtanzt die Kette der Frauen mit schwingenden Hüften und stampfenden Füßen. Die Glocke ist nicht zu überhören, Hunderte hungriger Bäuche sind zu füllen. Reis mit Fisch, Lap Lap, Salat, wir sind die einzigen Weißen hier. Jeder begrüßt uns, jeder achtet darauf, dass wir genug zu essen haben. Die Nacht ist schwarz und sternenklar. Dies mag ja eine Kirchenveranstaltung sein, doch jetzt kommt der Unterhaltungsteil. Lonis Lied, dann der Tahititanz unter dröhnendem Gelächter, dann ein »custom«-Tanz, denn christliche Religion und alte Gebräuche leben hier zusammen, und noch mehr Musik, noch mehr Tänze und noch mehr Lachen in der Nacht. Anatom liegt auf 20° Süd. Es ist kalt. Zurück zu KAVENGA. Vollgas über unsichtbare Riffe bei Flut, und da, der noch dunklere Schatten in dieser Finsternis, das ist unser Zuhause.

Wieder Besuch, diesmal ist es Toni, der mit seinem Kanu zu uns herübergesegelt kommt. Toni hat die Welt gesehen, erzählt er uns. Er war in Neuseeland, und er kennt Christian von der DONELLA. Toni hat auch sechs Langusten mitgebracht, Gastgeschenk, das kostet nichts. Wie kann ich mich revanchieren? »Toni, hast du Lust, tauchen zu gehen, morgen?« Toni ist Feuer und Flamme. Er ist auch schon mal getaucht, einmal. Na, mal sehen, wie das wird. Doch jetzt will ich erst mal das Außenriff erkunden. Toni hat die Langusten letzte Nacht auf dem Riff an der Küste gefangen, mit der Taschenlampe. Ich bin auf der Suche nach den Riesendingern, und die gibt es nur auf dem Riff da draußen, weit vor der Küste. Da ist die Brandung gewaltig. Wo das Dingi verankern? Es wird flacher, glasklares Wasser, geduckte Korallenflächen, nichts zierlich Zerbrechliches hier, wo die Sturmseen alles zerstören können, was nicht stabil verankert ist. Hoch läuft der Schwell, baut sich auf, zwei Meter oder so, doch noch bricht sich nichts. Ich verankere das Dingi. Keine Langusten hier, die lieben weißes Wasser. Ab ins Flache, nur noch einen Meter tief oder zwei. Wenn nur die Brecher nicht wären! Sehe ich einen weißen Roller kommen, tauche ich drunter weg, das ist die Theorie. Aber mit dem Kopf unter Waser merkt man das nicht immer. Hohle Korallenblöcke, Fühler drinnen, eine Languste, nein, zwei, drei. Wie kommt man da ran? In den Höhlen sitzen auch Seeigel, reingreifen kann man nicht einfach so. Schaum schlägt über mir zusammen. Im D-Zug-Tempo rausche ich über die Korallen, erst Richtung flaches Wasser, dann kommt eine perfekte Wende und der Sog zieht mich raketenmäßig ins Tiefe. Und welcher Korallenblock war jetzt der mit den Langusten? Doch wo immer ein großer hohler Block liegt, da kann ich Langustenfühler sehen, jedenfalls für den kurzen Augenblick, in dem die Brandung mich zum Stillstand kommen lässt zwischen dem Hin- und Hergespüle. Die linke Hand zum Festhalten, mit der rechten grabe ich eine fette Languste aus. Dann zurückgekämpft zum Dingi, das zappelnde Langustenvieh in der Luft über dem Wasser, damit es keine Haie anzieht. Jetzt brechen die Wellen schon fast am Dingi, nichts wie weg. Eine hart erkämpfte Languste an Bord, ja, das Seglerleben ist schon schwer.

Tauchen mit Toni an Korallenfelsen in den Pässen von Anelguat, bunte Wasserwelt, Toni ist begeistert. Jetzt sieht er seine Lagune von unten, kann die Schönheit aus erster Hand erleben. »22 Meter waren wir tief«, sagt Toni stolz. Und dann hat er eine Idee: »Jetzt gehen wir auf Schildkrötenjagd mit Tauchausrüstung!« Kommt überhaupt nicht in Frage, no way! Ich versuche das zu erklären. Fische zu harpunieren ist okay, Schildkröten dagegen nicht. Warum? Weil Schildkröten bedroht sind, ist es das? Oder sind es die großen dunklen Augen, die gutmütige Natur dieser Unterwasserriesen, die uns so oft beim Tauchen begegnen, wenn sie am Boden grasen und dann grazil davonschweben. Schildkrötenfang ist out, daran gibt es nichts zu rütteln. Tut mir leid, Toni. Unsere Beziehung kühlt etwas ab, schade. Für Toni ist der Schildkrötenfang eine alte Tradition. Na gut, dann soll er sie auf traditionelle Weise fangen, ohne mich und ohne Tauchausrüstung! Das versucht er dann auch. Tags darauf kreuzen Toni und zwei seiner Freunde mit einem Segelkanu stundenlang durch die Lagune. Die Schildkröten haben Glück, Toni nicht, denn die Suche bleibt erfolglos!

Am Sonntag ist ein großer Tag in Anelguat. Das Kreuzfahrtschiff kommt. Wir hatten schon von Christian davon gehört und es kaum geglaubt. Kein noch so kleines Hotel, Restaurant oder irgendwelche Einrichtungen für Touristen gibt es hier, aber einmal im Monat kommt ein Kreuzfahrtschiff. Christian erklärt uns über HAM-Radio, wie sich der erfahrene Segler im Umgang mit Kreuzfahrtschiffen, die vor einsamen Inseln ankern, verhält. »Die lassen achthundert Leute auf das Motu los, das sie »Mystery Island« genannt haben. Dort wird dann Essen serviert. Da stellt ihr euch dann einfach in die Schlange, da kümmert sich keiner drum. Ich habe damals zwei Australier als Crew dabei gehabt, die haben das so gemacht ohne Probleme. Am Schluss gibt es noch Äpfel und Apfelsinen. Frische Äpfel! Die sieht man doch sonst nie auf den Inseln. Da nehmt ihr am besten eine Tasche mit. Haben die Australier jedenfalls so gemacht.« Das geht aber doch wirklich nicht!

Ich warte aber aus einem ganz anderen Grund sehnsüchtig auf das Kreuzfahrtschiff. Als ich vorgestern unseren Zehn-Kilo-Sack Mehl aus Vila aufgemacht habe, um Brot zu backen, krabbelten mir kleine schwarze Käfer und kleine Würmer entgegen. Bis jetzt hatten wir Glück gehabt mit dem Mehl, aber nun hat es uns doch erwischt. Der Koch von einem so großen Schiff wird doch wohl etwas Mehl übrig haben für uns arme Segler! Und um sieben Uhr ist es dann so weit. Am Horizont erscheint die FAIR PRINCESS, ankert außerhalb der Lagune und beginnt, Leute nach »Mystery Island« überzusetzen. Der Strand wird voller und voller. Achthundert Leute sind es mindestens und jede Menge Personal. Meine Bitte nach etwas Mehl wird mit einem knappen: »I don't think we can help you« erwidert. Ich erkläre unsere Situation etwas genauer, ich möchte ja nur fünf Kilo oder auch nur drei, kann ich nicht mal mitkommen und den Koch fragen? »I don't think we can help you.« Dann eben nicht, eigentlich keine schlechte Idee von Christians Australiern. Torsten und Britta stehen sowieso schon in der Schlange mit einer Tasche für die angekündigten Äpfel. Aber die bleibt erst mal leer. So viel Mut haben wir dann doch nicht. Kreuzfahrtschiffessen habe ich mir anders vorgestellt, es gibt simple Hamburger, sonst nichts. Außer Äpfel und Apfelsinen! Dafür stellen wir uns nochmal an. Für einen Apfel und eine Apfelsine. Beim vierten Mal hört Britta, wie ein Vater seinem Sohn erklärt, man dürfe sich nur einmal bedienen, weil alle anderen auch etwas abbekommen sollen. Während wir im Gras sitzen und uns darüber unterhalten, welchen erzieherischen Wert dieses Unterfangen nun für Britta hat, hat sie eine Idee: »Letztes Mal hatte ich Hut und Sonnenbrille auf, wenn ich die abnehme, erkennt mich keiner und ich kann nochmal gehen.« Wirklich sehr lehrreich, so ein Segeltrip. Was Britta alles gelernt hat im Umgang mit Behörden und Kreuzfahrtschiffen! Aber jetzt haben wir genug Obst.

Abends sitzt Toni bei uns an Bord, zufrieden mit dem Tag. Er hat an seinem Kanu ein Surfsegel befestigt und Segeltouren angeboten, 10 Dollar pro Trip. Wir unterhalten uns darüber, wo wir morgen zusammen tauchen – ohne Harpune und Tauchausrüstung, nur zum Gucken – und dass es hier in der Lagune keine Haie gibt. »Nördlich von Vila, in Ambrym, werden so viele Menschen von Haien angegriffen«, sage ich, »wir haben uns nicht getraut, da zu tauchen.« »Oh«, erwidert Toni, »aber das sind nicht wirklich Haie. Wir hier in

Vanuatu können uns in Haie verwandeln, wenn wir wütend sind. In Anatom tun wir das jetzt nicht mehr, aber in Ambrym und Pentecost machen sie das noch.« So viel zum Einfluss der Missionare.

Jeden Tag kommen Toni und andere Leute aus dem Dorf vorbei. »Warum ankert ihr hier und nicht vor dem Dorf?«, wollen sie wissen, »hier hat noch nie eine Yacht geankert.« Aber hier ist das Wasser so schön klar und blau und der Sandstrand so weiß und die Südseeatmosphäre so perfekt. »Wir kommen morgen mit dem Dingi vorbei«, versprechen wir. Doch am nächsten Tag hat der Wind aufgefrischt, die Fahrt mit dem Dingi würde sehr nass werden. Wir tasten uns mit KAVENGA über die Korallen und ankern vor dem Dorf. »Aber nur bis heute abend«, stelle ich vorsichtshalber gleich klar, »ich will den Südseeblick noch ein bisschen genießen.« Wir suchen Bleistifte, Buntstifte, Tuschkästen, Papier und was Britta an Schulzeug entbehren kann für die Kinder von Anelguat zusammen. Für Schule und Kindergarten, ein richtig großes Paket. Im Moment sind leider Ferien, aber Toni ist im Kindergarten-Komitee und wird die Sachen weitergeben. Er hatte auch versprochen, mir zu zeigen, wie man diese Körbe aus Palmwedeln flicht, die wir auf all den Inseln immer wieder gesehen haben. Von ganz großen auf den Marktplätzen bis zu ganz kleinen Handtaschen. Toni wohnt am Rande des Dorfes auf einem Hügel. Drei kleine Häuser aus Bambus mit Dächern aus Palmwedeln, eins für seine Eltern, eins für seine Familie und ein Kochhaus. Was für ein Blick über die Lagune! Gut, dass wir den Fotoapparat dabei haben. Toni haut mit der Machete einen Palmwedel ab und fängt an zu flechten. Das ist gar nicht so einfach, ich komme mir furchtbar ungeschickt vor. Die Palmblätter sind so lang, alles ein fürchterliches Durcheinander. Und wenn ich dann gerade kapiert habe, welche Blätter in welcher Reihenfolge unter die der Vorreihe gezogen werden, ist die Runde fertig und der nächste Schritt folgt. Toni ist auch schon ganz konfus. Er flicht so einen Korb automatisch, wenn er dann erklären und auch noch meine Fehler verbessern soll, dann kommt er aus dem Rhythmus. Das Ergebnis ist kein Meisterwerk. Der Korb, der vor dem Wohnhaus steht, ist viel schöner. »Den hat Jennifer gemacht«, sagt Toni, »das ist auch ein anderes Muster, das kann ich nicht. Jennifer ist mit den Kindern im Dorf bei ihren Eltern, sie kann dir zeigen, wie man so einen Korb flicht.«

Hintereinander gehen wir den kleinen Pfad hinunter ins Dorf. Britta hat Schwierigkeiten, fünf Bälle und vier Windmühlen aus Palmblättern zu tragen. Tonis 13-jähriger Neffe Brian hat ihr Unterricht gegeben im Herstellen von Spielzeug. Er bildet das Schlusslicht und schleift einen Palmwedel hinter sich her, sorgsam von Toni ausgesucht für diesen speziellen Korb.

Dann lernen wir Jennifer kennen. Sie hat jahrelang in Port Vila direkt in der Stadt gelebt, ist aber vor ein paar Jahren auf ihre Heimatinsel zurückgekommen. Sie fühlt sich hier einfach wohler. Was für eine Ruhe die Frauen hier haben! Jennifer zeigt mir ganz langsam die einzelnen Schritte, ihre zweijährige Tochter Tre-an krabbelt ihr auf dem Schoß herum. Tre-an hat ganz weiße Kraushaare und ein ganz dunkles Gesicht. Sie lugt unter Jennifers Arm hervor, lächelt mich an und versteckt sich gleich wieder. Der Korb nimmt langsam Gestalt an. Aber ob ich das jemals allein fertig bringe? »Morgen musst du unbedingt wiederkommen«, sagt Jennifer, »dann flechten wir noch so einen Korb.« Wir sitzen im Gras unter einem riesigen Mangobaum, umgeben von Bambushütten. Zwei werden von Jennifers Eltern, ihren kleinen Geschwistern und all den Verwandten, die gerade zu Besuch sind, bewohnt, drei Hütten gehören ihren älteren Brüdern und deren Familien. Möbel gibt es nicht, geschlafen wird auf Matten auf dem Fußboden. Eine besonders große Hütte ist das Kochhaus mit einem riesigen Steinbackofen zum Brotbacken. Frauen sitzen vor den Hütten, waschen Wäsche, schälen Yams und amüsieren sich über meine Unterrichtsstunde. Die Kinder scharen sich um Britta, die inmitten von Palmwedelspielzeug sitzt und flicht. »Also, bis morgen müssen wir unbedingt noch hier ankern«, sage ich zu Britta und Torsten. Keiner hat etwas dagegen.

Am nächsten Tag gehen Jennifer, Britta, jede Menge Kinder und ich durch den Dschungel zur anderen Seite der Insel. Dort haben die Palmen gerade die richtige Konsistenz für unsere Zwecke. Die von gestern waren zwar auch gut, aber nicht perfekt, meint Jennifer. Fachmännisch sucht sie zwei Palmwedel aus und schlägt sie mit der Machete ab. Und langsam finde ich Ordnung im Chaos der Palmblätter. Eine so geduldige Lehrerin habe ich auch noch nie gehabt. Wieder jemand, mit dem ich gern viel mehr Zeit verbracht hätte. Aber Vanuatu liegt ja nicht so weit von Australien entfernt, wir kommen bestimmt mal wieder.

Abends, als es schon stockdunkel ist, macht der kleine Laden auf. Toni hat den Besitzer überredet, uns zehn Kilo Mehl aus einem großen Sack abzufüllen und zu verkaufen. Angeblich soll das Mehl völlig frei sein von Tierleben. Einkaufen auf Anatom ist nun wirklich abenteuerlich. Der Laden besteht aus einem kleinen Raum, in dem Kisten an den Wänden gestapelt sind, in einer Ecke stehen die Mehlsäcke, das ist alles, beleuchtet wird das Ganze von einer winzigen Petroleumlampe. Wie der Ladenbesitzer die Ware und besonders das Geld erkennen kann, ist uns ein Rätsel. Und so, wie das Mehl hier gelagert wird, ist doch klar, dass das nicht in Ordnung sein kann, aber jetzt können wir nicht mehr zurück. Mit Reis und Mehlsack stolpern wir im Dunkeln zurück zum Dingi. Überall sind Leute unterwegs, die scheinen in der Nacht genauso gut zu sehen wie am Tage. Sogar das Fußballspiel ist noch nicht zu Ende. Auf Kavenga dann der spannende Moment – der Mehlsack wird geöffnet. Ich siebe und suche und siebe, das Mehl ist einwandfrei, dazu beste Qualität. Morgen gibt es Apfelkuchen, Brot und Muffins. Wir hätten doch den ganzen Sack nehmen sollen.

Natürlich fahren wir nicht mehr zurück auf unseren privaten Ankerplatz. James und Loni und einige ihrer Kinder kommen zu Besuch zu Kaffee und Kuchen und sehen sich das Video an, das wir auf dem Fest gedreht haben. Torsten hat Lonis Lied in voller Länge aufgenommen. Britta freundet sich immer mehr mit den Kindern an, besonders mit Jennifers Tochter Stacey. Jennifer war noch nie auf einem Segelschiff und kommt mit Tre-an an Bord. Toni hatte uns schon genau erzählt, wie viele Segelschiffe hier vorbeikommen – eins im Monat oder vielleicht auch eins im Jahr. Im Dorf sind wir keine Besonderheit mehr, wir gehören dazu und fühlen uns zu Hause. Unser Essen an Bord ist »Sekt oder Selters«. Sekt immer dann, wenn Torsten Langusten gefangen hat. Ansonsten Selters. Seit Galapagos haben wir keine Vorräte eingekauft. Die meisten der Konserven sind sogar noch aus Australien. Eben das, was übrig geblieben ist, weil anderes besser schmeckte. Das Kochen wird zu einer Herausforderung und meine selbst erfundenen Rezepte immer abenteuerlicher. All die übrig gebliebenen Dosensuppen werden mit verarbeitet, zu verschiedenen Nudelaufläufen und Reisgerichten. Glücklicherweise sind noch Gewürze und scharfe Saucen aus Südamerika und Mexiko da. Anatom ist fruchtbar und wir bekommen Gemüse und Obst – Papayas, Yams, Bananen und Chayotes, eine Art kleiner Kürbisse. Abends essen wir im Dorf Lap Lap. Die Zubereitung ist langwierig und wie alles andere ein Gemeinschaftsprojekt, das in diesem Fall von den älteren Frauen strengstens überwacht wird. Zuerst werden Bananenblätter auf dem Boden ausgebreitet, auf einer Fläche von einem mal zwei Metern. Auf einer Hälfte werden sorgsam ausgesuchte Spinatblätter verteilt, darüber eine Schicht gestampftes Maniok und Kokosmilch. Die andere Hälfte der Bananenblätter wird darübergeschlagen und das ganze Paket verschnürt. Dazu werden Fasern der Bananenblätter benutzt. Seit Stunden schon brennt ein Feuer über großen Steinen. Wenn das abgebrannt ist, wird das Lap Lap zwischen den heißen Steinen erhitzt. Auf jeder Insel ist die Zusammenstellung ein bisschen anders. Britta und mir schmeckt es richtig gut, Torsten ist froh, dass es dunkel ist und keiner so genau sieht, was er mit seinem Lap Lap macht. Solange noch Cornflakes und Milchpulver an Bord sind, gibt er sich bestimmt nicht mit Lap Lap ab, meint er. So verhungert sei er dann doch noch nicht.

Irgendwann erinnern wir uns dann daran, dass wir nicht unbegrenzt Zeit haben. Britta und Stacey tauschen Geschenke aus, wir anderen auch. Wir nehmen Abschied mit dem festen Vorsatz und Versprechen, wiederzukommen.

Tanna, Port Resolution, wir sind wieder hier, und diesmal setzen wir den Heckanker gleich. Der Wind kommt aus Südost, doch der Schwell steht noch immer in den engen Trichter der Ankerbucht, aber längst nicht mehr so stark. Nur ein Schiff liegt hier jetzt außer uns. Kaum jemand segelt von Port Vila aus nach Süden. Stanley kennt uns schon, kommt mit dem Kanu längsseits. Wir trinken Kaffee. Stimmt es, will ich wissen, dass Leute aus dem Dorf hier Yachten, die Port Resolution anlaufen, ohne vorher in Port Vila einklariert zu haben, bei den Behörden anschwärzen? »Meldet ihr Yachten dem Zoll in Port Vila?« – »Nein«, sagt Stanley. Also doch nur ein Gerücht! »Nur wenn wir Probleme mit ihnen haben.« Was denn für Probleme?« – »Wenn sie nicht in Port Vila einklariert haben.« So ist das also. Stanley hat Neuigkeiten vom Vulkan. Am Yasur ist jetzt wieder schwer was los, nicht so viel wie früher, aber immerhin. Lava fließt, es knallt und rummst. Also los! In Tanna findet richtig Tourismus statt. Es gibt Dörfer, die »custom«-Tänze zeigen, nur 500 Vatu hier, und natürlich und vor allem Mount Yasur. »Der am besten zugängliche Vulkan der Welt« laut Reklame. Pro Person 1000 Vatu für das Auto und 2000 Vatu Besichtigungsgebühr an die traditionellen Besitzer, die »custom owner«, des Vulkans. Doch so einfach ist das nicht. Am ersten Tag ist das Wetter perfekt, doch Stanley hat das Auto nicht organisiert, am zweiten regnet es, am dritten auch, am vierten etwas weniger, und am fünften ist der Himmel blau.

Britta ist jeden Morgen mit dem Paddleboard unterwegs und findet im flachen Wasser das große Dugong, die Seekuh, von Port Resolution. Sie schwimmt mit ihm und sieht ihm beim Weiden zu. Ein Tier wie aus einem Comic, grazile Schwanzflosse, elegant sichelförmig geschwungen, ein dicker Körper, von Seepocken bewachsen, Stummelflossen und ein großer Kopf wie ein Staubsauger – zum Boden-Abgrasen. »Cowface« nennen die Ni-Vanuatus die Dugongs. Der Sand in Port Resolution ist schwarz, aus Felsspalten brodelt kochend heißes Wasser, zwischen dichtem Grün am Berghang steigen Dampfschwaden auf, und endlich geht es los zum Vulkan.

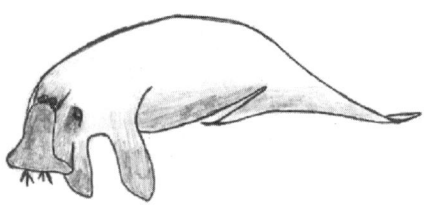

Auf dem offenen Eintonner rumpeln wir die ausgewaschene Piste entlang, Dschungel, Banyanbäume, Lianen, die Straße halb weggewaschen von Erosion, dann steil bergauf mit Allradantrieb durch eine Welt der Baumfarne. Ob hier gleich ein Tyrannosaurus Rex aus dem Urwald bricht? Schwarze Asche, Ende der Vegetation, wir fahren durch ein Trümmerfeld, übersät mit Brocken erkalteter Lava, die der Yasur in wilderen Zeiten ausgespuckt hat. Jetzt geht es zu Fuß weiter, steil bergauf, dann am Kraterrand entlang. Weltuntergangsstimmung, Kulisse aus Asche und schwefelgefärbte Kliffs, die steil abfallen in die Caldera. Unter uns liegen Dampfwolken. In der Ferne das Meer, die Küste Tannas, die Sonne ganz tief, blutrot hinter der schwefelhaltigen Luft, der Mond geht auf. Ein ohrenbetäubender Knall, Explosion und Feuerwerk, der Himmel übersät mit rot glühenden Lavabrocken, aufwärts und aufwärts, dann regnet es Lava in den Krater zurück. Überall liegen rote Kuhfladen am Kraterrand und erkalten, verlieren ihre Farbe, verbleichen in der Nacht. Unten in der Caldera färbt das Lavagebrodel die Rauchschwaden darüber dunkelrot. Der Vulkan holt Luft, macht Pause, nur vereinzelt spritzt Lava in die Luft, fällt zurück, Ballspiel der Naturgewalt, dann die nächste Explosion, wieder Helle in der Dunkelheit, wir stehen in sicherem Abstand, Nacht am Vulkan, Vollmondnacht. Vor einigen Jahren hat fliegende Lava hier einige japanische Touristen erschlagen. Zurück zur Geborgenheit KAVENGAS, zu den Naturgewalten, mit denen wir uns besser auskennen.

140 Seemeilen nach Port Vila, der Passat bläst mit 25 bis 30 Knoten aus Südost, konfuse See, mistiges Segeln, Strömung zwischen den Inseln, mal zwei Knoten gegenan, dann ist sie wieder weg. KAVENGA bockt und rollt. 140 Seemeilen in 19 Stunden. Dies ist unsere dritte Einfahrt nach Port Vila, wieder bei Nacht, zwei Uhr morgens. Die beiden Fahrwassertonnen haben wohl neue Batterien bekommen, denn beide blinken uns kräftig entgegen. Wieder vor Anker in Port Vila, 800 Seemeilen in Vanuatu gesegelt. In Vila ist so richtig was los. Schließlich läuft die Olympiade in Sydney, und im Club Vanuatu gibt es Fernsehen. Jede Menge TO-Yachten sind hier, und das Rennen von Musket Cove nach Port Vila ist auch eben zu Ende und die Flotte hier eingetrudelt. Eine Woche Port Vila, morgens gibt es Brötchen, außer sonntags, dann backt unser Lieblingsbäcker nicht. Nachmittags ist oft großer Seglertreff im Café bei Cappuccino und Schokoladenkuchen »Royal Praline«. Was gibt es Neues? Arne und Kati sind da, von der IEMANJA, und Kati ist schwanger. Das Baby soll in Australien zur Welt kommen. Ursel und Willy von der PALOMA sind auch da. Und Adi und Irene von der ORFOS. Heute abend gibt es Freibier, weiß Adi. Wenn wir an der Pier – der mit dem Flugzeug – anlegen, über den Parkplatz gehen, dann da hinten um die Ecke und durch den Seiteneingang, dann kommen wir da auch hinein. Ist ja eigentlich nur für Segler, die heute an der Sonntagsregatta teilgenommen haben. Los, geh du vor, Adi, wir kommen hinterher. Freibier, Pizza, Schweinebraten, kostet nichts, und alle Segler sind da.

In der Segelszene gibt es für alle Fragen schlaue Bücher: Windstärke 12 überleben, Elektrik an Bord, Radar für Neulinge, die ideale Fahrtenyacht. Ich erkenne DIE Marktlücke, meine Chance für DEN Bestseller, der alles in den Schatten stellt: »100 Wege, umsonst Bier oder Steaks zu bekommen«, oder: »Wie man sich ohne aufzufallen zu jeder Party einladen kann.« Es spielt keine Rolle, wie groß und teuer die Schiffe sind, jeder, der es halb um die Welt geschafft hat, achtet auf seine Groschen.

Dann muss KAVENGA mal wieder unter Wasser abgeschrubbt werden. Startklar für den letzten großen Trip, 1250 Seemeilen nach Townsville. Stops beim Huon-Riff oder Chesterfield-Riff. Hilft ja alles nichts. Wir tauschen Adressen aus, vielleicht sehen wir uns ja alle mal wieder… Und los geht's.

Nudelauflauf »Resteverwertung«

300 g Nudeln irgendwelcher Art
1 Dose Spargelcremesuppe (oder Pilz- oder Broccoli- oder Selleriesuppe)
1 Dose Gulaschsuppe (oder Hühner- oder Lamm- oder Erbsensuppe mit Speck)
Gewürze, die zu den Suppen passen
etwas Milch
Parmesankäse oder irgendein anderer Käse

Nudeln kochen, bis sie gerade weich sind, in einem Sieb mit kaltem Wasser übergießen. Dosensuppen – ohne zusätzliches Wasser – mischen und mit Gewürzen abschmecken. Etwas Milch darunterrühren, Mischung darf nicht zu flüssig sein. Nudeln in eine gefettete Auflaufform geben, die Suppenmischung darübergießen. Mit geriebenem Käse bestreuen. $1/_2$ Stunde bei 220° backen.
Rezept nicht geeignet für Besucher, für Feinschmecker, für den Beginn eines Segeltrips und für Krisenzeiten. Nicht öfter als zwei Mal in der Woche anbieten.

310 Seemeilen von Port Vila zur Nordspitze des Huon-Riffs. Große Frage Nummer eins: Wie lange werden wir brauchen für die Strecke, denn wir müssen so lossegeln, dass wir morgens dort ankommen und jede Menge Tageslicht haben für die Ansteuerung. Sagen wir mal 150 Seemeilen Etmal, also im ersten Tageslicht losfahren und bequem nach 48 Stunden ankommen. Guter Plan! Große Frage Nummer zwei: Wo bitte ist das Huon-Riff?! Christian hat uns erzählt, dass Freunde von ihm es auf der Kartenposition nicht gefunden haben. Das kann uns nicht erschrecken, denn die genaue Karte haben wir sowieso nicht. Was wir haben ist eine Butterbrotpapierpause, die ich schon in Tonga von einer Karte von Christian gemacht hatte. Christians Karte war eine Fotokopie der französischen Karte der Brampton-, Chesterfield- und Entrecasteaux-Riffe. Wir sind gut ausgerüstet.

Der Ankerplatz in Port Vila ist ruhig, kaum Wind hier, doch mit jeder Meile vom Landschutz fort legt der Ost-Südost zu und treibt uns dann mit seinen 25 bis 30 Knoten nach Westen. Das Jahr 2000, das Jahr des Sturmpassates… Doppelt gerefftes Groß, Trecker, Wind von raumschots. KAVENGA fliegt, sieben Knoten, acht Knoten, neun Knoten, wie das läuft, weiter und weiter mit Schaum vor dem Bug. Etmal am nächsten Morgen: 170 Seemeilen. Macht ja nichts, wir werden einfach das Groß bergen, später. Mittags nehmen wir es runter, und die Fahrt reduziert sich drastisch auf sechs bis sieben Knoten. Gereffter Trecker, immer noch sechs Knoten Fahrt. Mist, viel zu schnell. Lass uns nochmal die Karte ansehen. Auf der British Admiralty Chart 4604 ist in der Lage von Huon kaum ein Unterschied zu meiner Butterbrotpapierkarte feststellbar. Na ja, die 4604 deckt ein Gebiet ab, das von Townsville bis nach Fidschi reicht. Nicht gerade eine Detailkarte. Wir haben noch eine Karte an Bord, die US 82030, und auf der liegt die Nordspitze des Riffs rund vier Seemeilen weiter im Norden und fünf Seemeilen weiter westlich. Hatten Christians Freunde diese 82030 und sind darum am Riff glatt vorbeigesegelt? Kann gut sein, denn Riffe ohne Inseln darauf kann man schlecht sehen. Vier Seemeilen falsch gezielt ist dann nicht knapp daneben, sondern total vorbei. Einziges Problem für uns: Auf 18° Süd liegt noch ein Riff auf dem Weg zwischen uns und Huon. Nach der Butterbrotpapierkarte haben wir jede Menge Abstand, nach der 82030 nur gerade genug. Es ist Nacht. Noch 40 Seemeilen bis Huon, oder 45, je nach Karte. Trecker runter. Wir laufen vor Top und Takel, der Autopilot hält den Kurs, drei Knoten Fahrt. Fast Neumond, auch nicht das geringste Licht. Das Gefühl im Bauch ist mehr als kribbelig. Ohne vertrauenswürdige Karten ist der GPS nutzlos, das Radar auch, denn bei diesen Seen, bei 25 Knoten Wind, da geben die Brecher auf dem Riff kein brauchbares Echo ab. Nacht der langen Stunden. Dann das erste Licht, zehn Seemeilen vor unserem Wegepunkt aus der Butterbrotpapierkarte. Segel hoch. Und wirklich, da, die Brecher, das Huon-Riff! KAVENGA schlägt einen Haken, läuft bei halbem Wind im geschützten Wasser hinter dem Riff. Wir sind da, 310 Seemeilen in 48 Stunden, davon sieben unter Top und Takel. Die gute Butterbrotpapierkarte hat fast recht, die Nordspitze von Huon liegt auf 17°53,0'S und 162°54,0'E, das ist nur 0,8 Seemeilen weiter nördlich als auf der französischen Karte, so gut ich das auf meiner Zeichnung nach der Fotokopie von Christian ausmachen kann. Nächster Wegepunkt 18°00'S und 162°52,7'E, dann Kurs Huon-Insel, Wegepunkt 18°02,39'S und 162°57,35'E – unser Ankerplatz. Die Insel ist flach, weiße Dünen, blendend weiß, etwas Gras, Vögel, das sind Tausende, Chaos in der Luft, Vögel überall… Tölpel, Seeschwalben und viele andere, die wir nicht erkennen. Kein anderes Schiff hier außer uns. Geschafft, wir haben Huon gefunden. Kaum zu glauben, dass im Computerzeitalter Seekarten solche Fehler haben können. Ein paar Satellitenfotos, ein paar GPS-Positionen, das sollte doch genügen, um Seekarten exakt zu machen. Angebot und Nachfrage regieren die Welt, und wer kommt schon hierher nach Huon? Besser, wir sind allein und die Karte ist falsch.

Auf dem »Sauerkrautnetz« um 20.30 UTC auf 8849 kHz meldet sich Ursel von der PALOMA. Sie sind gerade ausgelaufen, nach Tanna, die IEMANJA auch, Südost mit 25 bis 30 Knoten. Dagegen müssen sie anbolzen, denn in einer Woche wollen sie mit vielen anderen Schiffen in Tanna ausklarieren, haben extra den Zollbeamten aus Port Vila dorthin bestellt. Viel Glück bei der Fahrt! Wir haben gesehen, wie rau der Trip sein kann, und wir hatten den Wind mit uns. Tanna ist auch so eine Insel, bei der die Karten ganz schön falsch sind. »Air Franz« ist gerade erst mit einem Geologenteam auf Tanna gewesen. Die haben auf der Insel GPS-Positionen genommen. Ergebnis: In weniger als einem halben Jahr hat sich Tanna um 1,5 Meter verschoben. Eine Insel auf Reisen.

Britta steht am Ufer auf der kleinen Sandinsel, schwenkt die Arme und ruft zu KAVENGA herüber. Sie ist schon seit einer Stunde an Land, es ist halb acht morgens, Zeit für's Sauerkrautnetz. Torsten redet gerade mit Christian, das kann noch eine Weile dauern, da fahre ich lieber allein zum Strand. Britta hat auf der anderen Seite der Insel eine große Schildkröte entdeckt. »Die liegt einfach so in der Brandung und rührt sich nicht. Ich weiß nicht, ob sie zum Eierlegen gekommen ist oder zum Sterben, oder was mit ihr los ist. Die Turtles gehen doch sonst nicht an Land. Komm schnell und guck!« Eine große Schildkröte wird von der Brandung hin und her geworfen. Ab und zu steckt sie den Kopf heraus zum Atmen. Mehr Bewegung zeigt sie nicht. Britta und ich sehen aus einiger Entfernung hilflos zu. Was soll man da machen? Britta seufzt: »Wenn ich nur schon Biologie studiert hätte, dann wüsste ich, was mit der los ist.« Wir haben auch kein Referenzmaterial über das Verhalten von Schildkröten an Bord, seit es den Laptop nicht mehr gibt. Nach einer Weile kommt plötzlich Leben in das Tier, es rappelt sich auf und schwimmt gelassen in die Lagune hinaus. Später in Australien findet Britta heraus, dass sich die männlichen Schildkröten zu dieser Zeit oft in der Nähe des Ufers aufhalten, um auf die Weibchen zu warten, die jetzt zum Eierlegen an Land kommen. Auf der Insel finden wir dann viele Schildkrötenspuren. Manche enden in der typischen Vertiefung für die Eier, andere aber führen ein Stück den Strand hinauf und dann im Bogen wieder zurück ins Meer. Wir sehen auch einige Skelette, nur noch die ausgeblichenen Panzerplatten sind übrig. Auch im Wasser begegnen uns diese so weise aussehenden Tiere immer wieder. Die ganze Lagune ist voll. Huon — das Riff der Schildkröten. Britta verbringt jede freie Minute an Land, mit Maskentölpeln, Brauntölpeln, Seeschwalben und Tropik-Vögeln. An der Hochwasserlinie sind viele leere Muscheln und Schneckengehäuse angespült worden, darunter viele der braunweißen Nautilus. Britta sammelt einen ganzen Eimer voll. Nahe am Strand schwimmt langsam ein riesiger Hai, größer als alle, die wir bis jetzt gesehen haben. Britta und ich sind danach nicht mehr so begeistert davon, nachts auf Langustenfang auf das Riff zu gehen. Britta möchte noch zwei Wochen bleiben oder drei. Wir auch. Ganz allein in dieser Welt der Vogel und Schildkröten, Hunderte von Meilen entfernt vom nächsten Menschen. Aber heute ist schon der 1. Oktober. Am 16. wollen wir in Townsville einlaufen, das haben wir uns fest vorgenommen. Hilft ja alles nichts, die Reise ist zu

Ende, auch wenn wir noch nicht bereit sind, wieder in der Zivilisation zu leben. Und ein oder zwei Riffe liegen noch zwischen uns und dem Alltagsleben.

Der Wind hat sich beruhigt, der stürmische Passat ist ganz zahm geworden. Das starke Hochdruckgebiet südlich von uns ist durchgezogen. Gestern noch mussten PALOMA und IEMANJA gegen Südost mit 30 Knoten ankämpfen, heute ist auch um Tanna Ruhe eingekehrt. Wir laufen aus, Kurs Chesterfield-Riff, Ostwind mit 10 bis 15 Knoten. Die Farben des Spinnakers spiegeln sich im Wasser, blauer Himmel und Sonnenschein. Wie schön kann Segeln doch sein, wir hatten das schon fast vergessen. Torsten steht gelassen vor dem Herd und kocht Milchreis, ohne sich einzukeilen oder ständig festzuhalten. Teller, Tassen und die Gewürzgläser stehen ganz ruhig an ihren Plätzen, ohne dass sie mit Tüchern daran gehindert werden müssen, im Rhythmus der Wellen laut hin und her zu poltern. Britta beschäftigt sich heute in Naturkunde mit Seesternen, Tintenfischen und Muscheln. Sehr passend! Ihr Schuljahr ist fast zu Ende. In jedem Fach ist nur noch eine Lektion durchzuarbeiten. Und dann in Australien Anfang November die zweitägige Abschlussprüfung. Alle Luken sind offen, der laue Wind ist auch unter Deck zu spüren, die Temperatur ist gerade richtig.

Wir haben diesmal keine Probleme mit der Navigation. Wir müssen nicht entscheiden, welche Karte die richtige ist, denn für die Strecke zum Chesterfield-Riff haben wir nur eine − glücklicherweise den englischen Übersegler, der sich bis jetzt als akkurat herausgestellt hat. Vom Chesterfield-Riff direkt haben wir dann noch eine von Torstens berühmt-berüchtigten Butterbrotpapierkarten. Ich kann mir nicht helfen, aber irgendwie habe ich kein rechtes Vertrauen in diese Art von Karten. Ich hoffe, er hat nicht irgendwo ein paar Riffe vergessen durchzupausen. Am 3. Oktober mittags taucht am Horizont ein flaches Gekräusel auf − die Sandinseln des Chesterfield-Riffs. Eine Stunde später segeln wir an der Riffkante entlang. Nachts sollte man hier wirklich nicht ankommen. Das Meer ist ruhig und trotzdem können wir das Riff bei bester Sicht und mit dem Fernglas erst aus weniger als einer Meile Entfernung ausmachen. Die Nordspitze liegt eine Seemeile nördlicher als auf der

Butterbrotpapierkarte. Nach unseren bisherigen Erfahrungen nehme ich an, das liegt an der französischen Originalkarte und nicht an der Abschrift. Plötzlich ein Klappern an der Steuerbordseite. Ein Fisch an der Angel, und was für ein Prachtexemplar! Dahinter ein großer schwarzer Schatten. Er schnellt vor und packt zu. Ein Teil unseres Fisches ist weg, fehlt einfach. Torsten zieht den Rest der Angelschnur ein und holt das, was von unserem Fisch noch übrig ist, aus dem Wasser. Das mag keiner mehr essen! Der schwarze Schatten ist immer noch da. Torsten lässt die Fischreste ins Wasser fallen, sofort schnappt der Hai zu, wir sehen ihn deutlich im flachen Wasser. Torsten ist begeistert: »Das muss ja tolles Tauchen sein hier.« Britta und ich sehen uns vielsagend an. Manchmal können wir Torstens Gedankengänge einfach nicht nachempfinden, besonders wenn es ums Tauchen mit Haien geht.

Das Ende des Riffs ist einigermaßen gut zu erkennen. Wir fahren in die Lagune und ankern hinter dem nördlichen Motu in kristallklarem Wasser auf vier Metern Tiefe. In Windeseile klaren wir auf und bauen das Dingi zusammen. Wir wollen schnell an Land, auf die nächste Vogelinsel. Das sind hier ja noch mehr Vögel als auf Huon, mehr Seeschwalben, dazu Rotfußtölpel  und Fregattvögel! Die Insel sieht auch ganz anders aus. Riffe im tropischen Südpazifik, jedes hat seinen eigenen Charakter. Am nächsten Morgen halten wir eine lange Film- und Fotosession auf der Sandinsel. Hier gibt es außer Gestrüpp auch kleine Bäumchen, in denen die Rotfußtölpel mit ihren knallroten Füßen und blassblauen Schnäbeln nisten. Die flauschigen Jungen sind schon fast so groß wie ihre Mütter, aber immer noch ganz hilflos. Britta betrachtet die Tierwelt durch den Sucher der Filmkamera und beschließt, dass ihre Zukunft im Drehen von Dokumentar-Tierfilmen liegt, wenn sie erst Biologin ist. Zurück auf KAVENGA sehen wir uns ihr Meisterwerk an und stellen erstaunt fest, dass es genau das ist. Es stimmt einfach alles, tolle Nahaufnahmen und Weitwinkelschwenks über die Insel und Lagune gerade im richtigen Verhältnis und die Stimmung der Insel wunderschön eingefangen.

Zwei Stunden später ankern wir an der Südspitze des Riffs vor einem anderen Motu. Bei der obligatorischen Umwanderung dieses neuen Motus sehen wir etwas, dass uns das Herz stillstehen lässt. Haie! Nicht besonders groß und überwiegend Schwarzspitzen-Riffhaie, aber die Menge! Vierzig bis fünfzig, dicht gedrängt, nicht weit vom Strand. Sie ziehen langsam ihre Kreise, müssen einander ausweichen, und schwimmen im seichten Wasser tatsächlich so, dass ihre Rückenflossen in die Luft ragen. Und wir haben immer gelacht, wenn sie in Filmen so dargestellt werden. Britta und ich beschließen sofort, bei diesem Motu nicht zu schwimmen. Sogar Torsten schließt sich dieser Meinung an, beschränkt sein Gebiet des Nichttauchens allerdings auf »diese Seite des Motus«.

Es ist 05.30 UTC, auf 6647 kHz ist es Zeit für Christians Runde. Ich hatte ihm versprochen, von Huon und Chesterfield zu berichten, denn er will vielleicht auch mal hersegeln. »Christian kommt gleich«, meldet sich seine Frau Hannelore. »Er hat eben ein Schiff vom Riff runtergeholt, das war hier gestrandet.« Was ist denn da los? Ein Schiff auf dem Riff? »Hallo an die Runde«, Christian kommt klar rein. »Muss mich entschuldigen, meine Stimme ist ganz rau. Hab heute den ganzen Tag rumgebrüllt. Aber das Schiff ist runter vom Riff. Mann, haben die Schwein gehabt.« Nach und nach kommt die ganze Story über die Funke. Die US-Yacht FLY, eine Westsail 34, war in der Dunkelheit in die befeuerte Havannah-Passage vor Noumea in Neukaledonien eingelaufen. Dann hatte der Skipper versucht, in der betonnten, aber nicht befeuerten Baie du Prony Schutz zu finden, und war bei der Ansteuerung voll aufs Riff gerannt. »Zwei alte Leute«, sagt Christian. »Total in Panik, beide über 60!« Nach einer kurzen Pause sagt er: »Na ja, es gibt 60 und es gibt 60!« Christian selbst ist 68 Jahre alt, und sein Abenteuer mit dem Haibiss ist gerade erst zweieinhalb Monate her. 14 Stunden Schufterei, Christian organisierte alles, verbrachte mehr Zeit unter Wasser als darüber, Anker und Kette waren auszubringen, ein Schlepper war herzurufen, Leinen verhakten sich hinter Korallenblöcken, waren wieder freizutauchen, und als die Flut kam, fehlten immer noch zwanzig Zentimeter Wasser für das Aufschwimmen der FLY. Dann half pure Gewalt. Der Schlepper mit seinen paar tausend PS zog das Kunststoffboot über die Korallen, erst ganz langsam, dann schneller, und letztlich rumpelte die FLY mit acht Knoten über das Riff. Frei, kein Wasser im Schiff, kaum zu glauben. »Noch eine Flut auf dem Riff hätte der Dampfer nicht überlebt«, sagt Christian. »Wir haben Sturmwarnung hier. Heute Nacht wär der abgebuddelt. Mann, haben die Schwein gehabt!«

Wir liegen geborgen am Ankerplatz. Hier ist es ganz schön flach, dafür aber ruhiger als weiter draußen. Es ist acht Uhr abends, Britta und ich spielen Canasta und noch fünfzig Zentimeter Wasser unter dem Schiff. Silke hat eines ihrer Koch- und Backwunder geschaffen: Pizza. Besser als aus jeder Pizzeria schmeckt sie, und das, obwohl unsere Vorräte so dürftig geworden sind. Die Quarantäne-bestimmungen bei der Einreise nach Australien sind streng, da wollen wir mög-lichst leer ankommen und müssen die ganzen Reste aufessen, die zum Teil schon seit 25 000 Seemeilen mit uns den Pazifik umrunden. Ab ins Bett. Unru-hige Nacht. Regenböen, es stürmt wieder mit 25 bis 30 Knoten aus Südost, eine Welle baut sich auf, der Halbmond steckt hinter dicken Wolken. Die Sand-insel liegt neben uns, nicht vor uns, kein Landschutz, nur das Riff weit vor uns. Es ist zehn Uhr, zwei Stunden nach Niedrigwasser, es sollte fluten. Aber das ist nur die Theorie. Vierzig Zentimeter Wasser unter dem Kiel. Und um zwei Uhr mor-gens nur noch dreißig Zentimeter. Dabei ist jetzt Hochwasser, genau jetzt. Mit Eb-be und Flut hat der Wasserstand hier nichts mehr zu tun, eher mit dem starken Passat aus Südost, der scheint das Wasser aus der Lagune zu drücken. Was für ein Anfängerfehler, ausgerechnet jetzt noch, fast schon zu Hause. Wir haben auf zu flachem Wasser geankert, zu dicht an der Insel, um wenigstens ein bisschen Schutz zu bekommen. Der Sturmpassat heult im Rigg. Wir müssen einen Plan machen. Wenn das Wasser weiter fällt, auf zwanzig Zentimeter unter dem Kiel, dann... Ja, was dann? Anker auf in stockdunkler Nacht bei diesem Wind, überall Korallenblöcke? Oder warten, einfach abwarten? Doch was ist hier der normale Wasserstand? Wenn wir aufsitzen, dann für wie lange? Für Stunden, für Tage, für länger? Aber wenn wir auf den Korallen auflaufen, dann gibt es keinen Christian hier und keinen Schlepper, der mal schnell ziehen kann. Hier gibt es nur uns. 1,70 Meter blinkt das Echolot, zwanzig Zentimeter unter dem Kiel, es ist vier Uhr morgens, das Wasser fällt und fällt. Notmanöver. Silke steht am Bug, in jeder Hand eine Taschenlampe. Britta steht mittschiffs und schreit Silkes Kommandos zu mir am Ruder. Das Kompasslicht strahlt schwach rot die weißen Zahlen der Rose an. Auf jedem Ankerplatz merke ich mir unseren Fluchtkompasskurs, auf 330 Grad liegt das tiefe Wasser, nur wenige Korallenköpfe davor. Gas, Fahrt voraus. »Genau geradeaus«, schreit Britta, doch der Wind drückt den Bug herum, im Lampenlicht strahlt das Wasser grün, dann ein Schatten. Es kracht. Wir sind drauf, fest auf Korallen. Vorwärts, rückwärts, vorwärts, es knirscht und kracht, dann – frei. »Links«, schreit Britta. Dann »rechts«. Zwei Meter Wasser, dann drei Meter. Anker runter. Das war's. In Sicherheit. Wir sind mit ein paar Schrammen davongekommen, nachts am Chesterfield-Riff. Morgen hauen wir ab hier, Kurs Townsville, keine Stops mehr, direkt zum Heimathafen, direkt nach Hause, nur noch 700 Seemeilen.

Pizza

7 g Trockenhefe
300 ml warmes Wasser
450 g Mehl
1 Teel. Salz
3 Teel. Olivenöl
1 kleine Dose Tomatenmark oder -ketchup oder -püree
Oregano und andere Kräuter nach Geschmack
Pfeffer, Salz, Knoblauch
Tomaten, frisch oder aus der Dose, in Scheiben
Zwiebeln, in Scheiben
Oliven
Pilze, frisch oder aus der Dose, halbiert
irgendwelches andere Gemüse nach Geschmack
Anchovis oder Sardinen oder anderer Fisch oder Schinken oder Salami
Käse, gerieben

Die Hefe und das Salz im Wasser auflösen. Das Mehl und das Öl unter das Hefewasser mischen und gründlich durchkneten. 1 Stunde zugedeckt an einem warmen Platz gehen lassen. Das Volumen sollte sich etwa verdoppelt haben. Nochmal durchkneten, ausrollen und ein geöltes Backblech damit auslegen. Mit Tomatenmark bestreichen und mit allen anderen Zutaten belegen, Käse als obere Schicht. Die Pizza in den kalten Backofen schieben und bei 220 °C ungefähr 30 Minuten backen.

278

KAVENGA liegt auf unserem Platz in der Breakwater Marina, vertäut auf F 13, der Castle Hill im Hintergrund, das Meer vor dem Bug hinter dem Steinwall. Wir sind zu Hause. Und hier werden wir auch erst mal bleiben, für eine Weile, und Pläne machen für den nächsten großen Trip. Es gibt nur einen Weg, eine Reise zu beenden, hat Mike Saunders von der WALKABOUT vor langen Jahren mal geschrieben, nämlich die nächste zu planen.

Und was ist sonst noch so passiert in den letzten Wochen und Monaten?

- Es gibt seit Neuestem in Australien eine Mehrwertsteuer. Die Preise sind gestiegen und besonders Obst und Gemüse sind sehr teuer geworden. Bücher auch. Der Aussie-Dollar ist total im Keller, gut, dass wir im letzten Jahr in den USA noch zwanzig Prozent mehr US-Dollars für unser Geld bekommen haben!

- Klaas und Kristine haben sich verlobt und wollen in den Semesterferien mit KAVENGA segeln gehen.

- Arne und Kati sind mit der IEMANJA in Yamba in New South Wales angekommen. Kati geht es gut. Im nächsten Jahr soll das Baby zur Welt kommen.

- Arne hat unsere alte SEETEUFEL entdeckt und ein Foto geschickt. Es ist jetzt zwölf Jahre her, seit wir SEE-TEUFEL in Sydney aus den Augen verloren haben. Das Schiff schwimmt noch und gehört einem Holländer, der irgendwo im Inland wohnt.

- Eine große Schildkröte ist im hellen Tageslicht fast direkt vor unserer Haustür an der Uferpromenade von Townsville an Land gekommen, hat ihre Eier abgelegt und ist wieder verschwunden. Und das, nachdem wir so lange auf Huon nach eierlegenden Schildkröten gesucht hatten!

- Die JAN PLEZIER ist gut in Neuseeland angekommen. Franz und Elke hatten Glück. Das Vorstag war einen Tag südlich von Noumea gebrochen. Franz hatte an der Pinne gesessen und konnte das Schiff sofort vor den Wind legen und so den Mast retten. Nach 24 Stunden in Noumea und geglückter Reparatur klappte die Fahrt dann beim zweiten Anlauf.

- Die Renahara ist auch in Neuseeland, ruhige Fahrt nach Süden, diesmal ohne jede Probleme.

- Unser erster Seglerbesuch trudelt ein: Hans, Eva und Lola von der Delphin aus Tonga. Dort liegt die Delphin an einer dicken Muring. Die drei ändern ihre Pläne so oft wie wir! Sie sind als Crew mit einem anderen Segelschiff nach Australien gesegelt und besuchen uns mit einem Campingbus. Lola ist groß geworden, gesund und munter und kann fast schon laufen, immer noch ein friedliches und aufgewecktes Kind.

- Britta hat ihr zweites Jahr bei der School of Distance Education beendet. Zum Abschlusstest muss sie zur James-Cook-Universität, ganz selbstsicher und ohne Panik sitzt sie zwischen all den fremden Kindern und Lehrern an ihrem Einzeltisch und erledigt die Tests in der vorgeschriebenen Zeit. Dann fahren wir nach Charters Towers zum Schulabschlusstreffen, und Britta bekommt eine Auszeichnung als Beste in Klasse acht. Bei ihrer alten Schule, der Townsville Grammar School, ist sie für das kommende Schuljahr angemeldet, und der Koordinator dort meint, dass sie es im ersten Halbjahr sehr einfach haben wird, denn sie ist den anderen in der Klasse weit voraus im Lehrstoff.

- Der Containerfrachter Bunga Teratai Satu läuft in der Nähe von Cairns mit voller Fahrt am hellen Tag auf das Sudbury-Riff und kann erst nach Wochen freigeschleppt werden. Und das trotz genauester Karten und aller Elektronik. Wenn man sich überlegt, wie viele Segelyachten auf großer Fahrt sind und was da so von kleinen Crews geleistet wird und wie wenig eigentlich passiert, dann ist das schon sehr erstaunlich.

- Trans-Ocean zeichnet uns beim Jahrestreffen 2000 für unseren Rund-Pazifik-Trip mit einer Medaille aus, 23 000 Seemeilen und 270 Häfen in knapp zwei Jahren.

Und jetzt die große Entscheidung: Wie geht es weiter? Erst mal wohnen wir drei bei Klaas und Kristine. Sie hatten darauf bestanden und schon Matratzen und Bettzeug usw. geholt. Schöner hätte der Empfang nicht sein können, keine Probleme in unserer kleinen Wohngemeinschaft, trotz all des Chaos, das so ein Nachhausekommen mit sich bringt. Aber irgendetwas muss jetzt passieren. Lange können wir nicht einfach so vor uns hin und von der Mastercard leben. Unseren Entschluss, absolut jeden Arbeitsplatz anzunehmen, geben wir schon nach dem ersten und einzigen Besuch einer Job-Agentur auf. So viele Jahre selbstständig gewesen, niemanden gehabt, der einem Vorschriften macht. Und jetzt sollen wir uns eingliedern, mit grauem Anzug und gutem Benehmen! Dann doch lieber wieder ein eigenes Geschäft. Der Yachtausrüsterladen in der Marina ist zu verkaufen. Das wäre genau das Richtige! Leider will Neville fünfmal so viele Dollars dafür haben, wie der Laden wert ist. Aber es gibt ja in Townsville noch mehr Unternehmen zu verkaufen: einen Hundewaschsalon, eine Teppichreinigungsfirma, Pommes-frites-Buden mit gutem Umsatz und ein kleines Unternehmen, bei dem man mit einem Lieferwagen von Schnellimbiss zu Schnellimbiss fährt und denen das Fett reinigt. All das wäre finanziell machbar und würde ein sicheres Auskommen liefern. Beim gemeinsamen Abendbrot mit Britta, Klaas und Kristine meinen die Kinder, wir wollten sie veräppeln: »Wie könnt ihr nur an so etwas denken. Damit wärt ihr nie glücklich. Lieber alles verkaufen und immer nur auf KAVENGA wohnen als so etwas! Wir kommen auch mit wenig Geld aus.« Torsten und ich reißen uns zusammen. Die Entscheidung: Das Land in Alligator Creek wird verkauft und unsere Schulden werden abgezahlt. Wir werden in dem winzigen Häuschen auf Melton Hill wohnen, das wir seit ein paar Jahren besitzen und vermietet haben. Direkt über der City von Townsville, über der Altstadt, mit Blick über der Ross Creek, den Hafen und das Meer, fünf Minuten zu Fuß von der Marina entfernt, in der KAVENGA liegt. Fünf Tage lang reißen wir alles aus dem alten Holzhäuschen – nur die Wände bleiben stehen –, kratzen die vielen Schichten Linoleum und Teppichböden, die eine lange Prozession von Vorbesitzern und Mietern hinterlassen hat, von den Fußböden, schleifen und polieren die Bodenbretter und streichen die Wände. Dann bauen wir Möbel, und alles, was uns noch vor zwei Jahren unentbehrlich erschien, aber jetzt nicht mehr in unseren kleinen Wohnbereich passt, wird verkauft oder verschenkt. Wir räumen gründlich auf und sechs Wochen nach unserer Ankunft ziehen wir ein. Beruf? Selbstständig. Was genau? Da wird es schon schwieriger. Bücher schreiben, Gedichte schreiben, Zeichnungen dazu, alles in kleiner Auflage selbst drucken. »Australian personalised children's books«, Kinderbücher vom Great Barrier Reef, vom australischen Regenwald und vom Outback. Jedes Buch einzeln gedruckt für ein spezielles Kind und auf traditionelle Weise gebunden. Das Buchbinden wollte ich immer schon mal lernen. Eine Website werden wir auch entwerfen. Unser Verlag heißt natürlich »KAVENGA PUBLISHING«, und die Website »www.kavenga.com«. Wir beide haben tausend Ideen. Einzige Ausgabe: ein großer Laser-Farbdrucker. Keine Miete zu zahlen, wir arbeiten zu Hause, auf KAVENGA oder wo und wann es uns gefällt. Eher ein Vierzehn-Stunden-Tag als acht Stunden, aber die Arbeit macht Spaß. Britta ist selig, dass unser Leben weiterhin so unkonventionell verläuft. »Und ich dachte schon, ihr würdet jetzt den ganzen Tag bei der Arbeit sein, wir würden jetzt ganz normal leben und überhaupt nicht mehr fetzig.« Die selbst gemachten Möbel sind »cool«, ihr Zimmer, das sie ganz nach ihrem Geschmack einrichtet, ist »cool«, genau wie die Tatsache, dass wir KAVENGA behalten. Die befürchtete Unsicherheit im Umgang mit Gleichaltrigen bleibt vollkommen aus. Obwohl Britta sich weiterhin nicht von Modeerscheinungen irgendwelcher Art beeinflussen lässt, hat sich ihr Verhältnis zu den Freunden von damals überhaupt nicht geändert.

Es fällt uns – sogar mir – gar nicht so schwer, die lang gehegte Farmidee aufzugeben. Segeln und Farming – um beides verwirklichen zu können, müsste man Millionär sein. Vor die Entscheidung gestellt, »KAVENGA und Reisen« oder »Leben auf dem Lande« gibt es auch für mich keine Frage mehr. Nach den letzten zwei Jahren möchte ich mir die Möglichkeit offen lassen, so etwas jederzeit wiederholen zu können. Einfach Tür zu und los, ohne Angst um Besitztümer und Firmen, die keinen Cent mehr abwerfen.

Aber so ganz habe ich das Selbstversorgerleben nicht aufgegeben – das Haus ist winzig, aber der Garten gar nicht so klein. Statt des üblichen Ziergartens ist ein »City-Permaculture-Garden« geplant, ein paar Hühner, Gemüse, Kräuter und ein paar tropische Obstbäume, mit einer kleinen Ecke für einen japanischen Garten. In den nächsten vier Jahren – so lange geht Britta noch zur Schule – werden wir ja höchstens in den Schulferien segeln gehen, wir haben ja auch eins der schönsten Segelreviere vor der Haustür. Oder vielleicht nach Vanuatu? So weit ist das auch nicht.

Brittas Gedicht*

KAVENGA

In der Englischstunde verlangt mein Schulbuch:
Ein Gedicht über deinen Lieblingsort,
Das ist wonach ich such.
Was mein Schulbuch von mir heute haben will,
Das mache ich auch, egal wie ich mich fühl.
So dacht' ich an die Länder, in denen ich war:
Galapagos, Japan und die USA.
Doch ich wusste nicht, was ich da schreiben soll,
Plötzlich dacht ich mir, zu Hause ist es toll.
Kaum jemand hat ein Zuhause wie ich,
Liest du mein Gedicht, dann verstehst du mich!
Mein Heim ist ein richtiges Schneckenhaus
Und reist mit mir in die Welt hinaus.
Es hat mich getragen so manchen Tag
In die schönsten Buchten, die ich so gern mag.
Jetzt will ich dir's endlich sagen, ja!
Mein Zuhaus ist ein Boot, das ist wirklich wahr!
Es ist ein Boot mit 'nem Segel dran
Und 'ner Reling zwischen mir und dem Ozean.
Auf der Seite steht groß KAVENGA drauf,
Das ist der Name vom Schiff, KAVENGA lauf!
Wellen brachen über's Deck, sie hat blaues Wasser getrunken,
Doch KAVENGA war stark und ist dabei nicht gesunken.
Sie ist ein fliegender Fisch auf dem Meer im Freien,
Und groß und schnell entkommt sie den Haien.
Sie schneidet im Meer durch die blauen Wellen
Vögel begleiten sie und Delfine, die schnellen.

---

* s. Seite 226/227

»Wiiiiioooeeeeeooo«, rufen Delfine von weitem,
die KAVENGA im Meer auf der Reise begleiten.
Dann rumpelt's an Deck und der Anker ist unten.
Ich spring ins Cockpit, wir haben Land gefunden!
Wir lassen das Dingi hinunter ins Meer,
Jetzt geht's zum Wracktauchen, wir freuen uns sehr!
Was auch immer an Wundern ich da finde,
Ich steh treu zu KAVENGA, echte Tochter der Winde.
Meine ganze Familie, wir alle sind so,
Wir lieben KAVENGA und sind darüber froh!

Wenn Träume wahr werden...

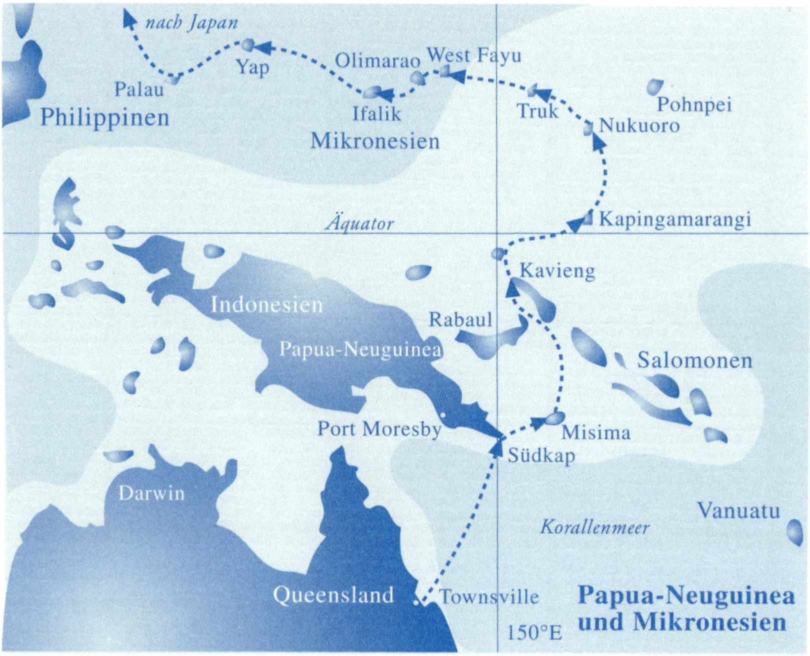

nach Japan

Palau
Philippinen

Yap

Olimarao West Fayu

Ifalik

Mikronesien

Truk
Pohnpei
Nukuoro

Kapingamarangi

Äquator

Indonesien

Rabaul

Papua-Neuguinea

Kavieng

Salomonen

Port Moresby

Misima
Südkap

Darwin

Vanuatu

Korallenmeer

Queensland   Townsville

150°E

Papua-Neuguinea und Mikronesien

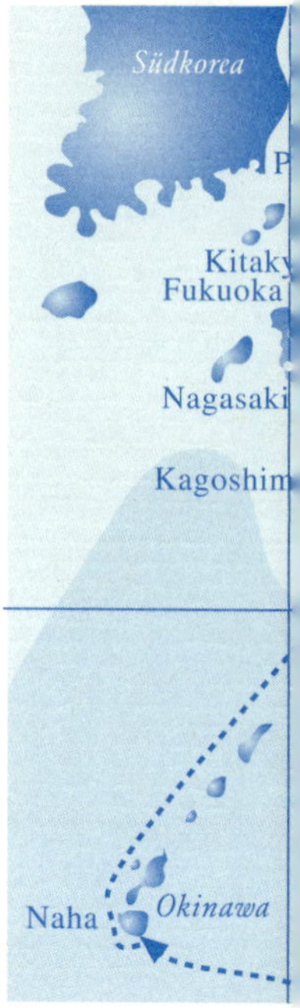

Südkorea

Kitaky
Fukuoka

Nagasaki

Kagoshim

Naha   Okinawa

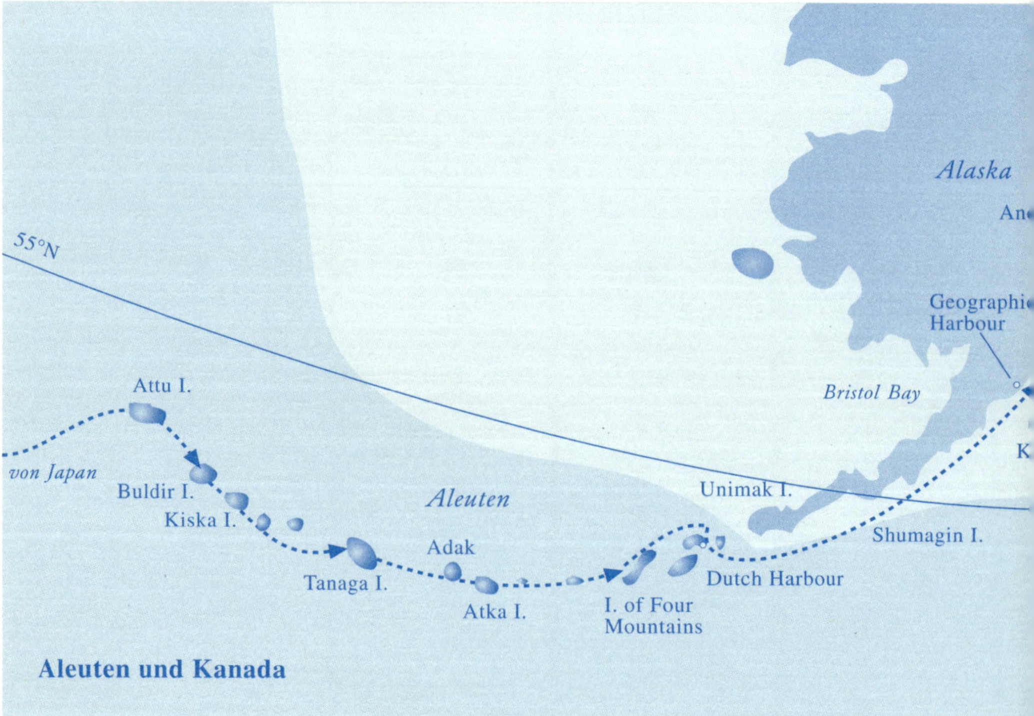

Alaska

An

Geographi
Harbour

55°N

Bristol Bay

Attu I.

von Japan

Buldir I.

Kiska I.

Aleuten

Unimak I.

Shumagin I.

Adak

Tanaga I.

Atka I.

I. of Four
Mountains

Dutch Harbour

Aleuten und Kanada